Psicanálise em
perguntas e respostas

Z71p   Zimerman, David E.
       Psicanálise em perguntas e respostas: verdades, mitos
e tabus / David E. Zimerman. – Porto Alegre : Artmed, 2005.
     320 p. ; 25 cm.

     ISBN 978-85-363-0573-8

     1. Psicanálise. I. Título.

     CDU   159.964.26/.28

Catalogação na publicação: Mônica Ballejo Canto – CRB 10/1023

Psicanálise em perguntas e respostas
verdades, mitos e tabus

David E. Zimerman

Médico psiquiatra. Membro efetivo e psicanalista didata
da Sociedade Psicanalítica de Porto Alegre (SPPA).
Psicoterapeuta de grupo. Ex-presidente da Sociedade
de Psiquiatria do Rio Grande do Sul.

Reimpressão 2007

2005

© 2005, Artmed Editora S.A.

Capa
Paola Manica

Preparação do original
Jô Santucci

Leitura final
Rubia Minozzo

Supervisão editorial
Mônica Ballejo Canto

Projeto e editoração
Armazém Digital Editoração Eletrônica – Roberto Vieira

Reservados todos os direitos de publicação, em língua portuguesa, à
ARTMED® EDITORA S.A.
Av. Jerônimo de Ornelas, 670 - Santana
90040-340 Porto Alegre RS
Fone (51) 3027-7000 Fax (51) 3027-7070

É proibida a duplicação ou reprodução deste volume, no todo ou em parte, sob quaisquer formas ou por quaisquer meios (eletrônico, mecânico, gravação, fotocópia, distribuição na Web e outros), sem permissão expressa da Editora.

SÃO PAULO
Av. Angélica, 1091 - Higienópolis
01227-100 São Paulo SP
Fone (11) 3665-1100 Fax (11) 3667-1333

SAC 0800 703-3444

IMPRESSO NO BRASIL
PRINTED IN BRAZIL
Impresso sob demanda na Meta Brasil a pedido de Grupo A Educação.

SUMÁRIO RESUMIDO

Introdução, apresentação e agradecimentos 27

Parte I   Mitos, verdades e tabus sobre a psicanálise (das perguntas 1 a 56) 33

Parte II   Psicanálise e psicoterapias. Esclarecimentos gerais (57 a 93) 59

Parte III   O desenvolvimento da personalidade (94 a 203) 83

Parte IV   Teoria da psicanálise: conceitos básicos (204 a 256) 129

Parte V   Os principais quadros clínicos da psicopatologia (257 a 335) 161

Parte VI   Técnica psicanalítica: princípios básicos (336 a 387) 205

Parte VII   A prática da clínica psicanalítica (388 a 433) 233

Parte VIII   O campo analítico: os vínculos entre o analista e o paciente (434 a 510) 257

Parte IX   As inter-relações da psicanálise com outros campos do conhecimento (511 a 546) 291

Índice remissivo 315

SUMÁRIO DETALHADO

PARTE I – MITOS, VERDADES E TABUS SOBRE A PSICANÁLISE 33

1. Por que se formam tantas polêmicas, inverdades, controvérsias, mitos, e existem tantos tabus, acerca da psicanálise e dos psicanalistas?
2. Quais são as diferenças entre a psicanálise e as psicoterapias?
3. Quais são as diferenças entre psicanalista, psiquiatra, psicoterapeuta e psicólogo?
4. A popular expressão "Freud explica" – a tudo e a todos – tem fundamento?
5. A psicanálise promete a felicidade?
6. Um tratamento analítico pode levar algum paciente à piora ou, até mesmo, à loucura?
7. Quando a indicação para um paciente se tratar é a de um tratamento psicanalítico, é sinal de que – psiquicamente – ele está muito doente?
8. Existe uma crença de que, fora da situação analítica, os psicanalistas costumam observar e interpretar os outros. Isso é verdade?
9. E a crença de que, em sua maioria, os psicanalistas são pessoas muito onipotentes e complicadas é verdadeira?
10. A queixa de que os psicanalistas quase não falam durante as sessões corresponde à verdade?
11. Continua válida a afirmativa, atribuída a Freud, de que toda a psicanálise gira em torno da sexualidade?
12. Uma análise pode destruir a paixão e também a inspiração artística?
13. A psicanálise funciona nos moldes de uma confissão religiosa?
14. A afirmativa de que, desde os tempos de Freud, a psicanálise e os psicanalistas atacam as religiões e as crenças religiosas de seus pacientes é verdadeira?
15. Por que uma análise é tão demorada e custosa? Não existe aí um interesse econômico por parte dos psicanalistas?
16. O emprego do clássico método da hipnose (ou de alguma outra forma de sugestão) não daria o mesmo efeito que a psicanálise, sem tanto custo e tempo de duração?
17. Da mesma forma, o método da ab-reação (ou catarse, ou simplesmente "desabafo"), que Freud empregava com tanto sucesso, não pode substituir a custosa e complexa psicanálise atual?
18. Corresponde à verdade a crença de que a psicanálise encara a histeria como um transtorno específico das mulheres e que ela é decorrência de uma "sexualidade exagerada"?
19. Um tratamento pelo método psicanalítico garante a melhoria da sexualidade do paciente?

20. A psicanálise cria uma dependência dos pacientes em relação ao analista e, assim, produz pessoas dependentes, com prejuízo na capacidade para tomar decisões?
21. Um tratamento analítico – quando é só de um único cônjuge, enquanto o outro não se trata – pode induzir ao divórcio?
22. Não é um absurdo – para não dizer crueldade – submeter crianças pequenas a um tratamento psicanalítico?
23. E a crença de que um tratamento psicanalítico com adolescentes pode resultar em sua revolta contra os pais é verdadeira?
24. A afirmativa de que não tem fundamento submeter uma pessoa idosa a um tratamento de base psicanalítica é uma verdade ou um mito?
25. A psicanálise sempre cura?
26. Um tratamento psicanalítico completo garante a prevenção de futuros transtornos psíquicos?
27. É verdadeira a crença de que toda pessoa que está em análise, ou que já foi analisada, sente-se diferente de todas as demais e, assim, mantém uma atitude de soberbia?

Alguns tabus sobre a intimidade da psicanálise e dos psicanalistas 46

28. "Sou acadêmico de psicologia e gostaria de esclarecer algumas dúvidas sobre psicanálise porque vários dos meus professores fazem afirmativas que me deixam confuso, como: 'a psicanálise está totalmente estagnada', 'as idéias de Freud não condizem com o atual momento em que a sociedade se posiciona', 'a psicanálise não possui base científica e, portanto, não é científica', 'Freud não foi mais do que um exímio escritor de literatura de fino gosto', 'o analista é alguém frio e distante do paciente no atendimento'. Até que ponto eles têm razão? Pode me dar uma luz?"
29. No seio das instituições psicanalíticas, também costuma haver conflitos próprios do narcisismo entre os próprios psicanalistas?
30. É verdade ou mito a crença de que os analistas sempre se põem em um lugar de intocáveis, que sempre acham que têm razão, a ponto de, comumente, serem pessoas arrogantes?
31. E a afirmativa de que, no curso da sessão psicanalítica, ao contrário, o "paciente sempre tem razão" pode ser verdadeira?
32. É verdadeira a crença de que um maior número de sessões analíticas por semana é uma evidência de que o grau de patologia psíquica do paciente é maior?
33. Um tratamento psicanalítico é considerado caro demais. Logo, ele é acessível unicamente a uma elite ?
34. Existe a possibilidade de se fazer um tratamento psicanalítico por telefone ou por e-mail?
35. E através de um programa de computador elaborado especialmente para se fazer uma análise?
36. Todos os pacientes, de forma platônica, se "apaixonam" pelo seu analista? E como fica esta hipótese quando o paciente e o analista têm o mesmo sexo?
37. E o(a) analista pode se apaixonar pela(o) paciente? Existem casos de o(a) psicanalista ter se casado com sua(seu) paciente? Neste último caso, tem dado certo?
38. Pode acontecer a barbaridade de um analista ficar envolvido amorosa ou eroticamente com um paciente? Verdade? Mito? Tabu?
39. O que acontece se o analista acede ao desejo erótico manifesto na sedução do(a) paciente?

40. Procede a crença bastante difundida de que, seguidamente, os analistas não respeitam o sigilo e o anonimato das confidências dos pacientes?
41. Dizem que, na situação analítica, o terapeuta deve se manter sempre em uma atitude profissional, neutra. Isto é, nunca rir, chorar, se emocionar, fazer expressões faciais ou corporais, jamais partilhar reuniões sociais e preservar ao máximo o seu anonimato para o paciente. Isso é uma verdade?
42. Os analistas sempre acham que todas complicações dos pacientes são de responsabilidade e culpa dos pais?
43. Existe a possibilidade de o analista poder aprender, e crescer, através da análise com o seu paciente?
44. Por outro lado, os problemas do paciente podem perturbar a vida privada do analista?
45. Um homossexual pode ser psicanalista?
46. A afirmativa de Freud de que "todo sonho representa a realização de um desejo" ainda continua sendo vigente na psicanálise atual?
47. Como deve proceder um analista – cuja formação moral, ética e religiosa é totalmente contrária à prática do aborto – diante de uma paciente que já está decidida a provocar o aborto de sua gestação?
48. Tem fundamento a afirmação de que a psicanálise está morrendo ou que, no mínimo, está fora de moda?
49. Os medicamentos psicotrópicos são verdadeiramente úteis no tratamento dos transtornos mentais? Podem ser usados concomitantemente com o tratamento psicanalítico?
50. O eletrochoque ainda tem utilização válida nos transtornos mentais?
51. Uma auto-análise é possível?
52. A propósito, é verdade que Freud, nos seus primeiros tempos, era um cocainômano e que teria tido um "caso" com sua cunhada?
53. A psicanálise mantém ligações estreitas com outras disciplinas e áreas humanísticas ou continua isolada em sua "torre de marfim"?
54. Cabe afirmar que o principal critério de o psicanalista concordar com o término de uma análise é quando o paciente ficou com os valores iguais aos dele?
55. O objetivo de uma análise é atingido quando ela remove do paciente os sintomas que o fazem sofrer?
56. Está provado que a eficácia dos resultados obtidos com a psicanálise é superior ao de outras modalidades psicoterápicas?

PARTE II – PSICANÁLISE E PSICOTERAPIAS. ESCLARECIMENTOS GERAIS 59

57. O que é, de fato, a psicanálise?
58. E psicoterapia, o que é?
59. Pode descrever, separadamente, os diversos tipos de psicoterapias?
    - *Psicoterapias breves*
    - *Psicoterapia focal*
    - *Psicoterapia de apoio (de curta ou de longa duração)*
    - *Terapia cognitiva*
    - *Terapia comportamental*
    - *Terapias grupais*
    - *Terapia de casal*
    - *Terapia de família*
    - *Psicoterapia de orientação analítica*

60. Quem foi Freud? Foi ele quem descobriu a existência do inconsciente? Sua obra total continua vigente?
61. Pode fazer um breve histórico da evolução da psicanálise?
62. Onde é possível conhecer dados da vida de Freud e sua obra completa?
63. Muitos dizem que Freud sempre renegou e até hostilizou seu judaísmo; outros dizem o oposto, que ele assumiu a sua condição de judeu e até a enalteceu. Quem está com a verdade?
64. Quem foi Anna Freud?
65. Em nosso meio se ouve falar muito em Melanie Klein. Por que ela é importante para a psicanálise?
66. E Jung, o que ele representa para o movimento psicanalítico?
67. Por que tantos discípulos de Freud acabaram se distanciando e abrindo dissidências com ele?
68. Com freqüência é dito que os "paradigmas" da psicanálise estão se transformando. O que significa isso?
69. Quais são as sete escolas psicanalíticas atuais? Pode esclarecer separadamente cada uma delas?
    - *Escola freudiana*
    - *Escola kleiniana*
    - *Escola da psicologia do ego*
    - *Escola da psicologia do self*
    - *Escola francesa (Lacan)*
    - *Escola de Winnicott*
    - *Escola de Bion*
70. Ouço falar bastante em "neuropsicanálise". Pode ser considerada uma nova escola psicanalítica? As idéias de Freud têm algo a ver com isso?
71. O que é a IPA (Associação Psicanalítica Internacional)?
72. O que quer dizer "análise didática"? Ela é diferente da "análise terapêutica"?
73. O que significam "psicanálise silvestre" e "psicanálise selvagem"? Existe diferença entre elas?
74. O que significa "análise leiga"?
75. O que significa "análise concentrada"?
76. Existem outros métodos psicoterapêuticos que seguem outras correntes que não as psicanalíticas? Como distinguir suas principais características?
77. O que é corrente cognitivo-comportamental (behaviorista)?
78. E análise transacional?
79. E psicodrama?
80. E corrente da teoria sistêmica?
81. E corrente da psicologia analítica, de Jung?
82. E gestalterapia?
83. E corrente culturalista?
84. E corrente humanista?
85. E logoterapia?
86. Pode exemplificar com outras formas de terapias alternativas?
87. Em que consiste a experiência emocional corretiva?
88. O que significam as expressões antipsicanálise, antipsiquiatria, antianalisando? Esta última significa que o paciente é contra a análise?
89. Todas as pessoas podem se beneficiar com o tratamento psicanalítico? Ou existem pessoas não-analisáveis?
90. Como se processa a formação de um psicanalista?
91. Na época de Lacan, os seus candidatos à formação adquiriam a condição de psicanalistas através do sistema que eles chamavam de "passe". O que vem a ser isso?

92. Qualquer pessoa interessada pode se candidatar para fazer sua formação de psicanalista, reconhecida pela IPA?
93. A psicanálise tem se mantido a mesma desde que foi criada ou tem sofrido profundas modificações?

PARTE III – O DESENVOLVIMENTO DA PERSONALIDADE 83

94. Existem evidências de que o feto já tem um psiquismo ativo?
95. Está muito em voga o conceito de *imprinting*, ou seja, de marcas que ficam impressas na mente do bebê e que persistem por toda a vida. Pode explicar melhor este fenômeno psíquico?
96. "Trauma do nascimento." O que significa?
97. Qual é o significado da famosa "equação etiológica", de Freud?
98. O que significa "desenvolvimento emocional primitivo"?
99. Por que os psicanalistas afirmam que quanto mais primitivas forem as experiências emocionais vividas pela criança, mais importantes elas serão para o desenvolvimento de seu psiquismo?
100. Qual é o significado do conceito de "neotenia" em relação ao desenvolvimento primitivo do bebê?
101. Qual é a relevância da mãe no desenvolvimento da personalidade do filho?
102. O que caracteriza uma "mãe suficientemente boa"?
103. O que significam as expressões "seio bom" e "seio mau"?
104. A função da mãe como "espelho" do filho nos primeiros anos e a importância do "olhar" da mãe. Pode esclarecer?
105. Quais são as características de uma "mãe narcisista"? E a expressão "mãe morta" significa que, de fato, a mãe já faleceu?
106. Qual é o significado das conhecidas expressões psicanalíticas "fenômenos transicionais", "espaço transicional" e "objetos transicionais"?
107. No que tange às fases evolutivas na criança, o que significam os conceitos de simbiose, diferenciação, separação e individuação?
108. "Núcleos básicos de confiança": como eles se formam (ou não) nas crianças?
109. O que significa "desenvolvimento psicossexual" da criança?
110. Existem "zonas erógenas" desde a condição de bebê?
111. Fase oral do desenvolvimento da criança: o que significa?
112. Fase anal: ela fica restrita às zonas esfincterianas?
113. Fase fálica é o mesmo que fase da "genitalidade"?
114. Existe diferença entre falo e pênis?
115. O que quer dizer "mulher fálica"?
116. Toda mulher sente "inveja do pênis", como Freud dizia?
117. E a recíproca – isto é, o homem ter inveja da mulher – pode ser verdadeira?
118. Freud afirmava que a menina pequena não tem conhecimento da existência de vagina. Na atualidade, isto continua sendo considerado uma verdade?
119. A curiosidade sexual da criança é positiva ou negativa?
120. Todos somos portadores de uma "bissexualidade"?
121. Qual é a diferença entre sexo biológico e gênero sexual?
122. O que significa a "fase perverso-polimorfa" no desenvolvimento da criança?
123. É na puberdade que é despertada a sexualidade?
124. O que significa "cena primária"?
125. Em que consiste o tão falado "complexo de Édipo"?
126. E o "mito de Édipo"?

127. Complexo (ou angústia) de castração. O que é isso?
128. Fase genital é o mesmo que "fase fálica"?
129. Em que consiste o período de latência?
130. E o da puberdade?
131. A adolescência sempre se constitui como sendo uma fase de "aborrescência", como muitos pais e educadores dizem?
132. O que significa "crise" do ponto de vista da psicanálise?
133. Qual é a importância do pai na formação da personalidade dos filhos?
134. Por que muitos psicanalistas apregoam a relevância do "discurso" e dos "desejos" dos pais no desenvolvimento dos filhos?
135. Trauma e desamparo. Esclareça esses conceitos que estão muito em voga. Qual é a importância deles?
136. Uma eventual ausência física prolongada dos pais vai provocar problemas para as crianças?
137. A importância dos irmãos. Existe um "complexo fraterno"? Ele tem uma importância maior?
138. A importância da escola é tão relevante assim como dizem?
139. Existe uma influência do meio cultural em que a criança está inserida?
140. Existem diferenças entre os conceitos de "necessidade", "desejo" e "demanda"?
141. Seguidamente ouço falar em "dependência boa" e "dependência má". Pode explicar melhor?
142. Pode esclarecer o problema da auto-estima, em uma concepção psicanalítica?
143. Desenvolvimento da linguagem. Como se processa?
144. Zonas do psiquismo que são "áreas livres de conflito". O que significa esse conceito?
145. Masturbação é problema?
146. Qual é a importância das "identificações"? Pode descrever seus tipos?
147. Como se processa a construção do sentimento de identidade?
148. Em gêmeos univitelinos, a estrutura da personalidade de ambos é sempre a mesma?
149. Esclareça o significado psicanalítico de "simbiose". Ela é positiva ou negativa para um desenvolvimento sadio?
150. As frustrações impostas pelos educadores são positivas ou negativas no desenvolvimento do psiquismo das crianças?
151. Existem diferentes tipos de frustração?
152. Seguidamente se escuta falar na existência de "vazios" (ou "buracos negros") no psiquismo. O que significa isso?
153. Qual é a importância de se processar, na criança (e em muitos adultos), uma progressiva "desilusão das ilusões"?
154. A relevância do "corpo" no psiquismo e vice-versa. Como é isto?
155. Qual é o significado de "*self* grandioso" na evolução da criança? Cabe aos pais despertar um "sentimento de grandiosidade" no filho ainda bem pequeno?
156. "Filhos que mandam nos pais": isso representa vantagens ou desvantagens para o desenvolvimento deles?
157. Qual é a importância do brincar, dos brinquedos, dos jogos e das brincadeiras no desenvolvimento das crianças?
158. "Complexo de inferioridade." Em que consiste e como se forma?
159. Pode existir na criança (logo, no futuro adulto) uma "necessidade compulsiva" de ser castigada?
160. O que quer dizer "identificação com a vítima"?
161. Como decorrência de alguma falha no desenvolvimento infantil, pode existir na pessoa adulta uma necessidade compulsiva de "vir a ser abandonada" em sucessivas relações afetivas?

162. Na formação de um psicanalista, consta a "observação da relação mãe-bebê" (ORMB). Em que consiste isso?
163. Transgeracionalidade: o que significa e qual é a importância desse conceito psicanalítico?

A relação – e a comunicação – dos pais com os filhos 109

164. Existem mães que falam com os seus bebês – inclusive quando eles ainda são recém-nascidos – como se eles já fossem adultos. De que adianta se eles não entendem nada? Isso tem fundamento?
165. Qual é a forma mais saudável de os pais se comunicarem com seus filhos? Existe uma forma patogênica de comunicação que possa prejudicar o desenvolvimento psíquico da criança?
166. Em que consiste o risco de colocar "rótulos" nos filhos?
167. Em termos de educação e de comunicação, o que significa a expressão "dupla mensagem" (ou "duplo vínculo")?
168. O que fazer diante de um filho pequeno que é teimoso, se recusa a obedecer, a comer, a ir dormir, a tomar banho, a escovar os dentes, a se vestir adequadamente e que diz "não" para tudo?
169. Em que consiste a chamada "crise (ou dores) do crescimento"? Quais são as etapas evolutivas mais críticas?
170. A psicanálise é totalmente contra a possibilidade de os pais castigarem uma criança, mesmo que, por exemplo, seja uma eventual palmada na "bunda", para fins de educação e disciplina?
171. Como proceder quando um filho – especialmente na adolescência – se recusa a manter uma conversação com os pais, se isola e prefere se refugiar na internet ou em uma roda de amigos?
172. Qual é a melhor maneira de comunicar aos filhos fatos altamente angustiantes, como a decisão de divórcio dos pais ou a morte de algum ente querido?

Os primeiros namoros 113

173. Qual é a opinião dos psicanalistas acerca de permitir que filhos ainda crianças organizem e participem de reuniões dançantes entre eles, ou saiam em excursões sem a presença dos pais?
174. Como os psicanalistas se posicionam diante das angústias dos pais quando seus filhos, no início da adolescência, "ficam", alternadamente, com muitos ficantes? Ou quando dormem com os(as) namorados(as) em um quarto chaveado na casa dos pais?
175. "Minha filha de 16 anos namora um rapaz de 17 e diz que eles estão apaixonados, porém noto que seguidamente eles brigam por motivos banais, e ela fica triste e chora demais. Isto é normal? Ou há algo de errado e eu devo intervir para evitar seus futuros sofrimentos?"
176. "Estou preocupada com meu filho de 20 anos. Ao contrário de seus colegas, que já namoram bastante, ele é tímido, só quer saber de estudar, evita ir a festinhas alegando que as moças o rejeitam. Pior de tudo, agora ele está de namoro sério com a babá da filha da vizinha (é uma boa moça, porém humilde demais) e se diz totalmente apaixonado por ela. Estou decepcionada e envergonhada. Quanto mais nós, os pais, com boa situação financeira e cultural, falamos com ele, mais ele insiste em que "quer casar com ela". O que podemos fazer"?

177. "Apesar de a minha filha já ter 24 anos e todas a acharem linda e virtuosa (seu pai abandonou a família quando ela tinha 7 anos), ela não tem tido sorte com seus namoros. Já teve três namorados; tudo começa bem, mas, após algum tempo, eles a abandonam. Quando isso acontece, ela cai em uma profunda depressão, a ponto de expressar uma ideação suicida. Será um mero azar dela, ou a psicanálise tem alguma explicação?"

Os casamentos 115

178. A instituição do casamento convencional continua sendo uma meta imprescindível de ser realizada, ou está em franco declínio na atualidade? Comparando os casamentos de décadas passadas com os que existem nos dias de hoje, existem diferenças gritantes?
179. O que une e o que separa os casais? O que significa "fobia ao casamento"?
180. Está havendo alguma mudança significativa nos papéis a desempenhar e no sentimento de identidade do homem e da mulher?
181. A psicanálise explica por que, muitas vezes, o casal entra em "guerra" permanente? As maiores vítimas dessas guerras são os filhos?
182. Crises conjugais: quais são os principais fatores determinantes delas?
183. Divórcio. O casal deve postergar ao máximo possível, ou para sempre, a concretização de uma separação definitiva – na hipótese de que a qualidade da vida conjugal esteja péssima – como uma forma de sacrifício, para o bem dos filhos?
184. Em relação aos "recasamentos", por que é tão freqüente a possibilidade de que uma mesma pessoa case, descase e recase um grande número de vezes na tentativa de dar certo, e sempre se decepciona da mesma maneira?
185. Os psicanalistas são contra ou a favor de legalizar os casamentos entre homossexuais, inclusive com o direito à adoção de filhos?
186. Quanto mais tempo o casal permanece junto – inclusive no trabalho –, mais aumenta a possibilidade de o casamento dar certo? Existe um casamento perfeito?
187. O sentimento de paixão entre um casal pode durar a vida inteira?

A sexualidade 121

188. A psicanálise concorda com o fato de que as manifestações da sexualidade estão se modificando nas últimas décadas?
189. Quais são os critérios para considerar que a atividade sexual-genital está plenamente sadia? Quais são os maiores problemas?
190. Como os psicanalistas encaram a "hipersexualidade", ou seja, uma busca desenfreada de praticar o sexo: como uma demonstração sadia ou como um sintoma patológico?
191. A menopausa, tanto no homem como na mulher – especialmente nesta última –, decreta o fim da atividade sexual? Pessoas idosas mantêm uma vida genital regular?
192. A psicanálise e os sexologistas consideram que é indispensável para a mulher e para a saúde sexual do casal que ela atinja um pleno orgasmo vaginal? Em caso contrário, trata-se de frigidez, logo, é uma patologia? Existe um orgasmo clitoridiano?
193. Pode existir a possibilidade de uma virgem casar e em seguida apresentar uma duradoura "fobia ao deflowramento"?

194. A homossexualidade, masculina ou feminina, ainda é considerada como sendo uma doença, ou não? Como os psiquiatras, os psicanalistas e a sociedade a encaram?
195. Como reconhecer quando uma mulher é homossexual (lésbica)?
196. A presença de uma bissexualidade pode ser considerada uma modalidade de homossexualidade?

O nascimento dos filhos 125

197. Casais inférteis. Como a psicanálise explica o fato, muito freqüente, de em um casal que é infértil, há bastante tempo, que já fez inúmeras tentativas com médicos, após decidir adotar uma criança, a mulher engravidar, às vezes sucessivamente, com facilidade?
198. Criança adotada é sempre um problema?
199. Como se explica o fato paradoxal de que, quando a mulher engravida e quando nasce o primeiro filho, não é raro acontecer de o casal entrar em crise, às vezes resultando em divórcio entre eles?
200. O nascimento de um filho, inevitavelmente, gera problemas de ciúmes, inveja e rivalidade com os demais irmãos?
201. Por que é tão freqüente o fato de, em muitas famílias, se formarem subgrupos – pai e filha fazem uma aliança especial, enquanto a mãe fica excluída fazendo, também, por sua vez, uma aliança especial com outro filho, com a exclusão do pai? Isso representa algum prejuízo?
202. Qual é a explicação para o fato de que determinado filho funciona como o bode expiatório de um dos pais, ou de ambos, ou de toda uma família?
203. "Todo indivíduo é um grupo." Por que essa expressão é tão enfatizada quando se quer referir-se à estruturação da personalidade, ao longo do desenvolvimento biológico, psicológico e social de qualquer pessoa?

PARTE IV – TEORIA DA PSICANÁLISE: CONCEITOS BÁSICOS 129

204. Qual é a diferença entre teoria e metapsicologia ?
205. Esclareça, separadamente, cada um dos cinco modelos teóricos de Freud acerca do psiquismo, com os respectivos critérios de "cura". Pode seguir uma ordem cronológica?
    - Modelo I: Teoria do trauma
    - Modelo II: Teoria topográfica
    - Modelo III: Teoria estrutural
    - Modelo IV: Teoria do narcisismo
    - Modelo V: Teoria da dissociação do ego
206. Esclareça o significado psicanalítico de "princípios". Quais são os principais?
    - I: Princípio da existência do inconsciente. Ele é um caos? Como se manifesta no consciente?
    - II: A existência de pulsões instintivas
    - III: Princípio do determinismo Psíquico
    - IV: Princípios do prazer-desprazer e princípio da realidade
    - V: Princípio de nirvana (ou da "constância")
    - VI: Ponto de vista econômico do psiquismo
    - VII: Princípio da compulsão à repetição. A "neurose do destino" pode ser um exemplo disto?

- VIII: Princípio da negatividade
- IX: Princípio da incerteza.
207. Quais são os componentes da estrutura do psiquismo?
208. "Realidade psíquica." Qual é o significado dessa expressão?
209. Em que consiste o inconsciente e como ele se forma? Pode dar algumas metáforas que esclareçam melhor a noção do que é o inconsciente?
210. A clássica expressão "psicopatologia da vida cotidiana" designa ato falho, lapso, chiste e sintoma. Qual a significação de cada um deles?
211. "Lembrança encobridora": o que Freud queria dizer com essa expressão?
212. Qual é a diferença entre fantasias conscientes e inconscientes? Por que a psicanálise dá tanta importância a estas últimas?
213. Sonhos, pesadelos e terror noturno: como e para que eles se formam? O que os distingue?
214. O que significa "conteúdo manifesto" e "conteúdo latente" do sonho?
215. O que significa "inconsciente coletivo"? Ele existe? Tem a ver com a noção de "arquétipos", de Jung?
216. Por que a psicanálise dá uma extraordinária importância ao inconsciente e quase nada ao consciente? Como definir o plano da consciência do ponto de vista psicanalítico?
217. Pode definir, de forma simples, as pulsões de vida (Eros) e de morte (Tânatos), como Freud as formulou?
218. Além das pulsões de vida e de morte, existem também as pulsões de "poder" e de "domínio"?
219. Qual é o significado psicanalítico de "desejo"?
220. Existe diferença entre o significado psicanalítico dos conceitos de prazer, libido, desejo e gozo e a relação entre eles?
221. Como se entende o sentimento de inveja do ponto de vista psicanalítico?
222. Existe diferença entre os sentimentos de inveja e de ciúme?
223. Em que consiste o conceito de ego e quais são suas funções?
224. Pode definir a formação, importância e tipos de angústia?
225. Na evolução do psiquismo, existe diferença entre "fase" e "posição"?
226. Qual é o significado de "posição narcisista"?
227. Existe um "narcisismo sadio"? E "narcisismo negativo", o que significa?
228. O que significa "posição esquizoparanóide"?
229. E a "posição depressiva"?
230. Qual é o significado psicanalítico de "símbolo"?
231. Qual é a conceituação de "mecanismos de defesa" e quais são os seus tipos?
232. O que é "negação". Por que ela é considerada a defesa fundamental? Quais são as formas de negação?
233. Existe alguma diferença entre repressão e recalcamento? Pode dar uma metáfora para esclarecer o mecanismo da repressão?
234. O que significa "defesas primitivas"? Quais são elas?
235. Pode esclarecer as formas como as defesas se organizam em "organizações defensivas"?
236. "Defesas mais evoluídas": quais são elas?
237. "Identificação projetiva": em que consiste este mecanismo defensivo e por que lê é tão mencionado? Não é o mesmo que "projeção"?
238. Qual é a diferença entre os conceitos de "ambivalência" e "ambigüidade"?
239. Procede a afirmativa de que as defesas empregadas pelo ego é que definem a formação do tipo de caráter e a dos transtornos mentais?
240. *Self*: qual é o significado deste termo? Não é o mesmo que "ego"?
241. Seguidamente me deparo com as expressões "verdadeiro *self*" e "falso *self*". Qual o significado desses conceitos?

242. Qual é o significado psicanalítico do importante conceito de "representação"?
243. No jargão psicanalítico, o termo "objeto" é empregado com muita freqüência. Qual é o seu significado?
244. Explique o papel do superego. O que quer dizer "superego bom" e "superego mau"?
245. Esclareça os outros elementos da estrutura do psiquismo embasados no superego e semelhantes a ele. Pode descrevê-los separadamente?
    - *Ego auxiliar: o que é isso?*
    - *Alter-ego. Ainda se usa essa expressão?*
    - *Ego ideal. Tem alguma importância clínica?*
    - *Ideal do ego. Não é sinônimo de ego ideal?*
    - *Supra-ego. O que significa esse termo?*
    - *Contra-ego. Nunca ouvi essa expressão. O que significa?*
246. Existe diferença entre "trauma" e "estresse"?
247. Um único e intenso trauma pode provocar uma neurose permanente?
248. Sentimento de culpa: como se forma e qual sua importância no psiquismo?
249. Conflito psíquico: em que consiste? Como ele se forma? Qual é a relação do "conflito" com o "sintoma"?
250. "Formação de Compromisso": o que significa essa clássica expressão de Freud?
251. Quais são as diferenças entre os conceitos de inibição, caráter, temperamento e personalidade?
252. O que significa a terminologia "equação 7-C" na determinação dos conflitos psíquicos?
253. Existe diferença entre os termos signo, metonímia e metáfora?
254. Uma vez formada a personalidade, o psiquismo se mantém como uma unidade coesa, monolítica e indivisível?
255. Pode ilustrar o conceito de "divisão do psiquismo" com uma metáfora?
256. O que significa a expressão "parte psicótica da personalidade"?

PARTE V – OS PRINCIPAIS QUADROS CLÍNICOS DA PSICOPATOLOGIA 161

257. Como se formam os diferentes transtornos psíquicos?
258. O que significam as expressões "benefício (ganho) primário" e "benefício secundário" das doenças psíquicas?
259. É importante o analista conhecer o diagnóstico das doenças mentais? Quais são os critérios de classificação? O que é o DSM-IV?
260. Qual é a finalidade do sistema de "múltiplos eixos" no diagnóstico clínico?
261. Psicoses. Esse termo é o mesmo que "loucura"?
262. Transtorno da personalidade *borderline*. Quais são as características?
263. Transtorno da personalidade narcisista. Existe um narcisismo normal e sadio?
264. Transtorno afetivo (ou de humor) bipolar (TAB) é o mesmo que "psicose maníaco-depressiva"? Quais são os tipos? Responde bem aos tratamentos?
265. Como reconhecer os sintomas típicos de depressão e de mania?
266. Transtornos paranóides. Como se formam?
267. Neuroses. Qual é a diferença com as psicoses ou psicopatias?
268. Em que consiste o que Freud chamava de "neurose atual" e de "neurose narcisista"?
269. O que significa "neurose traumática"?
270. "Estresse pós-traumático": em que consiste este quadro clínico?
271. Síndromes mentais orgânicas. O que é isso?
272. Transtornos que pertencem à "família da ansiedade". Em que consistem?

273. Transtornos do pânico e ataques de pânico. O que são? O que causam? Como se manifestam? São hereditários? Como tratar?
274. Terror (ou pavor) sem nome. O que significa?
275. Histerias. Quais são as principais características do "caráter histérico"?
276. Quais são os tipos de histerias?
277. Histerias conversivas. O que significa isso?
278. Qual é o significado de transtornos histéricos "dissociativos"?. O que é "bela indiferença" e "personalidade múltipla"?
279. Quais é a distinção entre personalidade "histérica" e personalidade "histriônica"?
280. Qual é o significado psicanalítico da expressão "ataque histérico"?
281. Transtorno do controle dos impulsos. O que é isso?
282. Transtornos da personalidade: quais são as formas? Como reconhecer?
283. Fobias. Como elas se formam?
284. Quais são as características clínicas das fobias?
285. Qual é o significado da expressão "contrafobia"?
286. Fobia social. Ultimamente tenho lido e ouvido bastante essa expressão. Em que consiste?
287. Fobia infantil. Como se manifesta?
288. Fobia escolar. Qual é a causa disso?
289. Fobia ao casamento. Eu não conhecia essa expressão. Como reconhecer esse tipo de fobia?
290. Transtornos obsessivo-compulsivos (TOC). São freqüentes? Como se manifestam? Todo obsessivo tem TOC?
291. Quais são os sintomas mais típicos do TOC?
292. Na psicanálise, existe alguma relação entre "fezes" e "dinheiro", especialmente em pacientes obsessivos?
293. A afirmativa de que as manifestações paranóides, fóbicas e obsessivas estão sempre intimamente associadas é verdadeira?
294. Transtornos sexuais. Quais são eles? Como definir "parafilias"?
295. Transtornos de identidade de gênero. O que significa isso?
296. Disfunções sexuais. Quais são suas formas?
297. Don-juanismo e ninfomania. Em que consiste estes transtornos?
298. Depressão. Por que é importante? Qual é o grau de gravidade?
299. Quais são as causas e os tipos de depressão?
300. Quais são os sintomas da depressão?
301. Qual a diferença entre luto e melancolia?
302. O que é "depressão anaclítica"?
303. O que é "depressão distímica"?
304. Depressão narcisista: o que significa essa expressão?
305. Transtornos mentais pós-parto. Em que consistem? São freqüentes? São graves?
306. As crianças podem sofrer de depressão? Em caso positivo, quais os critérios para os educadores reconhecerem esse transtorno afetivo?
307. O paciente suicida: como reconhecer o risco? O que fazer para prevenir?
308. Depressões resistentes ao tratamento: existe essa possibilidade?
309. Transtornos alimentares. Em que consistem?
310. Bulimia nervosa. Em que consiste esse transtorno?
311. Anorexia nervosa é uma doença grave?
312. O que é "transtorno de compulsão periódica"?
313. Obesidade é doença?
314. Freqüentemente me deparo com pessoas que são lindas, porém se acham feias; ou o contrário. Um psiquiatra me disse que isso decorre de um "transtorno da percepção da auto-imagem corporal". Ele está certo? Pode me explicar melhor o que é esse transtorno?

315. Transtorno do déficit de atenção/hiperatividade (TDAH). Por que essa patologia está em moda?
316. O uso da Ritalina é muito freqüente. Pode apresentar algum tipo de risco?
317. Transtorno de personalidade anti-social é o mesmo que psicopatia?
318. Perversões. O que tem a dizer sobre elas?
319. A homossexualidades é considerada uma perversão? Quais são as causas de seu surgimento?
320. Fetichismo. O que significa?
321. Sadismo e masoquismo. O que vem a ser sadomasoquismo?
322. O masoquista gosta de sofrer? O que é "masoquismo moral"?
323. Traumatofilia: o que significa esse termo
324. Neurose de sucesso (ou neurose de destino). O que significa?
325. O que significa patologia do vazio?
326. Autismo. Em que, exatamente, consiste essa doença?
327. Fale sobre o problema das adições. Por que existem tantas pessoas que são adictas, ou seja, "viciadas" em alguma coisa?
328. A psicanálise tem alguma explicação para a adição aos "jogos de azar"? Pode exemplificar com a "bingomania"?
329. Transtornos por uso de substâncias psicoativas (ou dependência química). Por que isto acontece?
330. Quais são as formas de dependência química?
331. Transtornos somatoformes (psicossomáticos). Como isso se forma?
332. O que significa "complacência somática"?
333. Hipocondria. Em que consiste? Há explicação psicanalítica?
334. Feridas emocionais do aborto. Isso existe?
335. Qual é a diferença entre esterilidade e infertilidade? Ambas podem ter causas emocionais?

PARTE VI – TÉCNICA PSICANALÍTICA: PRINCÍPIOS BÁSICOS 205

336. Qual a importância do primeiro contato do paciente com o analista?
337. A "entrevista inicial" tem alguma diferença da "primeira sessão"?
338. O que significa fazer o "contrato analítico" antes de iniciar o tratamento psicanalítico propriamente dito? A palavra "contrato" tem alguma conotação jurídica?
339. Quando o analista avalia a pessoa que procura terapia psicanalítica, existe diferença entre os critérios de analisabilidade e o de acessibilidade?
340. O que é *setting* (ou enquadre)? Quais são as combinações necessárias entre paciente e analista?
341. Em que consistem as regras técnicas para o analista?
    I. *A regra fundamental (ou da livre associação de idéias). Por que é considerada fundamental?*
    II. *Regra da abstinência. Abster-se de quê?*
    III. *Regra da neutralidade. É o mesmo que "indiferença"?*
    IV. *Regra da atenção flutuante. Qual é o significado de "flutuante"?*
    V. *Regra do amor às verdades. Quais verdades?*
    VI. *Além dessas regras técnicas clássicas, existem outras?*
342. Deve haver uma rigidez na aplicação do *setting* (enquadre) psicanalítico clássico?
343. É obrigatório o uso do divã em um tratamento psicanalítico?
344. Qual é o número mínimo de sessões semanais para ser "psicanálise de verdade"?

345. Qual é tempo de duração de uma sessão analítica?
346. A questão do pagamento. Será que é justo o paciente pagar as sessões a que faltou?
347. O(a) namorado(a), ou cônjuge, ou algum familiar próximo insiste em querer vir falar com o terapeuta. Como proceder?
348. É possível um mesmo analista tratar simultaneamente parentes próximos ou pessoas amigas?
349. Há a possibilidade de uma pessoa analisar-se com um amigo?
350. O surgimento de resistências no tratamento analítico é positivo ou negativo?
351. Existem muitas e diferentes formas de resistências?. É possível classificá-las?
352. O analista também pode manifestar Resistências na análise?
353. Contra-resistência. A formação de conluios inconscientes. O que significa isso?
354. A reação terapêutica negativa (RTN). Qual é o significado dessa expressão?
355. Como surge a transferência? Quais são as suas modalidades?
356. "Transferência erótica" e "transferência erotizada" são a mesma coisa? Elas complicam a análise?
357. Neurose de transferência: o que significa isso?
358. O surgimento de transferência "negativa" é um obstáculo para o prosseguimento exitoso de uma análise?
359. A transferência "positiva" é um indicador seguro de êxito da análise?
360. Por que quando o terapeuta falta a sessões (desmarca, viaja, tira férias...) alguns pacientes interrompem o tratamento?
361. Aliança terapêutica: o que significa isso no decurso de um tratamento analítico?
362. Psicose de transferência: qual é o significado dessa expressão? Significa que o paciente ficou psicótico?
363. Extratransferência: o que significa esse conceito de técnica?
364. Sentimentos contratransferenciais do analista? Eles são positivos ou negativos para o processo analítico?
365. Atuações (*actings*) e contra-atuações. Em que consiste o surgimento desses fenômenos durante uma análise?
366. Comunicação: do ponto de vista da psicanálise, em que consiste?
367. O que significa comunicação não-verbal, quais são as formas e como elas se manifestam na situação analítica "Comunicação Não Verbal". Como elas se manifestam no curso de uma análise?
368. Atividade interpretativa na situação analítica: ela é sempre igual para todos analistas e para todos pacientes, ou são chavões que se repetem?
369. Quais são os elementos que compõem uma interpretação?
370. A finalidade das interpretações é sempre a mesma?
371. Estilo da função interpretativa: cada analista tem liberdade de usar seu estilo pessoal, ou ele deve cumprir uma uniformidade de técnica analítica?
372. Existem estilos patogênicos na forma de o analista interpretar?
373. A interpretação dos sonhos deve ser minuciosa e, eventualmente, demandar messes de análise, como Freud fazia, ou na atualidade isso mudou?
374. As interpretações do analista podem ser classificadas como "certas" e "erradas"?
375. Cabe ao analista fazer confissões, ou pedir desculpas ao paciente?
376. Existe diferença entre os conceitos de "interpretação" e de "construção"?
377. O que significa "interpretação mutativa"?
378. Em que consiste o recurso técnico de o analista abrir "novos vértices" para o paciente?
379. O que vem a ser *insight*? Existem tipos diferentes?
380. Elaboração: qual é o significado psicanalítico dessa expressão?
381. Qual é a diferença entre uma análise evoluir em "círculos" ou em "espiral"?
382. Psicossíntese: tem fundamento essa expressão em psicanálise?

383. Existe a plena "cura psicanalítica"? O que significa "crescimento mental" do paciente?
384. A meta da análise pode ser a de o analista esperar que o paciente incorpore o seu modelo e seus valores e que fique igual a ele, analista?
385. Qual é a diferença entre "benefício terapêutico" e "resultado analítico"?
386. Na realidade, qual é o principal objetivo de um tratamento analítico? Quais são os critérios para avaliar que chegou o momento de terminar a análise, com sucesso?
387. Término da análise (alta): como isso se processa no tratamento psicanalítico? Quando o paciente sabe que sua análise chegou ao fim? Quem dá a alta, o paciente ou o analista?

PARTE VII – A PRÁTICA DA CLÍNICA PSICANALÍTICA 233

388. Desde a criação da psicanálise até a atualidade, tem havido mudanças na prática da clínica psicanalítica?
389. O que caracteriza o período da psicanálise clássica?
390. O que se entende por psicanálise contemporânea?
391. Tem havido mudanças no perfil do paciente desde a época pioneira da psicanálise até os dias atuais?
392. Existem mudanças na forma como os psicanalistas de hoje analisam, em comparação com os do passado?
393. Quais são as principais transformações ocorridas no processo psicanalítico desde a época pioneira até a atual?
394. Diante de antigos traumas psíquicos que estão bem reprimidos, o melhor é o paciente esquecê-los ou lembrá-los?
395. Em que consiste o ato psicanalítico de promover "desrepressões"? Pode ilustrar com uma metáfora?
396. O que significam as expressões "dessignificações" e "neo-significações"? . Consegue exemplificar com um exemplo, a importância destes fenômenos na prática analítica?
397. Qual é o significado e a importância do termo "desidentificações", e o que significa "neo-identificações"?
398. O que significa o psicanalista usar o método "maiêutico"?
399. "Procurei um psicanalista para me analisar. Ele impôs a condição mínima de quatro sessões semanais, caso contrário ele não me atenderia, porque, segundo ele, não seria análise de verdade. Ele estava com a razão?"
400. "Flagrei o meu analista dormindo e ressonando durante a sessão. Provoquei algum ruído e ele despertou, porém não admitiu diretamente o que aconteceu e preferiu analisar a minha participação neste incidente. Indignada, abandonei a análise. Acertei? Errei?"
401. Pode esclarecer a importância da "verdade" na situação analítica?
402. É possível analisar uma pessoa mentirosa?
403. A expressão "antianalisando" significa que o paciente é contra a análise?
404. "Transformações": qual é o significado psicanalítico desse termo?
405. A expressão "mudança catastrófica", no curso da análise, designa uma piora total do paciente?
406. Qual a diferença entre os fenômenos de resistência, desistência, existência e resiliência?
407. O que quer dizer a expressão "transferência forçada" ou "caçador de transferências"?

408. Fazer o "mapeamento do psiquismo": em que consiste isso e qual é a sua importância?
409. Conhecer o enredo (*script*) das "peças teatrais" do psiquismo: em que isso consiste e qual é a sua importância na análise?
410. O que fazer diante de pacientes que são "colecionadores de infelicidades"?
411. Por que os analistas dão tanta importância ao que eles chamam de "angústia de separação"?
412. Os pacientes (e, muitas vezes, também os analistas) sabem pensar?
413. Por que muitos pacientes têm uma reação de dor psíquica desproporcionalmente exagerada ao estímulo doloroso real? Pode utilizar uma metáfora para esclarecer a diferença entre "quantidade" e "intensidade" da reação emocional diante de traumas?
414. Fetiche: o que isso significa em uma concepção psicanalítica?
415. O que fazer com um analisando que "não quer mudar"?
416. Transformar no paciente um estado de "egossintonia" em "egodistonia": o que significa isso na prática analítica?
417. O que fazer com um paciente quer encerrar a sua análise, sem ainda estar em condições satisfatórias?
418. Por que os analistas, em geral, dizem que uma terapia psicanalítica com duas sessões por semana funciona melhor do que com uma, três melhor do que com duas e quatro melhor do que com três. Isso é verdade?
419. Por que é freqüente que, depois de viverem "algo bom", algumas pessoas pensem que "algo ruim" pode acontecer com elas?
420. Uma análise só é acessível a uma elite econômica. Isso é verdade?
421. Análise com crianças. Isso é possível?
422. Análise com adolescentes funciona bem?
423. Análise com idosos. Será que vale a pena?
424. Terapia (analítica ou sistêmica) com casais. Sua principal finalidade é impedir o divórcio do casal?
425. Terapia analítica com a família. Não se corre o risco de aumentar as desavenças entre os familiares?
426. Terapia psicanalítica de grupo: é verdade que ela não é considerada um verdadeiro tratamento psicanalítico?
427. Como agem as terapias psicanalíticas? Unicamente através das interpretações do analista?
428. Reação terapêutica negativa (RTN): qual é o seu significado e quais são as possíveis causas do seu surgimento na análise?
429. O uso de medicamentos, como os psicotrópicos, Viagra, Ritalina, etc., podem substituir, opor-se ou complementar uma análise?
430. Tratamentos biológicos. Pode fazer uma síntese deles?
431. Em que consiste a eventualidade de o analista proceder a uma "intervenção vincular" durante o curso de uma análise?
432. Existe a possibilidade de o analista tomar a iniciativa de interromper a análise com um determinado paciente?
433. Todos pacientes são analisáveis?

PARTE VIII – O CAMPO ANALÍTICO: OS VÍNCULOS ENTRE O ANALISTA E O PACIENTE 257

434. "Tomei a decisão de me analisar, mas não sei com quem, porque tenho medo de errar. Existe algum critério que possa me orientar para escolher o psicanalista'certo' para mim? A propósito, o que é 'match'?"

435. O que é "campo analítico"?
436. Um mesmo paciente, caso se tratasse com analistas diferentes – supondo que eles sejam de uma mesma escola e de igual competência –, obteria os mesmos resultados?
437. Faz diferença o paciente analisar-se com analista homem ou mulher?
438. E com analista jovem ou velho?
439. A "pessoa real do analista" tem importância na evolução da análise?
440. O que significa "paciente de difícil acesso" (PDA)?
441. Qual é o significado da expressão "fúria narcisista" do paciente?
442. Os silêncios na situação analítica são indesejáveis?
443. O cinema mostra, com grande freqüência, os analistas escrevendo notas enquanto o paciente fala. Essa praxe é uma verdade?
444. Um analista pode chorar ou rir durante uma sessão? Isso não vai contra a regra da neutralidade?
445. Na hipótese de que o analista esteja bastante preocupado com problemas pessoais seus, ele tem condições de analisar com eficácia?
446. O estilo pessoal de cada analista conduzir o processo analítico influi na evolução do tratamento?
447. O analista pode ser "perguntador"? E pode responder às perguntas que o paciente lhe faz?
448. Ele pode empregar metáforas?
449. Qual a conduta do analista diante de situações de crises que ocorrem com pacientes?
450. Alianças e conluios entre paciente e analista. Isso acontece?
451. Quais são os principais tipos de conluio inconsciente no vínculo do par analítico?
452. Um analista pode aceitar presentes do paciente?
453. No curso da análise, é possível analista e paciente chegarem a um consenso de o paciente mudar de terapeuta?
454. O que significa a terminologia "SSS", de Lacan?
455. Quais são os atributos necessários para o analista chegar a ser "suficientemente bom"?
456. A importância da função de "continente" do analista: o que significa isso?
457. Existe um limite máximo de o analista suportar a soma das difíceis manifestações (fases críticas, ataques, depressão, sedução, choro aos prantos, etc.) dos sucessivos pacientes?
458. O analista deve evitar ir a encontros sociais onde sabe que encontrará pacientes seus?
459. Empatia é o mesmo que simpatia?
460. Necessidade de, no ato analítico, o analista manter uma atitude de "visão bifocal" (ou binocular) em relação ao paciente. Em que consiste isso?
461. Um permanente "estado mental de curiosidade" (tanto do analista como do paciente) é um fator positivo ou negativo para a análise?
462. Pode definir o seu conceito de "bússola empática" no ato analítico?
463. "Capacidade negativa" do analista: isso designa aspectos negativos do analista? Em que consiste e por que é importante?
464. O que significa "capacidade de sobrevivência" do analista?
465. Winnicott empregava a sua técnica do "jogo do rabisco". Qual é o significado disso? O que quer dizer "rabisco verbal"?
466. Quais são as características de um "bom paciente para análise"?
467. Um analista sério e que não transige com as inverdades é o mesmo que ser "verdadeiro"?
468. O que significa "intuição" do analista? Ele deve usá-la na situação analítica? Isto tem algo de místico nisso?

469. É contraproducente um analista querer fazer uso de sua memória durante o ato analítico?
470. Representa uma desvantagem o fato de que, na situação analítica, o psicanalista esteja com a mente ocupada com algum tipo de desejo?
471. Os medicamentos são verdadeiramente úteis no tratamento dos transtornos mentais? Em caso positivo, podem ser usados no transcurso de uma análise, e a quem cabe medicar?
472. Qual o significado da expressão "aprender com a experiência"?
473. O que fazer diante de um "estado confusional" do paciente?
474. Ouvir é o mesmo que "escutar"? Olhar é o mesmo que "enxergar, ver"? Falar é o mesmo que "dizer"?
475. No processo psicanalítico, cabe a inclusão de uma "análise do consciente"?
476. Impasse psicanalítico: o que é e como proceder diante dele?
477. Um analista pode tratar um paciente que tem valores morais e ideológicos completamente opostos aos dele?
478. Existe a possibilidade de o analista beneficiar-se, pessoalmente, através da análise com seu paciente?
479. Por outro lado, os problemas do paciente podem perturbar a vida privada do analista?
480. Um mesmo paciente pode se analisar simultaneamente com dois analistas?
481. O analista pode tomar a decisão de interromper uma análise contra a vontade do paciente?
482. Quem decide a finalização da análise?
483. Afinal, uma análise é terminável ou interminável?
484. O que significa a expressão referente à aquisição, por parte do paciente, de uma capacidade de "função psicanalítica da personalidade"?
485. Após o término da análise, analista e paciente podem ficar amigos mais próximos?
486. Um analista pode ser legalmente punido por ter cometido um "erro médico" ou "ético"?
487. Em que consiste e qual é a importância da contemporânea "psicanálise vincular"?
488. Qual é o significado psicanalítico das expressões "vínculo" e "configurações vinculares"?
489. Quais são os tipos de vínculos?
490. O que significa "vínculo do amor" do ponto de vista psicanalítico?
491. Pode explicar as formas normais e patológicas de amar e de ser amado?
492. Por que existem "mulheres que amam demais"?
493. Qual é a mútua relação do amor com o sexo?
494. Uma forma patológica de amar: o vínculo tantalizante. O que quer dizer isso?
495. Em que consiste o "vínculo do ódio"?
496. Existe diferença entre "agressão" e "agressividade"?
497. Como entender o grave problema da "violência" em suas diversas formas?
498. Em que consiste o "vínculo do conhecimento"?
499. Todo paciente quer conhecer as verdades sobre si?
500. Verdades, falsificações e mentiras. Qual é o significado psicanalítico desses termos?
501. "Vínculo do reconhecimento": o que quer dizer essa expressão?
502. O que une e o que afasta os casais?
503. O problema da infidelidade conjugal. A psicanálise tem alguma explicação?
504. Qual é o significado do vínculo do tipo *folie a deux* ("loucura a dois")?
505. Está sendo comum a proclamação de que a instituição do casamento está em crise. Isso é verdade?
506. Como é a normalidade e a patologia dos grupos familiares?
507. Pode enumerar os diferentes tipos de configurações familiares?

508. Qual é o conceito psicanalítico de "grupo"?
509. Campo grupal: o que significa isso?
510. O que são "grupos anônimos para viciados"?

PARTE IX – AS INTER-RELAÇÕES DA PSICANÁLISE COM OUTROS CAMPOS DO CONHECIMENTO 291

511. Seguidamente escutamos que a psicanálise contemporânea se fundamenta em uma "visão sistêmica" (ou "globalista"). Em que consiste isso?
512. Freud afirmava que a humanidade sofreu "três rudes golpes" em seu narcisismo. Quais são eles?
513. Por que as guerras? A psicanálise explica?
514. A psicanálise continua encastelada em sua "torre de marfim" ou está em estreito relacionamento com outras áreas humanísticas?
515. A psicanálise e a medicina se entendem bem?
516. Psiconeuroimunologia: em que consiste isso?
517. Como é a relação entre a psicanálise a psiquiatria?
518. Existe um movimento psicanalítico denominado "neuropsicanálise"?
519. O que significa "psicanálise aplicada"?
520. Qual o significado da expressão "psicanálise popular"?
521. Ultimamente se fala muito em "teoria da complexidade". O que significa? Tem relação com a psicanálise?
522. Existe alguma correlação entre a psicanálise e a religião?
523. A psicanálise acredita que a fé possa promover profundas mudanças na evolução de doenças orgânicas?
524. Existe alguma relação entre a antropologia, a fé e a psicanálise?
525. Existe alguma conexão entre a psicanálise, a mitologia e o misticismo?
526. A psicanálise e a filosofia. Existe alguma relação?
527. A psicanálise e a sociologia. Alguma relação?
528. A psicanálise e a física moderna.
529. A psicanálise e a literatura.
530. A psicanálise e o mundo das artes.
531. Sempre ouvi dizer que o tratamento analítico de um artista prejudica a sua capacidade criativa. Isso é verdade?
532. Existe alguma relação entre a criatividade de escritores e poetas com a psicanálise?
533. O cinema, quando aborda temas psicanalíticos, expressa com fidelidade a maneira como se desenvolve uma psicanálise?
534. A educação – no que tange ao processo de ensino-aprendizagem – pode se beneficiar com a psicanálise?
535. No campo da pedagogia, qual é a explicação para o importante problema do "fracasso escolar"?
536. Existe alguma alteração nos vínculos amorosos e sexuais que se formam por meio da internet?
537. A psicanálise pode ter alguma aplicação prática na política?
538. Os conhecimentos psicanalíticos podem ser aplicados nos esportes competitivos?
539. A psicanálise se interessa em explicar o fenômeno do terrorismo e dos terroristas?
540. Como é a mente de um terrorista, mais exatamente, de um "homem-bomba suicida"?
541. Como é relação da psicanálise com outras atividades profissionais, como magistratura, arquitetura, publicidade, etc.?

542. A afirmativa de que vivemos na vigência de uma "sociedade narcisista" e também "depressiva" é verdadeira?
543. A psicanálise – e o psicanalista – deve se envolver com os problemas sociais?
544. Existe uma influência da cultura na criação de concepções psicanalíticas? Como exemplo disso, cabe dizer que a psicanálise é uma ciência de origem judaica, devido à condição de Freud ser judeu? Ou, outro exemplo, que o surgimento da "depressão pós-parto" depende do tipo de cultura?
545. A ética na psicanálise. Em que consiste o emprego de um "termo de consentimento"?
546. Para onde vai a psicanálise?

INTRODUÇÃO, APRESENTAÇÃO E AGRADECIMENTOS

Há bastante tempo eu vinha gestando um sonho: o de poder compartilhar a essencialidade dos conhecimentos psicanalíticos com o público em geral, tanto com as pessoas que pertencem à assim chamada área "psi" como também, e principalmente, com todas aquelas que, de uma forma ou outra, vêm demonstrando um crescente interesse pelos mecanismos psicológicos na sua normalidade e patologia. Trata-se de uma curiosidade sadia pelos mistérios que, provindos de zonas ocultas do psiquismo de todo ser humano, determinam nosso código de valores, conduta, relacionamentos e uma maior harmonia ou desarmonia de nosso estado mental, emocional e espiritual, que determinam uma melhor ou pior qualidade de viver, de conviver e de ser!

Esse desejo adquiriu uma especial significação dentro de mim porque, claramente, eu percebia que existia uma lacuna na nossa literatura analítica, que não oferecia um livro que extrapolasse os limites restritos aos profissionais específicos da área da psicologia – embora ele tenha de manter uma importante utilidade tanto para estudantes de psicologia quanto para os mais experimentados psicoterapeutas – e que fosse de acesso, o menos complicado possível, a todas as pessoas interessadas em geral.

Não obstante eu viesse acalentando um especial e carinhoso interesse por este projeto de livro, não tomei a iniciativa de concretizá-lo, devido a razões ditadas por princípios pessoais. Para ser mais claro, até então não me sentia capacitado a preencher alguns requisitos fundamentais que eu considerava – e considero – indispensáveis para que um livro desta natureza possa atingir suas finalidades de permitir um simplificado acesso ao grande público mais elitizado, sobre um tema tão vasto e complexo como é a psicanálise.

Os requisitos essenciais a que estou aludindo abrangem os seguintes aspectos: um é que, além da necessidade de que o autor possibilite uma acessibilidade mais abrangente a todas pessoas que tenham alguma curiosidade em conhecer os enigmas da natureza do ser humano, se torna necessário acrescentar que esta difícil tarefa de síntese não pode renunciar a um rigor científico. O segundo requisito consiste em que o texto deve ser simples (diferentemente de simplório), de leitura relativamente fácil e, tanto quanto possível, agradável. Em terceiro lugar, creio que todos concordamos com o fato de que para atingir uma simplicidade na descrição de assuntos complicados, os conhecimentos relativos a determinadas matérias que qualquer autor vai expor devem estar bastante claros dentro dele, o que implica um sólido e diversificado respaldo teórico, técnico e de prática profissional.

Salvo um possível equívoco da representação interna que eu tenha de mim mesmo, e sem a necessidade de ter de recorrer a uma falsa modéstia, assumo a ousadia de afirmar que, gradativamente, adquiri a convicção de que reúno condições suficientes para ser o autor de um livro que, de forma acessível – o que não quer dizer leitura sempre fácil –, aborde os principais temas das múltiplas e distintas faces da psicanálise. Essa convicção se apóia, em grande parte, no fato de já ter publicado sete livros diversificados de fundamentação psicanalítica, todos eles com uma excelente aceitação dos leitores. Ademais, também tenho o respaldo de uma longa experiência como analista didata da SPPA, coordenador de diversos grupos privados de estudos psicanalíticos, supervisor de distintas instituições, palestrante convidado para inúmeros centros do Brasil e de alguns outros países americanos e europeus, além de uma intensa prática como psiquiatra, grupoterapeuta e psicanalista.

Outro fator que teve um peso especial na minha decisão de publicar *Psicanálise em perguntas e respostas* foi o propósito de atingir três objetivos: um é o fato inconteste de que também os leitores pertencentes ao campo da psicanálise, desde os iniciantes até os mais veteranos, se beneficiam com uma leitura que os leve diretamente a uma resposta científica imediata acerca de certas questões que versam sobre generalidades, teoria, técnica e prática da psicanálise e que nem sempre estão claras ou são lembradas de imediato por cada um de nós. Uma segunda razão é que, por se tratar de uma ciência abstrata, ainda existe muita nebulosidade entre o que é realmente verdadeiro e o que está impregnado com inúmeras crenças, crendices, falsas verdades, preconceitos e, inclusive, vários tabus. A propósito, grande parte dos tabus (isto é, fatos que ao mesmo tempo são misteriosos, sagrados e que despertam tanto um grande fascínio quanto um medo de transgredir uma proibição) foi construída pelas próprias instituições psicanalíticas, com o propósito de manter um rigoroso sigilo e um certo mistério acerca das próprias fragilidades, limitações, falhas e possíveis complicações pessoais ou de relações entre eles, os analistas. Um bom exemplo que pode ilustrar um tabu que está presente na comunidade psicanalítica, desde os tempos pioneiros de Freud até a atualidade, é o que diz respeito à alta probabilidade, real, de o(a) analista sentir pelo(a) paciente uma atração física, ou uma atração sexual, e, em proporções bem menores, a possibilidade de acontecer um envolvimento sexual. Muito raramente a ampla literatura psicanalítica, ou os debates entre os próprios psicanalistas, toca nestes sentimentos transferenciais (partem do próprio analista) ou contratransferenciais (sentimentos na pessoa do analista que são despertados nele pelos pacientes) que podem ser tanto normais quanto patogênicos.

Este livro está disposto a enfrentar, face a face com as verdades, as questões que envolvam os referidos tabus. Outras distorções que também podem comprometer a verdade sobre a psicanálise são as que decorrem entre aquilo que é garimpado dos primeiros postulados pioneiros de Freud (e que continua sendo divulgado como sendo a psicanálise atual) e as profundas transformações da psicanálise contemporânea, tanto na teoria e na técnica como na prática psicanalítica. Uma terceira motivação para a divulgação deste livro prende-se ao fato de que o público intelectualmente mais sofisticado e diferenciado, nas mais diferentes áreas humanísticas, vem demonstrando um crescente interesse pelos conhecimentos ligados ao mundo do inconsciente e pela *psicanálise aplicada*. Essa afirmativa pode ser constatada, com facilidade, pelo comparecimento de expressivos públicos a encontros promovidos por entidades psicanalíticas em que psicanalistas debatem assuntos de interesse coletivo, como é o caso de ciclo de debates sobre filmes, peças teatrais, o problema da violência, o porquê das guerras, etc. Eu próprio tenho tido freqüentes participações nesses eventos, como também em encontros e grupos de reflexão com pais, mestres e diretores em escolas, com médicos, advogados, arquitetos, etc., e constato um significativo retorno por parte de um público ávido por esclarecimentos inerentes à psicanálise, por ocasião de participações que distintos colegas fazem em programas de televisão ou em outros meios de comunicação da mídia, de sorte que é fácil perceber uma repercussão significativamente positiva.

Em resumo, esta Introdução do livro que o leitor tem em mãos pretende estreitar os laços entre os conhecimentos da ciência e a arte da psicanálise com um número, o mais abrangente possível, de pessoas e de entidades que transitam pelas mais diferentes disciplinas e áreas, independentemente de idade, profissão, condição socioeconômica, grau de cultura e erudição, etc. Antes disso, a condição prioritária é a que se mantenha acesa uma característica essencial para quem quer continuar crescendo: uma permanente curiosidade sadia.

No momento em que redijo estas notas estou com 75 anos, em um satisfatório vigor físico, emocional e intelectual (não sei até quando), e cumpro com satisfação uma densa carga horária de trabalho, sem descurar de lazeres e da curtição de uma linda família que tenho a grande ventura de possuir. Uma vez tendo feito a apresentação de mim mesmo (peço desculpas porque sei que isto não é usual), passo a fazer uma explanação geral da filosofia e da organização deste livro.

Particularmente, gosto do sistema de perguntas e respostas, porque tende a mobilizar uma identificação do leitor com as questões que cada um sempre carregou dentro de si, apesar de nem sempre se dar conta disso. Para tanto, utilizo o recurso de manter um diálogo com um interlocutor – real ou imaginário –, a quem, no entanto, eu delego o papel de "porta-voz" de todos os leitores que me estão honrando com sua leitura.

Pelo fato de a psicanálise ter um largo leque de aspectos teóricos, técnicos e práticos, com conexões e aplicações em várias áreas humanísticas e com uma terminologia que, às vezes, é ambígua e algo imprecisa, entendi que deveria haver uma certa delimitação entre os temas que compõem uma mesma família de conceituações que se complementam. Assim, o livro está dividido em nove partes, cada uma delas abordando determinada dimensão do conhecimento psicanalítico.

A Parte I, "Mitos, verdades e tabus sobre a psicanálise", como o título sugere, traz questões que giram em torno da distinção e vinculação entre psicanálise, psicoterapias, psiquiatria e coisas afins. A ciência psicanalítica não lida unicamente com situações concretas e objetivas, como é a medicina em geral, mas ela também visa a fenômenos abstratos e subjetivos da natureza humana. Esse fato, somado às conhecidas distorções do cinema, de certas publicações, contumazes detratores e do imaginário popular, favorece a criação de inverdades e mitos acerca daquilo que, na verdade, consiste na fundamentação e na finalidade prática da psicanálise e derivados dela. Assim, esta primeira parte procura enfocar e esclarecer os mitos e tabus mais evidentes.

A Parte II, intitulada "Psicanálise e psicoterapias. Esclarecimentos gerais", aborda questões que dizem respeito às primeiras concepções do gênio de Freud que, ao longo de mais de 40 anos, foi construindo os alicerces e a edificação da psicanálise. Sendo assim, as questões levantadas pelos interlocutores, neste livro, prosseguem sofrendo sucessivas modificações, e as demais contribuições teóricas de diversos autores continuam transitando pelos campos psicanalíticos, de modo a se estenderem até a psicanálise contemporânea. O campo da psicanálise se expandiu sobremaneira, juntamente com as distintas formas de psicoterapias, porém o crescimento de ambas é algo anárquico, porque os conhecimentos procedem de diferentes correntes e instituições de ensino, algumas amplamente reconhecidas pelos meios científicos; outras, nem tanto; algumas consideradas como "alternativas" e outras com nomes afins são acusadas pelas correntes mais reconhecidas como oficiais de serem instituições criadas com o grande objetivo de auferir vantagens econômicas, vendendo ilusões para arrebanhar alunos e para seduzir pacientes com promessas de cunho mágico. Enfim, entendi que devia ser feita uma tentativa de discriminação entre o enredamento de tantas ofertas no mercado consumidor, o que pode determinar mais uma confusão em quem deseja obter formação na área ou deseja se tratar e está perdido nesta verdadeira "torre de Babel".

A Parte III, intitulada "O desenvolvimento da personalidade", através de um conjunto de mais de cem questões, complementa as partes anteriores, enfocando os fatores hereditários, constitucionais, familiares e ambientais que determinam a estruturação – ou desestruturação – da formação da personalidade de qualquer ser humano. As perguntas enfatizam até a possibilidade da existência de um psiquismo fetal e incidem na essencial importância do desenvolvimento emocional primitivo, na importância do meio familiar, na formação dos diferentes tipos de vínculo, na construção do sentimento de identidade e de outros aspectos afins. Para tanto, as questões levantadas sobre o desenvolvimento da personalidade abordam mais detidamente os aspectos referentes à "relação e comunicação dos pais com os filhos"; "os primeiros namoros"; "os casamentos"; "a sexualidade"; "o nascimento dos filhos".

A Parte IV, "Teoria da psicanálise: conceitos básicos", se propõe a esclarecer os principais princípios teóricos e metapsicológicos que regem a psicanálise, desde a criação original e fundamental da imensa obra de Freud até a psicanálise contemporânea, passando por múltiplos autores pertencentes a distintas correntes e escolas de psicanálise que se formaram ao longo destes pouco mais de cem anos de sua existência. Esta parte do livro enfatiza especialmente a revisão sobre a evolução das principais teorias e dos "princípios" fundamentais que embasam a prática da psicanálise e do conhecimento humano em geral.

A Parte V, "Os principais quadros clínicos da psicopatologia", visa a dar uma visão panorâmica, em um entrelaçamento harmônico da psicanálise com a psiquiatria, de como se formam os diversos tipos e graus de transtornos mentais, da importância do diagnóstico, dos quadros clínicos de psicoses, neuroses, psicopatias, perversões, transtornos da sexualidade, adições, doenças psicossomáticas, patologia do vazio, etc.

A Parte VI, "Técnica psicanalítica: princípios básicos", complementa as concepções teóricas antes abordadas, visto que, reciprocamente, a teoria, a técnica e a prática clínica estão sempre entrelaçadas e cada uma delas inspira o avanço das outras. Esta parte consta de questões que giram em torno dos princípios que norteiam um tratamento de natureza psicanalítica, desde o primeiro contato (telefônico, por exemplo) do paciente com o seu possível analista, prosseguindo com os encontros que constituem a "entrevista inicial", a combinação de alguns detalhes práticos que constituirão o *setting* (enquadre) em que se desenvolverá o processo de análise, as regras técnicas que todo terapeuta deve conhecer muito bem, até surgimento de resistências, de transferências, de atuações, as diversas formas de comunicação, a atividade interpretativa, a elaboração, o crescimento mental e demais fatores que acontecem em qualquer processo analítico.

A Parte VII, intitulada "A prática da clínica psicanalítica", objetiva esclarecer aspectos eminentemente práticos, por exemplo, se é possível analisar uma pessoa mentirosa ou o que fazer diante de um paciente que se recusa a fazer mudanças ou quer interromper o tratamento; a utilização concomitante de tratamento biológico e inúmeras situações equivalentes. As perguntas também permitem o esclarecimento das particularidades que cercam a análise com crianças, adolescentes, casais, família, grupos e de como agem as terapias analíticas.

A Parte VIII, "O campo analítico: os vínculos entre o analista e o paciente", dá uma ênfase especial à importância que a psicanálise contemporânea dedica ao "campo analítico" (com um destaque na "pessoa real do analista"), aos "vínculos" e às "configurações vinculares" que regem todos os nossos inter-relacionamentos pessoais. As questões propostas, mais de 80, representam uma continuidade da parte anterior, com maior aprofundamento dos aspectos singulares que se passam no campo analítico entre o analista e cada um dos pacientes.

A Parte IX, "As inter-relações da psicanálise com outros campos do conhecimento", encerra este livro. As questões levantadas pelos interlocutores abordam aspectos referentes a como a psicanálise pode se enriquecer e beneficiar com outras disciplinas e áreas humanísticas, e vice-versa. Assim, as perguntas giram em torno do relacionamento dos conhecimentos psicanalíticos com a medicina, psiquiatria, religião, sociologia, filosofia, etologia, lingüística, educação escolar, literatura, artes, ética, o problema da violência e do terrorismo, ciências em geral, etc.

Quanto às respostas e aos esclarecimentos que são dados a cada uma das quase 550 questões formuladas, é óbvio que, dentro do espírito que anima este livro, não existe a menor possibilidade prática e, tampouco, a pretensão de atingir uma completude ou de esgotar com profundidade científica cada um dos assuntos levantados. Dessa forma, os esclarecimentos das questões, em sua maioria, serão sucintos, alguns outros serão mais alongados; alguns se limitarão a respostas simples; enquanto outros virão acompanhados de vinhetas clínicas ou de metáforas.

Como roteiro de leitura, é útil esclarecer ao leitor que, antecedendo a esta Introdução, existe um Sumário Detalhado, em que constam, enumeradas, cada uma das questões que foram levantadas e cujas respostas aparecem nos respectivos textos de cada uma das nove partes do livro. Igualmente, na parte final deste livro, consta um Índice Remissivo que – diferentemente do habitual, que é o de referir o tema que interessa ao leitor para o número da página – se propõe a remeter o leitor diretamente para os números que acompanham, em ordem crescente, cada uma das perguntas formuladas.

Não posso encerrar esta Introdução sem manifestar publicamente minha gratidão a meus familiares mais íntimos, especialmente para minha esposa Guite, pela "força" e, sobretudo, pela paciência; para a minha filha Idete, médica psiquiatra e pertencente à Sociedade Psicanalítica de Porto Alegre, pela sua espontânea e importante colaboração; aos meus editores; a muitos amigos e colegas, alunos e supervisonandos. Deixo um carinhoso abraço para os meus queridos pacientes de sempre. Por fim, quero dedicar um especial agradecimento aos leitores em geral, tanto àqueles que me honram com uma continuada fidelidade e prestígio aos meus escritos como aos novos possíveis leitores e amigos que – eu guardo uma esperança – poderei conseguir. A todos faço um encarecido pedido para que colaborem comigo, através de mensagens via e-mail (dgzimer@terra.com.br), fazendo sugestões quanto ao acréscimo de novas questões ou exclusões de algumas que constam neste livro. Da mesma forma, solicito que me enviem comentários críticos relacionados aos possíveis acertos ou falhas e erros relativos à adequação, à clareza e à extensão das respostas aos questionamentos propostos.

Parte I

MITOS, VERDADES E TABUS SOBRE A PSICANÁLISE

1. Por que se formam tantas polêmicas, inverdades, controvérsias, mitos; e existem tantos tabus acerca da psicanálise e dos psicanalistas?

Realmente, pelo fato de se tratar de uma ciência que não é matematicamente exata nem objetivamente demonstrável e, pelo contrário, se alicerça em fenômenos mais abstratos do que concretos, mais subjetivos do que objetivos, mais desconhecidos (logo, assustadores) do que conhecidos, mais fora do controle consciente do que de uma segurança que um permanente controle aparentemente possibilita, a *psicanálise* passou a ser um significativo-alvo para ser atacado, denegrido e, sobretudo, ficar impregnado de excessivas idealizações ou distorções, falsificações, e pela formação de diversos mitos. Estes últimos são oriundos tanto da intencionalidade de alguns predadores quanto do imaginário popular. São inúmeros os aludidos mitos e alguns dos mais comuns constam nas questões que seguem neste livro. Igualmente, a figura de um *psicanalista* representa muito fortemente as figuras dos primitivos pais de cada pessoa em separado, de sorte que os terapeutas são revestidos com a mesma idealização, ou denegrimento, ou um excessivo controle, curiosidade, decepções, intrigas, medos, mistérios, etc. que se processavam nas respectivas famílias originais de cada um. Impõe-se fazer a ressalva que nem tudo resulta de distorções fantasiosas; eventualmente o comportamento de algum analista justifica que se façam pesadas críticas.

2. Quais são as diferenças entre a psicanálise e as psicoterapias?

Até a pouco tempo, essa crença era bastante divulgada, principalmente por parte dos próprios psicanalistas. Na atualidade, essa afirmativa pode ser considerada como sendo um mito. Pela importância desta questão, se justifica fazer uma distinção entre psicanálise, psicoterapia e terapia analítica. Inicialmente, cabe fazer uma metáfora: assim como existem os extremos da claridade do dia e da escuridão da noite, também existem os estados intermediários como são a aurora e o crepúsculo. De forma análoga, pode-se dizer, esquematicamente, que a **psicoterapia** tem uma finalidade mais restrita, como resolver crises vitais e acidentais; remover sintomas agudos de quadros de transtornos mentais, como angústia, fobia, paranóia, etc., propiciar melhor adaptação na família, sociedade e trabalho; dar apoio com vistas a um melhor enfrentamento de situações difíceis. Habitualmente, as psicoterapias (tanto individual como grupal) são realizadas em uma média de duas sessões semanais, mas nada impede que possa ser uma sessão semanal, quinzenal ou até mesmo mensal. O tempo de duração de uma psicoterapia pode ser breve (por exemplo, a "focal", que visa à resolução de um foco específico de sofrimento) ou longa, que perdura enquanto estiverem, de fato, se processando melhoras na qualidade de vida.

Já um tratamento **psicanalítico** visa a um maior aprofundamento, isto é, vai além dos inequívocos benefícios terapêuticos acima mencionados, sendo que o maior objetivo de uma análise é conseguir mudanças da estrutura interior do psiquismo. Objetiva, portanto, realizar verdadeiras e permanentes mudanças caracterológicas, de sorte a melhorar a qualidade de vida para uma pessoa que, por exemplo, seja exageradamente obsessiva, ou histérica, fóbica, depressiva, paranóide, psicossomatizadora, etc. Isso, na hipótese de que essa caracterologia, embora sem sintomas manifestos, de alguma forma possa estar prejudicando a si próprio e/ou aos demais, com sensíveis prejuízos e inibições nas capacidades afetivas, intelectivas, comunicativas, criativas e de lazer. Um tratamento psicanalítico habitualmente é processado com quatro (ou três) sessões semanais, comumente (mas não obrigatoriamente) com o paciente deitado no divã, e tem uma duração de vários anos.

O termo **terapia analítica** (ou psicoterapia de orientação psicanalítica) designa aquele tratamento em que há certa superposição de psicoterapia e psicanálise e cujo denominador comum consiste na utilização do "método analítico" que, fundamentalmente, consiste em um conjunto de conhecimentos teóricos e procedimentos técnicos que possibilitam um acesso ao inconsciente do paciente.

Voltando à metáfora do dia e noite, vale repisar que os autores e professores estabeleciam um enorme abismo entre psicoterapia e psicanálise. Na atualidade, entretanto, as zonas de aurora e crepúsculo servem de analogia para o significado de que passou a existir uma redução de diferenças, e uma superposição de semelhanças entre ambas está se expandindo de forma significativa.

3. Quais são as diferenças entre psicanalista, psiquiatra, psicoterapeuta e psicólogo?

Cabe discriminar separadamente, a função específica de cada um deles.

Psicólogo: é um profissional formado por uma faculdade de psicologia (curso de duração de cinco anos em média) que o habilita a exercer: 1. Psicoterapia, em suas diversas modalidades. 2. Psicologia organizacional (em empresas). 3. Aplicação de psicotestes, como um recurso de finalidades diagnósticas e de seleção de pessoal (por exemplo, para a obtenção de carteira de habilitação para dirigir). 4. Psicologia educacional (nas escolas). 5. Exercício da psicanálise clínica (desde que complemente a sua formação básica de psicólogo com uma nova, exaustiva e específica formação psicanalítica, em alguma instituição reconhecida). Pelo fato de não ser médico, o psicólogo não pode prescrever nenhum tipo de medicação. Existe uma crença bastante corrente de que psicólogo psicanalista sempre será ineficiente ou limitado, pelo fato de não ser médico e, assim, não conseguir acompanhar muitos aspectos do paciente, especialmente aqueles que dizem respeito às causas orgânicas de transtornos mentais ou as repercussões no organismo dos conflitos psíquicos. Isso não é verdade. Existem abundantes comprovações de que psicólogos, com uma formação psicanalítica adequada, são excelentes analistas e que, mercê de um "espírito médico", conseguem detectar o envolvimento de fatores orgânicos, de modo a encaminhar de forma muito apropriada o seu paciente para algum médico avaliar e tratar alguma doença física, ou encaminhar para um psiquiatra medicar com psicofármacos.

Psiquiatra: um médico pode candidatar-se a fazer uma formação psiquiátrica em alguma instituição reconhecida, onde ele fará um árduo curso especial que tem uma duração média de quatro anos. Uma vez aprovado, ele estará em condições de exercer psicoterapias e de tratar "pacientes psiquiátricos" (como psicóticos hospitalizados, depressões graves, crises de pânico, drogaditos, etc.) com medicação psicotrópica. Caso o psiquiatra queira tornar-se um psicanalista, deverá ter o complemento de uma completa formação psicanalítica. Assim, na atualidade, um grande número de psiquiatras exerce uma "psiquiatria dinâmica", mais voltada para tratar dos dinamismos dos transtornos psíquicos, enquanto outro expressivo número deles, em escala crescente de adeptos, dedica-se prioritariamente à "psiquiatria biológica", com o respectivo emprego da moderna psicofarmacologia e com um respaldo nos conhecimentos aportados pelas neurociências.

Psicanalista: tanto um psiquiatra como um psicólogo que desejam tornar-se psicanalistas deverão procurar uma sociedade psicanalítica filiada a uma entidade internacional *mater* (IPA), submeter-se a uma seleção rigorosa e, na condição de "candidato", a uma "análise didática" (duração média de sete anos) concomitantemente com seminários teórico-técnicos, supervisões individuais e coletivas, apresentação de monografias, comparecimento a reuniões clínicas semanais, participação em jornadas e congressos, etc. Para a obtenção da condição de psicanalista, no mínimo é necessário que o candidato egresso do Instituto de Psicanálise submeta a uma assembléia a apresentação de um trabalho clínico, com vistas a passar da condição de "candidato" para a de "membro associado". Daí, se ele desejar, poderá ascender à condição de "membro efetivo" se tiver a aprovação de um trabalho psicanalítico de sua livre escolha. Posteriormente, ele poderá pleitear a condição de "membro efetivo didata", em cujo caso está legitimado a lecionar, analisar e supervisionar outros candidatos em formação psicanalítica. Um psicanalista está habilitado a exercer a psicanálise clínica, com o uso do divã para os seus analisandos, com um maior número de sessões semanais, tendo em vista o propósito de um acesso às regiões profundas do inconsciente que determinam os nossos traços de caráter, conflitos, sintomas, inibições, angústias e transtornos de psicopatologia.

Psicoterapeuta: é uma denominação mais genérica que designa a condição de um técnico especializado – psicólogo, psiquiatra ou psicanalista – exercer uma função de tratar algum paciente com alguma forma de psicoterapia fundamentada em princípios variados, conforme determinadas correntes que mereçam um crédito de idoneidade.

4. A popular expressão "Freud explica" – a tudo e a todos – tem fundamento?

Não obstante a obviedade de que, na imensa maioria das vezes, essa expressão seja empregada de forma descontraída, como um chiste, impõe-se esclarecer que muitas outras pessoas a levam, seriamente, ao pé da letra. Essa última possibilidade deve ser considerada como um mito. A psicanálise não explica tudo e, muito menos, resolve tudo.

Não explica tudo, pela simples razão de que, embora tenha avançado bastante, sobretudo nas últimas décadas, a psicanálise reconhece que ainda sofre de muitas limitações. Além disso, muitos dos fenômenos que ocorrem em demais áreas da existência humana, é evidente, não dependem do psiquismo inconsciente. Quanto à possibilidade de que a psicanálise resolva todos os problemas de natureza psíquica, seguramente é um mito que surge quando ela é idealizada a ponto de ser confundida com algo de natureza mística, sobrenatural ou com alguma forma de ciência oculta, o que também deve ser considerado como um mito.

5. A psicanálise promete a felicidade?

Não, não promete. Um tratamento psicanalítico propõe-se (é diferente de prometer) a não só aliviar sintomas com sofrimento psíquico – em situações agudas, de crises, ou em situações cronificadas –, como também, e principalmente, tentar promover algumas necessárias mudanças na estrutura psíquica do mundo interno do paciente que possibilitem que este libere a energia psíquica que está sendo gasta inutilmente para a contenção dos conflitos inconscientes, de sorte que a liberação dessa energia propicie um melhor aproveitamento na vida exterior e uma harmonia interior. Essa busca de um sentimento de *liberdade* em relação à opressão interior que, na maioria das vezes, é oriunda de falhas no desenvolvimento emocional primitivo não significa que o processo analítico se desenvolva em um mar de felicidade; pelo contrário, trata-se de uma jornada de longo curso, custosa, geralmente com alguns períodos difíceis, porém está longe de ser um "inferno de Dante", como alguns apregoam. Nem sempre a análise é plenamente exitosa, algumas vezes ela pode fracassar, mas na grande maioria das vezes consegue produzir resultados altamente benéficos (não é o mesmo que alcançar um paraíso) que possibilitam uma inegável melhoria na qualidade de vida e no despertar de talentos e de capacidades que estavam latentes. O próprio Freud, para alertar que a psicanálise não prometia uma plena felicidade, costumava afirmar, em um tom por demais pessimista, que, no máximo, ela consegue transformar a infelicidade neurótica, porém sempre persistirá a inevitável parcela da infelicidade comum, inerente à própria condição de se viver a realidade.

6. Um tratamento analítico pode levar algum paciente à piora, ou até mesmo à loucura?

Não é verdade! Em mais de 40 anos de prática psiquiátrica, psicoterápica e psicanalítica, nunca evidenciei um caso sequer em que o paciente tenha "enlouquecido" devido a uma terapia analítica, quando bem conduzida. O que pode acontecer é a emergência de difíceis sentimentos no paciente que transitoriamente o angustiem e o confundam, dando uma sensação subjetiva de que possa "enlouquecer". Na maioria das vezes, embora bastante penosa, essas fases difíceis da análise representam um indício promissor de que importantes mudanças estão se processando no psiquismo do paciente. Na verdade, essa crendice tem origem no medo de muitas pessoas de entrar em contato com as partes ocultas do seu psiquismo que estão reprimidas em seu inconsciente sob a forma de fantasias terroríficas, ou de desejos, sentimentos e pensamentos proibitivos e inaceitáveis pelo consciente do sujeito. Da mesma forma, não costumo observar pioras verdadeiras; o que pode acontecer é a ocorrência de fases difíceis no curso da análise que dão ao paciente, e muitas vezes aos familiares e amigos, uma nítida sensação de piora, que, na grande maioria das vezes, ocorre em função do contato do paciente com verdades penosas, porém, isso pode significar um prenúncio de que se trata do início de uma importante melhora.

7. **Quando a indicação para um paciente se tratar é a de um tratamento psicanalítico, é sinal de que – psiquicamente – ele está muito doente?**

Esta pergunta expressa uma crença bastante disseminada, inclusive em pessoas inteligentes e de classes cultas; no entanto, ela não é verdadeira. Mais comumente a verdade está no oposto da afirmativa contida na pergunta formulada, isto é, o simples fato de uma pessoa aceitar e se motivar para um tratamento em bases psicanalíticas já se constitui um positivo indicador de que se trata de alguém que demonstra ser corajoso porque tem uma disposição para conhecer seus núcleos doentios, de sorte a poder fazer transformações no seu psiquismo. Ademais, é bastante freqüente que o tratamento por psicanálise não vise especificamente à remoção do sofrimento psíquico, mas, sim, à libertação de capacidades – afetivas, profissionais, usufruir prazeres e lazeres, etc. – que existem, mas estão latentes, bloqueadas, à espera de uma libertação para se expandirem na prática de vida.

8. **Existe uma crença de que, fora da situação analítica, os psicanalistas costumam observar e interpretar os outros. Isso é verdade?**

Salvo inevitáveis exceções, essa crença não passa de um mito. Qualquer analista bem formado consegue facilmente separar a sua vida pessoal da profissional. Fora da situação analítica, o terapeuta se comporta como qualquer ser humano que também, em algum grau, tem seus problemas e possíveis angústias existenciais e que convive normalmente com os demais, provavelmente com menos críticas, com uma maior consideração e melhor escuta, sem contaminar os fatos exteriores com as vivências íntimas da análise. Na verdade, o que é mais freqüente é que determinados pacientes, mais comumente no início de suas análises, costumam observar tudo e a todos com um "olhar psicanalítico" e costumam dar insistentes "interpretações" a familiares e amigos, quando não a desconhecidos, até mesmo em reuniões sociais.

9. **E a crença de que, em sua maioria, os psicanalistas são pessoas muito onipotentes e complicadas é verdadeira?**

Também não é verdade no sentido absoluto, embora não seja muito rara a possibilidade de que muitos apresentem, sim, claras evidências de que possam ter uma vida privada complicada e sejam demasiadamente obsessivos ou porfiadores, ou tímidos, ou arrogantes, ou abusadores de bebida alcoólica, tabaco, etc., como qualquer ser humano. Esta possibilidade de ter alguma faceta complicada não significa necessariamente que este analista não seja bastante competente, desde que esse seu lado comprometido não predomine na sua personalidade e que ele consiga administrá-lo suficientemente bem. Outra possibilidade que deve ser levada em conta é a de o paciente projetar a sua própria onipotência no seu analista e, assim, divulgar publicamente a imagem idealizada do terapeuta.

10. **A queixa de que os psicanalistas quase não falam durante as sessões corresponde à verdade?**

Trata-se de outra crença que não é verdadeira, embora ela encontre algumas justificativas. Uma delas é que, na época pioneira da psicanálise, muitos autores psicanalíticos advogavam a necessidade de que o analista deveria permanecer o mais silencioso possível com a finalidade de se criar uma atmosfera de ansiedade no paciente, o suficiente para que ela provocasse um surgimento e a verbalização de "material" inconsciente que então seria analisado. Analistas lacanianos praticam o silêncio com o propósito de não reforçar a dependência do paciente e estimulá-lo a buscar o surgimento de *insights*, para sair do mundo imaginário e ingressar na dimensão simbólica. Outra justificativa para essa difundida crença de que os analistas quase não falam é que em muitos analistas ainda perdura o ensinamento que receberam de falar o mínimo possível, enquanto outros têm um peculiar estilo pessoal de falar unicamente o necessário ou, como pessoa real, sejam lacônicos. Este mito também se forma porque muitos pacientes são tão sensíveis ao medo de um desamparo ou à rejeição que não suportam um mínimo silêncio do analista, apesar de, muitas vezes, ele ser necessário e útil. O importante a ser afirmado é que na atualidade poucos são os analistas que falam pouco e que, pelo contrário, existe uma crescente tendência a transformar o excesso de sobriedade no ato interpretativo em um estilo coloquial em que, sem perder a necessária neutralidade e hierarquia de papéis, o analista exerça sua atividade interpretativa em um estilo espontâneo e coloquial.

11. **Continua válida a afirmativa, atribuída a Freud, de que toda a psicanálise gira em torno da sexualidade?**

Em primeiro lugar é necessário esclarecer que "sexualidade", na obra de Freud, não é o mesmo que "genitalidade", embora nos primeiros tempos de sua obra, de fato, houvesse uma superposição de ambas que, posteriormente, ele mesmo corrigiu. Assim, em um significado genérico, o conceito de sexualidade alude a alguma forma de libido, alguma estimulação de mucosas e outras partes do organismo que podem, ou não, permanecerem erotizadas. Na atualidade, a psicanálise continua atribuindo um papel primacial à sexualidade, principalmente aos conflitos provenientes do complexo de Édipo. No entanto, a importância de Édipo está sendo compartida com uma igual relevância de Narciso, ou seja, remonta às fases mais primitivas do desenvolvimento da personalidade do sujeito, para ser mais exato, desde a condição de recém-nascido em relação ao seu entorno ambiental. Em resumo: muitos ainda hoje perguntam se o termo "sexualidade" empregado por Freud designa a prática de uma relação sexual ou é outra coisa, e, sem dúvida, a resposta é que se trata de outra coisa, que não unicamente a genitalidade.

12. **Uma análise pode destruir a paixão e também a inspiração artística?**

Não obstante ainda persistam dúvidas e uma certa polêmica em torno desta crença, a opinião predominante entre os analistas é, de longe, que ela não é verdadeira. A psicanálise não inibe a criatividade de uma pessoa, pelo contrário: na hipótese de que em um paciente, realmente dotado de um talento artístico, o tratamento psicanalítico consiga remover certos conflitos e amenizar proibições internas, é bastante provável que surjam muitas das autênticas potencialidades que estavam bloqueadas e aletargadas, à espera de virem a ser despertadas. Da mesma forma é um mito a falsa crença de que a loucura seja sinônimo de criatividade, como se psicose não fosse uma doença e, sim, um mérito para o artista. O que pode acontecer é que certas pessoas passam sua doença para alguma produção artística, ou até mesmo porque conservam íntegras certas áreas do seu psiquismo, como é o caso de um talento natural, o qual poderia se beneficiar, ganhando mais vigor, consistência e criatividade, com a complementação de outras partes sadias do seu mundo mental.

13. **A psicanálise funciona nos moldes de uma confissão religiosa?**

Em princípio essa crença é totalmente equivocada, visto que não passou da fase dos primórdios da psicanálise o uso que Freud fazia da técnica da "ab-reação" (ou "catarse"), que funcionava como uma espécie de desabafo, ou de uma confissão religiosa, à espera de que o analista, configurado pelo paciente como sendo um representante de Deus, o absolvesse de culpas e conseqüentes culpas e necessidade de castigos. Na atualidade, é mais do que natural que o analista aceite e respeite a necessidade e o desejo de o paciente fazer uma descarga verbal de suas angústias. Entretanto, isso não se constitui como uma técnica eficaz, que o analista execute ativamente. Longe disso, a psicanálise contemporânea funciona essencialmente com a participação ativa do paciente, interagindo com seu analista, desenvolvendo progressivamente suas capacidades para saber pensar, tomar conhecimento de verdades penosas, externas e internas, assumindo a responsabilidade que lhe cabe pelos seus atos e sentimentos e assim por diante. O que, sim, pode ser dito é que a má aplicação da psicanálise por parte de determinados analistas, ou de certas instituições de ensino (o que não é tão raro como seria desejável), pode dogmatizar e ritualizar o ensino, a administração e a técnica analítica, a ponto de ela se equiparar a um cerimonial religioso.

14. **A afirmativa de que, desde os tempos de Freud, a psicanálise e os psicanalistas atacam as religiões e as crenças religiosas de seus pacientes é verdadeira?**

Não, não é verdade. Este mito procede do fato de que, realmente, em sucessivas vezes, Freud se posicionou contra uma religiosidade que mantivesse a ilusão de que, "tal qual um ópio do povo", a crença e a prática religiosa, com uma provável catequese de submissão a Deus (como representante dos pais), aumentariam a dependência das pessoas e lhes tirariam a capacidade de se confrontarem com seus próprios conflitos neuróticos. No entanto, isso não significa que um analista competente deixe de respeitar os valores morais e éticos que acompanham a crença religiosa de qualquer paciente seu. Pelo contrário, o psicanalista deve ter uma escuta atenta e aberta para perceber os aspectos sadios das crenças religiosas de cada paciente, ou a ausência delas, assim como também a possibilidade eventual de que determinado paciente esteja fazendo da religião uma tentativa de solução mágica, ou de fuga, de seus problemas psicológicos.

15. Por que uma análise é tão demorada e custosa? Não existe aí um interesse econômico por parte dos psicanalistas?

Na época de Freud, o tempo médio de duração de uma psicanálise era de poucos meses, posteriormente, de forma gradativa, passou a ser de duração média de alguns anos (de cinco a oito), o que se mantém na atualidade. É necessário levar em conta que, no período pioneiro de Freud, as análises objetivavam, sobretudo, a remoção de sintomas; logo, as análises eram mais curtas, porque as pretensões terapêuticas eram bem mais limitadas e o enfoque teórico ficava restrito praticamente apenas à patologia do complexo de Édipo. À medida que os analistas perceberam que o importante era a análise da estrutura do *caráter* do paciente e que foram avançando os conhecimentos relativos ao desenvolvimento emocional primitivo, a psicanálise ganhou em profundidade de acesso ao inconsciente, o que também abriu as portas para o tratamento analítico de pacientes bastante mais regredidos, de sorte que todos esses fatos necessariamente tornam a análise mais longa, porém mais completa. Quanto ao custo elevado da análise, trata-se de uma verdade, até pelo número de sessões semanais realizadas durante muito tempo. Porém, é uma verdade parcial, visto que, na atualidade, quase todos os institutos de psicanálise mantêm um serviço de encaminhamento com valores perfeitamente acessíveis, além de que, em sua maioria, os analistas atuais são bem mais flexíveis no valor a ser cobrado e no número mínimo de sessões condizentes com uma análise eficiente. Salvo raras exceções, que existem em todas as profissões, é bastante remota a possibilidade de o analista – pelo menos, em seu livre arbítrio consciente – modificar o tempo de duração de uma análise, para atender a seus próprios interesses particulares.

16. O emprego do clássico método da hipnose (ou de alguma outra forma de sugestão) não daria o mesmo efeito que a psicanálise, sem tanto custo e tempo de duração?

A técnica da hipnose pertence ao passado da psicanálise. No início da construção da ciência psicanalítica, Freud tentou utilizar o método hipnótico como forma de descobrir e fazer vir à tona os traumas e sentimentos reprimidos no inconsciente do paciente, porém cedo o abandonou por duas razões: a primeira é que ele reconheceu que era um mau hipnotizador, e a segunda razão é porque logo se deu conta de que a hipnose não permitia a dissolução das resistências que impediam o caminho para o inconsciente e, tampouco, que o paciente assumisse, trabalhasse e elaborasse essas resistências. Além disso, Freud percebeu que os sintomas, que em um primeiro momento desapareciam com a hipnose, logo voltavam a recidivar com outras manifestações histéricas (o caso de Anna O. tratada por Breuer, por meio da hipnose, é altamente ilustrativo do fracasso desse método). Acresce ainda o fato de que o método hipnótico, no lugar de ajudar o paciente a crescer em direção a uma maturidade emocional, ainda contribuía para reforçar um estado de dependência, ou seja, de infantilização e passividade do paciente. Os relatos que circulam em torno da utilização do recurso do hipnotismo para conseguir um estado regressivo, ou a de atingir "vidas passadas", pertencem a discutíveis métodos alternativos, e nunca ao campo da psicanálise. A hipnose age através do recurso da **sugestão** que é transmitida à mente do paciente durante o seu estado hipnótico, e isso, como vimos, não funciona adequadamente e, muito menos, pelas mesmas razões, não tem sentido empregar a técnica da sugestão em uma situação psicanalítica normal, que, acima de tudo, procura realizar verdadeiras mudanças na estrutura psíquica dos pacientes. Não obstante, é necessário considerar que toda a atividade interpretativa tem alguma semente de sugestão, e, em muitos casos de início de análise, em que é freqüente uma forte idealização que o paciente esteja fazendo de seu analista, o indireto efeito sugestivo do analista aumenta bastante.

17. **Da mesma forma, o método da ab-reação (ou catarse, ou simplesmente "desabafo"), que Freud empregava com tanto sucesso, não pode substituir a custosa complexidade da psicanálise atual?**

Como técnica, propriamente dita, tal como era utilizada nos tempos pioneiros de Freud, ela não é mais empregada na prática da psicanálise. Entretanto, deve ficar claro que o espaço que a situação analítica propicia para o paciente dá uma ampla liberdade para que ele faça todos os "desabafos" que julgar necessários para diminuir a sua carga de problemas, de ressentimentos e de conflitos. Cabe ao analista a função de não se conformar unicamente em servir de um bom ouvinte passivo, mas, sim, que, ao mesmo tempo em que escute as queixas de fatos e emoções atuais e antigos, de forma pacienciosa e como um bom "continente" (isto é, a capacidade para "conter" as angústias dos pacientes), ele deve captar os significados inconscientes que estão contidos na catarse do paciente, e interpretá-los com vistas a promover uma "ressignificação", isto é, os mesmos fatos permitem ser entendidos e significados de formas muito diferentes. O importante a assinalar é o fato de que, na época de Freud, a ab-reação funcionava, aparentemente, pela razão de que se tratava unicamente de pacientes histéricas que necessitavam "desabafar" tudo o que estava reprimido dentro delas, enquanto, na atualidade, o perfil dos pacientes que procuram análise é bastante diferente, com objetivos terapêuticos distintos.

18. **Corresponde à verdade a crença de que a psicanálise encara a histeria como um transtorno específico das mulheres e que ela é decorrência de uma sexualidade exagerada?**

A psicanálise não se deixa iludir pelas aparências! Uma das características das pessoas fortemente histéricas consiste em uma supervalorização do corpo, acompanhada de uma sensualidade e um apelo à sedução. Da mesma forma, essas pessoas histéricas estão fixadas em carências formadas em etapas anteriores ao período edípico ou tiveram um Édipo malresolvido, de sorte que elas estão cheias de vazios interiores que demandam alguma forma de preenchimento. Isso acontece tanto com mulheres como também com homens. Uma das vias preferidas para preencher as carências afetivas é a da sexualidade, por meio de sedução e conquistas amorosas, com acenos que prometem uma fogosidade genital, apesar de que, na verdade, em um grande número de casos, essas pessoas sofrem de um prejuízo do orgasmo. Em situações exageradas, é tamanha a ânsia da conquista amorosa que há uma alta rotatividade na troca de parceiros (quando é nos homens aparece sob a forma de "don-juanismo"; nas mulheres, de "ninfomania"), dando a falsa impressão de serem pessoas hiper-sexualizadas, quando, de fato, a quantidade exagerada de sedução ou de atividade sexual pode estar encobrindo a falta de qualidade genital.

19. Um tratamento pelo método psicanalítico garante a melhoria da sexualidade do paciente?

Inicialmente é necessário esclarecer que, na atualidade, um tratamento pelo método psicanalítico não fica concentrado diretamente na resolução de determinado sintoma, como alguma modalidade de disfunção sexual, tal como era empregado na época pioneira de Freud. No entanto, indiretamente, através da análise dos bloqueios, de conflitos emocionais e de antigas fixações inibidoras, com repercussões orgânicas (entre elas, prejuízo da libido, da ereção, da potência, anorgasmia, etc.), com o analista visando à pessoa do paciente como uma totalidade, e não unicamente sintomas isolados, é muitíssimo freqüente que melhore, sim, bastante a sexualidade do paciente.

20. A psicanálise cria uma dependência dos pacientes em relação ao analista e, assim, produz pessoas dependentes, com prejuízo na capacidade para tomar decisões?

Essa é uma crença bastante difundida, porém equivocada. Inicialmente é necessário dizer que todo o ser humano, por definição, tem algum grau de dependência, e todos nós ainda conservamos no interior de nosso psiquismo parte do bebê, da criança e do adolescente dependentes, que uma certa época já fomos. O surgimento da dependência do paciente em relação ao analista é um sentimento natural e sadio, visto que isso reproduz uma antiga necessidade de o paciente reviver seus antigos sentimentos de dependência que tinha em relação aos pais e que, nem sempre, foram satisfatoriamente resolvidos. Se partirmos da concepção de que o importante é estabelecer a diferença que existe entre uma "dependência boa" e uma "dependência má" (muito presente naquelas pessoas que, quando crianças, não confiavam na proteção e no amor dos pais, ou, para conseguir qualquer coisa tinham que se humilhar, fazer promessas, juras de bom comportamento, etc.), podemos depreender que, pelo fenômeno da transferência, esse tipo de dependência (boa ou má, adequada ou excessiva...) se repetirá com o analista. Portanto, a análise não produz pessoas dependentes, pelo contrário, ela objetiva reduzir a vigência da dependência má e transformá-la em uma boa. Quando essa última possibilidade prevalece, o superego fica menos rígido e ameaçador, de sorte que a tomada de decisões fica mais livre, logo, mais eficaz.

21. **Um tratamento analítico – quando é só de um único cônjuge, enquanto o outro não se trata – pode induzir ao divórcio?**

Trata-se de outro mito também bastante difundido, talvez oriundo de um grande número de casais que se separam no curso da análise de um deles. No entanto, a experiência demonstra que os divórcios ocorreriam de qualquer forma porque, no mínimo, um dos cônjuges já tinha alcançado o seu limite, mesmo que não se tivesse dado conta disto conscientemente. O que, de fato, costuma acontecer é que o cônjuge que se trata começa a perceber com clareza que está aceitando uma situação na qual possa estar ocupando um lugar e exercendo um papel em que esteja sendo alvo de humilhações, maus-tratos afetivos e morais, quando não físicos, uma continuada desqualificação, esvaziamento das capacidades e imputação de culpas imerecidas, etc. Não é o analista quem vai sugerir a necessidade de divórcio; pelo contrário, a função analítica do terapeuta estará voltada prioritariamente para a possibilidade da restauração do casamento, a partir de uma melhoria do seu paciente na forma de se relacionar, comunicar e, sobretudo, de reconhecer as suas falhas e a alta possibilidade de que ele esteja induzindo o cônjuge a reagir de uma forma, raivosa, por exemplo, que confirme a sua tese de que é vítima de um parceiro sádico. Também acontece com grande freqüência que uma nítida melhoria do cônjuge que se analisa assusta o outro, porque o equilíbrio neurótico que os mantinha aparentemente unidos fica desestabilizado. Nessa hipótese, o cônjuge que fica excluído, de forma consciente ou inconsciente, procura de forma obstinada sabotar a análise do outro. A experiência da prática clínica demonstra que se formam três possibilidades: a menor delas é a de um divórcio inevitável; a outra possibilidade, que está ganhando um espaço crescente, é a do encaminhamento do casal para uma terapia de casal, ou que o cônjuge excluído se motive para uma análise individual; a terceira possibilidade, já antes aludida, é que apenas a real melhoria daquele que se analisa repõe a união do casal, porém, não nos termos anteriores, mas com transformações, em um novo tipo de equilíbrio mais nivelado, harmônico e sadio.

22. **Não é um absurdo – para não dizer crueldade – submeter crianças pequenas a um tratamento psicanalítico?**

Essa afirmativa pode ser considerada como sendo um mito. A experiência clínica tem demonstrado que o método psicanalítico – ou seja, acesso do analista ao inconsciente da criança desde a tenra idade –, quando adequadamente empregado por terapeutas, muito bem treinados e experimentados, evidencia excelentes resultados. O acesso ao inconsciente se processa através de desenhos, jogos, brinquedos, brincadeiras, relato de histórias, etc. Nesse caso, os modernos psicanalistas de crianças utilizam a técnica da interpretação, sem abusos de ordem intelectual. Outros terapeutas preferem usar um método mais pedagógico, isto é, abordam unicamente o plano do consciente da criança, ao mesmo tempo em que vão educando, fazendo esclarecimentos quanto à realidade dos fatos concretos, etc. Este método também funciona quando o terapeuta infantil demonstra boa capacidade de empatia com a criança.

23. **E a crença de que um tratamento psicanalítico com adolescentes pode resultar em sua revolta contra os pais é verdadeira?**

Também não é verdadeira, apesar de que podem surgir episódios transitórios que aparentem uma piora no relacionamento do adolescente que está em análise em relação aos seus pais. Na maioria das vezes, essa aparente piora se deve a uma ânsia de libertação do filho de um possível jugo a que ele julga estar sendo submetido por um dos pais ou por ambos. O que acontece com maior freqüência é que os adolescentes estão em plena construção do seu sentimento de identidade, e a aquisição de uma identidade própria se estabelece a partir das diferenças e contrastes. Para fazer uma metáfora: muitos leitores hão de se lembrar da existência do personagem "Bolinha", da história em quadrinhos, que se reunia com seus amigos em uma sala fechada e na porta que dava para a rua tinha uma placa afixada, com os dizeres: "menina não entra". Em um entendimento analítico, isto significa: "se somos diferentes delas, é porque, de fato, somos homens". Esse aspecto é bastante importante visto que é muitíssimo comum que, para estabelecerem o seu sentimento de identidade, os adolescentes necessitam se diferenciar de seus pais, adotando formas de se vestir, de agir e de cultuar valores, de maneira oposta à dos pais. Caso estes não entendam o que está se passando com o seu filho em um nível psicológico inconsciente, darão um significado de rebeldia e ataque agressivo a eles, contra-atacarão, ao filho restará submeter-se ou intensificar a resistência através de uma rebeldia e, assim, estará formado o chamado "conflito de gerações".

24. **A afirmativa de que não tem fundamento submeter uma pessoa idosa a um tratamento de base psicanalítica é uma verdade ou um mito?**

Trata-se de um mito se levarmos em conta que já vão longe os tempos em que uma pessoa idosa era encarada como uma espécie de "carta fora do baralho", a quem caberia apenas o papel de funcionar como avó ou avô, ficar de pijama em torno da televisão e, até mesmo, se envergonhar se os outros soubessem que curtia desejos e atividade sexual e demais coisas desse gênero. Na atualidade, pelo contrário, cresce significativamente a valorização da pessoa idosa, a sua participação ativa tanto em termos profissionais como familiares e sociais, além de uma crescente auto-estima e possível aquisição de um estado mental de sabedoria. Assim, a experiência clínica de base analítica tem evidenciado que, independentemente da idade cronológica, a pessoa idosa tem o pleno direito de ambicionar uma melhor qualidade de vida, tentar administrar prováveis atritos com familiares de gerações mais jovens, conhecer fatores inconscientes que interferem no seu estilo de viver e de se relacionar com as demais pessoas, o resgate e acréscimo de capacidades, etc. Não custa enfatizar que a expressão "base psicanalítica" não se prende a um rigorismo na aplicação de certas regras exteriores, como número mínimo de sessões semanais ou uso obrigatório de divã, etc., mas indica o fato de que propicia um acesso a certas áreas complicadas do inconsciente, faculta a aquisição de uma melhor capacidade para saber pensar e fazer reflexões e melhora as formas de comunicação com os demais e consigo próprio. Tudo isso, em tratamento analítico, o idoso faz muito bem!

25. A psicanálise sempre cura?

A resposta é que – em termos absolutos – certamente o tratamento analítico não cura sempre e de forma total. No entanto, é necessário levar em conta o significado da palavra "cura", porquanto em psicanálise a cura não tem o mesmo significado que em medicina geral, em que é mais fácil objetivar e quantificar os critérios de cura, não obstante o fato notório que também na clínica médica existem muitas melhoras, em situações crônicas, sem a cura. Ademais, a cura (melhor seria dizer: "crescimento mental") depende de uma série de fatores conjugados, por exemplo, o tipo de paciente (a sua motivação para fazer mudanças verdadeiras, o seu grau de patologia e a sua reserva de capacidades positivas, etc.), a qualificação do analista, as particularidades do singular "encontro empático" entre a dupla, etc. Também é útil levar em conta o fato de que a não obtenção de uma plena "cura analítica" não impede que o paciente tenha adquirido notáveis "benefícios terapêuticos". (Mais adiante, uma questão referente a este tema propicia uma resposta mais esclarecedora.)

26. Um tratamento psicanalítico completo garante a prevenção de futuros transtornos psíquicos?

Em parte, sim! A experiência clínica comprova que quanto mais precoce for a idade do paciente – crianças ou adolescentes, por exemplo – maior é o grau de sucesso do tratamento analítico. Isso acontece porque as defesas que o inconsciente utiliza contra o surgimento de inevitáveis angústias ainda não estão rigidamente organizadas, de sorte que esses pacientes em etapas mais prematuras da vida apresentam maior flexibilidade para a remoção de bloqueios neuróticos e realização de mudanças, juntamente com o despertar de potencialidades que ainda estão latentes. Cabe lembrar a importante afirmativa de Freud no sentido de que "a psicanálise pode resolver o suplício do sofrimento da miséria neurótica, porém não imuniza contra o sofrimento que a vida apronta".

27. É verdadeira a crença de que toda pessoa que está em análise, ou que já foi analisada, se sente diferente de todas as demais e, assim, mantém uma atitude de soberbia?

Na atualidade, é um mito, visto que o tratamento psicanalítico tornou-se bastante comum, com resultados nem sempre satisfatórios, de sorte que não cabe mais a atitude soberba de quem já teve "alta" de sua análise, e assim exibir essa condição de "perfeitamente analisado", como sendo um troféu, ou um atestado de superioridade às demais pessoas com quem convive. O máximo que pode acontecer é que uma pessoa que passou por uma larga experiência de tratamento psicanalítico, realmente, se diferencie da maioria das pessoas que não passaram por essa experiência na forma de pensar, no seu patrimônio de valores, na sua forma de se comunicar e ter consideração pelos outros e por si mesmo. Além disso, ele está mais equipado internamente para enfrentar as dificuldades inevitáveis da vida. Já foi um tabu tocar nestes assuntos que atingem a privacidade dos analistas; hoje em dia não é mais, ou pelo menos diminuiu bastante.

ALGUNS TABUS SOBRE A INTIMIDADE DA PSICANÁLISE E DOS PSICANALISTAS

28. "Sou acadêmico de psicologia e gostaria de esclarecer algumas dúvidas sobre psicanálise porque vários dos meus professores fazem afirmativas que me deixam confuso, como: 'a psicanálise está totalmente estagnada', 'as idéias de Freud não condizem com o atual momento em que a sociedade se posiciona', 'a psicanálise não possui base científica e, portanto, não é científica'. 'Freud não foi mais do que um exímio escritor de literatura de fino gosto', 'o analista é alguém frio e distante do paciente no atendimento'. Até que ponto eles têm razão? Pode me dar uma luz?"

Críticas detratoras como essas são bastante freqüentes, porém quando partem de "docentes", tanto pode ser porque, ainda que de boa fé, desconhecem a psicanálise como não descarto a possibilidade de que agem no sentido de um interesse pessoal ou corporativo de "puxar a brasa para o seu assado", como forma de atrair pacientes e alunos, à custa de denegrir o verdadeiro espírito das contribuições de Freud no curso de mais de 40 anos e da psicanálise contemporânea. Em linhas gerais, vou tentar responder muito brevemente cada uma das afirmativas míticas. A psicanálise não está estagnada. Na verdade, desde que foi criada, ela atravessa sucessivas crises, visto que está em contínuas transformações, acompanhando as profundas mudanças que se processam em todas as áreas do mundo. Assim, a segunda afirmativa também é falsa no seu todo, embora seja verdade que ainda existam alguns analistas que teimam em um conservadorismo anacrônico. A terceira afirmativa, a de que a psicanálise não possui base científica, sempre foi, e ainda é, foco de polêmicas e controvérsias, sendo que na atualidade, de longe, à medida que os conhecimentos se aprofundam cada vez mais, predomina a convicção de que a psicanálise, embora lide com emoções e idéias abstratas e ocultas, seja científica, sim. Quanto à quarta crítica (por baixo do aparente elogio, existe uma tentativa de desqualificar o talento de gênio da psicanálise), realmente Freud foi um exímio escritor, ganhador do Prêmio Goethe de Literatura, porém foi igualmente um notável escritor de textos psicanalíticos originais que até hoje ainda abalam o conhecimento da verdadeira essência dos indivíduos e grupos e mantêm um intercâmbio de idéias com os demais campos das ciências, artes, etc. A quinta afirmativa, salvo situações isoladas, também está equivocada. O que pode acontecer é que o analista mantém uma posição de certa neutralidade e assimetria necessárias, para ele não sair de seu lugar e papel, de modo que isso possa ser confundido por alguns pacientes como sendo uma atitude de frieza. Cabe frisar que o papel do analista é ser *amigo* do paciente, o que é bem diferente de eles se tornarem *amiguinhos*. Igualmente, o analista deve, sim, se *envolver* com as agruras e alegrias de seu paciente, o que é diferente de *ficar envolvido* com ele.

29. No seio das instituições psicanalíticas, também costumam haver conflitos próprios do narcisismo entre os próprios psicanalistas?

Sim, embora em uma quantidade e intensidade não superior àquela que é virtualmente uma regra em qualquer instituição científica, familiar, esportiva, política, religiosa, etc.

Aparentemente, por serem psicanalistas, a impressão é a de que eles estariam mais preparados para evitar ou, de forma mais civilizada, amenizar os referidos conflitos e desavenças. Não é o que acontece, porque é sabido que, após a fase inicial da criação de uma instituição, em que todos se unem em torno de um ideal comum, aos poucos surgem divergências, mal-entendidos, intrigas, formação de subgrupos, às vezes de forma silenciosa, outras vezes de forma manifesta e até turbulenta, podendo atingir um clima de franca hostilidade e, inclusive, de uma cisão, com dissidências que fundam uma nova instituição. A história da psicanálise está repleta de situações assim, desde o grupo pioneiro formado em torno de Freud; as "controvérsias" no seio da sociedade psicanalítica londrina, com uma aberta "guerra" entre dois grupos de psicanalistas, respectivamente adeptos de A. Freud e de M. Klein, até as sucessivas dissidências em torno de Lacan, que rompeu com a IPA e com os associados da instituição que ele criou, de modo que os grupos dissidentes de Lacan, por sua vez, seguindo o modelo do mestre, tudo em um clima belicoso, tiveram novas dissidências, a ponto de muitos afirmarem que, mais do que existir muitos grupos dissidentes da escola original de Lacan, na verdade, existe uma pulverização dela. O que acontece é que esses conflitos institucionais obedecem a razões inerentes à condição humana, como tanto pode ser o sadio direito de, com o passar do tempo, surgirem fortes diferenças ideológicas como também pode acontecer aquilo que Freud chamou de "narcisismo das pequenas diferenças", que nem sempre são pequenas, visto que muitas vezes as pessoas podem ficar cegadas pela volúpia do prestígio e do poder.

30. **É verdade ou mito a crença de que os analistas sempre se põem em um lugar de intocáveis, que sempre acham que têm a razão, a ponto de, comumente, serem pessoas arrogantes?**

Já foi uma verdade, até a poucas décadas. Na atualidade, salvo algumas exceções – não tão poucas como seria desejável –, essa afirmativa não passa de um mito, visto que o psicanalista contemporâneo valoriza sobremodo o recíproco vínculo que se estabelece entre ele e o paciente. Ele tem uma escuta mais despojada em relação ao que o paciente diz e conhece melhor as suas próprias limitações.

31. **E a afirmativa de que no curso da sessão psicanalítica, ao contrário, "o paciente sempre tem razão" pode ser verdadeira?**

De certa maneira pode-se dizer que, sim, o paciente sempre tem razão durante a sessão de análise, se partirmos da idéia de que não importa tanto a "verdade objetiva" do que está acontecendo; antes disso, o analista deve valorizar a "verdade psíquica" subjetiva do paciente. Dizendo com outras palavras, o paciente deve ter um espaço, como é o da sessão psicanalítica, em que ele possa se mostrar tal como é, e não como querem que ele seja. Assim, se ele distorce e falsifica os fatos, ou ataca injustamente o analista, ou tenta seduzi-lo, ou comete atuações de seus conflitos, ou resiste a se expor, etc., ele está sempre com a razão porque está sendo verdadeiro.

32. É verdadeira a crença de que um maior número de sessões analíticas por semana é uma evidência de que o grau de patologia psíquica do paciente é maior?

Na atualidade dois fatores desfazem este mito, aliás, muito divulgado. O primeiro consiste no fato de que um tratamento de base psicanalítica pode ser muito eficaz, quando realizado por um terapeuta bem preparado para essa função, sem que seja rigorosamente necessário um número mínimo de quatro sessões semanais; aliás já existem diversas sociedades psicanalíticas importantes no mundo que estão adotando três sessões por semana, inclusive para as análises oficiais para candidatos à formação psicanalítica. O segundo fator refere-se a que a grande maioria dos centros psicanalíticos propicia uma oportunidade de as pessoas interessadas fazerem tratamento analítico, com número flexível de sessões semanais, com valores módicos e, praticamente, extensivos a todas as pessoas que realmente estão motivadas. No entanto, existem muitos psicanalistas, inclusive muitos reconhecidamente competentes, que não abrem mão de analisar pelo menos com quatro sessões semanais, partindo do princípio de que menos do que isso deixa de ser uma "verdadeira psicanálise".

33. Um tratamento psicanalítico é considerado caro demais. Logo, ele é acessível unicamente a uma elite?

Até certa época era assim como está na formulação da pergunta: só uma elite cultural e econômica tinha acesso a uma análise individual. Na atualidade, conforme a resposta à pergunta anterior, essa afirmativa não é verdadeira, por duas razões: a primeira é a de que um tratamento psicanalítico não necessita ser rigorosamente realizado com um número mínimo de quatro sessões semanais; em certos casos duas, ou até uma sessão semanal pode ser suficiente para atingir verdadeiros resultados psicanalíticos. A segunda razão é a de que a maioria das instituições psicanalíticas – que são reconhecidamente sérias – mantém um serviço de atendimento a valores acessíveis, de sorte que elas abrem suas portas para atender uma quantidade muito maior de pacientes que estão motivados para se tratar, mas não dispõem de recursos, como estudantes. Concomitantemente, essa forma de propiciar uma análise sem sacrifícios econômicos também disponibiliza que os candidatos em formação como psicanalistas possam analisar com um seguro nível de competência, visto que serão supervisionados por psicanalistas veteranos, especialmente preparados para essa importante tarefa de supervisão.

34. Existe a possibilidade de se fazer um tratamento psicanalítico por telefone ou por e-mail?

Alguns psicanalistas contemporâneos – sob o argumento de que a vida moderna, mercê dos incríveis avanços das telecomunicações, da tecnologia, das viagens e distâncias, cada vez maiores – advogam que a psicanálise deve adaptar-se a essas circunstâncias da realidade, de sorte que o uso do telefone seria um excelente instrumento para tanto. Esses autores reconhecem que o recurso telefônico, embora nunca seja um tratamento de eleição, representa ser uma eficiente modalidade a ser empregada – sem transgredir a essência do método psicanalítico – em determinados casos, como o paciente que viaja por um período temporário e não quer, ou não tem como, fazer uma análise com outra pessoa; pessoas que, no curso da análise, não podem se locomover (por exemplo, mulheres grávidas com risco de abortamento) e situações similares. No entanto, entre os psicanalistas, de longe, prevalece a opinião de que é totalmente impossível fazer um tratamento analítico propriamente dito por via telefônica, o que não inviabiliza a possibilidade de que em determinadas circunstâncias – especialíssimas – o terapeuta possa estar disponível para manter uma conversação mais longa de fundo terapêutico e até mesmo de dar uma continuidade sistemática, por um período mais longo. A maior parte do vínculo transferencial-contratransferecial estaria assegurada pelo vínculo das modulações da voz. Por essa razão, o uso do telefone é mais eficaz do que um provável uso da internet, a menos que esta última permita a exibição simultânea de imagens.

35. E através de um programa de computador elaborado especialmente para se fazer uma análise?

Quanto ao emprego de um programa especial de computador, é sabido que em certos países, mais particularmente nos Estados Unidos, esta prática é relativamente bastante empregada. O programa funciona assim: o usuário dialoga com o terapeuta virtual que lhe faz perguntas ("o que o senhor sente?") e o "paciente" responde clicando a resposta (por exemplo: "muita angústia"), ao que o computador pode responder ("a angústia aparece quando o sr. se incomoda ou surge sem motivo externo?"), e assim por diante. Reconheço que são programas inteligentes e bem bolados, que até podem representar algum tipo de benefício, no entanto nada tem a ver com um verdadeiro tratamento analítico, porquanto o computador não compreende e não decodifica as formas de linguagem não-verbal, como certas sutilezas, ironias, expressões faciais, tonalidade da voz, etc.

36. Todos os pacientes, de forma platônica, se "apaixonam" pelo seu analista? E como fica esta hipótese quando o paciente e o analista têm o mesmo sexo?

Não é verdade que todos os pacientes se apaixonam pelo(a) analista. Este mito tem origem na época pioneira de Freud em que 100% de suas pacientes eram mulheres jovens e histéricas, logo, sedentas de encontrar um substituto para a figura de um pai idealizado, porém proibido. Soma-se a isso o fato de que nem Freud e tampouco os seus seguidores imediatos tinham uma clara noção do fenômeno da transferência, o que, muitas vezes, os induzia ao equívoco de imaginar que fosse uma paixão real da paciente. Hoje, com a abrangência muito maior de diversas formas de psicopatologia que freqüentam o consultório dos psicanalistas somadas à compreensão e ao manejo nitidamente mais adequado do analista, a referida manifestação de "paixão" tornou-se significativamente menor e, quando surge, é considerada um fato positivo para o processo analítico, visto que será objeto de análise, de modo a desfazer fantasias, desejos proibidos e promover um grande alívio porque não aconteceu um temido, embora com uma aparência de desejado, envolvimento passional. Na hipótese de que o analista e o paciente tenham o mesmo sexo, nada muda em relação ao que acima foi dito. O importante é que o(a) analista não tenha medo do surgimento no paciente de sentimentos de natureza homossexual.

37. E o(a) analista pode se apaixonar pela(o) paciente? Existem casos de o(a) psicanalista ter se casado com sua(seu) paciente? Neste último caso, tem dado certo?

Apesar de ser uma situação bastante rara, pode acontecer, sim, de haver um envolvimento amoroso, que pode adquirir duas possibilidades: uma é a de que o analista não teve condições de enfrentar o surgimento de uma forte manifestação transferencial, com a recíproca resposta contratransferencial (o leitor que não estiver familiarizado com estes termos pode consultar a Parte VI – Princípios da técnica psicanalítica) que pode dar uma equivocada impressão de que estejam "apaixonados". Essa situação promoverá sensíveis prejuízos ou a interrupção da análise, enquanto a aludida "paixão" se complica e se esvai em pouco tempo. A segunda possibilidade é que a emergência do recíproco apaixonamento transcenda o plano da transferência, ou de uma transitória atração mútua, e o sentimento amoroso consolide-se a um ponto de interromperem a análise, de comum acordo. Após estarem desimpedidos, podem vir a assumir uma vida em comum. Existe um conhecimento público de que em qualquer lugar do mundo psicanalítico (de forma equivalente a de determinadas outras profissões), algumas vezes, acontecem situações como essas, e o seguimento no tempo demonstra que, muitas vezes, as referidas uniões se mostram bastante bem-sucedidas. As opiniões de autores psicanalíticos dividem-se em relação às eventuais paixões que irrompem durante o processo de tratamento analítico: uma expressiva maioria inclina-se em considerar como sendo uma transgressão ética muito grave que, muitas vezes, conduz à expulsão do analista da sociedade psicanalítica à qual ele pertence. Uma grande minoria de outros autores, no entanto, vem se manifestando de uma forma mais branda e compreensiva em relação ao referido envolvimento amoroso, e confrontam com outras transgressões éticas, como é o caso de possíveis erros técnicos daninhos, por parte de algum analista, que passam despercebidos. O assunto continua sendo fortemente polêmico.

38. Pode acontecer a barbaridade de um analista ficar envolvido amorosa ou eroticamente com um paciente? Verdade? Mito? Tabu?

Não obstante sejam situações excepcionais, elas podem acontecer, sim. Porém, me parece que, em termos relativos, em uma proporção igual ou inferior da que acontece em muitas outras categorias profissionais que impliquem certa aproximação mais privativa entre profissional e cliente. O que acontece na imensa maioria das vezes é que a(o) paciente, em determinadas situações de transferência, revive velhos sentimentos e fantasias infantis de modo a se imaginar apaixonada(o) pelo analista e também pode imaginar que ele(a) esteja correspondendo em um plano amoroso. Essas situações são comuns – embora muito longe de ser uma regra geral, como certos mitos fazem crer – e seu surgimento pode ser considerado bem-vindo na análise porque possibilitarão a análise de antigas fantasias, com todo o conseqüente cortejo de culpas, medos, etc., desde que, é óbvio, o analista se envolva afetivamente e não fuja de analisar os sentimentos e as fantasias eróticas desses pacientes, porém, em hipótese alguma se deixe ficar envolvido!

39. O que acontece se o analista acede ao desejo erótico provocado pela sedução do(a) paciente?

Indo muito além de uma transgressão ética, acontece que o analista está cometendo um grave erro técnico. O erro é grave porque, embora o(a) paciente esteja no seu direito de representar o seu papel, *atuando* antigos desejos proibidos, que continuam recalcados e resistidos, o analista deve ter bem claro para si que se ele *contra-atuar*, estará privando o seu(sua) paciente da rara oportunidade de ele analisar – e assim poder resolver – os seus verdadeiros conflitos inconscientes que estão encobertos pela prática da sedução. Pior ainda, o terapeuta que acede ao desejo erótico do(a) paciente estará reforçando o baluarte dessas suas resistências, assim causando uma cronificação da neurose e contribuindo para um *impasse* psicanalítico, adicionado mais uma ferida de decepção, de desilusão e de fracasso no(a) paciente. Da mesma forma, o analista que não resiste à sedução (especialmente os que são exageradamente narcisistas e acham que estão sendo seduzidos pela sua beleza e charme irresistível) deve saber que não obstante determinado(a) paciente envide todos seus esforços para ser bem-sucedido(a) no seu intento de encantar e se mostre decepcionado(a) e até colérico(a) quando isto não acontece, bem no fundo, ele(a) está torcendo para que o analista não reproduza antigas amargas experiências de fraqueza dos pais.

40. Procede a crença bastante difundida de que, seguidamente, os analistas não respeitam o sigilo e o anonimato das confidências dos pacientes?

A quebra do sigilo é bem menos freqüente do que apregoam. Porém, não resta a menor dúvida de que uma condição fundamental para um psicanalista é que ele respeite o seu paciente. Logo, só em situações muito especiais, ele pode dividir as confidências íntimas que, em confiança, o paciente lhe entregou. Assim, uma situação especial acontece quando os psicanalistas em formação partilham com o seu supervisor – sempre um psicanalista mais experimentado – as confidências e os sentimentos de determinado paciente. Isso tem um sentido positivo, porque beneficia o paciente, além de o sigilo ficar rigorosamente restrito aos dois analistas. Outra situação possível acontece quando o analista necessita da intervenção de algum familiar (muito freqüente em crianças, adolescentes e adultos que estejam em um estado excessivamente regressivo). Assim mesmo, é recomendável que o paciente seja consultado e, de preferência, que participe do encontro. Outra circunstância que justifica diz respeito a uma ilustração de vivência clínica que venha a clarear uma exposição teórica em algum escrito ou apresentação oral, desde que o analista que escreve ou fala, mercê de múltiplos recursos de camuflagem, sem perder a essência da verdade, tenha 100% de certeza de que sua vinheta clínica será absolutamente respeitosa e que em hipótese alguma o paciente será reconhecido por alguém. O que não pode acontecer **nunca** é que o analista faça manifestações em situações públicas, sem guardar anonimato e, pior de tudo, em situações sociais. Lamentavelmente, a última situação, embora raramente, pode acontecer, sim.

41. **Dizem que, na situação analítica, o terapeuta deve se manter sempre em uma atitude profissional neutra. Isto é, nunca rir, chorar, se emocionar, fazer expressões faciais ou corporais, jamais partilhar reuniões sociais e preservar ao máximo o seu anonimato para o paciente. Isso é uma verdade?**

Para os psicanalistas contemporâneos isso não é uma verdade. Antes de ser um médico, psicólogo, psiquiatra ou psicanalista, o terapeuta é, antes de tudo, um ser humano, logo, sujeito às mesmas emoções de seu paciente. Ou seja, ele pode, em um gesto espontâneo, envolver-se com as dores ou alegrias de seu paciente, rindo ou chorando junto, desde que *não fique envolvido*, a ponto de correr o risco de perder o que é indispensável para uma análise ser bem-sucedida: a manutenção do seu lugar, do seu papel, da sua posição e função de psicanalista, no contexto de uma indispensável manutenção de hierarquia no ato analítico.

42. **Os analistas sempre acham que todas as complicações dos pacientes são de responsabilidade e culpa dos pais?**

Existem vários fatores que concorrem para uma exitosa ou complicada evolução e formação da personalidade de qualquer pessoa, o que vai se formando desde o primitivo desenvolvimento emocional até sua condição de adulto. Dentre as múltiplas influências – genéticas, ambientais, culturais, acontecimentos traumáticos, fantasias inconscientes, etc. –, certamente os pais ocupam um lugar de destaque com maior ou menor parcela de responsabilidade, não obstante, na grande maioria das vezes, eles tenham errado de boa fé, entendendo que estavam dando o melhor para seus filhos. Assim, os analistas *não culpam os pais;* antes eles devem contribuir para que os pacientes reconheçam a responsabilidade dos eventuais erros dos pais, juntamente com os acertos. Ademais, é imprescindível que o paciente não se coloque unicamente como vítima das falhas dos pais, mas que, pelo contrário, ele assuma o seu quinhão de responsabilidade (por exemplo, até que ponto ele induziu a que os pais lhe tratassem mal?) no processo de um convívio familiar complicado que ele possa ter tido no seu passado e que pode estar se reproduzindo na sua vida atual e, possivelmente, também se repetindo no vínculo com o seu analista.

43. **Existe a possibilidade de o analista poder aprender, e crescer, através da análise com seu paciente?**

Sem dúvida! Um bom analista – portanto, despojado da sua crença de que tudo sabe e não tem mais o que aprender, muito menos com os seus pacientes – diante de seu analisando manterá um estado mental de curiosidade por aquilo que ele não conhece, no paciente e em si próprio; a sua escuta daquilo que o paciente lhe comunica, de forma verbal ou não-verbal, será de uma respeitosa atenção e valorização. Esse tipo de "escuta psicanalítica" possibilitará a aquisição de três ganhos fundamentais: o primeiro consiste no desenvolvimento de uma capacidade de empatia com o paciente; o segundo ganho é o de vir a aprender bastante com os conhecimentos e a experiência que cada paciente tem na sua respectiva área de atividade e de valores culturais, religiosos, etc.; o terceiro benefício que o analista pode obter de seu paciente resulta de que o contato íntimo com os conflitos do analisando, com os respectivos sentimentos contratransferenciais que nele foram despertados, representa um estímulo para o prosseguimento da sua indispensável e permanente "auto-análise", logo, de um continuado crescimento em direção à formação de um estado de sabedoria.

44. **Por outro lado, os problemas do paciente podem perturbar a vida privada do analista?**

O ideal seria que os problemas do paciente não perturbassem a vida privada do analista, desde que fique claro que "não perturbar" não é a mesma coisa que "ficar indiferente". Assim, um psicanalista deve possuir condições de discriminar duas possíveis situações: uma, a de quando os momentos difíceis do paciente – que esteja atravessando alguma crise vital ou algum outro tipo de sofrimento psíquico – são inerentes à vida em geral e à situação analítica em particular. A segunda possibilidade é a de que, em outros momentos, possam existir sérios riscos, como de um manifesto risco de suicídio, alguma atuação de características malignas e de possibilidade de resultados graves, a eclosão de um surto psicótico e coisas do gênero. No primeiro caso, não há razão para o analista ficar perturbado, sempre que tenha a convicção de que ele mantém uma confiança nele e nos seus pacientes, mesmo em situações algo críticas, visto que ele deve "se envolver" afetivamente com seus analisandos, porém nunca "ficar envolvido". Na segunda hipótese aventada, está justificado que o analista se perturbe com a gravidade da situação, para que ele tome as necessárias medidas, às vezes drásticas, que determinado caso imponha.

45. **Um homossexual pode ser psicanalista?**

Até pouco tempo atrás, esta hipótese seria totalmente inadmissível. Na atualidade, a rigidez deste critério está bem mais flexível, até mesmo porque muitos analistas bastante respeitados como pessoas sérias e profissionais competentes têm admitido publicamente sua condição de homossexual. E isto não abalou significativamente os colegas e as instituições de ensino psicanalítico. Para tanto, contribui a classificação moderna dos transtornos mentais que não inclui a homossexualidade, por si só, como uma doença, porque a considera como uma livre opção de escolha sexual. No entanto, é óbvio que essa maior aceitação da homossexualidade em psicanalistas refere a este aspecto isolado, o que não exclui a possibilidade de que, da mesma forma como acontece com heterossexuais, não existam situações de homossexualidade de natureza degradante, em pessoas muitíssimo complicadas, em cujo caso é claramente incompatível com a condição de ser psicanalista.

46. **A afirmativa de Freud de que "todo o sonho representa a realização de um desejo" ainda continua sendo vigente na psicanálise atual?**

Somente de forma parcial. Na atualidade, se considera que o sonho é uma manifestação de que, durante o sono, o psiquismo está trabalhando, fazendo alguma forma de elaboração que tanto pode ser a de realização de desejos, como também pode expressar uma forma de simbolizar angústias, ou algum estado de felicidade, ou que, no curso de uma análise, o sonho pode estar demonstrando pela linguagem de símbolos como é que, em determinado momento, a análise está agindo no interior do paciente. Assim, a afirmativa reducionista de que qualquer sonho significa unicamente um desejo oculto não passa de um mito, que tem raízes no passado da psicanálise.

47. Como deve proceder um analista – cuja formação moral, ética e religiosa é totalmente contrária à prática do aborto – diante de uma paciente que já está decidida a provocar o aborto de sua gestação?

Creio ser imprescindível que todo o analista deva possuir a capacidade de manter o que eu proponho chamar de uma *dissociação útil do seu ego*, ou seja, ele tem direito de ter seus valores, problemas pessoais, etc., no entanto, durante o ato analítico, ele deve dissociar o seu lado de pessoa comum, de sorte a assumir plenamente o seu lado de psicanalista. Somente assim, o analista terá condições de utilizar a fundamental capacidade de *empatia*, isto é, poder colocar-se na pele e na mente da paciente, de modo a poder exercer o seu "sensibilômetro". Com outras palavras: nessa situação específica, o analista corre contra o tempo, visto que uma análise minuciosa das motivações inconscientes pode demandar um tempo longo, enquanto a paciente grávida tem um tempo curto para a tomada de uma decisão concreta, bastante delicada e difícil. Assim, o importante é que o terapeuta tenha a sensibilidade de perceber se a paciente está realmente decidida e se sustenta com argumentos bastante viáveis (neste caso, qual é a vantagem de o analista plantar culpas dentro dela?); ou ele capta que, pelo menos, uma parte do psiquismo da paciente gostaria de ter coragem de deixar o bebê nascer: nesta hipótese, ele deveria fazer uma aliança com essa parte da paciente, no sentido de encorajá-la a enfrentar seus prováveis receios – diante de uma série de possíveis adversidades.

48. Tem fundamento a afirmação de que a psicanálise está morrendo ou que, no mínimo, está fora de moda?

Como sempre, desde a sua criação há mais de um século, a psicanálise está em um processo de constantes transformações, logo, em um estado de permanente crise, que representa um desafio para uma adequada adaptação às intensas, profundas e vertiginosas transformações que o próprio mundo vem sofrendo sob todos os pontos de vista, como o econômico, social, cultural, científico, moral, etc. É verdade que, em números relativos, tem diminuído o número de pessoas dispostas a investir em uma análise formal que representa uma quantia expressiva de dinheiro e uma duração sabidamente prolongada. Os bons resultados – não obstante sejam parciais e circunscritos – da moderna psicofarmacologia contribui bastante para que as pessoas em estado de sofrimento psíquico tentem caminhos mais fáceis e breves. Da mesma forma, a pressa que caracteriza o homem da cultura atual abre as portas para métodos alternativos que prometem curas a curto prazo e com menor gasto e esforço. Nos Estados Unidos é onde se nota que o pragmatismo que regula a vida dos norte-americanos fez declinar bastante a procura e aplicação do tratamento pelo método da psicanálise clássica. No entanto, se ela está algo fora de moda no que diz respeito à pureza dos padrões do método tradicional, de forma alguma cabe a afirmativa de que ela esteja morrendo. Assim, a psicanálise está muito viva na fundamentação que ela empresta às modalidades de psicoterapias analíticas, na aplicação em múltiplas áreas do conhecimento humano, na maior comunhão com os grandes públicos em geral, nos campos das artes, literatura, cinema, teatro, medicina, pedagogia, etc.

49. Os medicamentos psicotrópicos são verdadeiramente úteis no tratamento de transtornos mentais? Podem ser usados concomitantemente com o tratamento psicanalítico?

Sim, desde que se leve em conta que sua utilização é restrita a algumas situações específicas e que está havendo um uso abusivo na divulgação, na propaganda e na utilização inadequada, tanto por parte dos próprios pacientes que se auto-medicam em busca da "pílula da felicidade" como por parte de médicos não-especialistas que, seguidamente, prescrevem de forma equivocada. Casos clínicos como determinadas psicoses francas, transtornos afetivos bipolares, doença do pânico e algumas outras, quando adequadamente medicadas, costumam apresentar excelentes resultados, sem maiores riscos de uma utilização bastante prolongada. Entretanto, é necessário destacar que o emprego isolado da medicação, na maioria dos casos, é deficiente porque fica limitado a um alívio pelo esbatimento de sintomas mais agudos. O ideal, nos casos em que a medicação tem indicação segura, é uma conjugação dela com alguma forma de terapia de base analítica. Especificamente nos casos que estão em psicanálise, o eventual uso de medicação psicotrópica concomitante com a análise, na atualidade, é encarada como não tendo a menor incompatibilidade. Pelo contrário, muitas vezes, facilita bastante o andamento do processo analítico.

50. O eletrochoque ainda tem utilização válida nos transtornos mentais?

O emprego do eletrochoque já teve sua época de ser largamente utilizado no tratamento de psicoses e depressões, posteriormente caiu em um total descrédito e, na atualidade, utilizado em escala muitíssimo menor da que já foi, ele volta a ganhar crédito, sempre que seu uso for indicado para situações muito especiais, como seria o caso de surtos psicóticos agudos, com sérios riscos para o paciente ou demais pessoas, que não respondam à medicação, ou em situações de pacientes em depressão com um grave risco de suicídio, que se mostram refratários ao benefício com a medicação.

51. Uma auto-análise é possível?

Freud, pela obviedade das circunstâncias da época, é considerado como sendo a única pessoa que conseguiu fazer uma auto-análise partindo do "nada", embora, na verdade, mantivesse uma estreita, abundante e continuada correspondência escrita com amigos confidentes. A impossibilidade de alguém, por si só, fazer uma auto-análise decorre do fato de que, em qualquer pessoa, existe a presença de fortes resistências que de forma oculta estão agindo no inconsciente. No entanto, uma auto-análise não só é possível, como é desejável, nos casos em que a pessoa já passou pela experiência de um tratamento psicanalítico e, após o término formal do mesmo, mercê de ele ter adquirido e incorporado o que chamamos de "função psicanalítica da personalidade", está em condições de prosseguir pelo resto de sua vida uma – descontraída, não obsessiva – autoanálise, isto é, uma reflexão acerca de sua responsabilidade, consciente e inconsciente, nos atos da vida cotidiana.

52. **A propósito, é verdade que Freud, nos seus primeiros tempos, era um cocainômano e que teria tido um "caso" com sua cunhada?**

Em relação à freqüente afirmação de que Freud teria sido viciado em cocaína e que tivesse induzido outras pessoas ao vício, todos os seus biógrafos relatam que, em suas pioneiras pesquisas científicas, ele fez experimentos com a cocaína com a finalidade de descobrir uma substância que pudesse exercer uma função de anestesia e, dizem que, por muito pouco, não coube a ele a primazia de ter sido o descobridor dos anestésicos. É possível que tenha experimentado em si próprio como seriam os efeitos da anestesia, no entanto tudo leva a crer que não tem o menor fundamento a insinuação de que ele teria sido um cocainômano. Quanto ao propalado "caso" que ele teria tido com a irmã de sua mulher, todos são unânimes em desmentir categoricamente, atribuindo essa distorção dos fatos verdadeiros a uma sórdida campanha dos detratores da psicanálise, com o intuito de desmoralizá-la.

53. **A psicanálise mantém ligações estreitas com outras disciplinas e áreas humanísticas ou continua isolada em sua "torre de marfim"?**

Não deixa de ser uma verdade que, por longas décadas, a psicanálise se manteve encastelada em torno de seu próprio umbigo, inclusive com desavenças, às vezes hostis, em relação à medicina, a própria psiquiatria e às psicoterapias, sem levar em conta uma fria indiferença por outras disciplinas que também respondiam com um distanciamento hostil e denegridor à psicanálise. Gradativamente, esta situação foi se modificando, e nos dias de hoje pode-se dizer que já existe uma participação conjunta com diversas outras ciências, em projetos de pesquisa e em programas de mútua divulgação e assistência. Da mesma forma, os psicanalistas participam de forma muito mais natural e aberta de programas da mídia em geral e, juntamente com a promoção de eventos, estão informando ao grande público, de forma cientificamente adequada e em uma visão sistêmica, as múltiplas faces e aplicações da psicanálise, assim desfazendo mitos e mistificações.

54. **Cabe afirmar que o principal critério de o psicanalista concordar com o término de uma análise é quando o paciente ficou com os valores iguais aos dele?**

Não, esta afirmação não é verdadeira. Se isso acontecer, estamos diante de uma patologia da análise, logo, trata-se de um mito. Pelo contrário, a finalidade maior de uma análise é propiciar um crescimento psíquico de seu paciente, especialmente no que tange ao analista propiciar que seu paciente adquira a condição de uma liberdade interna, no sentido de, em uma forma harmônica consigo mesmo, "vir a ser aquilo que, realmente, ele é!".

55. O objetivo de uma psicanálise é atingido quando ela remove do paciente os sintomas que o fazem sofrer?

É necessário estabelecer uma diferença entre "benefício terapêutico" e "resultado analítico". Um benefício sob a forma de remoção de sintomas, de crises e de uma melhor adaptação familiar e social é altamente significativo, porém ainda fica aquém do que um resultado verdadeiramente analítico pode alcançar. Este último, mercê de uma transformação no cerne da estrutura psíquica, pode alcançar resultados mais duradouros, ambiciosos e abrangentes, como é o caso do resgate de pessoas e de capacidades que ficaram congeladas devido à neurose, ou ampliar potencialidades que estavam em estado latente no paciente. Um resultado analítico também visa a propiciar ao paciente a aquisição de um sentimento de liberdade interior, a partir da qual ele se sentirá uma pessoa mais livre no seu comportamento em relação à vida exterior. Ademais, indo bastante além do que o alívio do sofrimento neurótico, uma análise objetiva desenvolver no analisando o direito de ele gozar prazeres e lazeres.

56. Está provado que a eficácia dos resultados obtidos com a psicanálise é superior a outras modalidades psicoterápicas?

Muitos centros de estudos e pesquisas referentes à psicanálise, reconhecidamente sérios e competentes, em muitos lugares do mundo, mas principalmente nos Estados Unidos, têm feito investigações com uma metodologia moderna, porém não conseguem chegar a resultados plenamente conclusivos. Segundo os pesquisadores, essa indefinição se deve a uma extrema complexidade devido a uma imensa multiplicidade de fatores que interferem, principalmente a dificuldade em objetivar e, mais do que tudo, em quantificar sentimentos que não são concretos e objetivos, muito pelo contrário, são subjetivos e abstratos, com manifestações não só no plano da emocionalidade, como também na área pragmática, moral, intelectual e, inclusive, espiritual. Fazendo essa ressalva quanto a essa grande dificuldade em quantificar resultados precisos, as pesquisas não comprovam uma inconteste superioridade do método rigorosamente psicanalítico em relação aos demais.

Parte II

PSICANÁLISE E PSICOTERAPIAS: ESCLARECIMENTOS

57. **O que é, de fato, a psicanálise?**

Freud criou este termo e fundou essa ciência que já ultrapassou um século de existência e se mantém com bastante vitalidade, não obstante ela venha sofrendo profundas transformações em seus fundamentos metapsicológicos, teóricos, técnicos e clínicos. Na criação do termo "psicanálise", o gênio de Freud certamente inspirou-se na química, tal como comprova a etimologia da palavra "análise" que deriva dos étimos gregos "aná" (partes) + "lysis" (decomposição, dissolução). Freud definiu o que é psicanálise com os seguintes itens: 1. Um procedimento para a *investigação* dos processos mentais que, de outra forma, são praticamente inacessíveis. 2. Um método baseado nessa investigação para o *tratamento* de transtornos neuróticos. 3. Uma série de concepções psicológicas adquiridas por esse meio e que se somam, umas às outras, para formar progressivamente uma nova *disciplina científica*. 4. Posteriormente, ele sublinhou que os seus pilares teóricos e técnicos imprescindíveis eram: a existência do inconsciente dinâmico, o complexo de Édipo, a repressão, a resistência, a transferência e a interpretação.

58. **E psicoterapia, o que é?**

"Psicoterapia" é um termo genérico que costuma ser empregado para designar qualquer tratamento realizado com métodos e propósitos psicológicos. Inicialmente, Freud não fazia distinção entre os termos "psicoterapia" e "psicanálise" e empregava-os indistintamente para caracterizar o método de tratamento psicológico que criara e, freqüentemente, empregava a expressão *terapia psicanalítica*, como que estabelecendo uma conexão entre ambas. Posteriormente ele foi estabelecendo a necessidade de fazer uma clara distinção entre elas. O que acontece é que existe um largo leque de tipos de psicoterapia, como, por exemplo: as psicoterapias breves; a psicoterapia focal; as de apoio, de curta ou de longa duração; a terapia cognitivo-comportamental e a psicoterapia psicanalítica. Esta última, na atualidade, está muito próxima da psicanálise e, muitas vezes, elas se superpõem, sendo difícil diferenciá-las de forma incontestes.

59. Pode descrever – separadamente – os diversos tipos de psicoterapia?

Como já foi referido, o conceito de "psicoterapia" permite uma larga abrangência de concepções e de modalidades, que variam com diversos fatores, tanto por parte do paciente como por parte do terapeuta, além de fatores externos. Também é importante discriminar a diferença entre psicoterapias que têm alguma forma de respaldo científico e as, assim chamadas, *terapias alternativas*, que, não obstante sejam bastante divulgadas e aplicadas, não têm o menor suporte científico, pelo menos não da ciência tal como ela é conhecida na atualidade. Como o número excessivo de tipos de psicoterapia pode causar alguma confusão, creio ser justificado o pedido para que se faça uma distinção entre elas, como são as que seguem.

- **Psicoterapias breves**. De fundamentação psicanalítica, está indicada para um grupo de pacientes que buscam tratamento dirigido para a resolução específica de problemas circunscritos a determinadas queixas. O emprego desta modalidade psicoterápica está aumentando devido a uma série de fatores, como: em muitas instituições, como as hospitalares, onde é acelerado o rodízio de pacientes, de modo que só cabe fazer uma psicoterapia breve. Da mesma forma, muitas vezes a oportunidade oferecida por alguma instituição de seguro ou de previdência delimita uma cobertura de tempo muito limitado. Outro fator é o fato de que, cada vez mais, aumenta o contingente de pacientes que têm limitações de tempo, dinheiro, transporte e disponibilidade para um processo mais longo. Também deve ser levado em conta o fato de que existem muitas outras modalidades de psicoterapias, ou de psicofarmacologia, que prometem grande brevidade na resolução dos problemas. A experiência clínica comprova que os resultados com a psicoterapia breve, de orientação analítica, são animadores quanto à obtenção de verdadeiros benefícios terapêuticos, desde que os pacientes selecionados estejam bem motivados para essa forma de terapia. Um terapeuta adequado pode servir como um novo modelo para o paciente; pode conseguir abrandar as culpas e ameaças de um superego rígido e, por vezes, cruel; igualmente, é possível que o paciente consiga fazer alguns importantes *insights*, ou seja, uma iluminação (*sight*) interna (*in*) propiciada pela atividade interpretativa do analista. O tempo de duração desta terapia oscila em torno de 5 a 25 sessões individuais ou grupais.
- **Psicoterapia focal**. Como o nome sugere, essa forma de psicoterapia – que, de certa forma se superpõe com a que foi descrita como psicoterapia breve – fica centrada em um determinado foco que é particularmente traumático (algum fato fortemente traumatizante que realmente tenha acontecido) ou estressante (pode ser por razões de natureza provindas do interior do psiquismo, mesmo que desencadeadas por pequenos estresses exteriores). O terapeuta toma uma atitude mais ativa, pode usar recursos como a medicação, enfoque cognitivo-comportamental, manejo do meio ambiente e familiar, apoio, aconselhamento e coisas afins. Os resultados costumam ser bons, com esbatimento de crises e sintomas agudos. O tempo de duração varia em uma média de 3 a 10 meses.
- **Psicoterapia de apoio (de curta ou de longa duração)**. A expressão "psicoterapia de apoio", injustamente, ganhou uma significação um tanto desqualificatória, porque é comum ser confundida como sendo meramente um apoio sob a forma de conselhos, atitudes de simpatia, consolo e atitudes maternais. Do ponto de vista psicanalítico, uma psicoterapia de apoio vai além de um expressivo reasseguramento para o paciente de que ele não está desamparado, e que alguém ami-

go, do seu lado, está tranqüilo quanto a uma evolução otimista. Soma-se a isso o fato de que se trata de uma terapia bastante valiosa e requer um bom preparo do terapeuta para que ele tenha condições de sintonizar – e, assim, poder apoiar – com as partes sadias do paciente, que têm reais capacidades latentes e que, na maioria das vezes, não percebe, ou não acredita nelas. Uma psicoterapia de apoio pode ser de curta duração, quando a intervenção é em situações de crises, em geral bem resolvidas quando adequadamente manejadas. O melhor critério para o término é quando o paciente volta a suas plenas condições anteriores à crise. Uma vez esbatida a crise, paciente e terapeuta vão decidir, juntos, se eles encerram a terapia, ou se a prolongam de forma continuada, às vezes, por uma longa duração, ou até mesmo podem concluir que o mais indicado é passar para alguma forma de psicoterapia psicanalítica.

- **Terapia cognitiva.** Não pode ser considerada como sendo de natureza psicanalítica porquanto ela visa muito mais às funções conscientes do que propriamente a um acesso aos conflitos inconscientes, fato que não impede que em determinados casos apresente excelentes resultados clínicos. A sua fundamentação essencial parte do princípio de que a forma de como as pessoas percebem, significam e interpretam suas experiências emocionais é que vai determinar como elas irão sentir, pensar e agir. Assim, o terapeuta cognitivo fica principalmente voltado para o sistema de crenças que o paciente possui, as distorções que ele faz dos fatos objetivos, seja a forma de tomar a parte pelo todo, seja a maneira de exagerar ou minimizar as experiências, seja uma visão distorcida que o paciente tenha de si mesmo e coisas afins. A corrente cognitiva – cujo principal nome é o de seu criador, Aaron Beck – surgiu nos anos 1950 e 1960, nos Estados Unidos. Beck partiu do princípio de que grande parte das doenças psíquicas se devia a percepções distorcidas da realidade, de sorte que caberia ao terapeuta corrigir essas distorções. Vamos supor, por exemplo, um paciente deprimido, de baixa auto-estima, que acha que não tem capacidades e condição para trabalhar: nesse caso, ele pode ser incentivado pelo terapeuta cognitivista a escrever em um caderno várias situações em que foi chamado a desempenhar tarefas e se saiu bem. Com base nos argumentos fornecidos pelo próprio paciente, o terapeuta tenta despertar outra maneira de o paciente se mirar, de modo a reerguer a auto-estima e a sua abalada confiança em si mesmo.

- **Terapia comportamental.** O principal nome desta corrente é o de Frederic Skinner, que, igualmente nos Estados Unidos, nas décadas de 1950 e 1960, difundiu as suas concepções de "estímulo, resposta e reforço", como no tratamento de fobias, em que o paciente é incentivado a enfrentar aquilo que teme. Essa forma de terapia parte do princípio de que os comportamentos patológicos, que tiveram origem em aprendizagens que promoveram distorções cognitivas, são capazes de ser reversíveis através de novas aprendizagens, em uma espécie de dessinsibilização, de um descondicionamento de antigos reflexos condicionados patogênicos. A expressão "terapia cognitivo-comportamental" está substituindo os termos "terapia cognitiva" e "terapia comportamental", usados isoladamente e, por isso, cada vez mais, os terapeutas comportamentais estão atribuindo uma importância e uma estreita aproximação com os fenômenos cognitivos. Por meio de técnicas especiais que visam à correção de falhas de cognição e comportamento do paciente, essa terapia costuma ser usada em casos de adições, fobias específicas, rituais compulsivos, transtornos alimentares e disfunções sexuais.

- **Terapias grupais.** Utilizando a riqueza da dinâmica de fatores psicológicos que acontecem em qualquer campo grupal, existe um largo leque de aplicação de distintas modalidades de grupoterapias. Mais especificamente em relação às grupoterapias psicanalíticas, as opiniões se dividem quanto à adequação, ou não, de que elas possam ser consideradas como um verdadeiro processo de psicanálise. Pessoalmente, partindo do princípio de que a psicanálise consiste em fazer autênticas mudanças na estrutura do interior do psiquismo, eu sou dos que legitimam a grupoterapia psicanalítica, desde que elas sejam exercidas por um grupoterapeuta com sólida formação da teoria e técnica da psicanálise. Uma terapia de grupo possibilita o sadio crescimento de alguns aspectos importantes, como a construção de um sentimento de identidade social; a transformação da patogenia das formas de comunicação entre as pessoas; a determinação de lugares, posições, funções e o desempenho de papéis, uma ressocialização, etc.
- **Terapia de casal.** A experiência ensinou que, muitas vezes, problemas específicos de um casal – independentemente do fato de que um deles, ou os dois em separado, esteja se tratando individualmente – são mais bem percebidos, "ao vivo e em cores", em uma terapia em que ambos estão interagindo em uma combinação de sentimentos amorosos, agressivos e, sobretudo, dos "mal-entendidos" da comunicação. Assim, a terapia de casal está ganhando um crescente espaço entre os terapeutas e as pessoas que desejam encontrar soluções de ajuste harmônico ou de uma separação definitiva de uma forma menos traumática possível. O terapeuta de casal deve possuir uma formação específica que é feita em institutos especializados, quase todos de orientação "sistêmica", porém nota-se uma tendência em complementar a formação com um bom conhecimento dos fundamentos psicanalíticos.
- **Terapia de família.** Da mesma forma como foi dito a respeito dos terapeutas de casal, também a terapia de família se fundamenta na teoria sistêmica. O termo "sistêmico" alude a que a família deve ser vista não como um mero somatório de pessoas, mas sim como pessoas que compõem um sistema, ou seja, de forma permanente cada pessoa influencia e é influenciada pelos demais, de forma recíproca. Torna-se importante reconhecer as características – sadias e/ou patológicas – que configuram o sistema familiar, a forma como se comunicam, os limites, as limitações e diferenças de um para o outro e, sobretudo, a designação de rótulos e de papéis que costumam ser atribuídos e delegados. Conforme o que foi referido em relação à terapia de casal, também os terapeutas de família, que trabalham quase que exclusivamente com os aspectos conscientes, gradativamente estão se aproximando do conhecimento que a psicanálise proporciona a respeito de determinismos, de mistérios e de armadilhas provindos do inconsciente.
- **Psicoterapia de orientação analítica.** As semelhanças e diferenças entre o que se costuma denominar "psicanálise" e "psicoterapia analítica", assim como suas convergências, divergências, tangências e superposições, têm sido muito estudadas e discutidas. Inicialmente, Freud não fazia distinção entre os termos "psicoterapia" e "psicanálise" e empregava-os indistintamente para caracterizar o método de tratamento psicológico que criara. Freqüentemente, empregava a expressão "terapia analítica", como que estabelecendo uma conexão entre ambas. Posteriormente, os psicanalistas começaram a estabelecer nítidas diferenças, principalmente apoiando a argumentação em fatores externos, como o número mínimo de sessões semanais, o indispensável uso do divã, as interpretações que deveriam enfocar exclusivamente a transferência do paciente com o analista e coisas afins. Dessa maneira, ficaram estabelecidos uma enorme diferença e distanciamento entre

terapia de orientação analítica e a psicanálise propriamente dita. Na atualidade, em boa parte pela necessidade de acompanhar as vertiginosas mudanças socioculturais do mundo, essa distância entre elas vem diminuindo sensivelmente, e os aludidos fatores exteriores que serviam de pretexto para uma distinção não mais pesam tanto. O que deve, sim, ser destacado é o fato de que para que um terapeuta possa fazer uma terapia de orientação psicanalítica (duas ou uma sessão semanal, deixar o uso do divã ao critério do paciente...), ele deve ter uma formação psicanalítica reconhecida como oficial, ou, pelo menos, ter concluído uma formação em alguma entidade reconhecida como idônea e competente na formação de "terapeutas analíticos". Muitas pesquisas, antigas e recentes, apontam para o fato de que não se consegue precisar com exatidão se o resultado final no paciente é diferente entre uma análise *standard*, que segue o rigorismo exigido, e o que se costuma denominar como psicoterapia de orientação analítica.

60. Quem foi Freud? Foi ele quem descobriu a existência do inconsciente? Sua obra total continua vigente?

Sigmund Freud nasceu em uma cidade que hoje faz parte da República Tcheca, em 1856. Pressionada por uma crise financeira, sua família mudou-se para Viena quando ele tinha 4 anos e onde viveu quase toda a sua vida. Só abandonou Viena perseguido pelo nazismo, migrando para Londres, onde ele viveu seus últimos anos. Estudou medicina em Viena e inicialmente se dedicava à área da neurologia, tanto na clínica como também em trabalhos de pesquisa. Desde sua condição de estudante, e cada vez mais, Freud demonstrava uma excepcional erudição, conhecia vários idiomas, ganhou muitos prêmios, inclusive o cobiçado Prêmio Goethe de Literatura. A obtenção de uma bolsa de estudos lhe permitiu visitar a França por duas vezes, onde observou atentamente e ficou muito impressionado com os experimentos do hipnotismo. A partir daí, Freud foi descobrindo o mistério dos transtornos mentais, abandonou a técnica da hipnose, que ele considerava pouco eficaz porque mantinha o paciente em uma passividade, e trocou-a por outras que permitissem um acesso mais ativo ao inconsciente do indivíduo. Assim, por volta de 1900 ele criou a psicanálise!

Cabe dizer que não foi Freud quem descobriu a existência do inconsciente, visto que, muito antes dele, muitos filósofos, desde a Antigüidade, e literatos davam evidências claras da existência do inconsciente, porém coube a Freud dar uma dimensão científica, com estudo sistematizado e com aplicação clínica. Durante mais de 40 anos, entre avanços, recuos e transformações, entre seguidores fiéis e outros que dissentiram dele, Freud construiu um enorme edifício da teoria e da técnica da psicanálise. Para podermos aquilatar a importância de sua obra, basta dizer que Freud foi escolhido como a personalidade mais importante do mundo científico do milênio que passou. Centenas de obras foram escritas sobre ele no mundo inteiro. Seus livros foram traduzidos em 30 idiomas, tendo sido publicadas, no mínimo, 10 biografias sobre a sua vida e obra. Deixou um legado de mais de 300 títulos, sendo 24 livros, mais de uma centena de artigos e uma correspondência avaliada em 15 mil cartas. As sementes que ele lançou continuam frutificando na atualidade. Assim, é verdade que sua obra continua plenamente vigente, não obstante muita coisa tenha mudado em seus conceitos originais, em grande parte por ele próprio e pelas naturais transformações devidas ao extraordinário avanço da ciência da psicanálise. Também é verdade que algumas importantes concepções de Freud (entre outras, por exemplo, influenciado pela cultura de sua época, ele considerava a mulher de uma forma muito desvalorizada, eternamente sofrendo uma "inveja do pênis") são hoje enfaticamente refutadas. No entanto, a essência de seu pensamento está plenamente conservada, o que não significa que os autores e os psicanalistas na sua prática clínica contemporânea continuem na obrigação de manter uma eterna adoração e fidelidade absoluta a Freud.

61. Pode fazer um breve histórico da evolução da psicanálise?

De forma esquemática, cabe dizer que o conhecimento e manejo dos transtornos mentais permitem uma divisão em épocas distintas. Assim, na *Pré-História,* existem arcaicos registros desde o Velho Testamento que relatam o caráter sádico-destrutivo de Caim, a inveja dos irmãos de José contra ele, o alcoolismo de Noé, a psicose maníaco-depressiva de Saul e assim por diante, em uma coleção digna de um bom tratado de psicopatologia. Predominava nessa época uma mentalidade voltada para a magia e a demonologia. Os doentes mentais eram exibidos em circos como aberrações ou recolhidos a prisões e masmorras infectas e imundas. Coube a Philipe Pinel e a seu discípulo Esquirol fazerem os primeiros movimentos de humanização, libertando os doentes das algemas. Um segundo período, que podemos denominar como "Pródromos da psicanálise", coincide com a época inicial de Freud, quando vigia no tratamento dos transtornos mentais a utilização de ervas medicinais, alguns calmantes, clinoterapia (repouso no leito), hidroterapia, massagens, estímulos elétricos e o uso empírico do hipnotismo. O terceiro período consiste na "psicanálise como ciência", criada pelo gênio de Freud. A partir dos fenômenos que ele observava e aprendendo com os mestres franceses (especialmente o grande Charcot) que praticavam o hipnotismo, Freud decidiu estudar os mistérios ocultos da mente. Seu maior passo foi a coragem de interpretar os seus próprios sonhos e, daí, ele postulou que o "sonho é a via régia para se ter acesso ao inconsciente". Isso foi em 1900, data que costuma ser considerada como sendo a do lançamento da pedra fundamental da ciência da psicanálise. Aos poucos, Freud foi retificando e ampliando os conhecimentos relativos ao mundo do inconsciente, passando da teoria dos traumas (fatos realmente acontecidos com as crianças, como seduções sexuais, e que ficaram recalcadas no inconsciente) para a teoria topográfica (consciente, pré-consciente e inconsciente), daí para a teoria estrutural (id, ego e superego). Simultaneamente, ele foi criando as concepções relativas aos impulsos instintivos, ao narcisismo, os mecanismos de defesa do ego, as regras de técnica na prática analítica, em uma permanente e continuada escalada de novas concepções, até a data de sua morte, em 1939, em Londres. Sempre fundamentadas na essência dos postulados de Freud, novas escolas de psicanálise foram sendo fundadas, com renovadas concepções modificadas e também originais, que determinam profundas e importantes transformações na teoria e prática psicanalíticas, desde a época pioneira de Freud e seguidores, até a psicanálise contemporânea.

62. Onde é possível conhecer dados da vida de Freud e sua obra completa?

Existem muitas coleções completas ou exemplares avulsos da obra completa de Freud, todavia a mais recomendável e que sistematicamente é adotada em qualquer instituto credenciado em formação de terapeutas psicanalíticos é a coleção conhecida como *standard edition*, que reúne 24 volumes. No idioma brasileiro, trata-se da Edição Standard Brasileira, da Editora Imago, 1969. No volume XX, o leitor poderá encontrar "Um estudo autobiográfico", de Freud. Resenhas descritivas dos textos de sua obra e detalhes esmiuçados de sua vida aparecem em livros de muitos autores, porém creio que cabe destacar as obras de Ernest Jones, *Vida e obra de Sigmund Freud*, em três volumes, e a de Peter Gay, *Freud: uma vida para o nosso tempo*, em um único volume, editados pela Companhia das Letras, São Paulo, 1989.

63. Muitos dizem que Freud sempre renegou e até hostilizou seu judaísmo; outros dizem o oposto, que ele assumiu sua condição de judeu e até a enalteceu. Quem está com a verdade?

A verdade sempre é bastante relativa. Assim, Freud nunca escondeu que sua identidade de judeu passava por três planos: 1. O *religioso*, que ele não aceitava, da mesma forma como não aceitava como saudável qualquer fé religiosa. 2. Uma clara ambigüidade quanto ao movimento *sionista* voltado para a causa da criação de um estado nacional judeu (o atual Estado de Israel). 3. Uma consistente aceitação de que ele possuía um *espírito judeu*. O nome Sigmund (Salomão) foi-lhe dado em homenagem a seu avô paterno, rabino que falecera dois meses antes do seu nascimento. O próprio Freud, em muitos depoimentos públicos, admitiu que sua condição de judeu teria forjado seu caráter com "a coragem própria de uma minoria perseguida", contribuindo bastante para caber justamente a ele, um judeu, a sublime missão de ser o criador da psicanálise. Da mesma forma, ele reconhecia sua gratidão à Bnei Brith (secular instituição judaica voltada para a filantropia e defesa dos direitos humanos), na qual ele participou durante três décadas. Cabe transcrever o seguinte trecho de uma entrevista concedida por Freud a um jornal norte-americano em 1926: "Minha língua é o alemão. Minha cultura, minha realização é alemã. Eu me considerava um intelectual alemão, até perceber o crescimento do sentimento anti-semita na Alemanha e na Áustria. Desde então, prefiro me considerar judeu".

64. Quem foi Anna Freud?

Sigmund Freud casou-se com Martha (também uma judia) e com ela teve seis filhos. A caçula, Anna, foi a única que se tornou psicanalista e a sua mais importante seguidora e sucessora. Nunca se casou e permaneceu intimamente ligada ao pai até seus últimos dias. Foi presidente do Instituto de Formação Psicanalítica de Viena de 1925 a 1938, ano em que, acompanhando seu pai, expulso de Viena pelo nazismo, refugiou-se em Londres. Anna Freud pode ser considerada como uma importante personalidade na história da psicanálise porque, além de ter publicado importantes escritos psicanalíticos, ela foi relevante formadora de discípulos psicanalistas que mais tarde viriam a fundar a escola norte-americana da "psicologia do ego", assim como também foi em torno de sua pessoa que a corrente freudiana da Sociedade Psicanalítica Britânica se moldou, estruturou e ganhou respeitabilidade. Outro mérito seu foi o de ter sido uma das pioneiras da psicanálise com crianças, embora o seu método fosse nitidamente pedagógico. Com a idade de 87 anos, faleceu em 1982, em Londres.

65. Em nosso meio se ouve falar muito em Melanie Klein. Por que ela é importante para a psicanálise?

Nascida em Viena, em 1882, em uma pobre família judia, M. Klein, já residindo em Budapeste, teve seu primeiro contato com a psicanálise pela leitura de um texto de S. Freud e, gradativamente, veio a se tornar uma figura importantíssima na história da psicanálise não só porque revolucionou o paradigma psicanalítico da época, com a criação de concepções originalíssimas, como também congregou em torno de si um significativo número de psicanalistas importantes, que foram analisados por ela e seus discípulos, o que deu origem à Escola Freudiana de Psicanálise. O seu maior mérito foi o de ter sido a pioneira de análise com crianças, desde tenra idade, através de um método de acesso ao inconsciente por meio de desenhos, de jogos e de brinquedos. Como o método de M. Klein, voltado para o inconsciente das crianças, se opunha ao de Anna Freud, que era dirigido ao consciente, ambas passaram a se atacar mutuamente, configurando as famosas "grandes controvérsias" no seio da Sociedade Britânica de Psicanálise. Vítima de um câncer de cólon, faleceu no dia 22 de setembro de 1960, em Londres, com a sua obra em pleno vigor e que permanece vigente, através de eminentes seguidores, até os dias de hoje.

66. E Jung, o que ele representa para o movimento psicanalítico?

Nascido na Suíça, em 1875, Carl Gustav Jung tornou-se médico psiquiatra. Conheceu Freud em Viena, em 1907, de quem se tornou um importante e prestigiado discípulo, a ponto de, em 1910, por desejo de Freud, Jung ter sido eleito o primeiro presidente da IPA. Na verdade, Jung tinha bases científicas muito diferentes das de Freud e da maioria de seus discípulos, mercê de sua experiência muito mais ampla com psicóticos, e seu vasto conhecimento de mitos, simbolismo, literatura e filosofia de muitas culturas. Decorrido algum tempo, Jung deu claras mostras de que discordava da concepção freudiana da sexualidade infantil, do complexo de Édipo e da libido. O rompimento entre eles começou a tomar forma definida e concretizou-se de modo irreversível em 1914, ano em que fundou o movimento da "psicologia analítica". A principal divergência com Freud é que Jung discordava totalmente da teoria da libido, concebendo-a não mais como unicamente de origem sexual, mas sim como a experiência psíquica de uma "energia vital". Suas contribuições mais importantes dizem respeito à: interpretação dos símbolos, bem mais extensa do que a de Freud; definição de alguns tipos caractereológicos (extrovertidos e introvertidos); introdução, através do modelo dos "arquétipos", à noção do *inconsciente coletivo*. Gradativamente, o pensamento de Jung tornava-se mais místico. As maiores críticas que muitos psicanalistas fazem a Jung consistem em que o método dele tenderia a afastar o paciente da realidade, substituindo-a por uma vida de fantasia, mística e semi-religiosa; que, assim, ele faria uma verdadeira doutrinação do paciente; que suas hipóteses doutrinárias propiciaram que seu discurso assumisse tons racistas e anti-semitas, do que se aproveitou o movimento nazista da época. Faleceu em junho de 1961 e, com modificações, a corrente junguiana continua forte e bastante empregada na atualidade.

67. **Por que tantos discípulos de Freud acabaram se distanciando e abrindo dissidências com ele?**

É verdade que muitos importantes psicanalistas que faziam parte do grupo íntimo de Freud acabaram dissentindo e se afastando completamente dele, enquanto outros, igualmente notórias sumidades em psicanálise da época, se mantiveram fiéis o tempo todo. Os historiadores dão conta que os principais motivos que determinaram sucessivas dissidências são de tríplice natureza: 1. Por razões de diferenças teóricas e ideológicas na forma de conceber a psicanálise. 2. Por complicações pessoais de alguns deles, que não teriam suportado um forte sentimento de inveja em relação a Freud, que exercia o papel de líder inconteste, representando uma forte figura paterna. 3. Freud, em nome de salvaguardar a pureza dos princípios da psicanálise incipiente, tinha um comportamento por demais rígido e não admitia idéias que fundamentalmente divergissem das suas. Com o correr do tempo, o próprio Freud foi debatendo algumas concepções suas, formulando algumas novas, reformulando outras, de modo que ele se manteve fiel a muitas delas hoje consideradas insustentáveis, porém também veio a se aproximar de muitas outras concepções que já tinham sido expostas antes dele e que, na época pioneira, ele não as tinha aceito, apesar do fato de que ele sempre acrescentava algo novo e diferente.

68. **Com freqüência é dito que os "paradigmas" da psicanálise estão se transformando. O que significa isso?**

A palavra "paradigma" alude ao fato de que a ciência normal desenvolve-se em um contexto que inclui uma constelação de crenças, de valores e de técnicas compartilhadas pelos membros de determinada comunidade científica. Uma característica de um paradigma é que ele se mantém por longo tempo, de modo que os cientistas, em suas investigações, tendem a manter os cânones estabelecidos. Qualquer proposição mais revolucionária costuma provocar uma forte oposição por parte dos fiéis seguidores do paradigma vigente, de sorte que as transformações acabam acontecendo, porém de forma lenta, em meio a muitas lutas e radicalizações. Especificamente no movimento psicanalítico, pode-se dizer que, até o momento, ela passou por quatro períodos. Freud rompeu com o paradigma da moral vitoriana que predominava na época e implantou o novo – *1º paradigma* de que os transtornos mentais se originavam dos recalcamentos dos desejos sexuais existentes no ser humano desde a condição de criancinhas, a partir do complexo de Édipo, com início por volta dos 3 ou 4 anos. Aproximadamente uns 40 anos após a criação da psicanálise, M. Klein implantou um *2º paradigma*, no qual ela emprestou uma ênfase no desenvolvimento emocional primitivo, desde o primeiro dia do nascimento do bebê, em que destacava que este já interagia com a mãe, principalmente através de pulsões invejosas, sádico-destrutivas em relação ao seio materno, com o incremento de fantasias inconscientes, com as respectivas conseqüências de formação de terríveis angústias precoces. O *3º paradigma* é resultante da obra de Bion, psicanalista britânico que, juntamente com Freud e M. Klein, compõe a galeria dos "três gênios da psicanálise". Bion preconizou o modelo "vincular-dialético", ou seja, toda a psicanálise, teórica ou prática, passou a girar em torno do vínculo íntimo entre analista e paciente, com as recíprocas influências de um com o outro, ao mesmo tempo em que o inter-relacionamento entre ambos guarda um modelo dialético, na base de que a "tese" do paciente se confronta com uma "antítese" do analista, e daí pode resultar uma "síntese", que equivale à obtenção de um *insight*, que funciona como uma nova tese, e reinicia-se o ciclo, cada vez mais modificado. Um *4º paradigma*, bem mais recente, alude a que antes de conflitos propriamente ditos existe uma formação de "vazios" (também denominados como "buracos negros") na criança pequena, decorrentes de necessidades e carências da criança que não foram suficientemente preenchidas, especialmente pela mãe. Deve ficar claro que o surgimento de novos paradigmas de modo algum deve significar a caducidade dos anteriores, mas que cada um deles continua válido para determinadas situações e que a psicanálise ficaria muito enriquecida se houvesse uma conjugação e complementação dos distintos paradigmas.

Quais são as sete escolas psicanalíticas atuais? Pode esclarecer separadamente cada uma delas?

Partindo da posição de que o termo "psicanálise" necessariamente implica acesso ao inconsciente e que deve levar em conta os fenômenos de resistência, transferência e atividade interpretativa, com fins de mudança da estrutura do psiquismo e que a noção de "escola" implica que determinado autor contribua com idéias originais que perdurem e evoluam em sucessivas gerações de analistas, as seguintes sete escolas merecem ser distinguidas: freudiana, kleiniana, psicologia do ego, psicologia do *self*, Lacan, Winnicott e Bion.

- **Escola freudiana**. Ela foi iniciada por Freud e os pioneiros, seus seguidores imediatos. Após, ficou centralizada em Anna Freud e seus seguidores da Sociedade Britânica de Psicanálise. O enfoque principal reside na existência das pulsões instintivas – de vida e de morte, e, ainda hoje, com uma ênfase centrada nos conflitos edípicos –, com as respectivas formações de angústias e defesas do ego, com as inevitáveis conseqüências no desenvolvimento, na formação do caráter e na normalidade e/ou psicopatologia de qualquer indivíduo. É impossível aqui descrever o largo leque de contribuições teóricas e técnicas que, com novos desenvolvimentos, continua plenamente vigente, com grande pujança na atualidade, embora sem uma unanimidade e tampouco com a adoração que já gozou.
- **Escola Kleiniana**. Igualmente de forma muito reduzida, cabe mencionar as seguintes contribuições originais: 1. Criou uma técnica própria de psicanálise com crianças e introduziu o entendimento simbólico contido nos brinquedos e nos jogos. 2. Postulou a existência de um ego rudimentar, já no recém-nascido. 3. A pulsão de morte também é inata e existente desde o início da vida, sob a forma de uma inveja primária, com ataques sádico-destrutivos contra o seio nutridor da mãe. 4. Essas pulsões, agindo desde dentro da mãe, promovem uma terrível "angústia de aniquilamento". 5. Assim, o incipiente ego da criança lança mão de primitivos mecanismos defensivos. 6. Enfatizou a importância das fantasias inconscientes que acompanham o ser humano, desde a condição de bebezinho. 7. Concebeu a mente como um universo de "objetos" (personagens que foram internalizados) tanto parciais (seio, pênis...) como totais (a mãe, pai, etc. em sua totalidade). 8. Concebeu a noção de "posições" que ela descreveu com os nomes

de "posição esquizo-paranóide" e de "posição depressiva". 9. Conservou as concepções de Freud relativas ao complexo de Édipo e ao superego, porém as situou em etapas bastante mais primitivas do desenvolvimento da criança. 10. Todo o mundo psicanalítico aceita e emprega o que ela descreveu como o nome de "identificação projetiva". 11. Mudou fundamentalmente a prática analítica, emprestando uma ênfase no emprego do "aqui-agora-comigo" na sistemática interpretação transferencial. São inúmeras as fortes críticas que existem contra ela, principalmente em relação à excessiva ênfase nos aspectos destrutivos e nas conjecturas sobre as precoces fantasias inconscientes do bebê. Os modernos kleinianos fizeram profundas modificações na teoria e na prática da psicanálise, sem, contudo, perder a essência do que foi legado por M. Klein.

- **Escola da psicologia do ego.** Perseguidos pelo nazismo, na época da Segunda Guerra Mundial, muitos psicanalistas europeus, capitaneados pelo austríaco Hartmann, migraram para os Estados Unidos, onde fundaram a escola que leva o nome de "psicologia do ego". Dentre a ampla temática que herdaram de Freud, os psicanalistas dessa corrente norte-americana desenvolveram importantes trabalhos relativos à psicanálise da arte e da criatividade, além das relevantes concepções psicanalíticas acerca do fenômeno da "adaptação"; da "área do psiquismo livre de conflitos" e a conseqüente noção de uma "autonomia primária" e de uma "autonomia secundária" do ego. Os psicólogos do ego deram consistência ao estudo, conhecimento e descrição do conceito de *self*, de sorte que a contribuição mais importante deles consiste na valorização de o analista também trabalhar com as funções conscientes do ego, como percepção, pensamento, memória, juízo crítico, etc. Na atualidade, o emprego mais sistematizado e consistente das concepções desta escola fica praticamente restrito ao grande contingente de psicanalistas da América do Norte.
- **Escola da psicologia do *self*.** O criador desta escola foi H. Kohut, também vienense, que pressionado pelo nazismo migrou para os Estados Unidos, mais precisamente para Chicago, onde fundou sua nova corrente psicanalítica, com concepções próprias, que podem ser resumidas nos seguintes pontos essenciais: 1. Mais do que considerar a "livre associação de idéias" como o eixo central da prática analítica, tal como Freud preconizou, Kohut enalteceu a importância da "empatia" do analista. 2. Ele retirou o lugar da hegemonia do "complexo edípico", de Freud, e no seu lugar destaca as "falhas primitivas" cometidas pelos pais, de sorte que ele substitui o "homem culpado" de Freud e de M. Klein pelo que Kohut considera ser o "homem trágico". 3. Deu uma nova visão do problema do narcisismo, valorizando-o como uma importantíssima etapa evolutiva do ser humano, que funciona durante toda a vida, às vezes correlacionada com Édipo, porém com uma existência independente dele. Da mesma forma, coube a Kohut destacar os aspectos sadios e estruturantes do narcisismo e as transformações saudáveis que ele pode representar na vida do adulto. A maioria dos analistas atuais reconhece a importância que as recomendações de Kohut representam no tratamento de pacientes muito regressivos, fixados em etapas primitivas da evolução, porém criticam que ele deu pouca importância ao inconsciente e que pecou por tentar reduzir toda a psicanálise unicamente às suas concepções e, com isso, teria cometido sérias mutilações em outras concepções igualmente importantes e mais abrangentes.
- **Escola francesa (Lacan).** Na França, há várias sociedades psicanalíticas que se foram formando a partir de sucessivas dissidências ideológicas – e querelas narcisistas – entre os seus membros. O conjunto dessas sociedades caracteriza o que

se denomina como a pujante "Escola Francesa de Psicanálise", onde pontificam nomes de ilustres e originais autores. No entanto, todos esses autores sofreram uma forte influência de Lacan. Nascido na França em 1901 e falecido em 1984, Jacques Marie Emile Lacan, médico psiquiatra, tornou-se um psicanalista que é reconhecido como um genial, polêmico e altamente controvertido autor psicanalítico de uma vasta obra. Como movimento de oposição à norte-americana escola da "psicologia do ego", à qual acusava de estar deturpando o verdadeiro espírito da psicanálise, Lacan decidiu criar a sua própria escola, com o propósito de resgatar o verdadeiro Freud, através de um retorno, uma releitura de toda a obra freudiana original. Dono de uma excepcional inteligência e sólida erudição, Lacan utilizou quatro fontes: a lingüística (inspirada em Saussure), a antropológica (baseada em Levi-Strauss), a filosófica (bastante inspirada no "diálogo do amo e do escravo", de Hegel) e, naturalmente, a fonte psicanalítica, de Freud. Assim, entre inúmeras outras concepções originais, ele aportou conceitos importantes, como a descrição da "etapa do espelho", com a estruturação e representação do corpo; os significantes e significados que são emprestados às experiências emocionais; o discurso e os desejos dos pais reforçando na criança um ideal de ego prenhe de expectativas a serem cumpridas ao longo da vida toda; o regate do papel do pai como representante da lei que impõe restrições e limites ao filho, etc. Também na parte técnica, Lacan alertou contra as desvantagens de o analista abusar da interpretação sistematicamente centrada na transferência; destacou a importância de o analista não ficar narcisisticamente envolvido na atribuição do papel de "sujeito suposto saber" que o paciente deposita nele; Lacan também propôs que a duração de uma sessão não deveria ficar presa ao clássico tempo cronológico de 50 minutos em média, mas sim que deveria ser regulado pelo tempo necessário para que se realize no paciente uma "castração simbólica", ou seja, a passagem do plano do imaginário para o simbólico. As maiores críticas que os detratores de Lacan fazem a ele consistem em que, além do seu difícil temperamento que o levava a inúmeras rupturas fora e dentro da própria instituição que criou, predominava mais um pensamento filosófico e uma postura intelectual do que uma sensibilidade afetiva. As críticas mais pesadas incidem em como Lacan procedia com o tempo da sessão. São muitos os que confirmam o fato de que Lacan atendia uma média de oito pacientes por hora, como ele trabalhava oito horas por dia, perfazia um total de mais de 60 pacientes por dia. Dizem os críticos ferinos que Lacan assim procedia por duas razões: uma, o fato de que quanto mais pacientes futuros analistas ele tivesse maior seria o seu poder político; a segunda razão seria uma intensa ganância econômica.

- **Escola de Winnicott.** Donald Winnicott nasceu na Inglaterra, em 1897 e faleceu em 1971, tendo deixado um precioso acervo de uma obra longa, densa e original. No início de sua atividade como psicanalista, pertenceu ao grupo kleiniano e, posteriormente, por divergências de ideologia psicanalítica, afastou-se deste grupo e ingressou no chamado "grupo independente" da Sociedade Britânica de Psicanálise, onde se sentiu livre para desenvolver trabalhos com uma visão própria e original enfocada no desenvolvimento emocional primitivo do ser humano. As seguintes contribuições de Winnicott, sumariamente, merecem ser destacadas: a retomada da importância da mãe no seu relacionamento, real, com o filho (M. Klein enfatizava o mundo das fantasias inconscientes muito mais do que a realidade objetiva); o espaço, o objeto e os fenômenos transacionais; a aquisição da "capacidade para ficar só", por parte da criança; o conceito de "verdadeiro e de falso *self*"; o "papel de espelho" que a mãe representa para o filho, com destaque para a importância do tipo do "olhar materno"; a escalada do sentimento de "dependência" em três fases, que vão de uma dependência absoluta para uma de natureza relativa e, daí, para um estado de independência. Winnicott contribuiu de forma muito relevante para uma maior humanização da atitude do analista no trato com seus pacientes, notadamente os mais regressivos.

- **Escola de Bion.** Wilfred Bion – considerado pelo mundo psicanalítico como sendo um dos poucos gênios da psicanálise – nasceu na Índia em 1897, fez sua formação como psicanalista na Inglaterra, passou os últimos dez anos de sua vida trabalhando nos Estados Unidos e faleceu em Londres em 1979. Foi paciente e discípulo de M. Klein, porém criou tantas concepções psicanalíticas originais e consistentes, com um crescente contingente de seguidores, que pode ser considerado como um importante inovador da psicanálise e fundador de uma nova escola. Sua obra pode ser dividida em quatro décadas: na de 1940, notabilizou-se por trabalhos com "grupos"; na de 1950, com "psicóticos", fazendo relevantes contribuições para o entendimento das psicoses; a década de 1960, chamada de "epistemofílica" (ou seja, voltada para o "conhecimento"), foi a mais frutífera de sua imensa obra, com importantes trabalhos sobre as funções do pensamento, da percepção, da linguagem, da verdades e das falsificações, a concepção da mente composta por partes distintas, por exemplo, a "parte psicótica da personalidade" de qualquer pessoa, etc. Entretanto, a contribuição mais importante de Bion consiste na decisiva ênfase que ele deu ao "campo analítico", isto é, à permanente e mútua influência que o paciente exerce no analista e vice-versa, com um enfoque nos tipos de "vínculos" e configurações vinculares que unem (ou desunem) a ambos.

70. Ouço falar bastante de "neuropsicanálise". Pode ser considerada uma nova escola psicanalítica? As idéias de Freud têm algo a ver com isso?

As neurociências têm avançado significativamente, mercê de modernos recursos tecnológicos – principalmente os de imagens cerebrais e de estudos de lesões e experimentos neurológicos –, fato que está aproximando, cada vez mais, os neurocientistas e os psicanalistas, e vice-versa. No entanto, ainda não cabe considerar como sendo uma nova escola por ainda estarmos longe de um consenso, não existe um definido corpo teórico e técnico, além de predominarem fortes resistências em ambos os grupos. Assim, os neurocientistas mais antigos não reconhecem os conceitos fundamentais da psicanálise criados por Freud; pelo contrário, exigem a sua completa eliminação e preferem criar um próprio modelo neurocognitivo da mente.

Da mesma forma, permanece um grande contingente de psicanalistas que não admitem misturar ambas as ciências. Em contrapartida, aumenta o número de neurocientistas e de psicanalistas que estão estabelecendo evidências de nítidas conexões entre ambas as dimensões do funcionamento da mente, a neurobiológica e a psicológica, notadamente a de natureza dos fenômenos inconscientes. Os melhores exemplos estão em fatos como a comprovação de que os modernos medicamentos de ação neurobiológica promovem inquestionáveis resultados positivos no tratamento de depressões que muito pouco progrediam unicamente com o tratamento psicanalítico clássico, assim evidenciando que há um desequilíbrio nas substâncias químicas do cérebro de pessoas deprimidas.

Por outro lado, existem sérias investigações que demonstram o fato de que as experiências da primeira infância, principalmente entre mãe e bebê, influenciam o padrão das conexões cerebrais de modo a moldar a futura personalidade e saúde, ou patologia mental. Outras duas evidências muito significativas são: uma, o fato de que as modernas imagens cerebrais (por exemplo, a utilização da PET, isto é, a tomografia por emissão de pósitrons) e estudos de lesões estão agora confirmando a concepção original de Freud sobre a mente. A outra evidência alude a investigações de pesquisadores reconhecidamente sérios, mercê de tecnologias de imagem, terem comprovado que a psicoterapia atua no cérebro de modo semelhante aos medicamentos. Cabe afirmar que não resta dúvida de que um grupo crescente de neurocientistas e de psicanalistas está empolgado com a possibilidade de reconciliar neurologia e psicanálise em uma teoria unificada. Assim, grupos interdisciplinares estão reunindo-se em praticamente todas as grandes cidades do mundo; fundaram a "Sociedade Internacional de Neuropsicanálise" e já publicam a bem-sucedida revista *Neuro-Psychoanalysis*. Freud tem uma grande participação indireta nisso tudo: ele foi um neurocientista muito respeitado até hoje, preconizou que "o futuro da psicanálise reside nas células do sistema nervoso" e chegou a comentar que "as deficiências de nossa descrição psicanalítica provavelmente desapareceriam se pudéssemos substituir os termos psicológicos por termos biológicos e químicos". O mais impressionante é que o rigor técnico das atuais pesquisas neurobiológicas-mentais-emocionais (e, muito provavelmente, também as espirituais) está, em grande parte, comprovando os empíricos estudos pioneiros de Freud, como são muitas das concepções que ele lançou no seu livro *Projeto para uma psicologia científica*, escrito em 1895, não obstante apenas ter sido publicado em 1950, após a sua morte.

O que é a Associação Psicanalítica Internacional (IPA)?

Em 1910, em Nuremberg, com a presença de 60 analistas, sob a liderança de Freud, decidiu-se criar uma associação que viesse a congregar os distintos grupos freudianos que estavam dispersos. Por sugestão de Freud, temeroso de que a psicanálise fosse julgada como uma "ciência judaica", a presidência da novel Associação Internacional de Psicanálise foi confiada a Jung, que pouco tempo depois renunciou e afastou-se definitivamente do movimento freudiano. Desde então, a IPA tem passado por sucessivas crises, sempre as superando, porém sofrendo continuadas transformações, para se adaptar adequadamente às transformações do próprio mundo, além de ter de enfrentar e competir com a enorme expansão das escolas de psicoterapia no mundo todo, com orientações teórico-técnicas distintas. A finalidade básica da IPA é a de: 1. Congregar os analistas de todo o mundo em torno de um ideal comum, e, até certo ponto, respeitando as inevitáveis diferenças, o que é feito de diversas maneiras, principalmente por congressos internacionais bienais (na atualidade reúnem em torno de 10 mil participantes). 2. Estabelecer padrões mínimos de critérios que normatizem a formação de psicanalistas e o exercício da prática da psicanálise. 3. Divulgar, através de revistas e periódicos de circulação internacional, a ideologia e os avanços da teoria, aplicação e prática clínica. A IPA comporta diferentes tipos de membro, com categorias distintas de hierarquia, com graduações que são atingidas através de rigorosos critérios.

72. O que quer dizer "análise didática"? Ela é diferente da "análise terapêutica"?

Preocupados com uma expansão do número de pessoas que se denominavam e se consideravam analistas e que nem sempre tinham condições técnicas e tampouco éticas ou morais para o exercício de uma tarefa de tamanha responsabilidade, os analistas pioneiros mais direta e intimamente ligados a Freud propuseram a adoção de critérios minimamente rígidos para assegurar um bom padrão de qualidade de formação. A expressão "análise didática" foi criada em 1922 e, a partir de 1925, a prática da análise didática foi tornada obrigatória para a formação de todos os candidatos em formação no mundo todo, com o propósito de se obter o melhor possível padrão de qualidade de um psicanalista. Na sua essência ela é absolutamente igual a qualquer outra análise que não seja a didática. No entanto, a "análise terapêutica" e a "didática" diferem em alguns aspectos de natureza "burocrática" porque, por definição, a análise didática deve seguir os padrões mínimos recomendados pela IPA, logo ela é menos flexível no número mínimo de sessões semanais e outros aspectos afins. Ademais, a maior aproximação do candidato com o analista didata em razão de tarefas comuns na instituição pode promover o surgimento de problemas – perfeitamente analisáveis – que, em circunstâncias normais, provavelmente não surgiriam.

73. O que significam "psicanálise silvestre" e "psicanálise selvagem"? Existe diferença entre elas?

Psicanálise "silvestre" é a psicanálise realizada por pessoas que não têm uma adequada formação psicanalítica. Não é o mesmo que análise praticada por "profanos", porque o significado de profano indicava a análise que era praticada por não-médicos; no entanto, este termo caiu em desuso porque na atualidade existe um consenso geral (com o apoio do próprio Freud) de que um psicanalista não necessita necessariamente ser um médico, tanto que todas sociedades do mundo contam com excelentes psicanalistas, psicólogos.

Psicanálise "selvagem" alude a uma "psicanálise" realizada fora do contexto, em uma reunião entre amigos, por exemplo. É possível que o termo "selvagem" seja algo excessivo e pejorativo, visto que, muitas vezes, pode ser praticada, de boa-fé, por um analista competente, porém a inadequação desta prática, que vem junto com algum comprometimento ético, talvez justifique uma adjetivação tão depreciativa.

74. O que significa "análise leiga"?

Essa expressão – ou sua equivalente, "análise profana" – era usada com bastante freqüência para se referir à análise terapêutica praticada por não-médicos, fato que gerou grandes polêmicas entre os psicanalistas, principalmente após uma maciça emigração para a América do Norte de analistas europeus não-médicos, devido à ameaça da perseguição nazista. Freud publicou, a respeito, *A questão da análise leiga*

(1926), que motivou fortes reações dos psicanalistas norte-americanos, que eram, todos, unicamente médicos. Por fim, prevaleceu a opinião inicial de Freud, tal como é na atualidade, com uma significativa abertura também para profissionais não-médicos.

75. O que significa "análise concentrada"?

Há poucos anos, os regulamentos da IPA eram rígidos em relação ao cumprimento das regras da análise feita com candidatos à formação psicanalítica, como o número mínimo de quatro sessões semanais que deveriam ser feitas em dias diferentes da semana. As crescentes dificuldades que se antepunham aos candidatos que residiam em cidades distantes de sociedades psicanalíticas oficiais – como os prejuízos econômicos, as longas distâncias, os problemas na clínica privada que estes analistas-candidatos tinham com os seus pacientes, um esgotamento físico, etc. – foram argumentos decisivos para que os responsáveis maiores pela preservação de um excelente padrão de formação dos candidatos a serem psicanalistas se sensibilizassem e dessem uma autorização oficial para que, a critério de cada sociedade psicanalítica dos diversos quadrantes do mundo com suas características peculiares – o Brasil é um exemplo típico –, a análise passasse a ser considerada legitimamente válida e eficaz, com o processo psicanalítico se desenvolvendo de forma concentrada, isto é, com a possibilidade de ser feita com mais de uma sessão em um mesmo dia.

76. Existem outros métodos psicoterapêuticos que seguem outras correntes, que não as psicanalíticas? Como distinguir suas principais características?

Sim, existem muitos métodos alternativos, alguns que se aproximam bastante do método analítico, enquanto outros absolutamente nada têm a ver com a filosofia essencial da psicanálise, a qual, acima de tudo, objetiva conseguir um acesso ao inconsciente dos pacientes. Nesse caso, localizando os conflitos ocultos do paciente, o analista procura conseguir que eles fiquem conscientes, de sorte a liberar uma energia psíquica mal-utilizada, ao mesmo tempo em que promove uma harmonia interna entre as várias instâncias psíquicas que, muitas vezes, estão em litígio. Os demais métodos agem terapeuticamente por outras vias de funcionamento, tal como seguem explicitadas de forma muitíssimo abreviada.

77. O que é corrente cognitivo-comportamental (behaviorista)?

O termo "cognitivo" refere-se à importância de o paciente tomar um conhecimento consciente daquilo que está funcionando de forma patogênica no seu psiquismo e, conseqüentemente, na sua conduta exterior. Já o termo "comportamental" justamente designa o comportamento (por exemplo, alguma fobia, adição, transtorno alimentar, etc.) patológico, que necessita de uma modificação por meio de técnicas especiais.

Assim, o método cognitivo-comportamental visa a três objetivos principais: 1. "Reeducação" – em nível consciente – das concepções errôneas do paciente. 2. "Treinamento" de habilidades comportamentais (por exemplo, um obeso desenvolver uma disciplina e táticas para evitar o consumo exagerado de alimentos). 3. "Modificação" de hábitos, de costumes e de valores no estilo de viver.

78. E análise transacional?

Trata-se de um método psicoterápico inventado por Eric Berne (1910-1970), psicanalista nascido em Montreal que emigrou para os Estados Unidos, onde se instalou em São Francisco. Aqui, ele aperfeiçoou seu método que ganhou grande expansão no mundo e tornou-o célebre. Essencialmente, a "análise transacional", como o nome indica, consiste em enfocar as múltiplas maneiras de como se processam as "transações" do sujeito com os demais membros de um grupo familiar ou social, partindo de como se processam as relações do seu ego com as figuras parentais internalizadas.

79. E psicodrama?

O grande nome da corrente psicodramática é Jacobo Levy Moreno, médico judeu, nascido na Romênia em 1892, tendo migrado para os Estados Unidos em 1925, onde criou, desenvolveu e sistematizou suas descobertas, e onde veio a falecer em 1974, aos 82 anos. O psicodrama vem ganhando espaço em nosso meio, e a sua técnica atual ainda conserva o mesmo eixo fundamental constituído pelos seguintes seis elementos: cenário, protagonista, diretor, ego auxiliar, público e a "cena" a ser apresentada. A dramatização pode possibilitar a reconstituição dos primitivos estágios evolutivos do sujeito.

80. E corrente da teoria sistêmica?

Base predominante da terapia da família, a teoria sistêmica, como o nome sugere, concebe a família como um sistema em que seus diversos componentes ficam dispostos em uma combinação e hierarquização dos papéis que visa, sobretudo, a manter o equilíbrio do grupo familiar. Dentro do próprio corpo da terapia de família de orientação sistêmica, existem múltiplas tendências divergentes, mas todas destacam a importância da delegação e distribuição de "papéis" entre os familiares, especialmente o papel do "paciente identificado", que funciona como depositário dos conflitos dos demais. A tendência atual na terapia de família é a de uma corrente integradora entre as concepções sistêmicas, as da teoria comunicacional, o eventual emprego de técnicas psicodramáticas e um crescente interesse pelas concepções psicanalíticas. A propósito, cabe afirmar que vem ganhando um espaço na psicanálise um enfoque em uma "visão sistêmica" de tudo que se passa com a criatura humana.

81. E corrente da psicologia analítica, de Jung?

Em 1913, Jung consumou sua definitiva dissidência do movimento freudiano, a qual já vinha se desenhando há muitos anos. A partir de então, deu o nome de "Psicologia Analítica" à sua concepção de prática psicoterápica, com algumas características próprias, como: 1. A importância da mãe, realçando assim uma influência no desenvolvimento da criança, anterior ao complexo de Édipo. 2. Deu um valor de relevância aos símbolos, incluídos os que se manifestam nos sonhos, porém, contradizendo ao Freud da época, Jung enfatizava que os símbolos nem sempre têm uma conotação sexual. 3. Da mesma forma discordava da "teoria da libido" de Freud, concebendo esta não mais como unicamente sexual, mas sim como a expressão psíquica de uma "energia vital", de sorte que ele concebia que a libido sexual era apenas uma forma de libido "primordial", ou seja, da, antes aludida, energia vital, de natureza indiferenciada e não simplesmente sexualizada. 4. Jung postulava que a psicanálise não deveria ficar restrita a olhar o presente somente em termos das vivências passadas, mas também deveria enfocar com a perspectiva do futuro. Através do modelo dos "arquétipos" que introduziu, Jung passou a explicar muitos fenômenos psíquicos a partir do entendimento do vértice de um "inconsciente coletivo". 5. Na prática clínica, os terapeutas junguianos usam uma metodologia mais ativa, no sentido de os pacientes colaborarem, por exemplo, redigindo fora das sessões pensamentos, sensações e sonhos, para serem elaborados nas próximas sessões.

82. E gestalterapia?

O fundador da gestalterapia, feita em um cenário de terapia em grupos, é o psicanalista alemão Frederik Perls, que se baseia no fato de que um grupo se comporta como um catalizador: a emoção de um desencadeia emoções nos outros, e a emoção de cada um é amplificada pela presença dos outros e toda essa constante interação propicia a formação de uma totalidade, isto é, de uma "*gestalt*". A *gestalt* também é conhecida como "teoria da forma", por ela estudar as formas de arranjo; discrimina as partes do todo, e vice-versa, e também discrimina a figura, do fundo. A técnica gestáltica, originalmente empregada por Perls em um cenário grupal, consistia em trabalhar com uma só pessoa de cada vez, sentada ao seu lado e em frente ao grupo. A gestalterapia empresta grande importância à tomada de consciência do comportamento não-verbal dos elementos do grupo e, daí, eles utilizam um número elevado de exercícios que possibilitam a melhora da percepção e da comunicação interacional.

83. E corrente culturalista?

Muitos psicanalistas começaram a discordar das idéias fundamentais de Freud e abriram dissidências. Vários deles se uniram e organizaram outra linha teórica e de prática clínica. Assim, na década de 1930, autores que vieram a se tornar importantes, como E. Fromm, K Horney e H. Sullivan, alegando que Freud dedicava muito mais interesse às biológicas pulsões instintivas do que aos fatores socioculturais, desligaram-se da vertente vienense e fundaram a corrente do culturalismo, a qual atingiu enorme aceitação nos Estados Unidos. Um mérito dessa corrente é que os autores divulgaram muitos livros de boa qualidade científica, em uma linguagem bastante acessível, assim divulgando conhecimentos de base psicanalítica e alcançando o grande público. A maior crítica consiste no fato de que no afã de desmistificar a complexidade da psicanálise, eles deram uma ênfase quase que exclusiva aos fatores exteriores, com uma espécie de indiferença aos fenômenos, ligados às pulsões, que se passam no interior do psiquismo, fato que empobrece bastante o alcance de uma terapia analítica.

84. E corrente humanista?

Esta corrente propõe-se a fazer uma integração das múltiplas facetas que dizem respeito à busca do bem-estar da pessoa, provindas de diversas fontes, não só da psicanálise como também da filosofia, religião, cognitiva, ciências humanísticas em geral, etc. Muitos confundem a corrente humanista, que é fundada em princípios científicos, com uma "atitude humanista" do terapeuta, no sentido de ele "ser humano". O risco que cabe apontar consiste em que é bastante freqüente que as pessoas confundam "ser humano" (o que, em princípio, a maioria dos terapeutas é, independentemente da filiação a determinada corrente analítica, desde que esta seja séria) com a condição de "ser bonzinho". Neste caso, pode ficar uma falsa idéia de que uma eventual frustração imposta ao paciente possa representar algo mau, o que não só é um grande equívoco (salvo nos casos em que o terapeuta frustre o paciente de forma excessiva ou injusta, fria, etc.), como também cabe enfatizar que frustrações adequadas são indispensáveis em qualquer processo de educação ou de terapia analítica.

85. E logoterapia?

Na década de 1920, na França, na Suíça e na Áustria, tiveram grande desenvolvimento e expansão a "psicoterapia existencial" e a "análise existencial". A elas, veio juntar-se a "logoterapia", ou seja, uma terapia que visa mais ao lado espiritual, ou existencial, do que propriamente ao clássico conflito pulsional preconizado por Freud. Assim, essa terapia se dirige mais ao consciente, com a participação ativa do paciente, através de um estímulo à sua vontade de "realmente ser"! A logoterapia foi criada por Victor Frankl, psiquiatra suíço. Juntamente com Herbert Marcuse e Carl Rogers, criou, no fim da década de 1960, na Universidade de San Diego, na Califórnia, uma cadeira e um instituto de logoterapia que lhe foram confiados. Na Grã-Bretanha, Ronald Laing trabalhava a temática existencial com um modelo equivalente ao da logoterapia de Frankl.

86. Pode exemplificar com outras formas de terapias alternativas?

Existe uma grande proliferação – e oferta – de recursos que se destinam (ou assim proclamam) a promover uma melhoria no estado mental de pessoas que, de alguma forma, sentem um estado de sofrimento psíquico. Algumas delas, embora não tenham o menor parentesco com a ciência da psicanálise, respaldam as suas convicções com argumentos razoáveis e estão munidos com boas intenções, apregoando bons resultados clínicos. Entretanto, muitas outras formas "psicoterápicas", de fundo nitidamente comercial, apelam para a promessa de curas mágicas, a curtíssimo prazo, sem maiores esforços por parte do paciente. Nesta ampla e quase infindável gama de alternativas, podemos citar os florais de Bach (ainda não apareceu nenhuma explicação convincente de cunho científico); a neurolingüística (o fundamento científico é o de que circuitos neuronais, a modo de reflexos condicionados, determinam percepções e idéias distorcidas, como é o caso de fobias, que ficam fixadas no sistema neurocerebral e necessitam de um recondicionamento em bases mais realistas, logo, com menos distorções e medos); a bioenergética (que conjuga atividade física com exercícios mentais); a Yoga (visa a alcançar, por momentos, uma dimensão de natureza mais espiritual); técnicas corporais (como a dança, toques físicos...); diversas formas de relaxterapia; musicoterapia; terapias de reeducação sexual; a hipnose (prática que era bastante freqüente na primeira época de Freud, caiu em descrédito não só porque todos os sintomas recidivavam, como também porque aumentava a dependência do paciente); a regressão a vidas passadas (sem o menor amparo científico, existem informes de que pode causar efeitos maléficos), etc.

87. Em que consiste a experiência emocional corretiva?

Cunhada por F. Alexander – um notável psicanalista norte-americano –, esta expressão tornou-se clássica na literatura psicanalítica. Tem o propósito de enfatizar a importância que representa a figura do analista como um "novo modelo de superego". Assim, contrariamente às figuras parentais superegóicas que estejam internalizadas no analisando como rígidas e punitivas, a atitude analítica do terapeuta deve possibilitar um abrandamento desse superego ameaçador e castrador, mercê de seu modelo de acolhimento, tolerância, flexibilidade e liberdade. Creio que, na atualidade, a expressão mais adequada seria a de "experiência emocional transformadora", tendo em vista que o vocábulo "corretiva" está muito ligado a uma concepção de um superego moralístico.

88. O que significam as expressões antipsicanálise, antipsiquiatra, antianalisando? Esta última significa que o paciente é contra a análise?

"Antipsicanálise" refere-se mais diretamente a um contingente de intelectuais, alguns deles muito respeitáveis, que atacam de forma radical e, às vezes, violenta a psicanálise criada por Freud, com argumentos centrados na posição de que ela não tem base científica, não consegue provar seus postulados metapsicológicos, como a existência de pulsões instintivas; a postulação de psiquismo inconsciente; a presença de precoces fantasias desde a condição de bebê; o alegado pansexualismo; a demora infindável de uma análise; a alienação dos fatos da realidade concreta; o determinismo psíquico inconsciente moldando o destino das pessoas; o dogma do complexo de Édipo como eixo central da vida psíquica e coisas do gênero. Creio que a imensa maioria das críticas, não obstante possam conter alguma verdade que mereça ser refletida e levada a sério, peca em um ponto essencial: a de pegar uma parte (ainda que a validade dela seja questionável) como se fosse um todo.

Já o termo antipsiquiatria designa mais especificamente uma posição que muitos psiquiatras do mundo inteiro tomaram contra um excessivo abuso da psiquiatra clássica contra os direitos do paciente, especialmente no que se refere às internações hospitalares, às vezes em condições violentas contra o paciente, permitindo sua cronificação e depósito em um hospício sem as menores condições de propiciar um mínimo de dignidade. Partindo daí, o movimento "antipsiquiatria" propugna o encerramento de nosocômios e propõe outras formas de tratamento que envolvam mais diretamente a família e a comunidade.

Por sua vez, a expressão "antianalisando" (da renomada psicanalista francesa Joyce MacDougall) alude a um tipo de paciente que faz um tratamento analítico de forma normal e regular, porém, não obstante o fato de que cumpre religiosamente todos os requisitos que uma análise demanda, ele não progride satisfatoriamente no sentido de verdadeiras mudanças, por conservar no fundo de seu psiquismo uma tenaz resistência a fazer essas necessárias transformações.

89. Todas as pessoas podem se beneficiar com o tratamento psicanalítico? Ou existem pessoas não-analisáveis?

Com um tratamento psicoterápico, em princípio, toda e qualquer pessoa pode colher benefícios. Em relação a uma análise propriamente dita, ou seja, terapia que essencialmente requer um acesso ao desconhecido mundo do inconsciente, algumas condições mínimas limitam o alcance da psicanálise. De forma esquemática, as seguintes condições podem ser enumeradas: 1. Uma indispensável motivação para se submeter a um tratamento analítico, sabidamente longo, custoso, de resultados não garantidos e que, embora longe de ser o "inferno de Dante" como muitos propalam, é um processo difícil, que requer que a motivação do paciente seja tecida com paciência, coragem e autorespeito. 2. Não se acomodar unicamente com o benefício do alívio ou esbatimento de sintomas; o paciente deve possuir o desejo de fazer transformações na estrutura interna do psiquismo e, a partir daí, fazer mudanças no comportamento na vida exterior. 3. O pretendente à análise deve possuir uma suficiente condição de sofistificação mental que lhe permita se comunicar em um razoável nível de abstração e simbolização. 4. O clássico critério de o analista avaliar a analisabilidade de um pretendente à análise, por meio de uma valorização do diagnóstico, e de um provável prognóstico do paciente, hoje é considerado muito discutível, porque a experiência ensina que pacientes com um sombrio diagnóstico inicial podem fazer excelentes progressos, e o inverso disto também é uma verdade. 5. O analista que está avaliando não deve ficar só voltado para o grau de patologia do paciente, pelo contrário, deve dar um expressivo peso para a reserva de capacidades positivas que estão manifestas ou latentes. 6. Pela incontestável razão de que a psicanálise fez extraordinários avanços no conhecimento do desenvolvimento emocional primitivo, na teoria em geral e na técnica da prática clínica, ninguém duvida que o alcance de um tratamento analítico abrange um largo leque de pessoas necessitadas, portadoras de um alto grau de regressividade, que, em épocas passadas, seriam encaminhadas para outras formas de terapias, que não a analítica.

90. Como se processa a formação de um psicanalista?

A formação, em bases sólidas, de qualquer profissional especializado, necessariamente implica a conjugação de três fatores que promovem o seu desenvolvimento: conhecimentos, habilidades e atitudes. Especificamente em relação à formação de um candidato a ser psicanalista, a aquisição de: 1. *Conhecimentos:* se faz por meio de seminários de teoria e de técnica psicanalítica, de um estímulo ao estudo e a uma leitura continuada e diversificada, o comparecimento a congressos e reuniões científicas, etc. 2. *Habilidades* psicanalíticas são desenvolvidas principalmente por um treinamento prático, acompanhado por uma permanente "supervisão" feita por um psicanalista didata, de larga experiência. 3. *Atitudes* são obtidas por meio da análise individual que o candidato faz com um analista especialmente credenciado pelo instituto de ensino de sua sociedade psicanalítica. Além disso, as atitudes psicanalíticas também dependem bastante dos atributos pessoais de cada candidato, como pessoa real que ele é, assim como é importante a influência de algum analista professor ou supervisor que o candidato admira e que lhe serve como um importante "modelo de identificação".

A formação psicanalítica é considerada "oficial" quando é feita em alguma instituição filiada à IPA e por ela reconhecida. Na maior parte do mundo – filiadas à IPA, entidade máter –, existe um grande número de Sociedades de Psicanálise, e cada uma delas possui um Instituto de Psicanálise responsável diretamente pelo ensino, que goza de uma relativa autonomia, porém circunscrita à exigência de padrões mínimos a serem cumpridos.

Uma formação completa, levando em conta o tempo mínimo para a conclusão dos seminários (quatro anos), mais a concomitante análise pessoal e o tempo para fazer os trabalhos que capacitem o candidato à obtenção do título de "psicanalista membro associado", dura em média de sete a oito anos. A partir dessa titulação legal, esse analista pode evoluir para a condição de "membro titular" (ou efetivo) e, decorrido algum tempo, pode postular a condição de ser considerado um psicanalista didata (professor e supervisor).

Existem outras formas de alguém fazer a formação como psicanalista em outras instituições, de caráter privado, não-filiadas à IPA, algumas reconhecidamente capazes, idôneas e eficazes, outras nem tanto. E outras que, de forma desastrosa, apesar de se intitularem como "formadores de psicanalistas", não têm a menor condição para isto, como pode ser exemplificado com a oferta de uma formação através do recurso dos computadores, que permitem que as "aulas e supervisões sejam dadas a longas distâncias".

91. Na época de Lacan, os seus candidatos à formação adquiriam a condição de psicanalistas através do sistema que eles chamavam de "passe". O que vem a ser isso?

Lacan empregava esse termo para designar um processo de passagem de um candidato em formação analítica para a condição de "psicanalista da escola" que o autorizava a praticar a clínica psicanalítica de forma autônoma. Como é sabido, a IPA impõe para os candidatos em formação o critério mínimo da "análise didática", porém Lacan discordava desse sistema, argumentando que aceitá-lo seria conceder a uma ou poucas pessoas uma condição análoga à de Deus, que tudo sabe e tudo pode decidir pelos outros. Assim, ele propôs um sistema de ritual de passagem denominado "passe", no qual o candidato "passante" tinha de fazer um depoimento sobre o que era a sua análise pessoal perante os assim intitulados "passadores", que são analisandos que estão, em sua própria análise pessoal, em um momento em que são capazes de escutar alguma coisa. Após, os "passadores" transmitiam a um júri composto por dois analistas o que ouviram do candidato, cabendo a esse júri fornecer o credenciamento de "analista da escola" (AE). Posteriormente, o próprio Lacan reconheceu o fracasso desse método, admitindo que o "passe caiu em um impasse", porém muitos dos ramos dissidentes que se originaram da Escola Freudiana de Paris – criada por Lacan – continuam usando esse método de obtenção do título de psicanalista.

92. Qualquer pessoa interessada pode se candidatar para fazer sua formação de psicanalista, reconhecida pela IPA?

Durante muito tempo, a formação exigia a condição mínima de o candidato ser médico; no entanto, aos poucos a IPA foi reconhecendo que alguns postulantes que não eram médicos demonstravam um talento especial para o exercício da investigação e da prática analítica, de sorte que as portas foram se abrindo para outros profissionais, muito especialmente para psicólogos. Na atualidade, a IPA concede certa autonomia para que, em separado, cada sociedade psicanalítica a ela filiada, com o seu respectivo instituto de ensino, use critérios próprios. Dessa forma, não são raros os psicanalistas de formação oficial que, além de médicos psiquiatras e psicólogos, sejam médicos em geral, sociólogos, assistentes sociais, matemáticos, filósofos, etc. A exigência mais enfática é de que a seleção dos candidatos à formação seja bastante rigorosa e que, uma vez admitidos, o acompanhamento da evolução deles seja igualmente acompanhada de perto e de forma permanente.

93. A psicanálise tem se mantido a mesma desde que foi criada ou tem sofrido profundas modificações?

Não obstante o fato de que a psicanálise tem se mantido a mesma no que tange à conservação de sua essencialidade (acesso ao inconsciente, construção de um *setting* muito especial, observância de regras técnicas específicas, um enfoque permanente nos fenômenos da resistência, transferência e atividade interpretativa, entre outros aspectos mais), não resta a menor dúvida de que nestes pouco mais de cem anos de existência, acompanhando as profundas transformações que ocorrem com a evolução da humanidade, também a psicanálise tem sofrido sucessivas, profundas, intensas e extensas transformações. Essas mudanças abrangem novas concepções teóricas, técnicas, de relacionamento com outras ciências e com o público, além do fato de que a maior mudança se expressa na prática da clínica psicanalítica cotidiana. Em relação a este último aspecto, em termos comparativos com a época pioneira da psicanálise, cabe afirmar que são sensíveis as mudanças, especialmente nestes três elementos: 1. Mudou significativamente o perfil do *paciente* que procura tratamento analítico. 2. Igualmente, o perfil do *psicanalista* está longe de ser como era até pouco tempo. 3. Da mesma maneira, a ideologia e a forma de *como se processa o andamento de uma análise,* fora de dúvida, têm sofrido sensíveis modificações. Uma explicitação mais completa destes três últimos itens mencionados aparece na Parte VII deste livro, que versa sobre a "A prática da clínica psicanalítica".

Parte III

O DESENVOLVIMENTO DA PERSONALIDADE

94. **Existem evidências de que o feto já tem um psiquismo ativo?**

Na década de 1970, o psicanalista Bion começou a especular a existência de um psiquismo fetal, a partir dos estudos científicos dos embriologistas, que encontraram no corpo adulto vestígios daquilo que primordialmente eram os órgãos sensoriais e fisiológicos do feto, como as cavidades auditivas e ópticas. Nas suas especulações imaginativas, Bion afirmava que não tinha a menor dúvida de que o feto pode ouvir e responder a tons musicais, tanto aos estímulos sonoros provindos de dentro (como os borborigmos intestinais da mãe) quanto aos de fora. Essas especulações de Bion, feitas em uma época em que não existia a atual tecnologia médica, têm sido amplamente comprovadas por recentes trabalhos de pesquisa com rigor científico, como os de Alessandra Piontelli, na Itália, que demonstrou as diferentes respostas que o feto responde conforme o tipo de estímulo intra-uterino a que ele é submetido. Evidentemente, não se trata de um psiquismo adulto e muitos leitores poderiam perguntar se o fato de o feto responder a estímulos significa um psiquismo, ou não é mais do que reflexos fisiológicos? Nos aludidos experimentos tecnológicos, principalmente quando se trata de gêmeos na cavidade uterina, é visível que os fetos brincam, ou se agridem, ou sorriem, etc., em uma nítida demonstração de que estão interagindo, ainda que em um psiquismo bastante primitivo, porém que fica impresso na mente, com futuras ressonâncias em seu psiquismo adulto.

95. **Está muito em voga o conceito de *imprinting*, ou seja, de marcas que ficam impressas na mente do bebê e que persistem por toda a vida. Pode explicar melhor este fenômeno psíquico?**

Alguns estudos etológicos (esta palavra refere o estudo dos comportamentos dos animais, preferentemente em seu hábitat natural) servem para mostrar a influência recíproca e complementar entre os fatores genéticos e os ambientais. O fenômeno do *imprinting* é um deles: em 1935, o etólogo austríaco Konrad Lorenz, por meio de estudo com aves, demonstrou que, na ausência da mãe, as patas nascidas em chocadeiras apegam-se e ficam fixadas, para sempre, no primeiro objeto móvel que encontram e que isso se dá em um período particularmente sensível que dura cerca de 36 horas desde o nascimento. Uma vez instalada, a marca dessa fixação fica irreversível e permanece o resto da vida, em qualquer espécie animal. É bem provável a hipótese de que, desde a condição de feto, o ser humano também esteja registrando marcas de certos estímulos primitivos (interiores e exteriores) que ficam impressas no ego incipiente do feto, ou bebê, que ficam eternamente gravadas e representadas em algum canto desse ego primitivo. É fácil depreender a significativa importância que estas marcas (traumas, etc.) precocemente impressas podem representar no surgimento de futuros fenômenos psíquicos, sem que seja possível localizar uma causa palpável.

96. "Trauma do nascimento." O que significa?

Conceito original de Otto Rank, psicanalista contemporâneo de Freud, a expressão "trauma do nascimento" designa um estado de angústia a que fica submetido o bebê por ocasião de seu nascimento, não só pelas pressões de natureza física que são inerentes ao parto, mas, especialmente, devido às modificações do novo ambiente exterior, que lhe impõe a necessidade de adaptação a uma nova forma de se alimentar, etc. A originalidade deste conceito é que Rank considerou que também a separação do bebê em relação à mãe desempenha um papel essencial no surgimento desta angústia, concepção muito discutível hoje.

97. Qual é o significado da famosa "equação etiológica", de Freud?

Freud utilizou essa expressão com o mesmo significado de outra empregada por ele, *séries complementares*. Ambas referem ao fato de que são três os fatores que formam a personalidade da criança: 1. Os *hereditários-constitucionais*. 2. As antigas *experiências emocionais* com os pais. 3. As experiências traumáticas da *realidade da vida adulta*. Na atualidade, os autores costumam reduzir essa equação a um simples assinalamento de que existe uma permanente interação entre os "fatores biológicos" e os "fatores ambientais", estes últimos representados especialmente pela qualidade dos primitivos cuidados maternos.

98. O que significa "desenvolvimento emocional primitivo"?

Durante longas décadas predominou a psicanálise freudiana que enfatizava sobretudo a resolução, mais sadia ou mais complicada, do conflito edípico que inevitavelmente toda criança atravessa. Como as primeiras pacientes de Freud eram jovens mulheres histéricas que, quando crianças, teriam sido "seduzidas" pelo pai, e teriam ficado fixadas em uma "paixão" por ele, Freud deduziu que o fator mais importante na formação da personalidade seria a figura do pai, de modo que, por essa razão, esse período da psicanálise era considerado como sendo "falocêntrica". A partir de M. Klein, o paradigma da psicanálise passou a ser considerado como "seiocêntrica", porque houve uma extraordinária importância do nutridor, seio materno, em uma íntima relação com o bebê. Essa primitiva relação mãe-filho acarretava uma intensa vida psíquica, com a participação das necessidades vitais do bebê, as condições psicológicas da mãe e do entorno familiar, as fantasias inconscientes, a existência de fortes angústias, as defesas primitivas, etc. Posteriormente, outros importantes autores trouxeram novas e originais concepções sobre a enorme importância que as primeiras sensações e experiências emocionais vividas pelo bebê representam na formação da personalidade da criança com um prolongamento para o resto da vida.

99. Por que os psicanalistas afirmam que quanto mais primitivas forem as experiências emocionais vividas pela criança, mais importantes elas serão para o desenvolvimento de seu psiquismo?

Para responder a esta questão, nada melhor do que utilizar uma bela metáfora de Freud, em que ele compara o efeito de um trauma psicológico ao de "uma agulha colocada no embrião humano. Uma agulhada em um organismo desenvolvido é inofensivo; porém, se for em uma massa de células no ato da divisão celular, promoverá uma profunda alteração no desenvolvimento daquele ser humano em formação". Além disso, pesquisas na área da *etologia* (estudo dos comportamentos espontâneos dos animais, preferentemente em seu hábitat) servem para mostrar o fenômeno denominado *imprinting*, tal como está respondido na pergunta 95.

100. Qual o significado do conceito de "neotenia" em relação ao desenvolvimento primitivo do bebê?

O bebê nasce em um estado de "neotenia", ou seja, nasce prematuramente no sentido de que apresenta, em relação a qualquer espécie do reino animal, uma prolongada deficiência de maturação neurológica, motora, que o deixa em um estado de absoluta dependência e desamparo. Em contraste com a lentidão da maturação motora, o desenvolvimento dos órgãos dos sentidos da criança é relativamente precoce e rápido: ela começa a sentir calor e frio desde o nascimento, a ouvir a partir das primeiras semanas, a olhar por volta do primeiro mês e assim por diante. A importância do conceito psicanalítico de "neotenia" consiste no fato de que esse estado mental de desamparo, acompanhado de uma sensação de impotência, pode ficar inscrito e representado no ego da criança, acompanhando-a durante toda a vida afora.

101. Qual é a revelância da mãe no desenvolvimento da personalidade do filho?

Em relação à – fundamental – importância da mãe no desenvolvimento da personalidade do filho, é indispensável enfatizar que a mãe supre o estado de neotenia do bebê, logo, do seu desamparo. Assim, a mãe desempenha uma função essencial na formação da personalidade do filho, visto que as primeiras experiências afetivas ficam impressas no bebê de forma profunda e irreversível, com prováveis repercussões na vida adulta. Dessa forma, adquirem especial relevância aspectos como: o ato da amamentação, o "olhar" da mãe, os cuidados da mãe com a higiene e com o corpo do filho, assim como também é fundamental a sua maior ou menor capacidade de ser *continente*, isto é, a de poder entender e "conter" as necessidades e angústias do seu bebê. Existe uma forte tendência para uma extremada idealização da figura materna, porém não há uma mãe perfeita, porque, como qualquer outro ser humano, ela também está sujeita a seus limites e suas limitações. O que pode, e deve, existir é uma "mãe suficientemente boa".

102. O que caracteriza uma "mãe suficientemente boa"?

Pode-se dizer que há uma normalidade, mas também existem muitas formas de patologia da maternagem. O importante é reconhecer que não existe uma mãe (ou pai, etc.) perfeita, algumas falhas são inevitáveis; por isso é que a terminologia preferida para caracterizar uma boa mãe é a de "mãe suficientemente boa" (termo de Winnicott), em cujo caso, ela, além da capacidade de "continente", tem uma sensibilidade especial para captar o que o bebê lhe comunica em uma linguagem não-verbal (os diferentes tipos de choro, por exemplo, cada um deles expressando algum tipo particular de necessidade ou de sofrimento). Também desempenha um importante papel a capacidade da mãe em "sobreviver aos ataques" que, de alguma forma, a criança insaciável e impertinente impõe à figura materna que, como qualquer ser humano, também tem os seus limites. Não resta dúvida de que a função mais importante da mãe é que ela representa ser um importantíssimo modelo de identificação para os seus filhos. A *patologia* dos cuidados maternos se refere mais diretamente à mãe cronicamente deprimida; ou àquela que não tem a capacidade de "continência", logo, é impaciente e intolerante; ou à mãe que é por demais distante e narcisista; ou, pelo contrário, é exageradamente superprotetora e superprovedora; outra possibilidade de patologia é a daquela mãe que denigre demais a figura do pai junto ao filho e assim por diante.

103. O que significam as expressões: "seio bom" e "seio mau"?

A terminologia de "seio", empregada por M. Klein, não deve ser levada ao pé da letra como significando concretamente a mama; antes disso, o significado de "seio" é bem mais amplo, de modo que alude não só ao ato da amamentação, mas também aos demais cuidados maternos essenciais. A noção de "seio bom" ou de "seio mau" deve ser entendida a partir da hipótese de como o bebê, a criança, significa, de forma positiva, ou negativa, as frustrações que a mãe lhe impõe. Inicialmente, toda a frustração é sentida como sendo provinda de uma mãe má, enquanto toda gratificação é sinalizada como um ato de uma mãe boa. Gradativamente, a criança começa a perceber que muitas das frustrações representam um ato de amor porque lhe ensinam a respeitar limites e a aceitar o princípio da realidade, enquanto outras frustrações pecam porque são excessivas, injustas ou incoerentes. A internalização do seio (mãe) com mau ou bom, de forma permanente no psiquismo da criança, tem uma enorme influência na formação de sua personalidade adulta.

104. Pode esclarecer a função da mãe como "espelho" do filho nos primeiros anos e a importância do "olhar" da mãe?

Em uma frase poética, Winnicott (1967 – *O brincar e a realidade*, Imago, 1995) afirma que "o primeiro espelho da criatura humana é o rosto da mãe, sobretudo o seu *olhar*. Ao olhar-se no espelho do rosto materno, o bebê vê a si mesmo (...) Quando olho, sou visto, logo existo. Posso agora me permitir olhar e ver". O rosto da mãe funciona como um espelho porque a criança se reflete no olhar dela: se a mãe está feliz, a criança se sente uma filha boa e amada; se a mãe estiver com um olhar deprimido ou rancoroso, a imagem que a criança recebe refletida é a de uma criança má que aborrece a mãe e que não é por ela amada. Nesse contexto, cresce bastante a responsabilidade da mãe real, pois, sendo um espelho de seu filho, ela tanto pode refletir o que realmente ele é, ou, qual um espelho distorce imagens, típico dos parques de diversão, a mãe pode refletir o que ela própria é, ou imagina ser. Assim parodiando a concepção de "seio bom e de seio mau", creio que é legítimo falarmos de um "olhar bom" e de um "olhar mau" da mãe.

105. Quais são as características de uma "mãe narcisista"? E a expressão "mãe morta" significa que, de fato, a mãe já faleceu?

A principal característica de uma mãe excessivamente narcisista é que ela está bastante mais voltada para si mesma do que para o filho, de sorte que existe uma forte probabilidade de que esta mãe utilize o filho como uma espécie de vitrine dela. Ou seja, ela se exibe narcisisticamente com o filho e se a criança for linda, maravilhosa, etc., a mãe sente que as pessoas em torno dela a estão reconhecendo, que ela é que é uma mãe maravilhosa e que desperta admiração e inveja. O inconveniente deste narcisismo materno é que esta mãe tolera mal as frustrações quando o filho não corresponde às expectativas ideais dela e, além disso, cresce bastante o risco de que esta mãe, tão voltada para si própria, fique algo *indiferente* às verdadeiras necessidades e prováveis angústias da criança. Assim, não consegue "escutar" e tampouco "enxergar", logo não compreende e não contém aquilo que está faltando ao filho que, por isso, entra em um estado de desamparo e se criam vazios existenciais. Em relação ao conceito de "mãe morta", cabe dizer que é uma expressão, do psicanalista André Green, que não significa que a mãe esteja realmente falecida, mas que ela está como que "morta", inexistente, dentro do psiquismo da criança, podendo prosseguir assim ao longo da vida adulta.

106. Qual é o significado das conhecidas expressões psicanalíticas "fnômenos transicionais", "espaço transicional" e "objetos transicionais"?

Esses conceitos são originais de Winnicott, notável psicanalista britânico, que deu uma enorme contribuição aos conhecimentos relativos ao primitivo desenvolvimento emocional, desde a condição de bebê, vinculado com a mãe. *Fenômeno transicional*: com essa expressão, ele afirmava que deveria haver um fenômeno mental na mente primitiva do bebê que consistia na existência de um tempo e de um espaço de "transição", entre a passagem do bebê do mundo puramente imaginário para o mundo da realidade. *Espaço transicional*: a transição entre o mundo da fantasia e o da realidade possibilita a criação de potencialidades e riqueza de criatividade, inclusive artística. O espaço transicional, ou seja, "a área da ilusão de onipotência", consiste no fato de ele vivenciar o seio da mãe como fazendo parte do seu próprio corpo. Aos poucos, uma boa mãe (ou o analista na situação analítica com algum paciente fixado nesta etapa evolutiva) deve ir desfazendo gradativamente uma "desilusão dessas ilusões onipotentes". *Objetos transicionais*: mais especificamente, o objeto que está representando uma transição entre o mundo do imaginário e o da realidade costuma ser um bico, um travesseiro, um ursinho de pano, algum brinquedo, etc. Sobretudo caracteriza-se pelo fato de que deve ser de posse exclusiva da criança, ser amado, conservado por um longo período de tempo e sobreviver aos ataques mutilatórios que a criança lhe inflige.

107. No que tange às fases evolutivas na criança, o que significam os conceitos de "simbiose", "diferenciação", "separação" e "individuação"?

Psicanalistas norte-americanos (M. Mahler e colaboradores), partindo da observação direta de bebês e crianças pequenas interagindo entre si e com as suas mães, fizeram relevantes contribuições relativas ao desenvolvimento do psiquismo. Assim, eles postularam a existência de um período inicial de *simbiose* em que o bebê está fusionado com a mãe (é necessário esclarecer que esta simbiose é inevitável, necessária e sadia; o risco é o de a simbiose se desfazer cedo demais, ou se prolongar demasiadamente além do necessário). Após alguns meses, o bebê ingressa na fase de *diferenciação*, isto é, começa a perceber que a mãe não é uma mera extensão dela, mas que existe uma realidade externa de quem depende e que é diferente dela. Assim, aos poucos, a criança pequena vai construindo a sua *individuação*, que coincide com a aquisição de sua capacidade para caminhar, e de *separação*, que representa o início da construção do seu sentimento de uma identidade própria.

108. "Núcleos básicos de confiança": como eles se formam (ou não) nas crianças?

A construção de núcleos básicos de confiança no psiquismo da criança é um aspecto fundamental que acompanha o adulto no transcorrer de toda a sua vida. Essa confiança básica se forma primordialmente na intimidade da mãe com o bebê que, desde muito cedo, sente quando o ato da amamentação é realizado em um ato de amor ou uma mera obrigação que a mãe executa de forma desprazerosa ou indiferente. Da mesma forma, o olhar dela, a forma de segurar o bebê, os cuidados higiênicos, a forma de falar e o tom de voz, a presença, ou ausência, nas horas certas (fome, sede, frio, fraldas cocosadas, cólicas, angústias) e assim por diante, segue com outras experiências, como o controle dos esfíncteres, a postura diante das manifestações agressivas, a participação do pai e irmãos, etc. O importante a destacar é que todas essas sensações e experiências emocionais que a criança partilha com os familiares, notadamente aquelas precoces com a mãe ficam *introjetadas*, tanto de uma forma de confiabilidade no amor e proteção da mãe quanto da possibilidade de que as necessárias figuras de quem ela depende vitalmente tenham sido internalizadas como não sendo confiáveis, fato que vai causar uma permanente sensação de que, cedo ou tarde, vai acontecer alguma decepção, traição ou abandono.

109. O que significa "desenvolvimento psicossexual da criança"?

Na atualidade, o termo corrente para caracterizar as etapas evolutivas da criança é "desenvolvimento emocional primitivo", porque a ênfase da importância do desenvolvimento da criança recai nas primeiras experiências sensoriais e emocionais, desde a condição de recém-nascido. No entanto, na duração da vigência dos postulados freudianos, a expressão utilizada era "desenvolvimento psicossexual", o que dá uma clara idéia da importância atribuída à incipiente sexualidade como ponto de partida do desenvolvimento emocional. Entretanto, é indispensável esclarecer que, antes de Freud, a sexualidade era vista como não sendo mais do que uma parte do ser humano que incluía o biológico e o instintivo. A partir de Freud, a sexualidade adquiriu uma ampliação científica de múltiplos significados, de tal monta que mereceu o nome mais completo de "psicossexualidade". Ainda persistem nas pessoas em geral um entendimento equivocado de que Freud, quando falava em sexualidade, estaria se referindo ao mesmo que relações genitais entre um homem e uma mulher. Talvez bem no início de sua obra Freud tenha manifestado alguma ambigüidade a esse respeito que deu margem a confusões, porém muito cedo ele deixou claro que "sexualidade" era uma expressão genérica para enfatizar os desejos libidinais ligados ao princípio do prazer, através das distintas "zonas erógenas".

110. Existem "zonas erógenas" desde a condição de bebê?

Originariamente, Freud considerava que a teoria da libido, isto é, da sexualidade, era um conceito anatômico, descrito por ele como restrito a "qualquer região do revestimento cutâneo-mucoso, podendo funcionar como zona erógena". Assim, os órgãos produtores da libido, do prazer, do desejo, eram denominados zonas erógenas, como os lábios, a boca, a pele, o movimento muscular, a mucosa anal, o pênis, o clitóris. Em cada idade específica, predomina determinada zona erógena. Posteriormente, Freud estendeu a erogeneidade a todos os órgãos internos, ao afirmar que "todo o corpo é uma zona erógena propriamente dita". Ele também destacou que os cuidados higiênicos e corporais da mãe com o manuseio de zonas erógenas podem se constituir como fonte de excitação da criança.

111. Fase oral do desenvolvimento da criança: o que significa?

A primeira etapa da organização do desenvolvimento psicossexual foi denominada *fase oral*. A palavra "oral" procede do latim *"os"* que significa boca, a qual constitui-se como zona erógena por excelência, como é no ato da amamentação. A finalidade da libido oral, além da gratificação pulsional, também visa à "incorporação" que, por sua vez, está a serviço da "identificação". Deve ficar claro, no entanto, que a boca não é o único órgão importante dessa fase evolutiva, mas é um modelo de incorporação e de expulsão, ou seja, como um protótipo que intermedeia o mundo interno com o externo. Assim, também devem ser consideradas, nessa fase oral, outras zonas corporais que cumprem a mesma função, como os órgãos da digestão, da respiração, da fonação e linguagem verbal, do equilíbrio e, sobretudo, da pele, além de todos os órgãos dos sentidos, como olfato, paladar, audição e visão.

112. Fase anal: ela fica restrita às zonas esfincterianas?

Freud denominou como "fase anal" o período evolutivo situado entre 2 e 4 anos, isto é, entre a fase oral e a fálica. Embora o termo "anal" se refira especificamente ao que se concerne ao ânus, na psicanálise as manifestações da fase anal abrangem as que ocorrem em outras zonas corporais, como as provenientes da musculatura e da ação motora. Na criança, esse período coincide com os seguintes aspectos: 1. A aquisição da linguagem e da capacidade de engatinhar e andar. 2. O despertar da curiosidade que a leva a explorar o mundo exterior. 3. O progressivo aprendizado do controle esfincteriano e da motricidade. 4. Os ensaios de individuação e separação. 5. O uso de brinquedos, as brincadeiras e os jogos. 6. A aquisição da sadia condição de dizer "não", que se manifesta sob a forma de teimosia e alguma rebeldia.

113. Fase fálica é o mesmo que fase da "genitalidade"?

Embora a palavra "falo" pouco apareça na obra de Freud, a adjetivação de "fase fálica" ocupa, sim, um considerável espaço de importância. O termo alude a uma fase evolutiva da sexualidade situada entre os 3 e os 6 anos, na qual, tanto no menino como na menina, as pulsões se organizam em torno do falo ou mais precisamente, em Freud, do pênis, intimamente conectadas com as fantasias inerentes à "angústia de castração", ou seja, a fase fálica pode ser entendida como sinônimo do período vigente do "complexo de Édipo". Freud também destacou o fato de que a criança faz uma equivalência simbólica entre "pênis", "filho", "fezes" e "presentes".

114. Existe diferença entre "falo" e "pênis"?

Sim, existe, apesar de que, em geral, muitos equivocadamente as tomam como sendo sinônimos. "Pênis" designa concretamente o órgão anatômico masculino, enquanto o termo "falo" tem um significado de natureza simbólica, isto é, de *poder*. Assim, "falo" e "pênis" muitas vezes se superpõem na significação, tal como acontecia com regularidade na Antiguidade. Ainda hoje se pode ver uma grande quantidade de desenhos, esculturas e pinturas nas quais aparece um pênis túrgido representando significados alusivos ao poder, à sabedoria e à fecundidade. Lacan resgatou a noção de falo e deu a ela uma condição de conceito fundamental da teoria psicanalítica, em vários aspectos, como a sua afirmativa de que a "função fálica" do pai estabelece o que ele chama de o "nome" (ou lei) do pai, com o que Lacan estabelece uma delimitação e hierarquia entre as gerações.

115. O que quer dizer "mulher fálica"?

Essa expressão adquire dois significados: um mais rigorosamente psicanalítico e o outro, mais popular. O primeiro, segundo Freud, refere-se à fantasia inconsciente de que a mulher teria um pênis, crença que deriva da negação da criança da possibilidade de que, de fato, ela possa ter sofrido uma castração. O segundo significado de "mulher fálica", mais difundido e popularizado, alude a uma mulher que tenha características consideradas masculinas, especialmente as de um "mandonismo" e de uma permanente competitividade, especialmente com os homens. É necessário considerar que essa conceituação perdeu muito de seu vigor pelo evidente fato de que a mulher moderna comumente apresenta uma energia vital, espírito de iniciativa, ambição e determinação, sem que isso deva significar que ela não possa, rigorosamente, ser uma mulher no pleno sentido sadio da palavra.

116. Toda a mulher sente "inveja do pênis", como Freud dizia?

Isto, de regra, não é verdade. É útil consignar que tamanha foi a importância que Freud atribuiu ao pênis que ele deu uma grande ênfase ao seu conceito de "inveja do pênis" que toda menina ou mulher, invariavelmente, teria em relação ao sexo masculino. Na atualidade, este postulado de Freud não é mais aceito como uma verdade psicanalítica, não obstante essa inveja do pênis, ocasionalmente, possa estar presente em alguma mulher.

117. E a recíproca – isto é, o homem ter inveja da mulher – pode ser verdadeira?

Como possibilidade bastante freqüente, não resta a menor dúvida de que a hipótese levantada nesta pergunta é, sim, verdadeira. Se o leitor se detiver a observar mais atentamente, perceberá que a mulher – com algumas variantes óbvias – pode fazer tudo aquilo que o homem faz, no entanto o homem não está equipado a desempenhar todas as funções da mulher como, por exemplo, são as capacidades de gerar um filho no seu ventre, ou a de amamentação, ou a de gozar alguns privilégios que certas culturas propiciam. De uma forma, às vezes bem disfarçada com uma fachada de machismo, a inveja do homem em relação à mulher está em uma proporção equivalente à recíproca, da mulher em relação ao homem.

118. Freud afirmava que a menina pequena não tem conhecimento da existência de vagina. Na atualidade, isto continua sendo considerado uma verdade?

Durante muito tempo predominou a noção de Freud de que a menina não tinha conhecimento de que ela era possuidora de uma vagina. Pelo contrário, segundo Freud, a comparação que ela fazia de sua anatomia com a de seus irmãozinhos, ou a de sua mãe, que ela observava atentamente em uma comparação com a genitália do pai, reforçaria nela a convicção da fantasia de que teria existido um pênis, que veio a sofrer uma castração. A criança associaria essa imaginária castração às fantasias relativas ao complexo de Édipo. Na atualidade, a imensa maioria dos psicanalistas admite que a menina muito precocemente já tem noção da existência de uma vagina. Em relação à possibilidade de que certos homens possam invejar a mulher, não resta a menor dúvida de que isto existe com significativa freqüência. Na verdade, a mulher, embora por vias diferentes, pode fazer absolutamente tudo que o homem faz, no entanto, as sublimes capacidades de gestar um filho em seu ventre e de amamentá-lo são rigorosamente um privilégio único da mulher, além do fato de que a maioria das culturas vigentes concede uma maior tolerância a que as mulheres sejam dependentes economicamente, privilégio que não é concedido aos homens. Tudo isso pode despertar um evidente sentimento de inveja nos homens em relação às mulheres.

119. A curiosidade sexual da criança é positiva ou negativa?

Uma observação atenta da natural curiosidade das crianças nesta fase do desenvolvimento, que se manifesta pelos constantes "porquês", permitirá verificar que a maioria delas se refere às origens das diferenças entre pares opostos, como masculino e feminino; seio e pênis; grande e pequeno, etc. A constatação progressiva dessas diferenças provoca um acréscimo de angústia, que encontra alívio em uma explicação adequada por parte do educador; caso contrário, obrigará a criança a construir as mais estapafúrdias teorias. Essas teorias são tecidas em torno dos seguintes aspectos: a diferença anatômica dos sexos; o enigma do nascimento e, por conseguinte, tudo o que cerca as fantasias de concepção, como são as subseqüentes teorias da "cena primária", do "incesto" e do "complexo de castração". Durante muito tempo os psicanalistas consideravam que a curiosidade manifesta pelo paciente significava uma forma de repetir a curiosidade da cena primária, isto é, de saber o que se passava na intimidade da mãe com o pai, no quarto chaveado deles. Também interpretavam a curiosidade como um intento de controle sobre o analista. A psicanálise contemporânea, excetuando os casos em que há uma evidente intenção de um controle invasivo, valoriza a curiosidade do paciente no sentido de que ela possa estar expressando um significativo progresso de maior espontaneidade, liberdade e uma sadia ânsia por novos conhecimentos. De forma análoga, os educadores de crianças deveriam aprovar os movimentos de curiosidade das crianças e, no lugar de rotulá-las como "mexeriqueiras", "intrometidas" e coisas equivalentes, deveriam considerar o lado positivo da curiosidade, especialmente o despertar de um desejo de começar a conhecer as "coisas do mundo".

120. **Todos somos portadores de uma "bissexualidade"?**

O termo "bissexualidade" designa uma disposição inata do ser humano que opera em dois registros: o biológico e o psicológico. Biologicamente, a determinação do sexo é baseada na origem embrionária de como os cromossomas X se desenvolveram: a presença de uma única célula X no embrião junto com a Y determina o sexo masculino; enquanto as duas X, o sexo feminino. As diferenças hormonais entre o homem e a mulher, devido à causa biológica, são evidentes. Do ponto de vista psicológico, o aspecto mais importante consiste nas *identificações* que o filho sempre faz, tanto com a figura da mãe como com a do pai, do que vão resultar em cada sujeito características consideradas masculinas e/ou predominantemente femininas. É útil esclarecer um equívoco muito comum, de modo a deixar bem claro que a "bissexualidade natural" é uma característica normal e universal; no entanto, o mesmo termo "bissexualidade" também costuma ser empregado com o significado de "prática bissexual", para as pessoas que concomitantemente exercem atividades tanto "hetero" como "homossexuais". Em resumo, com palavras mais simples: a bissexualidade "natural" refere que cada pessoa possui ao mesmo tempo uma parte masculina e outra feminina, enquanto a "atividade" bissexual tem o sentido de fazer amor indistintamente com um ou outro sexo.

121. **Qual é a diferença entre sexo biológico e gênero sexual?**

Desde muito cedo, começam as identificações do filho com as figuras parentais, com uma natural predominância do menino com os atributos masculinos do pai, e da menina com os da mãe. Por uma série de razões, quase sempre por alguma forma de anormalidade no processo de identificação, a criança pode fazer identificações negativas: por exemplo, um casal que já tem três filhas, deseja ardentemente um filho do sexo masculino, e nasce mais uma menina, é possível que toda a educação seja voltada como se tivesse nascido um menino. Por causas equivalentes a esta, é possível que um menino admire e adote atitudes consideradas femininas, podendo o mesmo acontecer com a menina que pode dar claras e precoces manifestações de hábitos e costumes masculinos. Tudo isso se processa independentemente do sexo biológico, de modo que na atualidade é necessário estabelecer uma distinção entre os conceitos de *sexo biológico* (existência de pênis ou de vagina) e o de *gênero sexual* (atitudes, conduta e inclinações, predominantemente para o gênero masculino ou feminino).

122. O que significa a fase "perverso-polimorfa" no desenvolvimento da criança?

Freud postulou este conceito que designa o fato de que existe uma fase no desenvolvimento em que certas zonas erógenas do lactante vão adquirindo um lugar privilegiado como fontes de prazer da sexualidade: primeiro a boca, depois o ânus com suas funções excretoras; e, por volta dos 3 a 4 anos, começa o estabelecimento da primazia das zonas genitais. Este aspecto é importante no que se refere à genitalidade adulta, porquanto inclui as polimorfas práticas pré-genitais, com carícias orais e anais, como meios sadios de gozo antecipado de um pleno coito genital. O vocábulo "perverso" desta fase infantil não deve ser entendido como uma perversão clínica; entretanto, se os recursos pré-genitais assumirem uma forma exclusiva da sexualidade no adulto, associados a pulsões destrutivas sádicas, com uma falta de consideração com o(a) parceiro(a), pode estar, de fato, configurando uma patologia de *perversão*.

123. É na puberdade que é despertada a sexualidade?

Até o advento de Freud era consensual no conhecimento humano em geral que a sexualidade se instalava por volta dos 12, 13, 14 anos, não obstante claras manifestações indiretas que as crianças deixavam evidentes da existência de estímulos, fantasias e práticas eróticas. Um grande mérito que ninguém pode negar em Freud é o fato de que ele teve a coragem de denunciar a negação coletiva e comprovar a existência de uma sexualidade infantil normal, que a rígida moral vitoriana daquela época impedia as pessoas de enxergarem e aceitarem. Sempre deixando claro que não devemos confundir "sexualidade" com "genitalidade", cabe a afirmativa de que, na puberdade, o desenvolvimento anatômico e fisiológico, com a produção de hormônios, excita o corpo e a mente, promove a reativação de antigas sensações e fantasias e estimula o desejo sexual, agora de forma predominante localizada nos órgãos genitais.

124. O que significa "cena primária"?

Esta clássica expressão de Freud alude à observação, real ou fantasiada, que a criança faz do coito dos pais. Freud afirmava que, mesmo nos casos em que não tenha havido uma observação direta, indícios indiretos, como ruídos provindos do quarto dos pais, poderiam funcionar como fator determinante da cena primária. A importância desta situação reside no tipo de fantasias que acompanham a imaginação da criança, porque elas tanto podem ser de que os pais estejam se amando de forma muito saudável (e que, assim, ela nasceu por um ato amoroso) como também costuma acontecer de as fantasias adquirirem uma significação de terror, como se o pai pudesse estar maltratando ou matando a mãe, etc. A incorporação destas fantasias pode promover uma futura forma, mais sadia ou mais patológica, de encarar, logo, a de praticar, a vida genital adulta. O simples fato de a criança ficar excluída da relação íntima dos pais pode gerar uma permanente dificuldade no sujeito de suportar situações nas quais ele esteja excluído. Um aspecto interessante é o fato de que como essa vivência é universal, Freud, em uma polêmica com Jung a respeito da cena primária, não descartou a hipótese de ela ser uma herança da espécie.

125. Em que consiste o tão falado "complexo de Édipo"?

Inspirada pela história grega de Édipo Rei, a expressão "complexo de Édipo" designa o conjunto de desejos amorosos e hostis que a criança experimenta com relação aos seus pais. Freud situou esse complexo por volta dos 3 anos, postulando que ele comporta duas formas: uma positiva e outra negativa. A positiva, genericamente, consiste em um desejo sexual pelo genitor do sexo oposto, bem como um desejo de morte pelo genitor do mesmo sexo ao dele. Na forma negativa, há um desejo amoroso pelo genitor do mesmo sexo e inveja, ciúme ou desejo de desaparecimento do rival inimigo. Na clínica, é mais freqüente a coexistência de ambas as formas, nos indivíduos em geral. Durante muito tempo, Freud considerou que havia uma igualdade total entre o complexo edípico do menino e da menina. Posteriormente, concebeu a diferença, estabelecendo os distintos movimentos que se processam em cada um deles. Durante muito tempo, a psicanálise considerou o complexo de Édipo como sendo o núcleo central na estruturação de toda e qualquer neurose, mas a psicanálise contemporânea enfoca muitos outros aspectos, principalmente os *narcisistas* que estão presentes no desenvolvimento emocional primitivo, anteriormente aos edípicos.

126. E "mito de Édipo"?

Na mitologia grega, um oráculo profetizara ao rei Laio que seu filho, que ia nascer, mataria o pai e casaria com a mãe, Jocasta. Para fugir desse destino, o rei confia a um servo a missão de matar o recém-nato, porém o servo decidiu abandonar a criança em vez de matá-la. O desdobramento da história confirma a profecia, de modo que Édipo mata Laio em uma encruzilhada, casa com Jocasta e, mais tarde, com a revelação da terrível verdade do incesto involuntariamente cometido, como autopunição fura seus olhos e fica cego. Freud inspirou-se nesse mito que trata da relação do triunfo do filho sobre o pai, para postular seu famosíssimo complexo de Édipo, que, com as necessárias ampliações de entendimento, se tornou um conceito medular da psicanálise.

127. Complexo (ou angústia) de castração. O que é isso?

Freud considerava o pênis como sendo o órgão sexual primordial, possibilitando um auto-erotismo. Segundo ele, o menino (e, no início, também a menina) não pode conceber qualquer ser humano sem pênis, sendo que a visão da mãe ou da irmã desprovida desse órgão gera imediatamente a fantasia de que, de fato, existe uma castração, a qual imagina ter sido cometida pelo pai. Essa concepção de Freud tornou-se, durante longas décadas, o eixo central em torno do qual orbitavam as teorias e técnicas psicanalíticas. Posteriormente, Freud estendeu às meninas a concepção da existência de uma angústia de castração, neste caso, é a mãe-bruxa quem lhes ameaça. O complexo de castração possibilita que os analistas, em muitos casos, consigam compreender melhor por que muitas pessoas, ainda que bem-sucedidas e com uma boa vida exterior, permanecem sempre receosas de que, mais cedo ou mais tarde, vão perder (equivale à castração) tudo aquilo que conseguiram com muito esforço.

128. Fase genital não é o mesmo que "fase fálica"?

A fase genital do desenvolvimento psicossexual, caracterizada pela organização das pulsões parciais e das diversas zonas erógenas sob o primado das zonas genitais, processa-se em dois tempos: 1. A fase fálica, que alude à organização genital infantil, na qual ainda não há a síntese das pulsões parciais (orais, anais) e tampouco o primado total da zona genital; 2. A organização genital propriamente dita, que se institui de forma completa na puberdade. Esses dois momentos evolutivos são separados pelo período de latência.

129. Em que consiste o período de latência?

Freud utilizou a expressão "período de latência", e não "fase de latência", para caracterizar que, diferentemente do que ocorre na fase oral, na anal e na fálica, não há, a rigor, uma nova "organização" da personalidade. Na verdade, esse período permeia entre o declínio da sexualidade infantil, por volta dos 6 anos, até a entrada na puberdade, ou seja, em torno dos 12 anos. Nesse período, há, na evolução da sexualidade, uma diminuição (não uma completa abolição) das atividades e de investimento de natureza sexual, que são substituídas pela predominância da ternura sobre os sentimentos sexuais, o aparecimento de sentimentos como o pudor ou a repugnância e o surgimento de aspirações morais e éticas. Com outras palavras, nesse período acontece uma repressão da sexualidade infantil, o que propicia uma sublimação das pulsões, comumente manifestada em um apego à escolarização, atividades esportivas e consolidação de valores morais, tudo isso contribuindo decisivamente para a formação do sentimento de identidade e do caráter.

130. E o da puberdade?

O termo "puberdade" deriva de "púbis", mais especificamente alude aos "pêlos pubianos" que começam a aparecer no menino ou na menina. Basta este fato para mostrar que o período de pré-adolescência indica que é uma etapa do desenvolvimento no qual começa a maturação fisiológica do aparelho sexual. Devido a uma forte estimulação dos tempos modernos, através da mídia, das telenovelas, e dos hábitos que vão surgindo mais precocemente, como o de reuniões dançantes entre os púberes, o desenvolvimento psíquico surge mais cedo, de sorte que a terminologia de "adolescência inicial" também costuma ser empregada para caracterizar esse período.

131. A adolescência sempre se constitui como sendo uma fase de "aborrescência", como muitos pais e educadores dizem?

Não me parece que, necessariamente, toda a adolescência seja um período tão difícil a ponto de justificar a denominação corrente de "aborrecentes". O termo "adolescência", etimologicamente, é composto dos prefixos latinos *ad* (para a frente) + *dolescere* (crescer, com dores), o que dá uma idéia de que se trata de um período de transformações, portanto de crise. As principais transformações, além daquelas na anatomia e fisiologia corporal, também são de natureza psicológica, muito especialmente o da busca de uma "identidade" individual, grupal e social. De modo geral, considera-se que a adolescência abrange três níveis de maturação e de desenvolvimento: *a puberdade* (ou pré adolescência), no período dos 12 aos 14 anos; a *adolescência propriamente dita* (dos 15 aos 17); e a *adolescência tardia* (dos 18 aos 21). Cada uma dessas etapas apresenta características próprias e específicas que merecem uma atenção diferenciada por parte dos educadores em geral e do analista no caso de um atendimento analítico. Um traço comum nos adolescentes é que, pelo fato de estarem com um pé na condição de criança e com o outro na de um quase adulto, aparecem conflitos entre os seus sentimentos de dependência e de independência, de obediência e de rebeldia, de aceitação das normas familiares e sociais que lhe são comhecidas e a de busca de soluções, às vezes com o caráter de revolucionárias reformas sociais e de hábitos costumeiros. Tudo isso costuma provocar uma instabilidade emocional, uma aparência de ser um rebelde transgressor, porém, na verdade, esse adolescente está procurando construir o seu sentimento de identidade que ainda está algo confuso e indefinido dentro dele, logo, ele está em um estado de *crise*.

132. O que significa "crise" do ponto de vista da psicanálise?

Habitualmente, no entendimento popular, a palavra "crise" tem uma conotação pessimista, algo trágica; no entanto, em um enfoque psicanalítico, as coisas não são sempre assim. O termo "crise" aparece com bastante freqüência no jargão psicanalítico para indicar os momentos culminantes na vida, tanto durante as distintas etapas evolutivas do sujeito (por exemplo, a crise da adolescência, ou da velhice, etc.), como também de situações existenciais (crise de um casamento, crise financeira, crise de uma instituição, de uma situação de análise, etc.). De acordo com sua raiz, o vocábulo "crise" deriva do grego *krinen* que significa separar, decidir. Assim, um processo de crise terá um destes dois destinos: 1. A situação em crise pode deteriorar progressivamente até a extinção; 2. A curto ou longo prazo, haverá uma modificação importante, a qual pode representar um crescimento de natureza muito saudável e progressista, embora quase sempre bastante dolorosa. O analista deve ter plenas condições para enfrentar eventuais crises do paciente, porquanto é bastante provável que ela esteja representando um significativo momento de importantes mudanças no psiquismo do paciente. Em resumo, uma crise pode, de fato, estar significando "o começo de um fim"; entretanto também pode estar representando "o começo de um novo começo", com uma nova proposta em relação àquela anterior à crise.

133. **Qual é a importância do pai na formação da personalidade dos filhos?**

A figura do pai tem um relevo extraordinário na obra de Freud, enquanto na teoria kleiniana ficou muito ofuscada pela hegemonia que esta escola atribuiu quase que exclusivamente à importância da mãe. Na atualidade, principalmente a partir de Lacan, a psicanálise está resgatando a importância do "lugar", "papéis" e funções pertinentes ao pai, especialmente se levarmos em conta que a família nuclear vem sofrendo significativas mudanças na sua estrutura, de geração para geração. Dentre as funções fundamentais que devem ser exercidas pelo pai, cabe destacar algumas, como: 1. A segurança e a estabilidade que ele dá (ou não) à sua companheira na tarefa, às vezes árdua e estafante, de bem educar e promover o crescimento dos filhos; 2. Um ponto importante é o de conhecer qual é a imagem que este pai tem do seu próprio pai, que está internalizado nele, e que, embora critique os erros que sofreu com o seu pai, inadvertidamente, pelo processo de identificação, ele pode estar repetindo a mesma coisa com o seu filho. 3. Cabe ao pai o importante papel de não permitir uma simbiose por demais prolongada entre a mãe o filho; assim, ele deve funcionar como uma cunha que faz interdições, de modo a fazer valer a sua presença e autoridade (é diferente de "autoritarismo"). 4. Não resta a menor dúvida quanto à fundamental importância do pai como um "modelo de identificação" para os filhos.

134. **Por que muitos psicanalistas apregoam a relevância do "discurso" e dos "desejos" dos pais no desenvolvimento dos filhos?**

No mínimo, três aspectos decorrentes do discurso dos pais em relação ao filho são singularmente importantes: 1. O das "significações" ("que feio", ou "que bonito", etc.) que eles emprestam aos atos ou às fantasias das crianças; 2. A construção de excessivos ideais a serem cumpridos pelos filhos, por meio de um discurso que enfatiza certos imperativos categóricos ("você é assim – preguiçoso; gênio; burro, mau, etc.– e pronto, não tem mais conversa"); 3. A ênfase pode recair em predições ("quando crescer, você vai ser um fracassado"); 4. O discurso pode estar carregado de expectativas ("meu filho, você é o orgulho da mamãe, espero que sempre consiga ser o primeiro lugar, nunca desobedeça) a serem cumpridas pelo resto da vida, as quais, muitas vezes, se tornam tão difíceis de o filho corresponder que ele ou desiste antes de começar certas tarefas, ou tenta cumprir, porém sempre com um sobressalto de que vai fracassar; 5. O discurso vem impregnado de duplas mensagens, como o pai gritando diz para o filho: "você nunca deve gritar!" Igualmente o desejo, da mãe, por exemplo, induz a criança a adquirir uma forma de desejar ser "o desejo dos desejos da mãe", de sorte que ele atrofia a sua necessária capacidade de autonomia.

135. **Trauma e desamparo. Esclareça esses conceitos que estão muito em voga. Qual é a importância deles?**

A palavra "trauma" (em grego quer dizer "ferida") aparece no início da obra de Freud, nos seus estudos com pacientes histéricas, relacionada com uma primitiva sedução sexual que teria sido perpetrada pelo pai contra a menina indefesa. Em sucessivos artigos, ele reconheceu outras formas de traumas, como a do nascimento; do impacto da cena primária; da angústia de castração; do abandono de um dos pais ou de perdas precoces, etc. Freud ligou a ocorrência destes estados traumáticos, especialmente o último que foi aludido referente a precoces abandonos e perdas reais, como um fator desencadeante de um estado psíquico de uma terrível angústia de desamparo. Outra forma de ação traumática pode ser sob a forma de impingementes, ou seja, traumas invasivos que sobrecarregam a criança com um excesso de estímulos e excitações que o seu ego não consegue evitar. Todos os referidos traumas repercutem seriamente no psiquismo da criança, onde ficam impressas sob a forma de vazios, feridas abertas e de sentimentos de desamparo que, em situações futuras de algo equivalente, devido à sensibilidade das feridas antigas, podem provocar reações desproporcionais ao fato acontecido.

136. Uma eventual ausência física prolongada dos pais vai provocar problemas para as crianças?

A resposta é muito relativa, porque depende de uma grande gama de fatores, como a idade da criança, o grau de confiança básica que já se tenha estabelecido com os pais, o tempo de duração do afastamento, a indiferença ou naturalidade ou excesso de angústia dos pais diante do afastamento, a qualidade afetiva da pessoa a quem o filho é entregue, a possibilidade de se manter uma comunicação pronta e continuada, se necessário, etc. Levando em conta todos esses fatores e, principalmente, qual é o significado que a criança atribui à separação e quais as fantasias conscientes e inconscientes que ela desenvolve, a ausência física pode ser um ato mais do que natural, inclusive com uma possível repercussão positiva para a criança, como também pode ser significada como um trauma, que a leva a imaginar perda, tragédia, ou pode lhe despertar atos vingativos e retaliadores contra os pais que ela julga como "abandonantes".

137. A importância dos irmãos. Existe um "complexo fraterno"? Ele tem uma importância maior?

A literatura psicanalítica, de modo geral, não costuma valorizar o *complexo fraterno*, isto é, a influência recíproca entre os irmãos e as conseqüentes marcas psíquicas que ficam impressas nas mentes de ambos. No entanto, essa interação entre irmãos é de significativa importância na estruturação do psiquismo dos indivíduos e do grupo familiar. Essa interatividade entre irmãos adquire diversas configurações, em que podem prevalecer sentimentos hostis, de inveja, ciúme, competição feroz, intrigas junto aos pais, ataques físicos, jogos eróticos, como também pode ser caracterizada por vínculos amorosos, com consideração e solidariedade, sendo que na maioria das vezes, durante um largo tempo, prevalece um misto e alternância disto tudo. A importância disso é que muitas destas situações podem persistir na vida adulta com outras pessoas que são representadas como sendo os irmãos do passado, ou podem provocar sentimentos de culpa pelas agressões cometidas na infância que as levam a se sabotarem na vida. Uma situação bastante comum, especialmente importante, é encontrada nos indivíduos que sabotam ou se deprimem diante de seus sucessos na vida adulta, nos casos em que tenham tido irmãos precocemente falecidos ou com sérias limitações orgânicas e psíquicas ou mal-sucedidos de uma forma geral. São muitos os mitos bíblicos que referem diretamente aos conflitos entre irmãos – entre outros, os de Caim e Abel, de Esaú e Jacó, de José e seus irmãos. Todos constituem um rico manancial para o entendimento da importância da patologia entre irmãos, dentro do contexto do grupo familiar.

138. A importância da escola é tão relevante assim como dizem?

Depois da família, é a escola que representa um fator fundamental no desenvolvimento da criança. As principais razões que justificam essa afirmativa são as seguintes: 1. O início da escolaridade cria as condições de separação da criança em relação à mãe, fato que sempre demanda certo período de "adaptação" do filho e da mãe. Esse período pode ser de curta duração quando já existe um bom vínculo de confiança recíproca entre a criança e a mãe, ou pode ser uma separação muito tumultuada e por demais prolongada, na hipótese de que o filho ainda não tenha estabelecido os núcleos básicos de confiança, ou no caso de que se trate de uma mãe "simbiótica", em cujo caso, de forma inconsciente, ela colabore para o pânico da criança na hora da separação. A assim chamada "fobia escolar" não é propriamente em relação a um medo da escola, mas sim ao de ficar separado da mãe devido às fantasias subjacentes. 2. A escola também propicia o desenvolvimento da socialização, no convívio com colegas, partilhando jogos, brincadeiras e grupinhos de estudos. Da mesma maneira pode traumatizar uma criança que esteja sofrendo um rechaço por parte das outras. 3. O processo de aprendizagem implica um importante estímulo ao desenvolvimento de latentes capacidades e da criatividade. 4. Os professores, além de lecionar, também funcionam como exemplares modelos de identificação. 5. A colocação de limites, com as noções de direitos, deveres e princípios éticos, e ainda o permanente incentivo para que os jovens alunos façam o acompanhamento dos fatos reais que acontecem no mundo promovem a formação de uma cidadania.

139. Existe uma influência do meio cultural em que a criança está inserida?

Sem dúvida! A cultura do meio ambiente determina um código de valores morais, éticos e estéticos que tanto podem estar em sintonia com a cultura da família da criança como também pode haver uma flagrante incompatibilidade entre elas. Assim, valores como o uso da liberdade, colocação de limites e imposição de deveres e frustrações; a influência da mídia na formação de hábitos, costumes, modismos, de forma a modelar corações, mentes e espíritos, etc. representam uma relevância no desenvolvimento biopsicossocial. O estudo comparativo de distintas gerações aponta para o interessante fato de que uma mesma situação, por exemplo, a virgindade da moça antes de casar, até há duas ou três gerações anteriores à atual, era considerado um valor de primeira grandeza para determinar se a moça era "direita" ou não. Na atualidade, uma moça da mesma idade (digamos: vinte e pouquinhos anos) que ainda seja virgem corre o risco de ser ridicularizada pelos amigos. A influência da cultura na saúde mental de uma pessoa pode ser medida pela divulgação dos padrões de beleza e elegância imposta pela mídia. Assim, a idealização do corpo magro aumentou sensivelmente a incidência de casos de anorexia nervosa, principalmente entre adolescentes. Também é possível que existam diferentes tipos de cultura – por exemplo, a "cultura da violência" – que acompanham determinadas classes sociais e que são muito difíceis de serem erradicadas porque, como no caso das gangues violentas, elas ficam idealizadas, pelos pares, como sendo um sinal de coragem, etc.

140. Existem diferenças entre os conceitos de "necessidade", "desejo" e "demanda"?

Devemos a Lacan uma importante distinção de conceituação destes três termos. *Necessidade* alude àquilo que é necessário, de forma vital, para manter a sobrevivência física (fome, sede, frio, etc.) e psíquica (amor, paz, compreensão, etc.). *Desejo* refere-se a uma "necessidade" que já tenha sido atendida com um *plus* de prazer e gozo, que o sujeito quer voltar a experimentar; enquanto *demanda* designa a condição de que o desejo se torna insaciável. O verdadeiro significado de "demanda" é um pedido desesperado por reconhecimento e amor, como forma de preencher a uma antiga e profunda cratera de origem narcisista.

141. Seguidamente ouço falar em "dependência boa" e "dependência má". Pode explicar melhor?

O estado mental de dependência é inerente ao ser humano e, em alguma forma e grau, nos acompanha, desde a condição de recém-nato, ao longo de toda a vida. No cotidiano da prática psicanalítica, quase sempre aparece nos pacientes o temor de vir a contrair uma dependência em relação ao analista. Creio ser importante que o terapeuta ajude o paciente a discriminar a diferença que existe entre seu sentimento que proponho chamar de *dependência má* (porque lhe representa o risco de, como no passado, vir a sofrer novas humilhações, traições, etc.) e a *dependência boa,* própria da natureza humana, na qual as pessoas sempre estão em um estado de interdependência que pode ser prazerosa e propiciadora de um autêntico crescimento.

142. Pode esclarecer o problema da auto-estima, em uma concepção psicanalítica?

A auto-estima é fundamental na estruturação do psiquismo de qualquer pessoa e, em grande parte, determina a sua qualidade de vida. Assim, um sujeito pode gostar de si próprio ou pode se detestar, fazendo pesadas críticas e recriminações a si mesmo. Em casos extremos de patologia, pode existir uma excessiva distorção da auto-estima, como nos estados de mania, que o sujeito se sente eufórico, superior a todos (não passa de uma defesa para superar uma depressão subjacente), enquanto em um estado mental de depressão a auto-estima do sujeito pode cair a zero, daí o risco de ideação suicida. Também a auto-suficiência e arrogância do narcisista podem estar substituindo uma baixíssima auto-estima. A formação da auto-estima do sujeito resulta diretamente da maneira como os "objetos" (pai, mãe, etc.) estão internalizados dentro dele, se de uma forma amorosa (neste caso, ele, ou seja, as importantes personagens dentro dele o estimam) ou persecutória, em cujo caso ele não se sente amado, logo, sem o necessário amor próprio e, por extensão, imagina que ninguém lhe valoriza e estima.

143. Desenvolvimento da linguagem. Como se processa?

A linguagem, nas suas diversas formas e estilos, é o veículo da comunicação – aspecto fundamental no relacionamento entre as pessoas – e vai sofrendo transformações ao longo da vida. Assim, a linguagem de um bebê tem características neurobiológicas (choro, diarréia, vômitos, expressões faciais de prazer, dor, etc.); a criança pequena tem uma linguagem com características mágicas (aponta para algum brinquedo, por exemplo, como forma de ordenar que quer brincar) e, gradativamente, vai adquirindo a capacidade de articular letras, que se juntam em palavras, que aos poucos progridem para frases até atingir a condição de compor um coerente discurso, com sujeito, verbo e complemento. No entanto, a linguagem não é unicamente *verbal;* o adulto também utiliza formas *não-verbais* de linguagem e comunicação, como podem ser as que seguem: 1. A *paraverbal* (alude às mensagens que estão ao "lado" ("para") do verbo, por exemplo são as nuanças e alternâncias da intensidade, amplitude e timbre da voz. 2. A linguagem dos *gestos* e das *atitudes*. 3. A linguagem *corporal:* sim, o corpo fala! 4. A linguagem *oniróide*, ou seja, aquela que se expressa pelos sonhos ou por um estado de devaneio. 5. A linguagem da *conduta*: o comportamento do sujeito, suas possíveis "atuações", o contraste entre o que ele diz, faz e, de fato, é. Essas formas de conduta falam bem mais alto do que as palavras do sujeito.

144. Zonas do psiquismo que são "áreas livres de conflito". O que significa este conceito?

A expressão "área (ou zona) livre de conflito" refere-se ao fato de que nem tudo no psiquismo deve necessariamente estar conflitado, desde o início do funcionamento do ego (como parecia transparecer da obra freudiana e kleiniana). Os psicólogos norte-americanos do ego exemplificam com o caso de uma tartamudez (gagueira), em que inicialmente as mucosas labiais e bucais do sujeito e o seu aparelho de fonação em geral estavam unicamente a serviço da dicção. Porém, é possível que, posteriormente, um investimento com libido, ou com agressividade, dessa zona corporal tenha conturbado esse aparelho de tal modo que, antes de emitir uma palavra, inconscientemente, ele fica temeroso de que esta represente carícias verbais ou projéteis destrutivos, o que leva o sujeito a tropeçar nas palavras. Assim, inúmeras outras funções egóicas começam livres de conflitos e nada impede que possam vir a ficar impregnadas de conflitos.

145. Masturbação é problema?

Em princípio, a masturbação não é um problema; pelo contrário, ela pode representar, tanto nos meninos quanto nas meninas, um positivo aspecto de um sadio desenvolvimento psicossexual, levando em conta que os primeiros atos de masturbação indicam uma saudável curiosidade com a finalidade de conhecer o seu próprio corpo, uma forma de escoamento de fantasias e a possibilidade de entrar em contato com sensações que seriam privilégio exclusivo dos adultos. Igualmente, a persistência da masturbação em pessoas adultas, por razões várias, não necessariamente deve significar algum estado de patologia. Isto não exclui a possibilidade de que, em certos casos, a masturbação possa adquirir uma dimensão patológica, quando então é praticada de uma forma por demais exagerada ou quando a sua prática provoca fortes sentimentos de culpa, com as conseqüências prejudiciais para a saúde psíquica. O que acontece é que, muitas vezes, a moral religiosa – extensiva aos valores da família – atribuiu ao ato de masturbação um significado de pecado, de vergonha e de culpa.

146. Qual é a importância das "identificações"? Pode descrever seus tipos?

O fenômeno da Identificação é considerado um conceito de especial importância na psicanálise, porque, por meio dele, o sujeito se constitui e se transforma, assimilando parcial ou totalmente os aspectos, atributos ou traços das pessoas mais íntimas que o cercam. Isso está de acordo com a morfologia da palavra "identificar", que significa "tornar idem", ou seja, "igual" ao seu modelo. A personalidade constitui-se e diferencia-se por uma série de identificações, havendo muitas formas de processar a identificação, como as que seguem: 1. Com a figura *amada e admirada* – é a forma que estabelece as identificações mais sadias, estáveis e harmônicas. 2. Com a figura *idealizada* – costuma ser frágil, custa ao sujeito um preço de um esvaziamento de suas capacidades e uma pequena tolerância às frustrações. 3. Com a figura *odiada* – configura o que se conhece como "identificação com o agressor". 4. Com a figura *perdida* – é base dos processos melancólicos. 5. Com a figura *atacada* – o que, particularmente, eu denomino como "identificação com a vítima". 6. Com os valores que foram *impostos* pelos pais e educadores em geral.

147. Como se processa a construção do sentimento de identidade?

A aquisição de um *sentimento de identidade* coeso e harmônico resulta do reconhecimento e da elaboração das distintas identificações parciais que, desde os primórdios de seu desenvolvimento, foram se incorporando ao sujeito pela internalização do código de valores dos pais e da cultura da sociedade. Esse processo complica-se, na medida em que cada um dos pais modeladores das identificações do filho, por sua vez, também está identificado com os aspectos totais e parciais dos seus respectivos pais, em um importante movimento "transgeracional" que, muitas vezes, atravessa sucessivas gerações na transmissão dos mesmos valores e comportamentos, formadores da identidade, nos seus três níveis: a identidade individual, a grupal e a social. Assim, por meio de sucessivas experiências suficientemente boas com os pais, se estabelece na criança a crença de que, se ela é vista como um objeto de amor, então ela existe, é um *ente*, ou seja, está nascendo uma entidade. A passagem do estado de entidade para o de *identidade* começa a partir da confiança básica da criança, a qual lhe permite, em relação à mãe, estabelecer uma sadia diferenciação, separação e individuação, ou seja, o começo da construção de um sentimento de ter uma identidade própria. Quando as identificações forem predominantemente patogênicas, o sentimento de identidade resultante terá algum tipo e grau de complicação.

148. Em gêmeos univitelinos, a estrutura da personalidade de ambos é sempre a mesma?

Nos gêmeos não-univitelinos, a possibilidade de que eles se desenvolvam de uma forma parecida é um pouco maior do que em irmãos não-gêmeos, de modo que não é rara a possibilidade de que, vivendo em uma mesma família, um dos gêmeos seja uma pessoa cordata, estudiosa, enquanto o outro seja agressivo, transgressor, etc. Porém, nos gêmeos univitelinos (ou seja, os gêmeos são frutos de um mesmo óvulo e espermatozóide), existe uma forte tendência para uma certa uniformidade na estruturação da personalidade entre eles, não obstante o fato de que também se pode observar desenvolvimentos distintos. Tudo isso parece comprovar que existe uma inequívoca influência tanto de fatores hereditários, genéticos, como também de fatores ambientais.

149. Esclareça o significado psicanalítico de "simbiose". Ela é positiva ou negativa para um desenvolvimento sadio?

O termo *simbiose* é muito freqüente na literatura psicanalítica, quase sempre para designar uma fase evolutiva normal ou uma detenção patogênica em um adulto portador de transtorno narcisista, na qual a criança ainda se sente fundida com a mãe. Assim, a criança em estado de simbiose está em uma etapa prévia à obtenção de discriminar o "eu" e o "outro" e tampouco atingiu a condição da capacidade de uma exitosa "separação" e "individuação". Como etapa evolutiva e como um resíduo que permanece em todo o adulto ela é normal; no entanto, em três situações ela pode ser considerada negativa para o desenvolvimento. 1. Quando a mãe desfaz a simbiose com o bebê, *cedo demais*, com a conseqüência de que se formam vazios afetivos e uma insuficiente preparação para as fases seguintes. 2. Quando a mãe *prolonga exageradamente* a simbiose com o seu filho, de sorte a reforçar um estado de dependência, junto com um sentimento de onipotência. 3. Mesmo no estado adulto, o sujeito persiste na sua demanda em contrair vínculos de natureza simbiótica (inclusive na situação analítica), e não encontrar no ambiente a devida necessidade de que lhe sejam impostos limites e frustrações que o façam passar do princípio do prazer para o princípio da realidade.

150. As frustrações impostas pelos educadores são positivas ou negativas no desenvolvimento do psiquismo das crianças?

O termo *frustração* adquire na psicanálise duas significações opostas, porém complementares: 1. A frustração sob a forma de privação no atendimento imediato de todos os desejos da criança, de momentos de ausência e de colocação de limites é não só inevitável como também necessária para exercer uma importantíssima função estruturante no desenvolvimento emocional da criança, quando efetivada adequadamente. 2. A frustração repetitivamente inadequada funciona como fator fortemente desestruturante. Assim, de forma esquemática, pode-se falar na normalidade e patologia das frustrações, de acordo com a forma de como os educadores impõem as frustrações.

151. Existem diferentes tipos de frustração?

A capacidade de tolerância às frustrações – aspecto fundamental no psiquismo de qualquer pessoa – depende, em grande parte, das condições heredo-constitucionais do bebê, porém também depende bastante da forma como se portou o ambiente familiar que provê as necessidades físicas e psíquicas da criança. Assim, resultam quatro tipos de frustração: 1. A frustração *adequada,* que promove o crescimento, porquanto leva a criança a achar soluções para o problema das faltas e falhas criadas pelas frustrações e vai, portanto, propiciar uma gradativa capacidade para pensar, simbolizar e criar. 2. As frustrações por demais *escassas e tímidas*, o que dá um resultado inverso ao anterior, além de estimular o prolongamento da dependência e o incremento de uma onipotência. 3. As que continuadamente são *incoerentes* e/ou *injustas* e, por isso, levam a criança a um estado de confusão e ambigüidade. 4. As frustrações demasiadamente *excessivas*, na quantidade e na qualidade, e que, como forma de reação, promovem a exacerbação dos sentimentos agressivos-destrutivos.

152. Seguidamente ouço falar na existência de "vazios" (ou "buracos negros") no psiquismo. O que significa isso?

Na psicanálise contemporânea que, sobretudo, valoriza a essencialidade do "desenvolvimento emocional primitivo", está bastante em voga o emprego dos termos "buracos negros" ou "vazios". Eles designam a formação de vazios que se formam no psiquismo da criança quando, de forma intensa e permanente, falha a capacidade de maternagem, ou seja, a mãe não consegue prover minimamente as primárias necessidades físicas e psíquicas do filho. O grau extremo disso resulta no quadro clínico de um "autismo psicógeno", isto é, esta criança vai se desligando do mundo exterior e manifesta uma ausência quase que absoluta de emoções, a ponto de parecer que leva unicamente uma vida vegetativa. O nome "buraco negro" está ligado à moderna física cósmica, na qual este termo refere-se a uma autofagia da luminosidade das estrelas, que ficam escuras e opacas, embora continuem conservando uma energia potencial. Estes estados carenciais, autísticos, não são exclusivos das crianças, sendo também encontrados em certos estados neuróticos de adultos, como psicoses, *borderline*, perversões, drogadições, etc., constituindo o que vem sendo chamado de "patologia do vazio".

153.
Qual é a importância de se processar na criança (e em muitos adultos) uma progressiva "desilusão de ilusões"?

Nos seus estudos sobre o desenvolvimento emocional primitivo, Winnicott destacou a importância de o bebê conservar as inatas sensações ilusórias de que ele é o centro do mundo; no entanto, a mãe não deve pactuar em prolongar por tempo demasiado essa sensação de onipotência de seu filho, porque estaria colaborando para criar um "reizinho" (ou uma "rainha"), despreparado para enfrentar as inevitáveis frustrações da vida futura. Assim, este autor emprega a expressão referente à necessidade de que se faça uma progressiva "desilusão das ilusões", para situar a criança no mundo da realidade, de acordo com a progressiva aquisição de capacidades neurobiológicas por parte do filho.

154.
A relevância do corpo no psiquismo e vice-versa. Como é isso?

Freud dava uma grande ênfase à sua famosa frase de que "o ego, antes de tudo, é corporal", com isso significando que desde a condição de bebê as distintas e múltiplas sensações procedentes de várias partes do organismo, tanto interiores (dos órgãos dos aparelhos digestório, respiratório, etc.) como exteriores (pele, órgãos dos sentidos, etc.), estão intimamente associadas com primitivas sensações e experiências emocionais e, como tal, elas ficam impressas e representadas no psiquismo inconsciente da criança. Assim, cada vez mais, autores de todas correntes psicanalíticas (especialmente na França) têm se detido nos aspectos do desenvolvimento emocional primitivo diretamente ligado às funções corporais. Não há dúvida de que o corpo serve como cenário em que certos conflitos se expressam através da linguagem de algum tipo de sintomatologia "psicossomática", confirmando a frase de que "o corpo fala!".

155.
Qual o significado de "*self* grandioso" na evolução da criança? Cabe aos pais despertar um "sentimento de grandiosidade" no filho ainda bem pequeno?

Kohut (1971 – *Análise do self*. Imago, 1988), um psicanalista que trabalhava nos Estados Unidos, criou o termo "*self* grandioso" para designar uma etapa evolutiva em que a criança tem uma imagem onipotente e perfeita de si mesma. Isso, durante certo tempo, é necessário como um importante fator estruturante do *self*. Nos casos de evolução normal, contando com a solidariedade temporária dos pais, o *self* grandioso vai se transformando em auto-estima, autoconfiança e ambições próprias. Assim, quando uma mãe elogia sistematicamente, de forma exagerada, seu filho que está fazendo as primeiras graças ou dando os primeiros passos ou os primeiros rabiscos de desenhos, ela está certa porque está colaborando para a construção de um sentimento de orgulho e de um reconhecimento de que é digno de ser admirado e querido. Porém, nos casos em que houver a persistência do "*self* grandioso", isto é, a idade da criança já não justifica tantos elogios por feitos que estão aquém de sua idade real, quando, antes, se impunha uma frustradora colocação de limites, o futuro sujeito adulto vai apresentar algum grau de transtorno da personalidade narcisista.

156. "Filhos que mandam nos pais": isso representa vantagens ou desvantagens para o desenvolvimento deles?

Fora de dúvidas, representa desvantagens. Normalmente, toda criança pequena tende a querer mandar nos pais, pois ainda conserva um psiquismo fundado em uma natural onipotência, com a crença de que ela é o centro do mundo (equivale ao estado psíquico que Freud denominava de "sua majestade, o bebê"). No entanto, se essa onipotência não for reduzida pelos educadores aos seus devidos termos, através de uma atividade de frustrações adequadas e necessárias, haverá a perpetuação de uma grave dificuldade na capacidade de tolerância às frustrações e uma quase total de ausência do reconhecimento dos limites. Nas famílias, ou escolas, em que prevalece uma dificuldade para impor as necessárias frustrações e uma clara delimitação na ocupação de lugares e papéis de cada membro da família, instala-se uma espécie de caos. Os prejuízos para os filhos, crianças, ou adolescentes, é que eles perdem a capacidade de discriminação entre o certo e o errado; o que ele almeja e o que é possível conseguir; entre o que é o ideal e o que é real; entre o que é liberdade e o que não é mais do que liberalidade ou licenciosidade, e coisas do gênero. Ademais, outro importante prejuízo consiste no fato de que os filhos que mandam nos pais desenvolvem culpas inconscientes quando percebem que os pais estão passando por qualquer tipo de dificuldade, mesmo quando essa não dependa deles.

157. Qual é a importância do brincar, dos brinquedos, dos jogos e das brincadeiras no desenvolvimento das crianças?

O ato de brincar, que em termos psicanalíticos é chamado de "atividade lúdica", tem uma significativa importância no desenvolvimento da criança por uma série de razões, como: 1. Possibilita uma sadia expressão de *fantasias inconscientes* e devaneios conscientes que, de outra forma, poderiam tomar uma via patogênica. 2. Estimula a capacidade de *criatividade e de simbolização*. 3. Representa ser um excelente recurso para a necessária condição de uma *socialização*. 4. Constitui uma relevante forma de linguagem, de comunicação não-verbal, tanto que os psicoterapeutas infantis usam os brinquedos e jogos como a via régia de acesso ao inconsciente das crianças, por menores que sejam. Convém destacar que, nos adultos, é bastante sadia a persistência de uma capacidade lúdica, embora os brinquedos e as brincadeiras adquiram outras feições.

158. "Complexo de inferioridade." Em que consiste e como se forma?

O termo "complexo de inferioridade" adquiriu uma grande popularidade entre o público em geral. Do ponto de vista psicanalítico, refere-se a um estado mental de alguma pessoa que esteja com um sentimento de auto-estima em níveis bastante baixos, o que se deve ao fato de não ter desenvolvido uma confiança básica de que é amada, reconhecida e aceita com os seus valores e capacidades; e como, de fato, ela é. Outra explicação freudiana clássica é que esse complexo deriva de uma sensação decorrente de uma angústia de castração, como se devesse se comportar durante toda sua vida como uma criança frágil, que nunca ouse ultrapassar o genitor que, no passado, foi sentido como sendo seu rival. Interessante a assinalar é o fato de que a expressão "complexo de inferioridade" foi introduzida por Adler – psicanalista contemporâneo de Freud, de quem foi discípulo e, mais tarde, dissidente –, que, quando criança, se sentia inferior às demais por sofrer de raquitismo. O sentimento em um extremo oposto ao de inferioridade, próprio de personalidades paranóides e narcisistas, constitui um "complexo de superioridade".

159. Pode existir na criança (logo, futuro adulto) uma "necessidade compulsiva" de ser castigada?

Pode existir, sim. Aliás, isso é bastante freqüente (em certos períodos do desenvolvimento, é praticamente uma regra) em crianças que cometem "artes" que sejam significadas pelos educadores como sendo perniciosas ou que têm fantasias inconscientes carregadas de pulsões agressivas, e que, por isso, sentem uma necessidade inconsciente de pagar a culpa com o preço de uma punição. É comum observarmos crianças que incomodam os pais até ultrapassar os limites destes que, então, as castigam. Após os castigos, essas crianças sentem-se liberadas para voltar a reincidir nas provocações, em um círculo vicioso que pode tornar-se maligno e eternizado.

160. O que quer dizer a expressão "identificação com a vítima"?

Costumo utilizar essa expressão para designar o estado mental em que o sujeito se identifica com a figura que, na realidade ou na fantasia, ele julga ter atacado e danificado gravemente. Nesses casos – aliás, muito freqüentes –, é comum que persista a presença de um mesmo aspecto que a sua pretensa "vítima" (por exemplo, uma mãe depressiva, um irmão deficiente, um pai doente e falido, etc.) tinha. Assim, a identificação pode ser com um sintoma, valor, maneirismo, ou mesmo uma sensação que ocupa o lugar e o papel de uma pessoa morta: pode ser, por exemplo, o de um feto abortado. Não raramente encontramos uma forte resistência em alguma pessoa que tem tudo para poder crescer na vida, porém permanece estagnado, como se dentro dele houvesse um mandamento de que não pode ultrapassar certo ponto de crescimento, no caso, a de não poder superar a sua "vítima" e ter de se nivelar com o destino dela.

161. Como decorrência de alguma falha no desenvolvimento infantil, pode existir na pessoa adulta uma repetição compulsiva de "vir a ser abandonada" em sucessivas relações afetivas?

Essa questão é particularmente muito importante, não só por ser bastante freqüente, mas também porque representa um paradoxo o fato de alguém procurar vínculos afetivos que acabam redundando em uma situação de abandono. Essas situações podem se repetir de forma compulsiva e em uma seqüência repetitiva. A explicação desse paradoxo consiste no fato de que, conscientemente, o sujeito procura uma relação estável e confiável, porém fatores inconscientes agem de forma invisível e provocam o *encontro de um desencontro*. Em um entendimento psicanalítico, essa situação altamente paradoxal se deve ao fato de que determinada pessoa tenha uma ânsia de resgatar uma importante figura do seu passado, digamos, para exemplificar, um pai que se caracterizou por ser uma figura que seduzia a filha criança com a promessa de ela ser a filha especialmente querida dele, ao mesmo tempo em que ele era um "abandonante", mulherengo e distante da casa. A marca do pai que ficou impressa na mente da filha foi a de um sedutor que abandona e isso pode se constituir em uma eterna, irrealizável e compulsória busca de distintos personagens masculinos com as mesmas características, no afã de preencher o seu vazio de pai.

162. Na formação do psicanalista, consta a "observação da relação mãe-bebê" (ORMB). Em que consiste isso?

A partir do final da década de 1940, alguns analistas decidiram observar bebês desde recém-natos, interagindo com suas respectivas mães, para ver se as concepções de M. Klein acerca das fantasias precoces dos bebês se confirmavam, ou não. Após muitas polêmicas entre os psicanalistas quanto à validade do método, na atualidade, um grande número de institutos formadores de psicanalistas recomenda o método de ensino da "Observação da relação mãe-bebê" – ORMB –, destacando aspectos favoráveis, como: 1. Mais do que observar o bebê isoladamente, o importante é o que se passa no vínculo interacional entre a dupla mãe-bebê (nos dias atuais, a observação também abrange o relacionamento com o restante da família, especialmente a figura do pai), nos seus múltiplos níveis. 2. As observações enfocam a capacidade de "continente" da mãe em relação às angústias e necessidades do bebê, assim como também é importante observar e decodificar a primitiva linguagem com que o bebê se comunica, como é o tipo de choro, movimentos, expressões faciais, sintomas somáticos sob a forma de diarréia, vômitos, etc. Cada vez mais, está predominando a posição de que a ORMB praticada por candidatos à formação psicanalítica representa um poderoso instrumento de aperfeiçoamento do psicanalista, especialmente no que diz respeito a um melhor entendimento da "parte bebê" do paciente adulto.

163. Transgeracionalidade: o que significa e qual é a importância desse conceito psicanalítico?

O termo "transgeracionalidade" designa o fato de que cada um dos progenitores da criança mantém a internalização de suas respectivas famílias originais, com os correspondentes valores, estereótipos e conflitos. Há uma forte tendência no sentido de afirmar que os conflitos não-resolvidos dos pais da criança com os respectivos pais originais, interiorizados (como os conflitos edípicos de cada um deles) sejam reeditados nas pessoas dos filhos. Em situações mais extremadas, isso pode se manter inalterado em sucessivas gerações e gerações, através do mecanismo de "identificações".

A RELAÇÃO – E A COMUNICAÇÃO – DOS PAIS COM OS FILHOS

164. Existem mães que falam com os seus bebês – inclusive quando eles ainda são recém-nascidos – como se eles já fossem adultos. De que adianta se eles não entendem nada? Isso tem fundamento?

Tem pleno fundamento! A impressão aparente é a de que os recém-nascidos estão completamente "por fora", em uma vida ainda autista, sem comunicação com o meio ambiente, porém isto não é verdade. Não restam mais dúvidas de que esses bebês "entendem", sim!, obviamente não o significado das palavras, mas a "linguagem paraverbal", isto é, o tom de voz da mãe, a sua postura corporal, o seu olhar, sorriso, etc. Aliás, pesquisas recentes, com o auxílio de modernos recursos tecnológicos, comprovam que o feto em formação também responde positiva ou negativamente aos estímulos provenientes tanto do seu mundo interior quanto aos que provêm do meio ambiente exterior, como pode ser a "conversa" que os pais vão mantendo com feto em gestação.

165. Qual é a forma mais saudável de os pais se comunicarem com os seus filhos? Existe uma forma patogênica de comunicação dos pais que possa prejudicar o desenvolvimento psíquico da criança?

A melhor forma de os pais se comunicarem com os seus filhos varia com a idade da criança, ou do adolescente, porém existem alguns fatores que são constantes e fundamentais, como: os pais sempre são pessoas "verdadeiras" (têm amor às verdades, embora sem um excesso de rigidez, rótulos depreciativos e ameaças diante de eventuais "mentirinhas" de algum filho); têm uma conduta de coerência entre aquilo que professam, fazem e o que realmente são; a comunicação não é somente verbal, de modo que muitas vezes um olhar furioso (ou amoroso, etc.) fala muito mais alto do que discursos; porém, um elemento necessário para conseguir a melhor forma de comunicação consiste em uma escuta atenta do que o filho pretende comunicar pelo verbo ou pela conduta. Acima de tudo, a comunicação mais eficaz provém do modelo positivo que ambos os pais transmitem através de seu modo real de se comportarem. Existem, de fato, algumas formas de comunicação que são patogênicas, como uma má escuta das angústias e necessidades dos filhos; os pais não terem compromisso com as verdades e a coerência, de modo a usarem mentiras, falsas promessas, discurso exageradamente perfeccionista, cheio de exigências, expectativas, mandamentos ambíguos; servirem como modelo de impaciência, intolerância, injustiças, segredos; o uso de rótulos pejorativos, predições ameaçadoras ("bem-feito, ninguém vai gostar de você, você vai ser um fracasso quando crescer..."), etc.

166. Em que consiste o risco de colocar "rótulos" nos filhos?

O grande inconveniente de colocar certos rótulos nos filhos ("é um mal-educado, ninguém gosta de você, faz tudo errado"...), ou atribuir a ele a função de executar um determinado papel (de bode expiatório, ou o de ser o "filhinho da mamãe", por exemplo) consiste no fato de que esses rótulos vão se incorporando de tal forma no psiquismo da criança, passando a representar uma verdade, de sorte que ela vai agindo da forma como a estão rotulando, assim aumentando a convicção de quem a acusa e desqualifica, assim movimentando um crescente círculo vicioso maligno.

167. Em termos de educação e de comunicação, o que significa a expressão "dupla mensagem" (ou "duplo vínculo")?

A expressão "duplo vínculo" (em inglês: *double bind)* refere-se a situações pelas quais mensagens contraditórias e paradoxais emitidas pelos pais invariavelmente deixam a criança no papel de perdedora e em um estado de confusão e de desqualificação. Pode servir como exemplo, banal, a sentença da mãe que diz ao filho: "Eu lhe ordeno que não aceite ordens de ninguém", ou que, tragando o seu cigarro, admoesta o filho para nunca se intoxicar com cigarros ou drogas. Dessa forma, a criança fica presa nas malhas de uma mensagem com significados opostos e em um duplo vínculo no sentido de que receia ser castigada, se ela interpretar as mensagens da mãe, tanto acertada como equivocadamente. Aliás, o termo *bind*, originalmente, alude a uma condição de "prisioneiro", tal como é o cabresto dos animais.

168. O que fazer diante de um filho pequeno que é teimoso, se recusa a obedecer, a comer, a ir dormir, a tomar banho, a escovar os dentes, a se vestir adequadamente e que diz "não" para tudo?

Em condições normais, esta etapa de "teimosia" da criança geralmente começa por volta dos 18 meses e se estende por alguns anos. O seu surgimento coincide com a, assim chamada, fase anal, com o início da dentição, da motricidade e da marcha. Atenção: é necessário destacar a necessidade de os pais levarem em conta que, em determinadas etapas do desenvolvimento sadio de uma criança, ela passa por algumas etapas em que a teimosia pode estar significando um movimento positivo para o seu crescimento (não obstante bastante cansativo para os pais). Isto acontece porque a criança está buscando encontrar o seu espaço e o seu desejo próprios, como que querendo conseguir uma relativa emancipação e o começo de uma estruturação de um sentimento de identidade autêntico. O problema reside na hipótese que esses traços estão por demais exagerados e se constituem como um constante e diuturno campo de batalha com os pais. Nesta última hipótese, os psicanalistas costumam manter os pais alertas para a possibilidade de estes estarem sendo por demais obsessivos e angustiados diante das necessidades e demandas do filho, ou de estarem revivendo com os seus filhos um mesmo tipo de conflito litigante que eles tiveram com os seus respectivos pais (os avós da criança), de modo a poder movimentar um círculo vicioso maligno, pois a criança "sente" que está sendo injustiçada e reage com desaforos e desafios.

169. Em que consiste a chamada "crise (ou dores) do crescimento"?
Quais são as etapas evolutivas mais críticas?

Antes de tudo, cabe esclarecer que o desenvolvimento de uma criança, tanto no que se refere ao físico, psíquico e social, não se processa de forma coesa e uniforme; antes, ele evolui aos "solavancos", comumente atravessando períodos que habitualmente chamamos de "crises". Não obstante esta palavra tenha adquirido uma conotação com uma certa gravidade, os pais devem ter presente que, em situações normais, as diferentes crises – conforme o respectivo período evolutivo – possam estar significando uma inevitável e sadia transição para etapas mais amadurecidas. A "dor do crescimento" provém do fato de que toda forma de crescimento implica necessariamente algumas perdas de etapas passadas; muitas renúncias (às ilusões, à onipotência, por exemplo); ao contato com o novo e desconhecido; uma alternância entre conquistas e abandonos. Os momentos mais marcantes das crises evolutivas, até o final da adolescência, são: 1. O *nascimento* (com o devido trauma de um contato com ruídos e luzes de um novo mundo; de uma nova forma de se alimentar e respirar, etc.). 2. O *desmame* (que se completa comumente por volta dos 5, 6 meses, mas que, em algum grau, representa uma vivência de certa perda e abandono). 3. Entre 1 e 3 anos, o surgimento da dentição, da capacidade de controle esfincteriano, de dizer "não", da marcha e da linguagem. 4. Uma, cada vez mais prematura, *escolarização*, com a respectiva *socialização*. 5. Por volta dos 6 anos principia um reconhecimento de *sentimentos*, como os de alegria, tristeza, angústias, rechaços, conquistas, etc. 6. As primeiras experiências com sentimentos de amor, fora de casa, sendo que, muitas vezes, já no início da adolescência começam os vínculos de "ficar" com alguém. 7. A *saída de casa*, comumente na fase final da adolescência, a qual tanto pode representar um desligamento sadio, de forma harmônica com os pais, como também pode significar uma espécie de ruptura com a família, com possíveis conseqüências daninhas para todos.

170. A psicanálise é totalmente contra a possibilidade de os pais castigarem uma criança, mesmo que, por exemplo, seja uma eventual palmada na "bunda", para fins de educação e disciplina?

Em certa época, não tão distante assim, era um ato rotineiro, como parte da educação, os pais castigarem os filhos, desde beliscões, privações de coisas desejadas, ficar de joelhos durante horas sobre grãos de milho ou de pedrinhas, colocação de pimenta na língua ("para aprender a não dizer nomes feios") até surras cruéis mercê de chicotadas, por meio de cintas ou de chicotes, símbolos da autoridade suprema do pai. Inclusive em países do Primeiro Mundo, como a Inglaterra, as melhores escolas adotavam o sistema de infligir certos castigos (é óbvio que não a ponto de surras violentas) a determinados alunos que transgredissem, por mínimo que fosse, ao prussiano regime disciplinar. Na atualidade, o castigo violento – físico ou moral – tem se reduzido substancialmente, porém, em escala menor, ainda é bastante praticada. Em relação ao uso de eventuais "palmadas" e equivalentes, as opiniões de analistas e educadores se divide. Um grande contingente acredita que em hipótese alguma se justifica este método agressivo por parte dos pais, enquanto outro contingente significativo acredita que – quando praticado sem ódio – uma palmada acompanhado de uma explicação de propósito educativo, em que o filho entenda que está sendo *punido*, porém não propriamente *castigado* –, pode ser um recurso normalmente válido. Assim, é importante a diferença entre "punir" (como forma de estabelecer necessários limites impostos pela realidade dos fatos, reconhecer as inevitáveis limitações de cada um e a delimitação ética dos espaços e direitos dos outros) e "castigar", em cujo caso, existe um revide dos pais – geralmente raivoso – que pode acarretar os possíveis extremos de provocar que o filho se torne submisso ou rebelde.

171. Como proceder quando um filho – especialmente na adolescência – se recusa a manter uma conversação com os pais, se isola e prefere se refugiar na internet ou em uma roda de amigos?

Muitas vezes esse tipo de conduta negativista se deve a causas semelhantes às das crianças nas etapas de teimosia, desafio e emprego preferencial do "não", isto é, agem assim como uma forma de tentar se emancipar dos pais e construir uma identidade própria e genuína. Se os pais não entenderem as razões dessa forma de conduta de seus filhos adolescentes podem querer "dobrá-los" a qualquer custo e começa aquilo que muitos chamam de uma "guerra de gerações", mas que talvez o nome mais apropriado seria o de uma "guerra de incompreensões", em que a primeira vítima é a quebra, às vezes total, da capacidade de comunicação, ou seja, se instala uma surdez recíproca, muitas vezes acompanhada de condutas francamente agressivas, de ambos os lados. Nesses casos, a melhor forma de os pais procederem consiste em se desfazer da atitude rígida, belicosa, doutrinária e surda às necessidades e angústias do filho atrapalhado com a sua adolescência. Além dessa necessária *escuta* empática, se impõe que os pais – no lugar de funcionarem no papel de promotores inquisidores, doutrinadores e detetives investigadores – se ponham no papel de *interlocutores*, isto é, escutem, demonstrem interesse pelos assuntos do filho, enriquecendo e valorizando os mesmos, e que também incluam assuntos amenos.

172. Qual é a melhor maneira de comunicar aos filhos fatos altamente angustiantes, como a decisão de divórcio dos pais ou a morte de algum ente querido?

A forma mais apropriada de uma comunicação para os filhos ou demais familiares e amigos significativos, de fatos reais que estão sendo angustiantes, requer alguns atributos dos genitores, como: o uso da verdade dos fatos, sem muitos rodeios, meias verdades, delongas, excesso de justificativas e de reasseguramentos, muitas vezes falsamente tranqüilizadores, de que "está tudo bem", quando isto não esteja sendo uma verdade. Assim, um segundo atributo igualmente fundamental é o de que os pais façam a comunicação difícil, com naturalidade (não deve ser confundido com "indiferença, frieza ou banalidade"), isto é, se trata de uma naturalidade no sentido de que são fatos que são próprios da essência da "natureza" humana a que todos mortais estão sujeitos. Assim, além do princípio da verdade e da naturalidade, de igual importância é o emprego de uma *simplicidade* na comunicação dos fatos, sem formalismos e mistérios. Também é relevante que a versão dos fatos que os pais comunicam aos filhos menores não sejam eivadas com explicações, diante de uma morte, por exemplo, como:

"a vovó não morreu, foi para o céu" (eu me recordo de uma criança que passava os dias inteiros olhando para o céu, esperando algum sinal de sua falecida mãe). Os pais devem ter em mente o fato de que a angústia de um contagia aos demais, podendo gerar um clima altamente angustiante entre todos. Entretanto, a forma mais patogênica de comunicação é quando os pais fazem as comunicações, por exemplo, no caso de um divórcio, com versões distintas, porque cada um deles está brigando com o outro, por intermédio dos filhos.

OS PRIMEIROS NAMOROS

173. Qual é a opinião dos psicanalistas acerca de permitir que filhos ainda crianças organizem e participem de reuniões dançantes entre eles, ou saiam em excursões sem a presença dos pais?

Não cabe dar uma resposta única, porque existe uma larga variedade de situações. Por exemplo, se predomina um vínculo de respeito e confiança entre os pais e o filho, que já demonstra possuir um senso de responsabilidade, respeito, e que sabe se defender, não é recomendável que os pais proíbam a criança, a ponto de ela se sentir discriminada e diferente de todas as demais colegas e amigas. Uma combinação prévia dos horários do início e do término da festa, ou algo similar, também se revela uma medida útil para o desenvolvimento da noção de limites. De modo geral, o mesmo vale para as costumeiras excursões mistas, com rapazes e moças, que as escolas promovem para os seus alunos.

174. Como os psicanalistas se posicionam diante das angústias dos pais quando seus filhos, no início da adolescência, "ficam", alternadamente, com muitos "ficantes" diferentes? Ou quando dormem com os(as) namorados(as) em um quarto chaveado na casa dos pais?

Vamos raciocinar em cima de duas hipóteses extremas: uma é a de que o filho utiliza a casa em que mora com seus pais como uma propriedade sua em que troca constantemente de parceiras, sem levar em conta a condição estética e social, sem respeitar horários, barulhos e a privacidade dos demais. Entendemos que, aqui, se impõe a necessidade de colocação de limites minimamente necessários, até mesmo pela singela razão de estabelecer a diferença que existe entre um "lar" e uma "pensão", entre "liberdade" e "liberalidade". Na outra hipótese de que se trate de um namorado fixo, com recíproco respeito, o uso de um espaço privativo do jovem casal é até bastante saudável, principalmente se levarmos em conta que esta situação protege contra os sabidos riscos de violência que todos corremos nos dias atuais. Em relação ao "ficar" valem as mesmas premissas, sendo importante destacar para a(o) filha(o), que ainda está na fase inicial da adolescência, o sério risco de comprometer a sua imagem (de "galinha", por exemplo) diante da opinião pública com quem, direta ou indiretamente, eles convivem.

175. "Minha filha de 16 anos namora um rapaz de 17 e diz que eles estão apaixonados, porém noto que seguidamente eles brigam por motivos banais, e ela fica triste e chora demais. Isto é normal? Ou há algo de errado e eu devo intervir para evitar seus futuros sofrimentos?"

Trata-se de uma situação tão – sadiamente – freqüente nesta idade que o papel dos pais deve ficar resumido a de ser bons interlocutores, de sorte a possibilitarem o "desabafo" de alegrias, confidências, angústias e dúvidas do filho, propiciando um espaço de uma recíproca escuta verdadeiramente interessada. Assim, sem um exagero de recomendações, conselhos e previsões pessimistas, o papel dos genitores consiste em aproveitar a oportunidade para passar para o filho a sua experiência de vida. A situação somente merece um maior cuidado, e até uma possível interferência, se as brigas dos jovens enamorados estão adquirindo uma configuração exageradamente doentia.

176. "Estou preocupada com o meu filho de 20 anos. Ao contrário de seus colegas, que já namoram bastante, ele é tímido, só quer saber de estudar, evita ir a festinhas alegando que as moças o rejeitam. Pior de tudo, agora ele está de namoro sério com a babá da filha da vizinha (é uma boa moça, porém humilde demais) e se diz totalmente apaixonado por ela. Estou decepcionada e envergonhada. Quanto mais nós, os pais, com boa situação financeira e cultural, falamos com ele, mais ele insiste em que 'quer casar com ela'. O que podemos fazer"?

Tudo leva a crer que o seu filho tem um problema de baixa auto-estima, com um grande receio de passar pela humilhação de vir a ser rejeitado pelas mocinhas e debochado pelos colegas. A defesa que ele encontrou para evitar tamanho sofrimento foi o de se manter isolado como forma de fuga. E para compensar a sua falha na comparação com os demais amigos e colegas, encontrou uma compensação no plano intelectual, em que, estudando obsessivamente, pode superá-los. Em relação ao seu "namoro", cabe fazer uma observação paradoxal, ou seja, aquilo que os pais estão vendo, negativamente, como uma preocupação e vergonha, é bem provável que um psicanalista entenda que se trata de um sinal positivo, pela razão de que seu filho está fazendo um importante movimento de aproximação com o sexo feminino. Ademais, partindo deste ponto de vista, ele fez uma escolha sábia, porque não corre o cruento risco de ser desprezado, de modo que pode fazer um significativo aprendizado de atividade sexual, de levantar a sua auto-estima porquanto sente que está sendo desejado por ela. Quanto ao projeto de "casamento", a experiência mostra que na imensa maioria das vezes, após algum tempo, à medida que vão surgindo as dificuldades da realidade, as coisas vão tomando outra direção.

177. "Apesar de a minha filha já ter 24 anos e todas a acharem linda e virtuosa (seu pai abandonou a família quando ela tinha 7 anos), ela não tem tido sorte com seus namoros. Já teve três namorados; tudo começa bem, mas, após algum tempo, eles a abandonam. Quando isso acontece, ela cai em uma profunda depressão, a ponto de expressar uma ideação suicida. Será um mero 'azar' dela, ou a psicanálise tem alguma explicação?"

Quando o "azar" se repete com alguma freqüência, guardando as mesmas características, é muito mais provável que esteja se tratando de uma situação neurótica, determinada por proibições internas que a proíbem de ser bem-sucedida como mulher e por mandamentos inconscientes que a impelem a repetir o mesmo enredo que está inscrito em seu psiquismo inconsciente, de uma forma repetitivamente compulsiva, guardando um fundo masoquista. Assim, é provável que, da mesma forma como tantas e tantas outras pessoas com problemas idênticos – não obstante estas serem portadoras de um lado autenticamente saudável – concomitantemente, conservam um núcleo neurótico sabotador que, sem que o consciente dessas pessoas se aperceba, levam-nas a agir de uma forma tal, que funciona como sendo um "convite" para sofrer um novo abandono, repetindo o que aconteceu no passado com o trauma do abandono paterno. Quando acontece o abandono de um namorado, isto toca na velha e não-cicatrizada ferida de abandonos passados, de modo que a reação de dor se torna muito intensa, de forma desproporcional ao real fato causador. A ideação suicida dá a medida do desespero do desamparo a que a criança de então foi submetida. Uma análise bem conduzida pode proporcionar um bom resultado.

OS CASAMENTOS

178. A instituição do casamento convencional continua sendo uma meta imprescindível de ser realizada, ou está em franco declínio na atualidade? Comparando os casamentos de décadas passadas com os que existem nos dias de hoje, existem diferenças gritantes?

Acompanhando as aceleradas e profundas transformações que o mundo todo vem sofrendo em todas as áreas humanísticas, também a realização dos casamentos convencionais está manifestando significativas mudanças. Assim, na atualidade, é bastante freqüente que os namorados que decidem se casar dispensem a formalização de um noivado prévio (até a algumas décadas atrás era uma rotina virtualmente obrigatória); não raramente se casem, com a noiva exibindo com naturalidade e até com algum orgulho o seu ventre grávido; a mulher que casa, cada vez mais, mantém o sobrenome de sua família original. Muitos outros tomam a decisão de levar uma vida marital, seguida da constituição de uma plena família, com o nascimento de filhos, porém, mesmo assim, preferem não oficializar o casamento, nem no civil e tampouco no religioso. Também cabe registrar que está acontecendo uma maior freqüência de situações de casais que decidem permanecer juntos, porém com a combinação de que cada um more em sua casa própria, assim mantendo uma relativa independência. Essa modalidade de união conjugal ocorre mais comumente naqueles casais que não conseguem viver juntos, porém, tampouco, viver separados. Outra significativa transformação em relação a épocas passadas consiste no fato de que, em uma escalada crescente, muitos casamentos são seguidos de descasamentos, aos quais se sucedem novos recasamentos, de modo que a nova família já começa integrada com os filhos dos casamentos anteriores de cada um do casal. Como os pais que estão separados mantêm um contato com seus respectivos filhos, isto pode aproximar a todos eles e, muitas vezes, se estabelecem sadios laços de amizade entre si. Algumas pesquisas autorizam fazer a afirmativa de que o casamento não está morrendo, não; apenas está se transformando visivelmente. No entanto, cabe dizer que o casamento continua sendo a mais controvertida instituição humana, a partir do fato de que, de acordo com a óptica pessoal de cada pessoa, as percepções, positivas ou negativas acerca do casamento, variam em formas extremas. Assim, a palavra "solteiro", que deriva do latim *solitarius* (só), tanto pode ser percebida como sendo sinônimo de "solitário", como também permite a leitura com o significado de "soltos e livres do jugo do casamento". Da mesma forma, a clássica dicotomia entre a "lua-de-mel" e a "lua de fel" indica que a sabedoria popular reconhece uma alternância e oposição entre as fases doces e as amargas que caracterizam as mudanças de fase, na lua matrimonial. Certas brincadeiras expressam este mesmo sentido, como aquela de que: no início é tudo na base de "meu bem para cá e para lá"; depois tudo passa a girar em torno de "meus bens para cá e os teus para lá". Já os mais cáusticos contra a instituição do casamento advogam uma idéia que pode ser sintetizada na seguinte frase que costuma ser atribuída como sendo de Sócrates: "Um homem deve decidir livremente entre casar ou ficar solteiro, afinal vai terminar se arrependendo do mesmo jeito".

179. O que une e o que separa os casais? O que significa "fobia ao casamento"?

Os fatores que unem e/ou desunem um casal são os mais diversos. Assim, a união tanto pode se dever a causas que pouco têm a ver com o amor, como seria uma aproximação por causas interesseiras (por exemplo, uma forma de melhorar um padrão econômico; uma decisão de casar porque a pessoa não agüenta mais a condição de solteiro(a) solitário(a), enquanto "todos" os amigos e parentes vão casando e tendo filhos, etc.), como também a união pode se dever a alguma forma de sentimentos amorosos. Neste caso, os vínculos de natureza amorosa podem ser predominantemente saudáveis, porém eles também podem se configurar com um forte colorido patogênico. Os laços afetivos que unem um casal são considerados positivos quando prevalecem fatores como uma certa paixão, uma atração física acompanhada por uma ternura, admiração pelo outro, uma permanente consideração mútua, um companheirismo para os bons e, especialmente, para os maus momentos, uma troca de valores éticos, morais, humanos e comportamentais, um diálogo em que existe uma verdadeira escuta recíproca e a construção de uma família com filhos saudáveis. Nos casos em que a configuração amorosa do casal adquire características patológicas que concorrem para a desunião do casal, muitas vezes com o epílogo de uma separação, transitória ou definitiva. Nessas situações, os fatores mais comuns são: uma desilusão da expectativa de que o estado da paixão inicial durasse eternamente e não suporta a inevitável frustração diante dos inevitáveis problemas da realidade; outra causa que torna insuportável o convívio do casal consiste no gradual surgimento das diferenças, do surgimento de aspectos complicados de cada um, que durante muito tempo estavam ocultos. Por mais paradoxal que possa parecer, o estado de gravidez ou o nascimento de um filho pode provocar uma separação pela razão de que, por uma série de medos inconscientes, o homem não suporta o peso da responsabilidade ou a incapacidade de partilhar com o filho a posse da esposa. Muitas outras razões neuróticas, ou até psicóticas, psicopáticas, etc., poderiam ser descritas, mas não cabe aqui um detalhamento mais aprofundado. Na prática, a causa mais comum do desencadeamento de uma separação é aquela que decorre da descoberta de algum tipo de infidelidade, de relacionamentos extraconjugais. Em relação à tão freqüente "fobia ao casamento", o leitor pode encontrar uma resposta na pergunta 289.

180. **Está havendo alguma mudança significativa nos papéis a desempenhar, e no sentimento de identidade do homem e da mulher?**

Fora de qualquer dúvida, está havendo nítidas mudanças nos papéis atribuídos ao papel do homem e da mulher na vigência de um matrimônio. Classicamente, na nossa cultura, cabia ao homem o papel de trabalhar fora de casa para cumprir a sua obrigação de ser o provedor das necessidades da família, além de ele assumir a função de impor aos filhos a sua condição de autoridade suprema junto aos filhos. No entanto, as maiores transformações, comparativamente com décadas anteriores, estão acontecendo com o papel das mulheres, visto que elas se multiplicam nas funções de ser uma "mãe suficientemente boa", administrar o dia-a-dia doméstico e dedicar uma grande parcela do seu tempo para desempenhar alguma atividade profissional. Este novo papel da mulher contribuiu fundamentalmente para que o homem colabore mais intimamente com algumas tarefas domésticas; com uma atitude de partilhar com a companheira problemas, projetos e decisões; com um convívio mais próximo e intenso com os filhos e como um novo modelo de identificação que vai muito além daquele papel do "machão autoritário".

181. **A psicanálise explica por que, muitas vezes, o casal entra em "guerra" permanente? As maiores vítimas dessas guerras são os filhos?**

Muitas vezes a configuração amorosa se estrutura de uma forma patológica com o predomínio de características sadomasoquistas. Neste caso, cada um deles funciona na vida com defesas psíquicas muito primitivas, como são o de uma permanente dissociação, seguido de projeções, de cada um deles, de modo que aquilo que é bom fica para si, e o que lhe é intolerável fica depositado no outro. Pode acontecer o contrário disso nos casos em que um deles idealiza o companheiro demasiadamente, e adota uma atitude submissa, de sofredor, aparentemente conformado, porém cheio de ressentimentos e um ódio abafado. Assim, cabe a afirmativa de que todo sádico (ou submetedor...) tem um lado masoquista (ou submetido...) e vice-versa. Outra causa que determina uma "guerra" permanente entre o casal se refere à possibilidade de que ambos tenham uma estrutura excessivamente narcisista, ou paranóide, de modo que ambos sempre acham que estão com a razão em tudo o que acontece, se consideram os donos da verdade, não entendem e não aceitam que o outro tenha o direito de ser diferente dele(a) em muitos aspectos e os diálogos se tornam quase impossíveis, porque, nessas situações, a recíproca "escuta" costuma ser péssima. Quanto à afirmativa de que as maiores vítimas desta guerra são os filhos, sim, é uma verdade, até pela razão de que as constantes brigas dos pais pode promover no inconsciente das crianças uma aversão à idéia de casamento, assim como pode produzir um modelo de identificação em cada um dos filhos que, então, farão a escolha – inconsciente – de um futuro cônjuge que guarde características semelhantes a dos pais e, assim, agora como pessoas casadas, repetirão as mesmas cenas de guerra que assistiam e participavam, no passado familiar.

182. **Crises conjugais: quais são os principais determinantes delas?**

Inicialmente, não custa repetir que a palavra "crise" não significa necessariamente que se trata de uma situação grave, uma antecipação de um divórcio, por exemplo. Embora esta última possibilidade possa acontecer quando o vínculo amoroso está mais do que desgastado e já aconteceu uma mútua falta de respeito e de admiração, também existe a probabilidade de que a crise manifesta possa estar indicando a culminância de uma situação que não tem mais condições de continuar como está e que ambos devam refletir sobre a respectiva responsabilidade na crise, de sorte a poderem fazer mudanças e, assim, transformarem o "começo de um fim" entre eles, em um "começo de um novo começo". Em certas situações em que a crise perdura com um progressivo agravamento, a busca de uma terapia de casal pode auxiliar muito. Cabe lembrar que a ocorrência de pequenas crises entre o casal é virtualmente uma condição corriqueira, na maioria das vezes, sem maiores conseqüências, sempre que predominar uma reserva de uma estabilidade saudável na vida conjugal.

183. **Divórcio. O casal deve postergar ao máximo possível, ou para sempre, a concretização de uma separação definitiva – na hipótese de que a qualidade de vida conjugal esteja sendo péssima – como uma forma de sacrifício para o bem dos filhos?**

O argumento que os cônjuges que se propõem ao divórcio mais utilizam para postergar indefinidamente a concretização do divórcio é exatamente a alegação de que querem poupar os filhos menores de um violento trauma desta natureza e, para tanto, alardeiam que estão submetendo-se ao penoso "sacrifício" de prejudicar a sua qualidade de vida, em benefício dos filhos. A prática psicanalítica evidencia que, na grande maioria das vezes, o pretexto de atribuir à necessidade de zelar pelos filhos a responsabilidade pelo não-divórcio dos pais apenas esconde uma enorme dificuldade de separação definitiva entre o casal. Assim, quando a situação for bem elaborada e assumida por cada um do casal em crise, de modo a reconhecerem que a situação do desenlace é sempre triste, porém não é uma tragédia, a comunicação da decisão do divórcio para os filhos, por menores que eles sejam, decorre em um clima de naturalidade, o que permite – sem discursos demasiadamente longos e de colorido dramático – que os filhos também encarem esta situação difícil com naturalidade e com a sensação de garantia de que, separadamente, o amor de cada um dos pais está assegurado. O funesto é quando os pais fazem drama e, pior de tudo, usam os filhos para perpetuar um permanente clima litigante.

184. **Em relação aos "recasamentos", por que é tão freqüente a possibilidade de que uma mesma pessoa case, descase e recase um grande número de vezes na tentativa de dar certo, e sempre se decepciona da mesma maneira?**

Todos sabemos da enorme freqüência do fato de que muitas pessoas que já passaram por experiências de construírem uma família e, por fim, houve o fracasso conjugal da dupla, de modo que tentam recompor uma vida conjugal com outra pessoa. Não resta dúvida de que muitas vezes esta nova união acaba dando suficientemente certo, inclusive com características bem mais saudáveis do que o casamento anterior desfeito. Entretanto, em inúmeras outras situações, as pessoas que recasam, cheios de esperança, no início tudo vai aparentemente bem e, decorrido algum tempo, sobrevém um desencanto das ilusões, um conjunto de decepções mútuas e, o mais notável, as queixas do novo(a) companheiro(a) em relação ao cônjuge, são em tudo iguais às que tinham dos respectivos companheiros dos casamentos anteriores que redundaram em fracasso. Mais interessante ainda é o fato de que, em alguns casos, com uma mesma pessoa, a alternância de casamentos, descasamentos e recasamentos (às vezes, como nova tentativa, em um retorno a um dos cônjuges anteriores, ou como mais uma tentativa com uma nova pessoa) possa se repetir cinco, seis, sete vezes, com as mesmíssimas características das anteriores. Por que acontece isso? Mero acaso? Certamente não. A psicanálise comprova na prática clínica que todo sujeito tem um grupo de personagens que moram dentro de seu psiquismo, que interagem dentro de si e que seguem determinado *script*, como o de repetir as mesmas cenas sadomasoquistas que presenciaram e vivenciaram na relação dos pais, desde a infância. Assim, quando adultos, inconscientemente escolhem pessoas que se adaptam ao roteiro da peça teatral que está impressa no seu psiquismo, de sorte que os mesmos *personagens* permanecem desempenhando os mesmos papéis, e só o que muda são os *atores*, representados pelas novas pessoas escolhidas.

185. **Os psicanalistas são contra ou a favor de legalizar os casamentos entre homossexuais, inclusive com o direito à adoção de filhos?**

Não obstante o fato de que as opiniões ainda se dividem, parece que a tendência se inclina para um reconhecimento de que os homossexuais têm direito a partilhar uma vida em comum e, inclusive, compor uma família por meio da adoção de uma criança. Quanto à opinião pública, em geral ainda predomina um forte preconceito contrário, como pode ser comprovado na campanha eleitoral de 2004 para a presidência dos Estados Unidos, em que o grande cabo eleitoral para a vitória do presidente Bush foi, além de sua posição contra o aborto, a sua atitude reiteradamente manifesta de se opor ao casamento de *gays*, em nome da "moral e dos bons costumes" do povo norte-americano. Esta posição da grande nação norte-americana contrasta com alguns outros países igualmente do Primeiro Mundo, como a Inglaterra, que – legalmente – está admitindo o casamento entre homossexuais. A experiência clínica de psicanalistas pode comprovar a possibilidade de que uniões entre *gays* pode ser caracterizada tanto por uma relação altamente complicada como também por um convívio de mútuo respeito e harmonia, assim repetindo o óbvio fato de que com casais heterossexuais costuma acontecer a mesma coisa.

186. **Quanto mais tempo o casal permanece junto – inclusive no trabalho –, mais aumenta a possibilidade de o casamento dar certo? Existe um casamento perfeito?**

Não cabe uma resposta definitiva, porque as situações são muito distintas de um casal para o outro. Assim, existe a possibilidade de que um casal conviva a maior parte de seu tempo livre partilhando os interesses comuns e, no trabalho, consegue manter uma atitude profissional, sem misturar os vínculos de casal com os das funções que competem a cada um deles no trabalho. Por outro lado, também é comum ocorrer que, em inúmeras outras situações, casais que permanecem juntos o tempo todo estejam revelando uma excessiva dependência simbiótica, assim como também é fácil observar a possibilidade de que prevaleça entre eles um vínculo amoroso de configuração sadomasoquista, de modo que estão juntos, porém brigando permanentemente, com cobranças, recíprocas acusações, ofensas e ameaças. Com a ressalva, antes assinalada, de que em muitos casos uma longa permanência pode melhorar o vínculo do casamento, de modo geral, o sucesso de um casamento não depende tanto do tempo que passam juntos, mas da qualidade de como esse tempo é compartido. Assim, muitos psicanalistas acreditam que seja sadio para o casal e para cada um deles em particular, que junto com uma larga fatia de um espaço compartilhado entre eles e com a família, também tenham espaços próprios, como o de um exclusivo para o seu trabalho específico, para fazer programas com seus amigos, colegas, etc. Se a expressão "casamento perfeito" for levada ao pé da letra, então ele não existe, assim como não existe nada que seja totalmente perfeito. No entanto, muitos casamentos, sem dúvida, podem perdurar em um predominante clima de felicidade e de conquistas conjuntas.

187. **O sentimento de paixão entre um casal pode durar a vida inteira?**

O sentimento de paixão permite diversos enfoques e distintas modalidades de apresentação. Assim, nos adolescentes, o surgimento de um primeiro amor freqüentemente surge sob a forma de uma paixão intensa, sentimento este que pode se repetir em outras etapas da vida de determinadas pessoas. Toda paixão, no seu auge, tem o seu lado sadio e bonito, porém também comporta um lado complicado e doentio. O lado bonito consiste em que a paixão fervorosa que brotou pelo outro possa vir a se estruturar como prelúdio de um amor saudável e, porque não, duradouro pela vida inteira, embora com algumas transformações em relação à paixão inicial. O lado complicado da paixão é quando esta deixa a pessoa apaixonada em um estado de "burrice" e de total "cegueira", de modo que muitas besteiras, e até crimes, são possíveis de acontecer durante o transe passional. Outro possível aspecto negativo da paixão é o fato de que um dos seus maiores ingredientes – uma forte idealização do outro – pode durar pouco tempo porque não sobrevive diante das primeiras frustrações que abalam o ilusório e superidealizado mundo encantado de quem está excessivamente apaixonado e daí resultam decepções, inevitáveis atritos e um progressivo desgaste no casal. Tal como antes foi dito, o estado de paixão intenso, por mais lindo e sadio que ele seja, vai sofrendo sucessivas transformações ao longo do tempo, tanto de forma positiva quanto negativa. Na primeira hipótese, apesar de que a libido sexual persista, é bem provável que se modifique o ritmo da atividade genital; a paixão obsedante vai dando lugar a um "companheirismo" para os bons e os maus momentos da vida; se forma uma certa cumplicidade nos atos e fatos de ambos e se desenvolve um maior respeito, tolerância e consideração pelas diferenças entre eles.

A SEXUALIDADE

188. **A psicanálise concorda com o fato de que as manifestações da sexualidade estão se modificando nas últimas décadas?**

Sem dúvida! Basta citar o fato de que quando o pesquisador Alfred Kinsey começou a fazer da sexualidade uma ciência, em 1938, esse era um assunto que, literalmente, podia levar à prisão, tanto que, na maioria dos estados norte-americanos, o sexo pré-marital ou extraconjugal, a homossexualidade e o sexo oral (mesmo no casamento) eram considerados como crimes previstos em leis e sujeitos a penas rigorosas. Ademais havia uma cruel intolerância e sutis formas de perseguição, da sociedade em geral, contra os "transgressores" desta mentalidade moralística. Creio que todos concordamos que ainda persistem bolsões deste tipo de atitude de discriminação e repúdio, porém em escala e intensidade muito menores. Outro exemplo que comprova as substanciais modificações no comportamento da sexualidade diz respeito ao advento da pílula anticoncepcional que, reduzindo o risco de uma gravidez indesejada, libertou a mulher para uma atividade sexual bastante mais precoce, muito antes do casamento. Da mesma forma, do ponto de vista sociológico, a mulher se livrou da obrigação de casar pura e virgem, tal como a sociedade exigia sob a pena de causar um escândalo familiar e juízos pejorativos de todo o seu círculo de amizades e de pessoas conhecidas, com a sua reputação seriamente atingida. Na atualidade, na maioria das culturas mais evoluídas, essas situações já pertencem ao passado, porém em determinados países ainda existem rígidos e cruéis castigos.

189. **Quais são os critérios para considerar que a atividade sexual-genital de uma pessoa está normalmente sadia? Quais são os maiores problemas?**

A resposta não pode ser precisa, tendo em vista que o critério de normalidade é sempre bastante relativo e elástico, permitindo uma ampla gama de variações de modalidade e de ritmo, de pessoa para pessoa. Em linhas gerais, levando em conta um conjunto de muitos fatores, considera-se que uma atividade genital é sadia quando ela é praticada com uma certa regularidade, com a obtenção de gozo, com um respeito recíproco pela pessoa e pelo corpo do outro, de modo a conhecer tanto a sensibilidade emocional como as zonas erógenas do parceiro. Assim, as preliminares do ato sexual são importantes no que diz respeito aos carinhos e às mútuas carícias. Os maiores problemas se referem a quando há excessos, no que tange aos pólos extremos de uma demasiada escassez ou de uma exagerada e nunca satisfeita fome pela prática sexual. Outro problema é o de a atividade genital adquirir uma configuração perversa e promíscua, com uma interminável troca de parceiros. Além disso, existem os conhecidos problemas de alguma forma de impotência masculina e de anorgasmia (era conhecida como "frigidez") feminina, ejaculação demasiadamente precoce ou retardada, sempre fazendo a ressalva de que, quando não cronicamente permanentes, a ocorrência episódica destas falhas sexuais é absolutamente normal. Em relação ao problema da *perversão*, existem muitas modalidades de como elas se manifestam, como é o caso de um franco sadomasoquismo com flagelo físico, exibicionismo e voyeurismo, algumas formas degradantes de homossexualidade, pedofilia, donjuanismo ou ninfomania em exagero, etc.

190. Como os psicanalistas encaram a "hipersexualidade", ou seja, uma busca desenfreada de praticar o sexo: como uma demonstração sadia ou como sintoma patológico?

Aparentemente uma intensa e compulsiva atividade sexual de algum homem, ou mulher, pode dar a impressão de que se trate de uma evidência de que esta pessoa esteja bem dotada de uma sadia e feliz capacidade biológica para usufruir as delícias da prática sexual, comumente com uma sucessiva troca de parceiros. Essa impressão é falsa! Na grande maioria das vezes, esta "hipersexualidade" significa um sintoma psíquico, de natureza obsessiva – compulsiva –, em que o ato sexual funciona como um desaguadouro de ansiedades. As referidas angústias geralmente se devem a uma baixa auto-estima, a uma profunda insegurança quanto à própria sexualidade, a uma necessidade compulsiva de provar que são pessoas atraentes e desejadas, a uma enorme e primitiva carência afetiva que busca ser preenchida pela via do sexo, a uma super-erotização devido a uma estimulação erógena demasiado precoce por parte dos pais no curso da infância do(a) filho(a). Assim, nos casos que adquirem uma característica de promiscuidade, mais do que prazer, existe é uma descarga, comumente acompanhada de culpas, arrependimento e um mal-estar no sujeito que faz promessas para si mesmo que vai se conter, porém não consegue deter sua impulsividade em qualquer situação cotidiana que se propicie. O clássico "don juan" e as "ninfomaníacas" podem servir de exemplo. Esta hipersexualidade também é conhecida como mal de Douglas, em função de o conhecido ator Michael Douglas ter assumido publicamente que sofre desta doença e, inclusive, já teve hospitalizações para tentar tratá-la. Em síntese, cabe afirmar que existe uma equivalência entre uma desenfreada hipersexualidade, com qualquer outra forma de adição a drogas, comida, jogos, etc.

191. A menopausa, tanto do homem como da mulher – especialmente desta última –, decreta o fim da atividade sexual normal? Pessoas idosas mantêm uma vida genital regular?

A *menopausa* fisiológica da mulher, ou o climatério do homem, não define o fim da atividade genital tampouco interfere na manutenção da libido. Em relação às pessoas idosas, em condições normais, elas mantêm uma ativa vida sexual que pode perdurar durante toda a existência, embora com uma mudança do ritmo, quase sempre com um maior distanciamento das relações. O que ainda existe, sim, é a persistência de fortes preconceitos por parte dos valores sociais em geral, e dos jovens também, de que os velhos já aposentaram sua libido e a capacidade de praticar o sexo. Esse preconceito, em certa época e em determinados lugares, ficou tão arraigado que chegou a atingir a dimensão de um mito, de sorte que os próprios velhos se convenceram de que a prática de sexo já não é normal para eles e de que qualquer manifestação libidinal em público, com o cônjuge, venha a ser considerada um vexame.

192. **A psicanálise e os sexologistas consideram que é indispensável para a mulher e para a saúde sexual do casal que ela atinja um pleno orgasmo vaginal? Em caso contrário, trata-se de frigidez, logo, é uma patologia? Existe um orgasmo clitoridiano?**

Essa crença perdurou por um longo tempo e acarretou um sério prejuízo para as mulheres que não tinham um orgasmo vaginal propriamente dito, não obstante elas sentissem uma plena sensação orgástica se devidamente excitadas na zona clitoridiana. O aludido prejuízo refere-se a uma penosa sensação de inferioridade em relação a outras mulheres e um sentimento de vergonha e culpa em relação ao seu parceiro sexual. Os próprios psicanalistas, de um passado muito recente, eram os primeiros a considerar essa situação um problema neurótico, centrando suas interpretações no "complexo de castração" da feminilidade e na "inveja do pênis" por parte da mulher, o que a levaria a se gratificar com o seu próprio pênis simbólico, visto que o clitóris tem o formato de um pequeno pênis. Estudos científicos comprovaram que a zona erógena por excelência, por razões anatômicas e fisiológicas normais, pode estar concentrada no clitóris, de modo que hoje se considera que, na maioria das vezes, a obtenção do orgasmo clitoridiano é plenamente normal. Também é útil acrescentar que existe, por problemas psicológicos, uma diferença entre *anorgasmia* e *frigidez*. Enquanto a primeira encontra um bom nível de prazer no ato sexual, porém não chega a atingir plenitude orgástica, a segunda transmite a idéia de que toda a sexualidade e a capacidade orgástica estejam bloqueadas.

193. **Pode existir a possibilidade de uma virgem casar e em seguida apresentar uma duradoura fobia ao defloramento?**

O defloramento consiste em um desvirginamento da mulher, isto é, a ruptura do hímen por ocasião da penetração do pênis ereto do homem quando da primeira relação sexual completa dela. O hímen consiste em uma membrana fina e flexível que obstrui o orifício vaginal. Interessante é o fato de que o hímen é encontrado unicamente na espécie humana, e não se conhece nenhuma função fisiológica que ele possa ter desempenhado no passado das mulheres, a não ser o possível argumento de que é normalmente perfurado, o que possibilita a passagem do fluxo menstrual. Normalmente, durante o defloramento, existe algum grau de sangramento, a ponto de que, em certas épocas e lugares, o lençol manchado de sangue se consagrou como uma honrosa prova de que ela se casou virgem e intocada, enquanto em caso contrário... Talvez pela imagem do significado atribuído ao sangue escorrendo, o mito de que a dor do ato do defloramento fosse terrível, as sanções do superego rígido e ameaçador em relação às relações sexuais da moça virgem e outras coisas mais profundas, como pode ser uma intensa ameaça de uma mãe internalizada como proibidora, todos esses fatores concorrem para a possibilidade, não rara, de que a virgem apresente uma *fobia ao defloramento*, que é um pouco diferente de *coitofobia*, não obstante apresentem muitos pontos de causalidade comum.

194. **A homossexualidade, masculina ou feminina, ainda é considerada como sendo uma doença ou não? Como os psiquiatras, os psicanalistas e a sociedade a encaram?**

A plena aceitação da homossexualidade ainda continua sendo uma temática bastante polêmica e contraditória, não obstante existam visíveis evidências de que esteja acontecendo uma progressiva aceitação dos especialistas e da sociedade. Dois fatores concorrem para isso: um é o fato de que na moderna "Classificação das Doenças Mentais" (DSM-IV), a homossexualidade não consta como sendo uma "doença" propriamente dita (o que não impede que determinadas situações homossexuais sejam bastante doentes), mas sim como uma livre opção de escolha dos parceiros, homo ou heterossexuais, a que toda pessoa tem direito. O segundo fator se deve a que a comunidade *gay* de quase todo o mundo, mercê de lideranças dignas e respeitadas, soube se fazer reconhecer, ocupar lugar de responsabilidade no contexto social, como nas campanhas de prevenção contra a Aids. Assim, em pouco mais de 20 anos de lutas, o movimento homossexual conquistou direitos que, antes de 1880, ninguém imaginaria. Não resta dúvida de que a *homofobia* continua existindo, porém ela é incomparavelmente menos virulenta do que foi há alguns anos.

195. **Como reconhecer quando uma mulher é homossexual (lésbica)?**

Da mesma forma como acontece com a homossexualidade masculina, há muitas, e distintas, causas, modalidades e graus de homossexualidade feminina. Assim, existem as mulheres que desde crianças, ou na puberdade, por volta dos 12, 13 anos, já mostravam inequívocos sinais de lesbianismo, assim como há outras que no curso de sua existência foram heterossexuais, depois tiveram períodos breves ou longos de homossexualidade, e depois, muitas vezes, retomam com naturalidade a vida heterossexual. Comumente, aquelas que já apresentam nítidas fixações lésbicas prematuras muito provavelmente jamais mudarão e jamais experimentarão a heterossexualidade. Habitualmente, elas têm uma aparência masculina e têm uma aversão à figura do homem, a quem desprezam e o consideram uma pessoa obscena, brutal, grosseira, inconfiável e fanfarrona. No entanto, paradoxalmente, essas mulheres idealizam a virilidade e rivalizam com o homem a primazia de exercer o papel que a sociedade considera como sendo o do gênero masculino, de sorte que muitos denominam essa homossexualidade como sendo do "tipo masculino". Já o lesbianismo, de "tipo feminino", se caracteriza por aquela condição de surgir em um período posterior da vida, em que a mulher conserva a sua aparência de feminilidade e de sensualidade, porém, geralmente causado por decepções e sensação de abandono por parte de seus companheiros homens, ficam emocionalmente fragilizadas e, tal como crianças desamparadas, procuram em outra mulher uma maternagem que acene com a promessa de preencher os vazios do desamparo. Nesses casos, como já foi dito, há uma grande probabilidade de essas mulheres retornarem à heterossexualidade.

196. A presença de uma bissexualidade pode ser considerada uma modalidade de homossexualidade?

Do ponto de vista puramente biológico, toda pessoa apresenta uma bissexualidade, tendo em vista que ela é uma disposição inata do ser humano, tanto na dimensão física como psíquica. Assim, já vai longe o tempo em que se considerava uma mulher possuidora de algumas características que a cultura então vigente chamava de mulheres "viris" ou "fálicas", unicamente porque não se conformaram com o papel de passividade e submissão aos homens, que então lhes era imposto. Da mesma forma, os homens que se permitiam mostrar o seu lado feminino, por mais sadio que fosse (por exemplo, mestres na arte de cozinhar, ou como modelistas, cabeleireiros, etc.), eram rotulados como *gays*. Hoje, os psicanalistas entendem que, em situações normais, a atitude mais sadia é que todo sujeito conheça os seus dois lados, e os integre em uma unidade. É claro que os traços masculinos que caracterizam o *gênero* sexual devem predominar no homem possuidor do sexo biológico masculino, e a recíproca vale para a mulher. O importante a registrar é o fato de que não confundamos uma bissexualidade *natural* (que não tem nada a ver com homossexualidade) com uma *atividade bissexual*, em cujo caso pode estar se tratando de uma prática homossexual.

O NASCIMENTO DOS FILHOS

197. Casais inférteis. Como a psicanálise explica o fato, muito freqüente, de em um casal que é infértil há bastante tempo, já que fez inúmeras tentativas com médicos, após decidir adotar uma criança, a mulher engravidar, às vezes sucessivamente, com facilidade?

Situações como essas são relativamente freqüentes na prática dos obstetras e dos psicanalistas. A explicação que a psicanálise nos oferece diz respeito ao fato de que as mulheres que são *inférteis* (atenção: isto é muito diferente de mulheres *estéreis*, em cujo caso existe um total impedimento biológico) por causas psicológicas, na imensa maioria das vezes, têm uma mãe internalizada de características malignas e invejosas, que, no seu imaginário, as proíbe de ser bem-sucedidas como mulheres completas, logo, com a realização de ser mãe. Uma vez que, já cansada de tantas tentativas, a mulher infértil adota um bebê e, com o correr do tempo, ela observa que tem uma boa condição de maternagem. Ao mesmo tempo também lhe fica claro que, em termos reais, a sua própria mãe (caso ainda esteja viva) se mostra feliz com a sua filha, agora mãe, e com o neto adotivo, de modo que as fantasias de que haveria uma "guerra" com a mãe vão se desvanecendo e, assim, as reações bioquímicas comandadas pelo eixo hipófise-hipotálamo-suprarrenal vão se normalizando, surgindo gestações normais. Por outro lado, a experiência da prática psicanalítica, mercê da atividade interpretativa do analista, aliada ao seu acolhedor modelo de uma "mãe boa", costuma dar resultados muito gratificantes.

198. Criança adotada é sempre um problema?

O problema não é uma criança ser adotada, mas sim o comportamento dos pais adotivos em relação à criança que decidiram adotar. Dizendo com outras palavras: se os pais não fizerem mistério, um tabu, não encobrindo a verdade com mentiras e evasivas, e souberem esperar o momento mais adequado (quando a própria criança dá mostras de querer conhecer a verdade que ela pressente) para comunicar de forma natural, sem discurso por demais longo que esteja expressando um pedido de desculpas, consolo ou coisa parecida, a experiência demonstra que a criança também vai incorporar a sua condição de filho com naturalidade e gratidão. Em caso contrário, é bastante provável que, mais cedo ou mais tarde, quando o filho adotado descobre a sua condição, se sinta revoltado pelo sentimento de engodo e traição que teriam cometido contra ele. Na realidade, quando a verdade lhe é ocultada, forma-se entre os pais adotivos e o filho um "conluio de negação", porém já existem evidências, às vezes com sintomas clínicos da criança, de que algo não vai bem.

199. Como se explica o fato paradoxal de que, quando a mulher engravida e quando nasce o primeiro filho, não é raro acontecer de o casal entrar em crise, às vezes resultando em um divórcio entre eles?

Trata-se de uma situação que não é nada rara na vida de inúmeros casais. A prática psicanalítica constata que, nos casos em que isto acontece, muitas vezes, a causa reside no fato de que o homem do casal, por mais "machão" e independente que ele possa aparentar, no fundo ele é uma pessoa extremamente dependente e, por isso, inconscientemente, não suporta dividir a atenção de sua mulher com o seu filho, a quem ela devota uma dedicação quase que exclusiva. Também é comum que ocorra um fenômeno bem ao inverso dessa situação exemplificada, ou seja, o marido usa todo tipo de argumentos, através das mais variadas racionalizações, para que a mulher dele não engravide, para que posterguem a gestação para "daqui a alguns anos, para podermos viajar descansados", ou para "quando a situação econômica melhorar, etc". Na verdade, pode estar acontecendo uma reação fóbica ao nascimento de um filho. Pois bem, vamos supor que, apesar de sua fobia, a esposa engravida (também aí muitos maridos provocam a sua saída de casa, arranjam amantes...), nasce o bebê e o pai, até então avesso e temeroso, surpreende a todos, e especialmente a si mesmo, revelando-se um excelente pai, dedicado e amoroso.

200. O nascimento de um filho, inevitavelmente, gera problemas de ciúme, inveja e rivalidade com os demais irmãos?

Em um grau discreto, sim. Invariavelmente, em algum momento vai surgir algum clima de rivalidade entre irmãos, nem que seja pela disputa dos pais, por presentes recebidos, pelas diferenças de atributos físicos e intelectuais, etc. No entanto, é relevante que se faça uma distinção entre as situações em que algumas demonstrações de inveja, ciúme e competição são plenamente normais, daquelas outras em que as brigas são permanentes, às vezes com alianças de um grupo de irmãos contra o outro (no papel de "bode expiatório") ou outro subgrupo de irmãos, menores ou maiores, como se repete na vida adulta deles, e que comumente se repetem com colegas de estudo, trabalho, etc. O que não deve ser tomado como verdade é a afirmativa categórica de que na infância, inevitavelmente, os irmãos se odeiam sempre, tanto que é bastante freqüente que, de longe, predominem os sentimentos fraternais de amor e de mútua cooperação. Não resta dúvida de que a predominância do amor ou de alguma forma de ódio depende muitíssimo da conduta dos pais, com favorecimentos, intrigas, preferências, discriminação entre os filhos com atribuições de rótulos, laudatórios para uns e denegritórios para outros, etc.

201. Por que é tão freqüente o fato de, em muitas famílias, se formarem subgrupos – pai e filha fazem uma aliança especial, enquanto a mãe fica excluída fazendo, por sua vez, uma aliança especial com outro filho, com a exclusão do pai? Isso representa algum prejuízo?

A explicação psicanalítica repousa na probabilidade de que os pais – líderes naturais da família – funcionem psiquicamente com um excesso das primitivas defesas de "dissociação" e de "projeção" de partes psíquicas de cada um deles, de modo que a clivagem de certos sentimentos, tanto de idealização como de depreciação, de plena aceitação ou de desprezo, de expectativas positivas ou negativas, e assim por diante, seja projetada em determinados filhos que, inconscientemente, assumem os papéis e as posições que lhes são designados. Na quase totalidade das vezes, esses pais estão seguindo o fenômeno de uma transgeracionalidade, isto é, estão repetindo com os seus filhos os mesmos tipos de vínculo que tiveram com os seus respectivos genitores, com o risco de que essa modalidade de configuração familiar, com favoritismos, discriminações, alianças exclusivas com alguns, exclusões de outros, etc., possa se eternizar em uma sucessão de gerações. O prejuízo para os filhos consiste no risco de, além de se educarem a também funcionar na vida futura de modo dissociado, provocar uma aliança com um dos pais possa assumir um caráter fortemente narcisista, ou erotizado, com as previsíveis conseqüências, e o confronto com a realidade é seguido de fortes decepções e ilusões, enquanto os filhos que se sentem excluídos armazenam uma grande quantidade de ressentimento e um provável sentimento de ódio acompanhado de uma inconsciente jura de vingança.

202. Qual é a explicação para o fato de que determinado filho funciona como o bode expiatório de um dos pais, ou de ambos, ou de toda uma família?

Em seguimento à questão anterior, vale acentuar que, quando a família funciona dissociadamente, é bastante freqüente que a um dos filhos caiba o papel de "bode expiatório", ou seja, todas as mazelas e aspectos intoleráveis do grupo familiar venham a ser depositados em uma única pessoa. Os profissionais da área de família que seguem a "corrente sistêmica" chamam esta pessoa que está servindo de depósito dos demais de "paciente identificado". Por mais paradoxal que possa parecer – apesar de, conscientemente, os familiares se mostrarem interessados e se disporem a ajudar o filho, ou irmão, que está doente –, quando este começa a dar sinal de melhoras, ou quando o terapeuta de família trabalha no sentido de que os demais membros da família não fiquem enfocando unicamente a conduta do "bode" que expia as suas culpas, suas angústias e seus medos, de modo a entrarem em íntimo contato consigo próprios, costuma acontecer uma desorganização e uma evasão dos demais que, então, se sentem ameaçados porque se julgavam plenamente sadios.

203. "Todo indivíduo é um grupo." Por que essa expressão é tão enfatizada quando se quer referir-se à estruturação da personalidade, ao longo do desenvolvimento biológico, psicológico e social de qualquer pessoa?

A expressão "todo o indivíduo é um grupo" adquire uma grande relevância na psicanálise moderna, porquanto esse conceito designa o fato de que qualquer pessoa, desde que nasce e durante um longo tempo de sua vida, vai internalizando uma série de personagens importantes – pai, mãe, irmãos, avós, babás, tios, etc. – que formam um grupo, não passivamente instalado no inconsciente, mas que mantêm uma permanente dinâmica ativa. Dois aspectos caracterizam esse grupo interno: o primeiro é que não basta dizer "pai", ou "mãe", como se fossem uma totalidade, visto que uma mãe, ou pai, que mora no interior do sujeito, independentemente de estar viva ou falecida, apresenta facetas diferentes, como pode ser a de um pai que tanto pode ser visto como o "herói" que batalhou e se sacrificou para prover o sustento e garantia de estudo para os filhos como também pode prevalecer a sua imagem de pai tirano, castrador, etc., e o mesmo pode suceder com a imagem da mãe, irmãos, etc. O segundo aspecto a destacar refere-se a que estes personagens internalizados estão interagindo entre si, e estão compondo certas "histórias", com os respectivos enredos. O que de mais importante está contido no conceito de que "todo o indivíduo é um grupo" consiste justamente no fato de que esse grupo de personagens com as respectivas histórias que foram encenadas e fixadas na mente do indivíduo tendem fortemente a se reproduzirem na vida exterior, tanto na escolha de pessoas que repetem os papéis dos personagens internos como na repetição do mesmo enredo das peças teatrais inscritas no seu psiquismo.

Parte IV

TEORIA DA PSICANÁLISE: CONCEITOS BÁSICOS

204. **Qual é a diferença entre teoria e metapsicologia?**

Embora os termos "teoria" e "metapsicologia" sejam empregados quase como sinônimos, é útil estabelecer uma distinção entre eles. *Teoria* alude a um conjunto de idéias e hipóteses que objetivam explicar determinados fenômenos clínicos que podem ou não ser comprovados pela experiência prática analítica. *Metapsicologia*, por sua vez – em cuja etimologia o prefixo grego "meta" quer dizer "algo muito elevado"–, tem uma natureza mais transcendental, serve como ponto de partida para conjecturas imaginativas, as quais dificilmente poderão ser comprovadas na realidade. Para exemplificar, de forma muito simples, com dois postulados de Freud: 1. O "complexo de Édipo" consiste em um modelo teórico porque Freud partiu da observação clínica que confirmava as idéias que ele aventava sobre este conceito que se tornou primacial na sua obra. 2. Sua concepção da existência de uma inata "pulsão de morte", também fundamental na sua obra, está dentro da área da metapsicologia porque não tem como ser comprovada com rigor científico, o máximo possível é especular sobre alguns fenômenos psíquicos (masoquismo, por exemplo) que talvez possam ser explicados pela pulsão de Tânatos.

205. **Esclareça cada um dos cinco modelos teóricos de Freud acerca do psiquismo, com os respectivos critérios de "cura". Pode seguir uma ordem cronológica?**

Um leitor menos familiarizado com a obra de Freud em seu contexto total pode ficar confuso diante de certas afirmativas atribuídas a ele, porque perceberá muitas mudanças de significados em certas conceituações por ele formuladas, ou de uma mesma terminologia que designa determinados fenômenos psíquicos. Isso se deve ao fato de que durante os mais de 40 anos em que Freud edificou a psicanálise, na teoria e na técnica, ele próprio constantemente fazia correções, contestações, revisões, exclusões e acréscimos, de sorte que alguma concepção do início de sua obra pode surgir, em forma gradativa, substancialmente modificada nos seus textos escritos até os últimos anos de sua vida. Por essa razão, para acompanharmos os passos evolutivos do criador e gênio da psicanálise, está plenamente justificada a sugestão de que se descreva separadamente, e em ordem cronológica, os diferentes modelos teóricos – com sensíveis repercussões na técnica e nos objetivos primordiais da psicanálise clínica –, que se constituíram como os paradigmas que fundamentaram a prática da psicanálise durante longas décadas. Os referidos paradigmas podem ser sintetizados em cinco modelos.

- **Modelo I. Teoria do trauma**
  O significado psicanalítico da palavra "trauma" refere-se a um fato – realmente acontecido – de que tenha tido alguma importante repercussão no psiquismo do sujeito. No início de sua obra, Freud partiu da concepção de que o conflito psíquico era resultante das "repressões" impostas pelos traumas de uma sedução real, de fundo sexual, que suas jovens pacientes histéricas teriam sofrido quando meninas por parte do pai. Freud enfatizava que essas repressões depositadas no inconsciente retornavam ao consciente sob a forma de sintomas. Daí ele postulou que "os neuróticos sofrem de reminiscências" e que a cura consistiria em "lembrar o que estava esquecido".

- **Modelo II. Teoria topográfica: consciente, pré-consciente e inconsciente**
  Cedo, Freud deu-se conta de que a teoria do trauma era insuficiente para explicar tudo e que os relatos de suas pacientes histéricas nem sempre provinham de seduções reais, mas de fantasias inconscientes. Daí ele propôs a divisão da mente em três lugares (a palavra "lugar", em grego, é *topos*, daí "teoria topográfica"). A esses diferentes lugares ele denominou "consciente, pré-consciente e inconsciente" (na atualidade, são descritas mais outras instâncias psíquicas), sendo que o paradigma técnico que levasse à cura passou a ser "tornar consciente o que estiver no inconsciente".

- **Modelo III. Teoria estrutural: id, ego e superego**
  Na medida em que se aprofundava na dinâmica psíquica, Freud tropeçava com o campo restrito da teoria topográfica, que ele percebeu que era por demais estática, ampliando-a com a concepção de que a mente comportava-se como uma estrutura, em que diversos elementos interagiam entre si, de forma bastante dinâmica. Dessa forma, ele concebeu uma estrutura tríplice, composta pelo "Id" (com as respectivas pulsões), pelo "Ego" (com o seu conjunto de funções e de representações) e pelo "Superego" (com as ameaças, castigos, etc.). O paradigma técnico da psicanálise foi então formulado como: "onde houver Id (e Superego), o Ego deve estar".

- **Modelo IV. Teoria do narcisismo**
  Embora não tenham sido formulados como uma teoria, os estudos de Freud sobre o narcisismo, inicialmente metapsicológicos porque se fundamentavam em especulações imaginárias (as pulsões libidinais tomavam o próprio corpo como fonte de gratificações libidinais), com algumas modificações, foram ganhando uma comprovação em situações clínicas, abrindo as portas para a mais profunda compreensão do psiquismo primitivo e constituíram-se como sementes que continuam germinando e propiciando inúmeros vértices de abordagem por parte de autores de todas as correntes psicanalíticas. De acordo com o pensamento mais vigente entre os autores, pode-se dizer que, na atualidade, um importante paradigma da psicanálise atual pode ser formulado como "onde estiver Narciso, Édipo deve estar".

- **Modelo V. Teoria da dissociação do ego**

    Nos últimos anos de sua obra, Freud escreveu importantes trabalhos em que concebeu que o psiquismo não funcionava unicamente pela interação e conflitos entre os sistemas, como as pulsões do id contra as proibições do superego, etc. Assim, a essa teoria "intersistêmica" ele acrescentou que também há conflitos "intra-sistêmicos", isto é, dentro de uma mesma instância psíquica podem existir conflitos, como é o exemplo de, dentro do ego, um mecanismo de defesa que pode se opor ao outro, etc. Dessa forma, Freud lançou as primeiras sementes que possibilitaram aos pósteros autores desenvolverem uma concepção inovadora dos conflitos intrapsíquicos, o que pode ser exemplificado com os trabalhos de Bion – notável psicanalista britânico – que descreveu a existência concomitante em qualquer pessoa da "parte psicótica e da parte não-psicótica da personalidade", bem como da parte infantil agindo simultaneamente com a parte adulta do sujeito, etc. Creio que duas metáforas podem ilustrar melhor esse conceito de alta relevância na prática analítica contemporânea. 1. Podemos comparar o mundo do psiquismo interior com o mapa geográfico do mundo, em que as regiões são completamente distintas (zonas geladas dos pólos junto com zonas tórridas do Equador, ou temperadas de outros continentes, etc.), cada região com suas características específicas. Assim, quem conhece unicamente o pólo Norte certamente terá uma idéia equivocada do que, de fato, é o globo terrestre. De forma análoga, qualquer sujeito não pode ser julgado unicamente por um único aspecto de sua personalidade; pelo contrário, na situação analítica, é indispensável que o analista propicie ao paciente a visualização de todas suas distintas partes e de como elas interagem entre si. 2. Uma segunda metáfora consiste no modelo do "arco-íris", ou seja, no entendimento de que a cor branca (por exemplo, a da luz do sol) quando sofre o fenômeno físico da refração (quando a luz branca do sol atravessa uma nuvem carregada com água da chuva), ela se decompõe nas sete cores típicas do arco-íris. Do mesmo modo, cada pessoa pode ser decomposta em uma série de "partes", com as cores características de cada uma delas. Um lema que parece apropriado para o objetivo de "cura" analítica seria: "onde estiver uma parte, o todo deve estar e, a partir do todo, reconhecer as partes".

206. **Esclareça o significado psicanalítico de "princípios". Quais são os principais?**

O termo "princípio" é bastante utilizado nas ciências em geral, designando um ponto de partida para a construção de um sistema de idéias e de conhecimentos que mantenha uma certa lógica e coerência. Pode-se depreender a existência de vários e distintos princípios agindo simultaneamente e interagindo entre si, embora cada um mantenha uma autonomia conceitual, com regras e leis específicas. Dentre uma longa série de princípios, cabe destacar os nove (os oito primeiros são de Freud) que seguem, discriminados.

   I. **Princípio da existência do inconsciente. Ele é um caos? Como se manifesta no consciente?**

   O inconsciente é um conceito abstrato, visto que não é possível localizar alguma zona no cérebro que seja concretamente visível, palpável ou de limites e contornos precisos. Na verdade, trata-se de uma descoberta empírica, ou seja, baseada apenas na experiência da observação de fatos visíveis e não em investigações científicas concretas. Existe uma aparência de caos, visto que seu funcionamento, conforme Freud postulou, não obedece às leis da nossa lógica, ou seja, não existe a noção linear de espaço, de tempo, de contradições, etc. No entanto, concepções mais modernas consideram que a ilógica do inconsciente obedece a uma certa lógica, e o melhor exemplo disso foi descrito por Lacan, para quem "o inconsciente é estruturado como uma linguagem". As manifestações do inconsciente no consciente aparecem nos sonhos, nos sintomas, nos atos falhos, lapsos, chistes e na involuntária compulsão à repetição.

II. **Princípio da existência das pulsões instintivas**

Este princípio – fundamental – constituiu a viga-mestra do edifício psicanalítico construído por Freud, em que a palavra "pulsão" (também conhecida com os termos "instintos", "impulsos" e "impulsos instintivos"), inerente ao id, designa as necessidades biológicas (fome, sede, proteção contra o frio, etc.) com representações psicológicas (necessidade de amor, amparo, calor e paz). Freud sempre descreveu que existe uma dualidade entre as pulsões, nas diferentes terminologias que ele empregou no curso da evolução de sua obra. Assim, inicialmente ele denominou as pulsões de *autopreservação* do sujeito (cujo protótipo é a fome que deve ser saciada para o indivíduo sobreviver) e a pulsão de *preservação da espécie* (através da atividade genital, procriadora). Com o mesmo significado, ele passou a denominar, respectivamente, como: *pulsões do ego e pulsões sexuais*. Posteriormente, ele classificou as pulsões com os nomes de *pulsão de vida* (ou *eros*) e *pulsão de morte* (ou *tânatos*). Também é freqüente que, de forma corrente, se empregue a resumida terminologia de *pulsões libidinais e agressivas*. Embora as pulsões estejam simultaneamente sempre presentes no psiquismo de todas as pessoas, elas estão em oposição permanente, e fundidas entre si, de modo que em algumas pessoas prepondera a pulsão de vida e em outras, a de morte, princípio este que é essencial na determinação da qualidade de vida do sujeito.

III. **Princípio do determinismo psíquico**

Segundo este princípio, na mente, nada acontece ao acaso ou de modo fortuito, sendo que cada acontecimento psíquico é determinado por outros que o precederam, de tal sorte que não há descontinuidade na vida mental. Esse princípio fica mais bem compreendido e complementado com o modelo da *multicausalidade*, com o qual Freud postulou que não existe uma causa única na determinação de sintomas ou na formação do caráter; pelo contrário, múltiplas e variadas causas produzem determinado efeito no psiquismo.

IV. **Princípio do prazer-desprazer e princípio da realidade**

O *princípio do prazer* refere-se essencialmente ao fato de que as exigências das pulsões no bebê demandam uma gratificação imediata, sem minimamente levar em conta a realidade exterior. O melhor exemplo disso é a formulação de Freud sobre a "gratificação alucinatória do desejo, do seio", pelo qual o bebê substitui o seio faltante pela alucinação do próprio polegar. Outros exemplos equivalentes nos estados adultos podem ser os devaneios e as fantasias inconscientes de completude, as crenças ilusórias de onipotência e onisciência, produções delirantes e, sobretudo, um ferrenho desejo de o sujeito adulto preferir viver no mundo ilusório do "faz-de-conta", evitando o contato com o mundo da realidade. Nessa etapa evolutiva, tudo o que não gratifica imediatamente o bebê é por ele vivenciado e registrado como sendo um desprazer. Já o *princípio da realidade,* pelo contrário, começa a se formar quando a mencionada "gratificação alucinatória do seio" não satisfaz à fome do bebê e, assim, ele vai sendo obrigado a aceitar o princípio da realidade, de modo a desenvolver as capacidades de espera, postergação da satisfação, antecipação da mãe que aparecerá mais tarde, bem como ele utilizará com mais maturidade seus órgãos sensoriais para fazer uma aproximação com a realidade no lugar do imaginário princípio do prazer.

V. **Princípio de nirvana (ou da "constância")**

Como decorrência direta da necessidade de livrar-se dos estímulos desprazerosos, quando o psiquismo está dominado pelo princípio do prazer, ele tende a reproduzir o mesmo recurso que a medicina estuda sob o nome de "princípio da homeostasia biológica", isto é, existe a necessidade de busca de um perfeito equilíbrio das tensões orgânicas provenientes de distintas partes do próprio organismo humano. Da mesma maneira, o princípio da constância visa à obtenção da menor tensão psíquica possível, tanto por intermédio do recurso da evitação e afastamento da fonte de estímulos desprazerosos como também pela via de alguma forma de "descarga" que possibilite um estado de equilíbrio. O princípio da constância também é conhecido como "princípio de nirvana".

VI. **Ponto de vista econômico do psiquismo**

Freud, seguindo a linha da física de sua época, postulou a existência de um fator "quantitativo" na energia das pulsões (é chamada como "catéxis"), de grandeza variável, e que sofre a ação de uma força oposta a ela ("contracatéxis"). A maior crítica que se faz contra este ponto de vista econômico decorre justamente do fato de que ele foi elaborado por Freud a partir daquelas concepções da física mecanicista, como as leis da hidráulica e também a de energia elétrica, de tal sorte que ele equiparou a possível energia física que percorreria as vias nervosas neuronais com a energia elétrica que percorre os fios. Esse modelo mecânico quantitativo empregado por Freud foi amplamente superado por outros modelos, porém, na atualidade, ele volta a ganhar credibilidade em algumas situações específicas, como em somatizações, em que pulsões e emoções ficam estancadas e acumuladas no psiquismo e desequilibram a economia interna.

VII. **Princípio da compulsão à repetição.**
A "neurose de destino" pode ser um exemplo disto?

Este princípio foi formulado por Freud a partir de sua descoberta de que todas as pessoas têm uma tendência para repetir situações que já foram vividas, tanto as prazerosas como também, por incrível que possa parecer, repetir compulsivamente as situações bastante desprazerosas. A repetição se deve ao fato de que certas questões (experiências emocionais primitivas, o discurso dos pais nos delegando a execução de determinados papéis, o desejo dos pais criando um mundo de expectativas a serem cumpridas ao longo da vida, alguma necessidade de autopunição, etc.) ficam *fixadas* no psiquismo, como um modelo e padrão e, por isso, as repetimos movidos por uma impulsão inconsciente. A assim chamada "neurose de destino" (existem muitas pessoas que repetem o mesmo tipo de desgraça por inúmeras vezes, às vezes, ao longo de toda a vida, como se fosse um destino) representa, sim, um bom exemplo de compulsão à repetição.

VIII. Princípio da negatividade

Consiste no fato de que os opostos e contraditórios não são excludentes entre si; pelo contrário, todos eles devem ficar incluídos, de sorte que o arranjo dos contrários é que propicia a formação da unidade, de um todo integrado. No conceito de negatividade, uma coisa não pode existir sem que haja ao mesmo tempo uma contrapartida. O bonito só existe porque contrasta com o feio, o branco com o preto, etc. Assim, muitos autores contemporâneos destacam o aspecto positivo do uso da negatividade na situação analítica, porque quando o analisando (ou o analista) nega determinada verdade definida, acabada, saturada, estará reconhecendo que existe um espaço diferente para ver o outro lado de uma mesma coisa. Este princípio adquire importância na atividade interpretativa se o analista, que nas suas formulações comumente emprega a conjunção alternativa "ou" (que disjunta os opostos), no lugar dela, prioritariamente, empregasse a conjunção aditiva "e" (que integra).

IX. Princípio da incerteza

Este princípio, de aplicação recente, consiste no fato de que o observador muda a realidade observada conforme o seu estado mental durante determinada situação, a exemplo do que se passa na física subatômica, na qual uma mesma energia em um dado momento é onda e em outro é partícula. O destaque que este princípio adquire na psicanálise atual é justificado na medida em que vem corrigir o velho equívoco de atribuir ao analista a condição de quem sempre está com a razão certa, a partir de sua situação privilegiada na situação analítica. Pelo contrário, hoje sabemos que um psicanalista também pode partir de premissas equivocadas e querer atribuir ao paciente, de modo categórico, algo que não corresponde à verdade dos fatos. O princípio da incerteza consiste na importância em se duvidar das certezas absolutas e louvar um permanente "estado de interrogação".

207. Quais são os componentes da estrutura do psiquismo?

A palavra "estrutura" designa o fato de que existe um conjunto de elementos, com funções diferenciadas, mas que não podem ser dissociadas entre si, de modo que eles agem em uma permanente interação, com mútuas influências de um no outro. Assim, o psiquismo humano é composto por pulsões provindas do id, fantasias inconscientes, repressões que agem desde o fundo do inconsciente, representações que estão impressas no ego, mecanismos de defesas que compõem o arsenal defensivo do ego, "objetos" (pai, mãe, etc.) que estão internalizados no ego e no superego, etc. O importante a ressaltar é que os diversos elementos do psiquismo não estão distribuídos de forma linear e tampouco compõem um bloco unívoco; antes disso, eles compõem blocos em separado, às vezes em contradição e oposição, mesmo estando juntos, como, por exemplo, a coexistência no psiquismo de uma parte sadia e de uma patológica. Na prática clínica, o relevante é que o analista consiga fazer o paciente ter a capacidade para conhecer e administrar a vinculação entre as diversas partes do seu psiquismo e, igualmente, com se processa a comunicação entre o inconsciente e o consciente.

208. "Realidade psíquica." Qual é o significado desta expressão?

Especialmente nas fases iniciais de uma análise, não importa tanto se os relatos do paciente correspondem à verdade histórica de como os fatos narrados realmente aconteceram. Antes disso, o terapeuta deve priorizar a verdade que está impressa no psiquismo do paciente. Com outras palavras: o que realmente importa é que o paciente, no curso da análise, seja o mais honesto possível com aquilo que ele sente, aquilo que é a sua verdade! A experiência da prática clínica demonstra o sem-número de vezes em que o relato das figuras dos pais – ora descritos como demônios por parte de alguns pacientes, ora como santos e extremamente idealizados, por parte de outros – à medida que a análise avança, essas imagens vão se transformando de forma bastante intensa e significativa.

209. Pode apresentar algumas metáforas para esclarecer melhor a noção de inconsciente?

Vou me limitar a duas metáforas, uma singela, de fácil entendimento, e outra algo mais complexa. 1. A primeira, uma metáfora clássica de Freud, consiste em fazer uma comparação com um *iceberg*, em que esta montanha de gelo flutuando no oceano apresenta uma parte visível que é facilmente contornável pelos navios; no entanto a parte submersa, logo, invisível, é muitíssimo maior do que a visível e a responsável pelas tragédias como foi a que aconteceu com o afundamento do Titanic. Resta óbvio que a parte visível do *iceberg* corresponde ao nosso consciente, e a parte invisível alude ao inconsciente, que é o maior responsável na determinação de nossas tragédias pessoais. 2. A outra metáfora está ligada à figura do *computador:* quando teclamos em nosso computador, aparece na tela em forma de palavras o conteúdo daquilo que está guardado no disco rígido, porém não sob a forma de uma memória das palavras, mas por meio de alternâncias elétricas, como as diversas combinações dos signos 0 e 1 que se transformam nas letras a, b, c... Com outras palavras, o disco rígido representa o inconsciente, enquanto aquilo que aparece na tela – o consciente – não vem de um estado original puro e fiel do disco rígido; antes, é mais uma manifestação de derivados do original que foi inscrito com algarismos no "inconsciente do computador".

210. A clássica expressão "psicopatologia da vida cotidiana" designa ato falho, lapso, chiste e ato-sintoma. Qual é a significação de cada um deles?

Psicopatologia da vida cotidiana é um importante trabalho de Freud em que ele descreve como o freqüente surgimento de ato falho, lapso, chiste e ato sintomático representa, da mesma forma como os sonhos, uma via indireta do inconsciente se manifestar no consciente, burlando a vigilância da censura do psiquismo. Cabe esclarecer estes termos, em separado. *Ato falho*: refere-se ao fato de que o sujeito tem a intenção consciente de agir de certa forma, porém comete alguma forma de equívoco e faz algo bem diferente que denuncia um propósito inconsciente. *Lapso*: é uma espécie de ato falho que, mais precisamente, se manifesta através de falhas na linguagem verbal. Por exemplo, um paciente quando queria dizer que usava "fardas" que lhe davam uma certa imponência, sempre cometia um lapso e pronunciava "fraldas", o que revelava a verdade inconsciente de que, subjacente à falsa imponência da farda militar, existia um bebê assustado às voltas com as fraldas sujas. *Chiste*: muitas vezes, através de brincadeiras ou piadas, o sujeito pode estar revelando algum propósito inconsciente, de agressão ou erotismo, por exemplo, que está censurado pelo consciente. *Ato-sintoma*: certos sintomas que se manifestam através da conduta (como certas atuações, por exemplo) podem estar representando uma importante forma de comunicação primitiva, não-verbal, de aspectos inconscientes.

211. "Lembrança encobridora": o que Freud queria dizer com essa expressão?

Segundo Freud, determinadas lembranças infantis, ao mesmo tempo em que guardam uma viva nitidez, aparentemente são insignificantes, porque estão encobrindo as fortes emoções subjacentes no inconsciente. Nessas lembranças há uma "condensação" entre elementos infantis, de fatos realmente acontecidos com os imaginários. Na prática analítica, a análise das lembranças encobridoras (de afetos e de outras lembranças equivalentes, que realmente foram traumáticas e que expressariam um significado muito penoso) se revela como uma significativa via de acesso a aspectos que jazem ocultos no inconsciente.

212. Qual é a diferença entre as fantasias conscientes e as inconscientes? Por que a psicanálise dá tanta importância a estas últimas?

As fantasias conscientes, que mais comumente são denominadas "devaneios", são inerentes à condição humana e na imensa maioria das vezes representam uma atividade psíquica saudável não só pelo sagrado direito de "curtir sonhos", como também porque podem significar a elaboração para futuros projetos viáveis. Quando os devaneios de alcance impossível se confundem com a realidade, já estamos na área das "fantasias inconscientes" se infiltrando no consciente. À relevância da existência de fantasias inconscientes no psiquismo, desde a condição de bebê, ganhou uma expressiva importância na psicanálise a partir das concepções de M. Klein, respaldada na observação da análise com crianças, através de jogos, desenhos e brinquedos. Assim, ela percebia a extraordinária importância das diversas formas de fantasias, especialmente as de natureza terrorífica, na estruturação do psiquismo da criança e na determinação dos distintos quadros da psicopatologia da criança e do futuro adulto.

213. Sonhos, pesadelos e terror noturno: como e para que eles se formam? O que os distingue?

Até antes das descobertas de Freud, a busca de entendimento dos *sonhos*, que desde sempre acompanham os seres humanos, estava entregue aos demiurgos e charlatões em geral, que procuravam extrair deles anúncios proféticos, premonitórios, mensagens de espíritos ou interpretações fantásticas. Posteriormente, quando a ciência começava a dar os primeiros passos mais firmes, filósofos e alguns médicos neuropsiquiatras esboçaram algumas especulações, mas insistiam em emprestar a cada fragmento simbólico, de qualquer sonho, determinado significado específico, o qual seria universal, valeria para qualquer pessoa. Hoje sabemos que um mesmo símbolo varia de significado de indivíduo para indivíduo. O que pode ser afirmado é que a atividade onírica é inerente à condição humana, não tem nada de misterioso, e que, através de circuitos neuronais, os sonhos expressam que a mente está trabalhando, tentando fazer alguma elaboração de emoções que predominam na mente. Os *sonhos* formam-se a partir de elementos como: 1. O afrouxamento da censura consciente que impera quando o sujeito está acordado. 2. O sonho pode ser desencadeado por estímulos sensoriais, internos ou externos, como ruídos, odores, luz, vontade de urinar, etc. 3. Por "restos diurnos", ou seja, remanescem na mente fatos mais traumáticos ou significativos que aconteceram na véspera. 4. Uma tentativa de cumprimento de desejos ou de elaboração de angústias. A descoberta do significado científico dos sonhos por parte de Freud – através de seu corajoso exercício de uma continuada "auto-análise" – inaugura o advento da psicanálise, por volta de 1900. A importância que a interpretação dos sonhos representa para a psicanálise pode ser resumida nesta clássica frase de Freud: "O sonho é a via régia de acesso ao inconsciente". *Pesadelos*: fundamentalmente são sonhos muito carregados de alguma ansiedade que ainda não foi bem elaborada, de modo que o ego do sujeito, enquanto ele está dormindo – ou seja, a sua "censura onírica" –, não consegue disfarçar os conteúdos da angústia, tampouco consegue manter o funcionamento de "barreira" que tem a função de impedir a passagem do que está no inconsciente para o plano do consciente. *Pavor (ou terror) noturno*: consiste em um transtorno de sono relativamente freqüente em crianças pequenas, especialmente entre 1 ano e meio a 2 anos e meio de vida, em que a criança acorda subitamente manifestando um estado de pânico, relatando uma "visão" de imagens terroríficas. Esse período de idade coincide com o do controle esfincteriano, em que se inicia uma maior percepção de que ela perde algo (urina, fezes) que se separa de seu corpo, fato que, provavelmente, lhe mobiliza o medo de perder os pais. Quando os pais conseguem atender e tranqüilizar a criança, esses episódios vão escasseando até desaparecerem. No caso de que a criança repita esses momentos de pavor, com uma freqüência de mais do que uma vez por semana, ou com uma duração de permanência por demais prolongada, é útil que os pais procurem fazer uma avaliação com um especialista, sobretudo se a criança manifestar concomitantemente outras evidências, como dificuldades para brincar, se relacionar, etc.

214. O que significa "conteúdo manifesto" e "conteúdo latente" do sonho?

O "conteúdo manifesto do sonho" designa aquilo que aparece no consciente daquele que sonhou, sob a forma de um enredo, quase sempre sob a forma de imagens visuais, que ele pode ou não recordar depois do despertar. O *conteúdo manifesto* do sonho é composto por *símbolos* que aludem ao significado do verdadeiro conteúdo que provém do inconsciente, onde se encontra em estado de latência. Assim, o *conteúdo latente do sonho* corresponde ao conjunto de – ocultos – desejos, pensamentos, sentimentos, representações, angústias que estão represados no inconsciente e que somente terão acesso ao consciente após um trabalho da mente de "elaboração onírica", que, por meio de símbolos que disfarcem devidamente, terá a permissão da "censura onírica" (Freud comparou essa censura do sonho com um censor de notícias com amplos poderes para suprimir qualquer trecho que ele julgar inconveniente), para aflorar ao plano do consciente. Na situação analítica, cabe ao terapeuta ter a condição de entender o significado da linguagem simbólica do sonho, dentro de um contexto específico de cada momento, de cada paciente. Dessa forma, um mesmo símbolo pode adquirir significados completamente distintos: para exemplificar com a minha prática analítica, recordo que o surgimento de "cobra" no sonho, para uma paciente, representou o pênis, para outra significou uma pessoa vil e traiçoeira e para uma terceira tinha o significado de um cordão umbilical que a estaria estrangulando.

215. O que significa "inconsciente coletivo"? Ele existe? Tem a ver com a noção de "arquétipos", de Jung?

Jung tem uma concepção de inconsciente profundamente diferente da de Freud. Ele não valoriza tanto o aspecto relativo aos *conflitos*, com a respectiva repressão de desejos proibidos, que constituem "fixações" de situações passadas, como Freud postulava. Pelo contrário, partindo da idéia de que a inconsciência faz parte da herança comum da humanidade, Jung enfoca prioritariamente os núcleos herdados que guardam germes de potencialidades psíquicas a serem desenvolvidas no futuro. Assim, a clássica expressão "arquétipos junguianos" refere-se que a inconsciência faz parte de uma primitiva herança atávica, que atingiu gradual e laboriosamente o estágio da consciência em uma evolução que ainda não terminou, uma vez que, dizia Jung, "há vastas regiões do espírito humano ainda envoltas em trevas: a psique está longe de ser totalmente conhecida". É muito difícil comprovar cientificamente a existência de um inconsciente coletivo da humanidade; no entanto, muitos autores, inclusive Freud em certo momento de sua obra, admitem essa possibilidade.

216. Por que a psicanálise dá uma extraordinária importância ao inconsciente e quase nada ao consciente? Como definir o plano da consciência, do ponto de vista psicanalítico?

Realmente, pelo menos em meu entender, a psicanálise pecou por não dar um maior relevo ao consciente, o que se deve ao fato de se considerar que aquilo que surge no consciente, basicamente as emoções que constituem o cerne da psicanálise, de forma direta ou indireta, sempre provém do inconsciente, inclusive a função de "percepção" consciente do mundo exterior, que sofre as inevitáveis distorções provindas do inconsciente. Não obstante a verdade desta última afirmativa, não cabe menosprezar a importância das funções cognitivas (o desejo consciente de o sujeito querer conhecer as verdades), assim como é igualmente importante que o paciente em análise use o seu consciente para assumir o seu quinhão de responsabilidade por tudo aquilo que ele pensa, sente e age. O sistema consciente tem a função de receber informações relativas às excitações provindas do exterior e do interior, que em parte ficam registradas no inconsciente, de acordo com o prazer ou desprazer que elas causam. Assim, as funções conscientes do ego do sujeito, como as de percepção, pensamento, conhecimento, juízo crítico, evocação, antecipação, atividade motora, etc., operam intimamente conjugadas com o sistema inconsciente, sem que necessariamente uma deva prevalecer sobre a outra. Na prática psicanalítica contemporânea, indo além do paradigma estabelecido por Freud de "tornar consciente aquilo que for inconsciente", amplia-se essa afirmativa com a noção de que mais importante é a maneira de como "o consciente e o inconsciente do paciente comunicam-se entre si".

217. **Pode definir, de forma simples, as pulsões de vida (Eros) e a de morte (Tânatos), como Freud as formulou?**

Freud postulou que em todo e qualquer ser humano existe uma dualidade de inatas pulsões instintivas: por um lado existe o amor, a preservação da própria vida, a garantia da preservação da espécie através do sexo, o erotismo; por outro lado, de forma concomitante e fusionada, também agem pulsões de autodestruição, de ódio, da morte como destino inevitável. A essa polaridade instintiva, Freud deu o nome inspirado em duas figuras da mitologia grega: no mito, Eros significa amor, paixão amorosa, desejo ardente e, às vezes, violento, e sua manifestação está consubstanciada no "princípio de Nirvana", enquanto o mitológico Tânatos é a personificação da morte, cuja evidência mais clara é o ato suicida. A coexistência, mais ou menos bem harmônica entre Eros e Tânatos, e a predominância de uma dessas pulsões sobre a outra, significa uma extraordinária importância na formação da personalidade de todas as pessoas.

218. **Além das pulsões de vida e de morte, também existem as pulsões de "poder" e de "domínio"?**

Não resta dúvida da existência no psiquismo humano de uma forte tendência para o exercício de um poder e de uma dominação sobre os outros. Esse aspecto tanto pode representar uma normalidade, quando devidamente reconhecido e sublimado pelo sujeito, como também pode adquirir tal magnitude que representa uma característica patológica de comportamento e um caldo de cultura para a emergência de um estado de violência por parte de indivíduos ou de nações. Neste caso, não cabe falar em uma específica pulsão de poder e domínio, visto que então ela deve ser entendida como um derivado da pulsão de morte (Tânatos). A impulsão para exercer o poder e a dominação sobre os demais encontra, no mínimo, duas raízes históricas: 1. Um atavismo que data da pré-história do reino animal, em que é possível observar que, além dos predadores que dominam e destroem os mais fracos, muitos deles delimitam o seu território através de dejetos, assim marcando através do odor que é exalado, ou de algum pertence (um osso, por exemplo), que a área tem dono e que ele lutará até a morte para conservá-la como sendo unicamente sua. 2. A segunda raiz procede da fase narcisista, em que "sua majestade, o bebê", como dizia Freud, persiste no adulto, sob a forma de um "ego ideal" que o leva à ilusão de que tudo sabe, manda, sabe e controla. Esta pulsão de poder e dominação está bem retratada na metáfora do filósofo Hegel, através do que ele denominou de *Dialética do Amo e do Escravo,* em que ressaltou o fato de que um necessita do outro, de sorte que eles até podem se odiar, porém ambos receiam, e evitam, destruir-se reciprocamente. Assim, o amo pode maltratar o escravo (ou vice-versa), porém jamais ele quer destruir ou perdê-lo porque lhe representaria um estado de desamparo e um abalo na sua onipotência. Da mesma forma o escravo, em que pesem seus sentimentos e ímpetos de rebeldia, necessita do amo porque dele depende para garantir sua sobrevivência. É fácil perceber como esta metáfora se aplica a inúmeras situações da vida cotidiana (casais, patroa e empregada doméstica, chefe e subalterno, pai e filho, etc.) que freqüentemente adquirem uma interminável configuração de tipo sadomasoquista.

219. Qual é o significado psicanalítico de "desejo"?

Em toda a sua obra, Freud exalta a importância do desejo, que ele sempre ligava às pulsões libidinais, reprimidas no inconsciente, à espera de algum tipo de gratificação, tal como acontece com os sonhos, os quais concebeu como uma forma disfarçada de realização de desejos. Freud ligava a formação do desejo com a memória de alguma gratificação prazerosa ligada ao princípio do prazer que o sujeito quer repetir, ou quando existe uma falta do objeto que deveria gratificá-lo. O melhor exemplo dessa última situação é o fenômeno que ele descreveu com o nome de "gratificação alucinatória do desejo", pela qual o bebê substitui o faltante seio alimentador pela sucção do seu próprio polegar. Lacan pinçou em Freud essa noção das faltas e falhas originais originando o desejo e desenvolveu uma ampliada e rica teoria acerca da importância do desejo no desenvolvimento da personalidade e no processo analítico.

220. Existe diferença entre o significado psicanalítico dos conceitos de prazer, libido, desejo, gozo e a relação entre eles?

Prazer: se alguém está com fome, e a sacia de forma plena, obtém uma sensação e um sentimento de prazer. Se esta mesma pessoa estiver com uma cefaléia, toma uma medicação e o sintoma desaparece não é exatamente um prazer, mas uma sensação de alívio. *Libido*: inicialmente Freud empregou esse termo – que em latim quer dizer "desejo", "vontade" – para designar uma energia própria da pulsão sexual, manifesta no psiquismo. Posteriormente, ele alargou a noção de "libido" e a considerou como sendo a representante de "todas as pulsões responsáveis por tudo o que compreendemos sob o nome de amor". *Desejo*: é uma ânsia de retomar alguma antiga experiência emocional que satisfez certas necessidades de forma bastante prazerosa. *Gozo*: é um termo que foi introduzido e bastante empregado por Lacan com um significado que o diferencie de "prazer", ou daquilo que fica restrito ao que habitualmente chamamos de "gozo sexual". Lacan designa a palavra "gozo" como sendo uma tentativa de ultrapassar os limites do prazer, em um movimento que está intimamente ligado à busca da coisa perdida – mais particularmente ligada à primitiva relação com a mãe – o que causa um sofrimento que necessita ser saciado. Inclusive, o "gozo" pode tomar a feição de uma transgressão da lei, ou dos costumes, sob a forma de desafio, submissão ou escárnio, de sorte que participa da perversão, mas não propriamente das perversões sexuais. Lacan descreveu o conceito de "gozo" inspirado na constatação de Freud de que o bebê que é amamentado, mesmo depois de saciar sua necessidade orgânica de fome, demora-se no seio da mãe, fazendo atos de sucção, agora movido por uma sensação de gratificação erógena.

221. **Como se entende o sentimento de inveja do ponto de vista psicanalítico?**

O sentimento de inveja é, seguramente, um dos fenômenos que mais tem merecido da literatura psicanalítica um minucioso e aprofundado estudo quanto a suas causas e conseqüências. Distintos autores enfocam a inveja a partir de distintos vértices de concepção: Freud se ateve mais profundamente no que ele considerava, por parte das mulheres, em uma existência de uma "inveja do pênis". M. Klein considerava a existência de uma, inata, inveja primária, como sendo uma expressão manifesta da pulsão de morte com toda a constelação de ódio destrutivo. Já os psicanalistas norte-americanos privilegiam a "teoria frustracionista", ou seja, a inveja seria uma reação secundária, de destrutividade e avidez, como uma decorrência das frustrações impostas pela realidade exterior. Lacan, por sua vez, enalteceu que o surgimento da inveja coincide com a fase evolutiva em que surge a percepção da criança de que ela não habita um paraíso simbiótico, mas que ela depende das pessoas da realidade exterior, que pode se revelar como uma experiência muito dolorosa e, por isso mesmo, pode promover um ódio à dependência e uma inveja de quem tem o que ele necessita e não tem. Assim, de forma resumida, pode-se dizer que a inveja se instala quando o sujeito não suporta que alguém possua algo ou alguém que ele não possui. O sentimento de inveja moderada é inerente à condição humana, logo, é universal; no entanto, na vida cotidiana, o sujeito por demais invejoso apresenta, no mínimo, uma destas duas características que seguem. 1. Deseja possuir, de qualquer jeito, aquilo que ele não tem, a ponto de que ele desenvolve uma ambição desmedida, uma avidez e voracidade, quando não alguma forma de violência, para não sofrer a terrível sensação de inferioridade e vazio. 2. Quando esta tentativa falha, ou ele nem se anima a aplicá-la, esse sujeito excessivamente invejoso vai recorrer a um recurso mais simples: simplesmente desqualifica e denigre aquilo que o outro possui, à moda da fábula da "Raposa e as uvas verdes".

222. **Existe diferença entre os sentimentos de inveja e de ciúme?**

Apesar de ambos os sentimentos estarem intimamente ligados e, na maioria das vezes, superpostos, existem, sim, diferenças entre eles. A principal distinção é que a inveja é bipessoal, logo, mais fixada na posição narcisista, na qual o sujeito não suporta o que o outro possui. Já o ciúme implica no mínimo uma relação triangular, na qual ele se sinta como um terceiro excluído, portanto, alude mais diretamente à fase do complexo de Édipo. Assim, o ciumento teme perder o que julga pertencer-lhe, visto que ele imagina que a pessoa amada vai preferir um outro. Nos casos em que haja um excesso de projeções de seus sentimentos em outras pessoas, o ciúme pode tomar uma feição delirante paranóide.

223. **Em que consiste o conceito de ego e quais são suas funções?**

O ego é definido como uma das instâncias da estrutura do psiquismo que consiste em um conjunto de funções e de representações. As funções tanto podem ser conscientes – como é o caso de percepção, pensamento, conhecimento, juízo crítico, inteligência, discriminação, memória, atenção, capacidade para antecipação e postergação, memória, linguagem, comunicação, simbolização, abstração, identificações, atividade motora e sentimento de identidade – como também podem ser inconscientes, como é o caso das funções dos múltiplos mecanismos de defesa e das representações que estão impressas em algum lugar do ego. A finalidade precípua do ego consiste em mediar as pulsões provindas do id, com as ameaças que emanam do superego, e com a realidade externa. Existe uma certa confusão conceitual entre ego e *self*, de sorte que comumente, na literatura psicanalítica, quando Ego é escrito com inicial maiúscula significa o mesmo que *self*, enquanto "ego" grafado com inicial minúscula, designa unicamente uma instância psíquica.

224. Pode definir a formação, importância e os tipos de angústia?

Angústia (ou "ansiedade") refere-se a um afeto profundo que é processado no ego, acompanhado de sofrimento, nem sempre perceptível clinicamente (neste caso, cabe melhor o termo "ansiedade"), ou se expressa através de uma sintomatologia de uma transparente angústia (aí o temo "angústia" é preferível), sob a forma de medo de morrer e de enlouquecer, surgimento de taquicardia, dispnéia suspirosa, pressentimentos sombrios, etc. As formas mais freqüentes de angústia são: 1. *Desamparo*: é um sentimento terrível, em que a criança (ou o futuro adulto) se sente completamente sem ninguém que lhe possa amparar, proteger e preencher as necessidades básicas. 2. *Aniquilamento* (ou "angústia de desintegração"): o bebê, assolado por sensações decorrentes da presença da pulsão de morte, tem uma vivência de morte, de que vai se desfazer em pedaços. 3. *Engolfamento*: a criança sente uma angústia de que a mãe a sufoca tanto, a ponto de que vai engolfá-la (essa angústia aparece bastante nos fóbicos que receiam uma aproximação muito íntima). 4. *Perda do amor*: essa angústia acomete crianças, ou adultos, que não desenvolveram uma confiança básica com os pais, ou que estejam submetidas a um superego por demais punitivo. 5. *Castração*: Freud descreveu a "angustia de castração" como um dos pontos fundamentais da psicanálise e a correlacionou diretamente aos temores da criança no curso do conflito edípico. 6. *Separação*: bastante freqüente, a angústia de separação acomete crianças, logo, os futuros adultos, que não desenvolveram suficiente confiabilidade do amor da mãe, principalmente, de sorte que qualquer separação, mesmo na condição de adulto, lhes representa a antiga separação que foi vivenciada como traumática e terrível. 7. *Angústia do tipo persecutório*: mercê de maciças projeções que faz em outras pessoas, o sujeito se imagina rodeado de perseguidores. 8. *Angústia depressiva*: corresponde a uma ansiedade de alguém entrar em contato com aspectos indesejáveis seus, e assumir a responsabilidade por eles, pelo receio de se confrontar com uma depressão que esteja subjacente no seu psiquismo.

225. Na evolução do psiquismo, existe diferença entre "fase" e "posição"?

Existe, sim. O termo "fase" – também chamado como etapa, estádio, estágio, período, etc. – foi cunhado por Freud para designar a sucessão natural e linear de um período evolutivo para outro, como a fase anal, que sucede a fase oral e precede a fálica, etc. Freud destacou que as fases vão se sucedendo, porém os fatos mais significativos de cada uma delas vão ficando impressas no ego, assim definindo os "pontos de fixação".

Posição: de há muito é consensual que as etapas evolutivas na formação da personalidade da criança não são estanques, nem de progressão absolutamente linear, como é nas "fases". Antes, elas se transformam, superpõem, interagem permanentemente e, de alguma forma, permanecem durante toda a vida. O conceito de "posição" foi sobretudo estudado por M. Klein, que o descreveu como uma constelação de fatores psíquicos (pulsões, angústias, defesas, objetos, etc.) que adquirem uma determinada configuração. Assim, o termo "posição" designa um ponto de vista, uma forma de o sujeito visualizar a si mesmo, aos outros e ao mundo que o cerca. Conforme o tipo de cada uma dessas configurações, o sujeito toma uma determinada "posição" durante o percurso da vida. Klein descreveu as posições "esquizoparanóide" e "depressiva". Tomei a liberdade de incluir a "posição narcisista" por julgar que ela tem características próprias, de importância na prática clínica.

226. Qual é o significado de "posição narcisista"?

O termo "posição narcisista", em sua forma original, caracteriza-se por uma total "indiferenciação" (no início da vida, o bebê "imagina" que sua mãe não é mais do que uma mera extensão dele) entre ele e o mundo exterior. Assim, creio que a posição narcisista precede a posição esquizoparanóide na qual já existe alguma diferenciação, tanto que, segundo M. Klein, o bebê recém-nato já está se relacionando com objetos exteriores e já tem um ego rudimentar. As principais características da presença da posição narcisista na pessoa adulta são: 1. Uma *indiferenciação*. 2. Um permanente *estado de ilusão*, em busca de uma completude imaginária. 3. Uma *negação das diferenças*, com os outros. 4. A presença da assim chamada *parte psicótica da personalidade*. 5. A persistência de núcleos de *simbiose e de ambigüidade*. 6. Uma lógica do tipo *binário*, ou seja ele oscila de um pólo a outro, de sorte que ou se considera sendo o melhor ou o pior, etc. 7. Uma escala de valores centrada no *ego ideal* ou no *ideal do ego*. 8. Uma afanosa busca por *fetiches* e pessoas que reassegurem que ele continua sendo "sua majestade, o bebê". 9. Um permanente jogo de *comparações* com os outros. 10. A freqüente presença no interior de seu psiquismo de uma organização patológica, do tipo *gangue narcisista*, a qual idealiza o seu mundo de ilusões.

227. Existe um "narcisismo sadio"? E "narcisismo negativo", o que significa?

Sim, o narcisismo pode ser *sadio*, tanto que ele se constitui como uma etapa inicial do desenvolvimento do psiquismo, normal e estruturante. Ademais, o narcisismo, ao longo da vida, pode se colocar como aliado às pulsões de vida, de modo a sofrer transformações sublimatórias, sob a forma de sabedoria, criatividade, bom humor, uma justa vaidade saudável, um sadio orgulho de si mesmo, etc. A expressão *narcisismo negativo* (também conhecida com o nome de "narcisismo destrutivo"), ao contrário do narcisismo sadio, significa que ele está aliado às pulsões tanáticas, destrutivas, de sorte que a destrutividade fica idealizada e direcionada para o próprio *self*, onde permanece enquistado como uma organização patológica, um "contra-ego", tipo uma "gangue narcisista" que sabota o crescimento sadio do sujeito.

228. O que significa "posição esquizoparanóide"?

Como a etimologia deste termo designa, os mecanismos defensivos predominantes nessa posição são os de *dissociação* (o étimo grego *esquizo* significa cisão, corte, divisão, tal como aparece em *esquizofrenia*, ou seja, *divisão da mente*, palavra essa que, em grego, é *frenos*) e as defesas de *identificações projetivas* (ou seja, *paranóides*). As referidas dissociações (divisões) não dizem respeito unicamente aos objetos (por exemplo, em bons e maus), mas também às pulsões (amorosas e agressivas), ansiedades e aspectos do ego. Essa concepção de M. Klein tem uma notável influência na prática analítica, visto que, enquanto o paciente estiver fixado na posição esquizoparanóide, ele não consegue crescer como pessoa, porque não assume o seu quinhão de responsabilidade pelos atos de sua vida, já que tudo o que não tolera, ele dissocia e projeta nos outros.

229. E "posição depressiva"?

Diferentemente da "posição esquizoparanóide" que se caracteriza pela dissociação da totalidade em partes, a "posição depressiva", bem pelo contrário, consiste na unificação e na integração das partes do sujeito que estão divididas e dispersas devido às projeções. A obtenção dessa posição depressiva, por parte da criancinha, segundo Klein, deve dar-se por volta do sexto mês, sendo fundamental para o seu crescimento psíquico, porquanto ela começa a integrar em uma única e mesma mãe, o que antes estava dividida em duas: a mãe boa (a que gratifica) e mãe má (a que frustra). Na situação analítica, os seguintes aspectos atestam a obtenção da posição depressiva, essencial para o crescimento do paciente: 1. Aceitar as *perdas*. 2. Reconhecer e assumir o seu quinhão de *responsabilidades* e de eventuais *culpas* pelos ataques que fez ou que imagina ter feito. 3. Conceder autonomia às outras pessoas com quem convive intimamente e suportar uma *separação* parcial deles. 4. Fazer *reparações verdadeiras*. 5. Desenvolver um sentimento de *preocupação, solidariedade* e de *gratidão* pelas pessoas que lhe foram, ou são, importantes. 6. Ser capaz de *integrar* aspectos dissociados e ambivalentes. 7. Desenvolver apego ao *conhecimento das verdades*. 8. Uma substancial diminuição da *onipotência, onisciência e prepotência* que caracterizam a posição esquizoparanóide. 9. Formar *símbolos* e adquirir a capacidade de *pensar* adequadamente.

230. Qual é o significado psicanalítico de "símbolo"?

O conceito de "símbolo" é comum a muitas disciplinas, como psicologia, lingüística, epistemologia, religião e, naturalmente, a psicanálise. Do ponto de vista psicanalítico, a capacidade de formação de símbolos é uma das funções mais nobres do ego, visto que se refere ao fato de que as inevitáveis perdas devem ser substituídas por algo, como, no caso, por símbolos. Por exemplo, uma mãe não pode ficar presente e disponível para a criança o tempo todo, de sorte que uma babá pode adquirir a condição de um "símbolo da mãe". Mais precisamente a palavra "símbolo" (cujo radical grego *sym* significa "estar junto") era para os gregos um sinal de reconhecimento entre os membros de uma mesma seita, por exemplo, formado pelas duas partes de um objeto perdido que se aproximavam. Símbolo é, pois, a unidade perdida que vem a ser refeita.

Por exemplo, uma mãe dissociada em duas: uma metade de "mãe boa" e outra metade de uma mãe sentida como "má", de modo que a unidade "mãe" pode ser refeita quando a criança adquirir a capacidade para juntar as duas partes dissociadas. Para conseguir fazer essa junção, a criança deve ter entrado na "posição depressiva". Caso ela permaneça na "posição esquizoparanóide", a divisão da mente permanece e a capacidade do ego para simbolizar sofre um sério prejuízo. Convém enfatizar que na conceituação de "símbolo" a reunião das duas partes perdidas não visa a uma exata reconstituição da primitiva perda, como poderia ser a de uma antiga unidade simbiótica mãe-filho. Pelo contrário, ela supõe uma junção de síntese dos elementos parciais, de sorte a promover um novo significado, distinto do primitivo. O progressivo crescimento da capacidade simbólica é que vai possibilitar a formação da "linguagem verbal" (a palavra é um símbolo, talvez o mais nobre de todos), a dos jogos e brinquedos criativos, assim como a formação de sonhos, em uma escalada crescente, até atingir a capacidade de pensamento abstrato.

231. Qual é a conceituação de "mecanismos de defesa" e quais são os seus tipos?

A expressão "mecanismos de defesa" – das mais usadas e importantes na psicanálise – designa distintos tipos de operação mental que têm por finalidade reduzir as tensões psíquicas internas, ou seja, das angústias. Os mecanismos de defesa processam-se pelo *ego* e, praticamente, são sempre inconscientes. São múltiplas as modalidades defensivas pelas quais o ego procura buscar uma harmonia entre as demandas das pulsões do id, as ameaças do superego, as imposições da realidade exterior, bem como as angústias decorrentes dos conflitos resultantes disso tudo. De forma esquemática, podemos classificar as defesas do ego em quatro tipos: 1. A *negação*, que se constitui como a defesa fundamental, presente em todas as demais, e que, ela própria, comporta algumas modalidades distintas. 2. Defesas *primitivas*, ligadas às angústias do início da vida do bebê. 3. Defesas *mais elaboradas* que se manifestam em momentos evolutivos ligados à fase do conflito edípico. 4. Diversas defesas podem se agrupar em uma *organização defensiva específica*, por exemplo, como "defesas maníacas"; "organização defensiva narcisista", etc. Um ponto importante a destacar é que qualquer defesa, por mais primitiva que seja, inicialmente é útil para o desenvolvimento do psiquismo e, assim, de forma sadia, pode se manter por toda a vida; no entanto, essa mesma defesa usada em quantidade excessiva vai adquirir uma configuração patológica, determinando diferentes tipos de sintoma, traços de caráter e formas típicas dos diferentes quadros clínicos da psicopatologia.

232. O que é "negação"? Por que ela é considerada a defesa fundamental? Quais são as formas de negação?

Em sentido genérico, pode-se dizer que "negação" se refere a um processo pelo qual o sujeito, de alguma forma, inconscientemente, não quer tomar conhecimento de algum desejo, fantasia, pensamento ou sentimento. O fenômeno da negação pode ser realizado de formas distintas, conforme o grau evolutivo da personalidade, determinados momentos emocionais, ou finalidades específicas. Em linhas gerais, cabe mencionar quatro tipos básicos de negação. 1. *Supressão*: corresponde a uma negação superficial, bastante freqüente na vida de todos nós, que surge sob forma de lapsos, em momentos em que não queremos saber, ouvir ou olhar determinado fato que nos angustiaria. 2. *Repressão*: é o mecanismo defensivo que mais aparece nas neuroses comuns, muito especialmente nas "histerias", casos em que o ego se nega a reconhecer sendo seus e a admitir que o reprimido possa emergir no consciente. 3. *Renegação*: esta defesa – também freqüentemente denominada denegação, recusa ou desmentida – refere-se ao fenômeno pelo qual o sujeito sabe que desejos, pensamentos e desejos negados são mesmo dele, porém continua a se defender categoricamente, negando que lhe pertençam. Esta modalidade de negação é típica de pacientes com perversão. 4. *Foraclusão* – também conhecida com os nomes de forclusão, ou rejeição, ou repúdio – designa uma negação mais extremada, a ponto de o sujeito substituir a realidade exterior pela criação de outra realidade ficcional, como é o caso de uma ideação delirante. Ou seja, a foraclusão é um tipo de negação tão extremada que leva o sujeito a romper com a realidade exterior.

233. Existe alguma diferença entre repressão e recalcamento? Pode dar uma metáfora para esclarecer o mecanismo de repressão?

Para efeitos práticos, repressão e recalcamento podem ser tomados como sinônimos. O mecanismo de recalque foi especialmente estudado e descrito por Freud ao tratar suas pacientes histéricas, porém aos poucos foi dando uma relevância nuclear à sua presença em todas as demais situações neuróticas e, inclusive, na psicologia normal. Um aspecto que deve ser levado em conta é o fato de que tudo aquilo que estiver recalcado no inconsciente de alguma forma está pressionando para voltar para o consciente; e o esforço do ego para manter a repressão demanda um excessivo gasto de energia psíquica, que poderia ser mais bem aproveitada pelo sujeito. Uma *metáfora* que pode esclarecer melhor o que foi dito: imaginemos uma tina com água e que alguém pretenda afundar nela uma bola de borracha que segura com as mãos. Essa bola tenderá a voltar à superfície, o que exigirá um maior esforço do sujeito, com um conseqüente maior dispêndio de energia mecânica, embora, mesmo assim, um pouco da água se infiltra pelas paredes laterais da tina. Metaforicamente, a bola representa uma carga de desejos proibidos, conhecimentos e pensamentos intoleráveis, etc.; o fundo da tina com água representa o inconsciente, enquanto o esforço que gasta energia física equivale à defesa de repressão que também gasta uma excessiva quantidade de energia psíquica para manter o recalcamento, apesar de que sempre filtra para o consciente, sob a forma de sonhos, inibições, sintomas, angústias, etc.

234. O que significa "defesas primitivas"? Quais são elas?

Muitos autores após Freud, como M. Klein, postularam que, desde a condição de recém-nascido, o ego da criança está assolado por primitivas e fortes angústias, de modo que lança mão de arcaicos mecanismos defensivos. Essa noção representou um grande avanço na teoria e na técnica psicanalíticas, porque propiciou um mais sólido e profundo conhecimento da evolução da personalidade e de quadros da psicopatologia clínica, em especial com pacientes excessivamente regredidos, como psicóticos. De forma resumida, cabe enumerar as seguintes defesas primitivas do ego: 1. *Dissociação* (ou clivagem, ou cisão): refere à defesa em que o ego utiliza o recurso *onipotente* de fazer uma divisão das pulsões, dos objetos, dos afetos e do próprio ego (por exemplo: uma maniqueísta separação do bom e do mau, etc.). 2. *Projeção*: os pedaços que foram "dissociados", e que são sentidos como maus e intoleráveis, são projetados para fora (por exemplo, os sentimentos de ódio que a criança, ou o adulto, não conseguem suportar). A pessoa atribui como sendo da outra pessoa em que projetou seu ódio e, então, sente-*se* perseguida por ela. 3. *Introjeção*: é o recurso pelo qual o ego incorpora aquilo que vem de fora, por exemplo, a figura dos pais, que tanto podem ser incorporados como bons ou maus, etc. É fácil perceber a importância desta primitiva defesa nos importantíssimos processos de *identificações*. 4. *Idealização*: a criança pode fazer uma dissociação de tal monta que atribui a outro, a mãe, por exemplo, todas as maravilhosas e imaginárias qualidades divinas, enquanto cabe a ela, criança, ficar sentindo-se esvaziada, visto que orbita de forma extremamente dependente de quem tanto idealiza. 5. *Denegrimento*: é o inverso da idealização, isto é, a criança denigre ao máximo um dos pais enquanto o outro é idealizado, ou ela denigre a ambos os pais, enquanto idealiza a si própria, etc. 6. *Controle onipotente*: mercê de um "pensamento mágico", próprio de "sua majestade, o bebê", o ego do sujeito se defende da fragilidade, pelo inverso, pensando e agindo como se fosse o mais forte de todos e que não depende de ninguém. 7. Os mecanismos de *Deslocamento e o de Condensação* – apesar de serem inerentes ao processo primário do funcionamento inconsciente do psiquismo – logo fazem parte da evolução normal da criança pequena, também acompanham os transtornos dos pensamentos mágicos dos psicóticos.

235. Pode esclarecer as formas como as defesas se organizam em "organizações defensivas"?

Cabe dar alguns exemplos: o ego de um sujeito, para se defender de um terror de decair em um estado depressivo, pode mobilizar defesas como é a tríade de "controle", "triunfo" e "desprezo" – que constituem as *defesas maníacas,* de sorte que, através destas defesas, ele se julga em um estado de euforia, logo, em um extremo oposto ao da depressão que tanto o aterroriza. Um *segundo* exemplo pode ser o de uma configuração defensiva do tipo *narcisista*, em que defesas como onipotência (tudo pode), onisciência (tudo sabe) e prepotência (tudo controla e condena), o ego se defende contra uma tomada de conhecimento de sua intensa fragilidade. Nessa mesma linha de raciocínio, poderíamos descrever o complexo defensivo de configuração *paranóide* (basicamente com defesas de "projeção"); ou de tipo *fóbica* (com as defesas de projeção, da angústia, no espaço exterior, mais a defesa de deslocamento), etc.

236. "Defesas mais evoluídas": quais são elas?

Na medida em que o ego da criança vai evoluindo e amadurecendo neurobiologicamente, ele começa a empregar defesas menos arcaicas, como é o caso das que seguem: 1. *Formação reativa*: esse mecanismo defensivo também é conhecido com o nome de "transformação ao contrário", visto que ele se refere tanto ao fato de que o ego mobiliza uma estrutura caracterológica, a mais oposta possível, quanto ao surgimento das pulsões libidinais ou agressivas reprimidas no inconsciente. O exemplo mais freqüente é o do sujeito extremamente bonzinho e generoso, porém que subjacente à generosidade existem sentimentos ocultos. 2. *Deslocamento*: consiste no fato de que determinada representação mental, sentimento, desejo ou conflito, se desloca para outra área psíquica. Por exemplo, a passagem do conteúdo latente do sonho para o conteúdo manifesto se processa através de deslocamentos de imagens oníricas. Um outro exemplo: nas conversões histéricas, segundo Freud, existe o deslocamento de um desejo ou prazer genital para outra zona corporal. Para exemplificar a função do "deslocamento" em funções sadias, cabe lembrar que o mecanismo do fenômeno de "transferência", em sua maior parte, se forma a partir do deslocamento de cargas afetivas de uma figura internalizada para outra pessoa (o psicanalista, na situação analítica) da realidade externa. 3. *Anulação*: refere-se ao mecanismo pelo qual o sujeito procura desfazer um pensamento, fantasia, ou ato que é inaceitável, mediante o recurso de contrapor, em um segundo momento imediato, um outro pensamento (neste caso trata-se de situações obsessivas), ou um ato (resulta em compulsão), opostos ao primeiro, de sorte a anulá-lo. 4. *Isolamento*: neste caso, a defesa consiste em retirar o afeto (logo, "isola") dos fatos que está vivenciando. Um exemplo banal é quando alguém dá três batidas na mesa, com a fantasia mágica de que assim esteja neutralizando, anulando o "mau-olhado", por exemplo. 5. *Racionalização*: quando o sujeito não consegue admitir uma verdade penosa, ou assumir a responsabilidade por algo que fez, inconscientemente encontra argumentos racionais (daí "racionalização") para justificar aquilo que não admite reconhecer. Um bom exemplo consiste na fábula da "raposa que, não tendo conseguido alcançar as saborosas uvas que tanto almejava, desistiu com a racionalização de que elas estavam verdes". 6. *Repressão*: defesa muito importante também pode ser considerada evoluída, segundo Freud, coincidente com o surgimento do complexo de Édipo. 7. *Fixação*: Freud formulou que diferentes momentos evolutivos deixam impressos no psiquismo aquilo que ele denominou como "pontos de fixação". Estes se formam a partir tanto de uma exagerada "gratificação" ou de uma excessiva "frustração" de determinada experiência emocional. 8. *Regressão*: qualquer pessoa, em momentos emocionais difíceis, pode fazer um retorno aos pontos de fixação, quer em uma busca das gratificações que ela teve no passado, como também em busca de um resgate daquilo que lhe falta devido às excessivas frustrações que deixaram vazios à espera de um preenchimento. Freud fez uma metáfora com a situação militar em que uma estratégia de algum pelotão que esteja ameaçado retroceda (regrida) às trincheiras de posições anteriores, a fim de reagrupar e restaurar as forças, até voltarem a progredir. 9. *Sublimação*: a primeira postulação de Freud concebia que o sujeito retirava da pulsão sexual (processo que ele veio a denominar como "dessexualização") a energia e capacidade criativa necessárias para atividades úteis, como o trabalho, a criatividade artística, etc. Posteriormente, a sublimação veio a ser considerada uma "desagressivização", ou seja, a energia para fins úteis e nobres era retirada das pulsões agressivas. Por exemplo, uma criança que caçava passarinhos, os depenava e, com um canivete, abria o corpo para examinar o interior do pássaro tanto pode continuar na vida adulta sendo um predador sádico-destrutivo, quanto pode sublimar (tornar sublime) aquelas primitivas tendências, formar-se em medicina e tornar-se um excelente cirurgião.

237. "Identificação projetiva": em que consiste este mecanismo defensivo e por que ele é tão mencionado? Não é o mesmo que "projeção"?

O termo "identificação projetiva" foi cunhado por M. Klein com a finalidade de conceituar o fenômeno pelo qual, desde a condição de bebê e durante todo o percurso da vida, o psiquismo emprega uma defesa que consiste em projetar (daí vem a palavra "projetiva") em outras pessoas os sentimentos que ele não contém dentro de si, com tal intensidade que caracteriza o outro como sendo uma réplica dele, ou seja, imagina que ficam iguais *(idem* quer dizer "igual"). Talvez um simples chiste esclareça melhor: um menino no colo do pai, no jardim zoológico, ao se confrontar com o leão rugindo na jaula, nega para si mesmo que esteja com medo e ordena ao pai "pai, vamos embora porque você está com medo". A expressão "identificação projetiva" é tão mencionada porque a importância que este fenômeno representa para a teoria, técnica e clínica é reconhecida por todas as correntes psicanalíticas como sendo de alta relevância. Como as demais defesas, também esta pode ser sadia (por exemplo, favorece a capacidade de *empatia*, ou seja, a de o sujeito, a partir de suas próprias experiências emocionais, conseguir se colocar no lugar de outro), porém, quando utilizada em quantidades excessivas e permanentes, também pode funcionar de forma bastante patológica, caracterizando os quadros paranóides. De fato, não existe uma nítida distinção entre "projeção", tal como foi estudada por Freud, e "identificação projetiva", conforme M. Klein. As diferenças mais significativas é que a concepção de Freud alude a uma projeção de "objetos *totais* do interior do psiquismo do sujeito", sobre outra pessoa, enquanto o conceito kleiniano se refere a uma projeção de objetos *parciais* ("seio bom", ou "seio mau", etc.) *dentro* de outra pessoa.

238. Qual é a diferença entre os conceitos de "ambivalência" e de "ambigüidade"?

Ambivalência designa uma condição do psiquismo pala qual o sujeito tem, concomitantemente, sentimentos, idéias ou condutas opostas em relação a uma mesma pessoa ou situação, como é o caso de uma simultaneidade de amor e ódio, aproximação e afastamento, afirmação e negação. Já o conceito psicanalítico de *ambigüidade* alude a uma situação de formação muito anterior à da ambivalência. Esta última se forma basicamente a partir das dissociações, enquanto a ambigüidade está radicada em uma época em que a criança pequena se sentia fundida e confundida com a mãe primitiva, com sentimentos confusos e contraditórios em relação a ela. Para usar uma linguagem popular, creio que se pode dizer que o sujeito ambíguo "acende uma vela a Deus e outra ao diabo". Para ele, as coisas funcionam na base da máxima de que "no escuro todos os gatos são pardos" e a sua atitude predominante na vida cotidiana segue o mandamento de "nem sim, nem não, antes até muito pelo contrário". Dessa forma, passa sua confusão a todos os circunstantes.

239. Procede a afirmativa de que as defesas empregadas pelo ego é que definem a formação do tipo de caráter e a dos transtornos mentais?

Sim, é uma afirmativa verdadeira. Determinado mecanismo defensivo do ego pode predominar com tamanha intensidade que estabelece o padrão do tipo de caráter do sujeito, ou de transtorno mental. Por exemplo, se a pessoa faz um uso excessivo de "identificações projetivas" para o interior de outras pessoas, é certo que ele tem marcantes traços de personalidade ou de transtorno mental de natureza *paranóide*. O mais freqüente é que se forma uma constelação de defesas que se configuram em determinada organização defensiva típica de certos padrões de personalidade ou de quadros clínicos de psicopatologia. Cabe exemplificar com a possibilidade de que a criança tenha sido educada com constantes avisos de "cuidado" com os riscos de tal ou qual coisa, e com reiteradas advertências de que deve evitar os referidos "graves riscos" (na maioria das vezes são situações banais, de fácil e sadio enfrentamento): esta criança é uma forte candidata a se tornar uma pessoa *fóbica*, com a vigência de defesas que têm por finalidade uma "evitação" de situações imaginadas como sendo perigosas (escuro, elevador, espaço aberto, ou fechado, etc.). Outro exemplo equivalente: se a educação da criança tiver sido pautada por intensas, intermináveis e exageradas recomendações, advertências e até ameaças relativas à limpeza, obediência, ordem e coisas do gênero, é quase certo que está sendo fabricada uma pessoa com caracterologia *obsessiva*. Os exemplos poderiam ser multiplicados, como seria o caso de organizações narcisistas, psicopáticas, psicossomáticas, etc. Deve ficar claro que as causas determinantes não são unicamente exteriores, como nos exemplos mencionados. Assim, uma fobia pode resultar da projeção de sentimentos persecutórios internos; uma neurose obsessivo-compulsiva pode ser conseqüência defensiva contra um superego tirânico e cruel, etc.

240. *Self*: qual é o significado deste termo? Não é o mesmo que "ego"?

Self significa a "imagem de si mesmo", sendo composto de estruturas, entre as quais constam não somente o ego, mas também o id, o superego e, inclusive, a imagem do corpo, ou seja, a personalidade total. As funções do ego e do *self* de certa forma se confundem entre si, de sorte que se cria um paradoxo intelectual: embora seja mais abrangente e amplo do que o ego, é o *self* que está representado (como que contido e fotografado) dentro do primeiro.

241. Seguidamente me deparo com as expressões "verdadeiro *self*" e "falso *self*". Qual o significado desses conceitos?

Estas concepções são originais de Winnicott, que considerou o fato de que quando falha a função materna de integrar as sensações corporais do bebê, os estímulos ambientais e o despertar de suas capacidades motoras, a criança sente sua continuidade existencial (ser!) ameaçada e procura substituir a proteção que lhe falta por outra "fabricada" por ela. Passo a palavra ao próprio Winnicott que, ao comparar a produção de um falso self com uma árvore que cresce mais às custas da casca do que propriamente de sua essência viva, afirma que "então, o indivíduo se desenvolve mais como uma extensão da casca do que do núcleo (...) O *self* verdadeiro permanece escondido e o que temos de enfrentar clinicamente é o *self* falso, cuja missão estriba-se em ocultar o *self* verdadeiro". Com outras palavras, se a mãe aceitar amorosamente o filho como ele verdadeiramente é, se formará um *self* verdadeiro; caso contrário, se o filho sentir que para garantir o amor da mãe ele deve pagar o preço de renunciar à espontaneidade e de se submeter às condições e expectativas que ela deposita nele, cedo ele aprenderá a usar uma aparência de atitudes não-autênticas, portanto de um falso *self*, que pode se prolongar pela vida toda, como recurso inconsciente de não decepcionar ninguém. Deve ficar claro que o fato de que certas pessoas sejam portadoras de um falso *self* não significa necessariamente que sejam pessoas falsas, embora elas se caracterizem por uma permanente sensação de vazio, futilidade e irrealidade. O grau mais extremado de falso *self* é o da figura do "impostor", que impõe aos outros uma personalidade totalmente falsa, como é caso, por exemplo, de alguém sem a mínima formação fazer-se passar por médico.

242. Qual é o significado psicanalítico do importante conceito de "representação"?

As primitivas sensações (provindas dos órgãos dos sentidos) e experiências emocionais (forma de relacionamento com a mãe, por exemplo), especialmente as de natureza traumática, de uma forma ou outra, com um tipo de significação ou outro, ficam representadas no ego, como eternas fotografias que podem ser fiéis à realidade ou distorcê-la. Quando essas marcas foram impressas no bebê, antes da fase da aquisição das palavras, essas impressões são chamadas de "representação de coisa" e elas agem desde o inconsciente do sujeito. Quando as experiências foram impressas no ego, já no período evolutivo em que a criança já tinha pensamento verbal, elas constituem a "representação de palavra". A palavra "representação" designa que há uma repetição ("re") de significados antigos que se fazem presentes, em qualquer tempo presente. Assim, se uma criança representou um cachorro como sendo uma ameaça perigosa à sua vida, ela desenvolverá uma fobia a qualquer cachorro, ou até à figura de um cachorro – o que pode perdurar por toda a vida –, porque basta uma visão ou lembrança para voltar a tornar presente (re-presentar) o significado de um grave perigo iminente. Também é bastante freqüente que existam distorções da imagem corporal (uma pessoa gorda se imaginar sendo magra, ou vice-versa; uma feia se achar linda ou vice-versa...), o que se deve aos significados com que as antigas representações foram gravadas no ego. É igualmente importante destacar o fato de que as representações podem ficar fixadas no psiquismo por meio de símbolos (por exemplo, que a imagem do cachorro esteja sendo o "substituto" da imagem original de um pai violento que, então, seria o "substituído"). Por sua vez, os perigosos caninos do cachorro substituto do pai podem vir a ser substituídos pela presença ou imagem de uma faca e assim por diante. Não é exagero afirmar que o conjunto de representações forma o psiquismo.

243. No jargão psicanalítico, o termo "objeto" é empregado com muita freqüência. Qual é o seu significado?

Talvez seja o termo mais mencionado nos textos psicanalíticos. Já aparece em Freud ("A sombra do objeto recai sobre o ego!"), porém ganhou grande relevância a partir dos trabalhos de M. Klein, para designar como as pessoas exteriores, principalmente os pais, estão internalizados e incorporados no psiquismo do sujeito, agindo ativamente. Muitos analistas – eu incluído – não aceitam com naturalidade essa expressão "objeto" pelo fato de estar muito ligada à idéia de um objeto como coisa material. Isso lhe emprestaria um valor de muita frieza para um aspecto de tanto calor como é o de uma relação humana com alguém, quer vivo e do mundo exterior, quer do mundo interior; por isso sugerem que o termo "imago" seria mais apropriado. De acordo com a qualidade de como o objeto é vivenciado pelo sujeito, M. Klein classificou sete tipos: 1. Objeto *bom* (inicialmente, é aquele que atende ao princípio do prazer, isto é, não frustra; aos poucos o critério de "bom" vai se transformando significativamente). 2. Objeto *mau*, ou *persecutório*. 3. Objeto *externo*. 4. Objeto *interno*. 5. Objeto *idealizado* (não é o mesmo que "bom"; neste caso o sujeito projetou em outra pessoa todas as virtudes maravilhosas, enquanto ele mesmo fica esvaziado de méritos). A contrapartida de objeto idealizado é a de "objeto denegrido", sendo que a passagem de um para o outro, destes dois, pode ser rápida e intensa, conforme o grau de frustração a que o sujeito se submete em relação à figura idealizada. 6. Objeto *parcial* (a criança, ou o futuro adulto, só vê um aspecto parcial da outra pessoa, de forma maniqueísta, isto é, como sendo somente bom, ou mau, etc.) 7. Objeto *total* (neste caso, a criança atingiu a condição de ver a totalidade da mãe com os aspectos que admira juntamente com os que ela detesta na mesma mãe).

244. Explique o papel do superego. O que quer dizer "superego bom" e "superego mau"?

O termo "superego" designa a instância da estrutura psíquica cuja função primordial, segundo Freud, é normatizar a força das pulsões do id. Ele correlacionou a origem do superego à dissolução do complexo de Édipo, o que ficou substanciado na sua famosa frase: "O superego é o herdeiro direto do complexo de Édipo". Segundo Freud, isso acontece porque quando a criança supera, com maior ou menor êxito, sua conflitiva edípica, encontra uma solução para as angústias acompanhantes deste conflito, pela interiorização dos seus pais. Isto é, a criança identifica-se com eles e, assim, internaliza as proibições e interdições. Pode atender ao mandamento interno "deve ser assim... (como seu pai)", mas também pode abarcar a proibição: "não deve ser assim... (não pode fazer tudo o que seu pai faz, muitas coisas são prerrogativas dele; ai de você se desobedecer..."). Conquanto o início da formação do superego seja fundamentalmente devido à renúncia aos desejos edipianos, amorosos e hostis, Freud também destacou as posteriores influências e exigências sociais, morais, educativas, religiosas e culturais. Na atualidade é consensual que os pródromos do superego se formam muito antes do período edípico propriamente dito, sua origem está no "perigo" que as primitivas pulsões representam, especialmente as agressivas. Assim, os sentimentos de culpa e a rigidez do superego estão intimamente relacionados e ambos se influenciam à moda de um círculo vicioso maligno. É importante destacar que o termo "superego" adquiriu uma conotação de significado quase que exclusivamente um caráter persecutório, sádico e cruel, coisa que muitas vezes acontece, agindo como uma espécie de camisa-de-força que sufoca a espontaneidade do sujeito, tal como acontece com pessoas fortemente obsessivas. No entanto, deve ser levada em conta a existência de outros aspectos positivos, protetores, delimitadores, promovedores de contato com a realidade e estruturantes do superego, para o desenvolvimento mental do sujeito. Em razão disto, costumo propor a terminologia que diferencie um "superego bom" de um "superego mau".

245. Esclareça os outros elementos da estrutura do psiquismo embasados no superego e semelhantes a ele. Pode descrevê-los separadamente?

De fato, a formulação que Freud fez da estrutura do psiquismo composta das três instâncias, o id, o ego e o superego, na atualidade é considerada por demais simplificada. Na verdade, foi Freud quem cunhou e empregou os termos "ego ideal" e "ideal do ego". No entanto, ele os utilizou praticamente como sinônimos de superego. Porém, vale a pena, especialmente do ponto de vista da prática analítica, fazer uma distinção entre as particularidades específicas de cada um deles, extensivas às noções de ego auxiliar, alter-ego, supra-ego, contra-ego, ego ideal e ideal do ego.

- *Ego auxiliar*. O que é?

    A expressão "ego auxiliar" não é muito utilizada, porém alude a um conceito bastante útil na medida em que ajuda a esclarecer que nem sempre os objetos supergóicos são introjetados de forma tirânica e ameaçadora. Pelo contrário, quando os objetos internalizados se organizam como aliados do ego, no sentido de auxiliar a estabelecer os necessários limites e a imposição de valores morais e éticos, cabe considerar a denominação ego auxiliar como equivalente ao que seria um superego amistoso, benevolente e útil. Corresponde, pois, ao que na resposta à questão referente ao superego eu chamei de "superego bom", como forma de diferenciar do "superego mau", de características persecutórias, controladoras e cruéis.

- *Alter-ego*. Ainda se usa essa expressão?

    Este termo já esteve muito em voga no jargão psicanalítico, depois praticamente desapareceu. Volta a aparecer com alguma regularidade na literatura especializada com o significado de "duplo" do sujeito. Ou seja, por meio de maciças identificações projetivas dos seus superegóicos objetos internos em alguém, o sujeito constrói uma duplicação dele, uma espécie de "gêmeo imaginário". A importância na prática analítica do conceito de alter-ego reside no fato de que muitos pacientes podem permanecer a vida inteira aparentando uma fachada de honestos, por exemplo, enquanto, sem o menor sinal externo de envolvimento, ele delega a um "testa-de-ferro" (seu alter-ego) o encargo de praticar falcatruas (lembram-se do presidente F. Collor e seu "duplo" P.C. Farias?).

- *Ego ideal*. Tem alguma importância clínica?

    O ego ideal – uma subestrutura do aparelho psíquico – é aparentado com o superego e, diferentemente deste, que é considerado herdeiro direto do complexo de Édipo, representa ser o herdeiro do narcisismo original. Em outras palavras, os mandamentos internos obrigam o sujeito a corresponder na vida real às demandas provindas de seus próprios ideais, geralmente impregnados de ilusões narcisistas inalcançáveis. Essas ilusões, por isso mesmo, determinam na criança pequena e, às vezes se prolongando pela vida inteira, um estado mental que se caracteriza por uma facilidade para sentir depressão quando frustrados em seus ideais imaginários (cabe chamar de "depressão narcisista") e com sentimento de humilhação diante de inevitáveis fracassos dos projetos ideais.

- *Ideal do ego.* **Não é sinônimo de ego ideal?**
Igualmente ao ego ideal, também o ideal do ego compõe uma subestrutura conectada com o conceito da estrutura do superego. Resulta dos ideais do próprio "ego ideal" da criança – altamente idealizados e projetados nos pais – e que se somam aos originais mandamentos provindos do ego ideal de cada um destes pais. Dessa forma, o sujeito fica submetido às aspirações dos outros sobre o que deve "ser" e "ter", e daí decorre que seu estado mental prevalente é de um permanente sobressalto, sendo facilmente acometido de um sentimento de vergonha e de fracasso quando não consegue corresponder às expectativas dos outros, que passam a ser também suas.

- *Supra-ego.* **O que quer dizer esse termo?**
Bion utiliza a expressão "super-superego" para caracterizar uma subestrutura psíquica que se diferencia do conceito clássico de superego, visto que apresenta algumas características próprias. Pessoalmente, venho propondo a denominação de *supra-ego,* pelo fato de que esta organização psíquica está impregnada de tal onipotência, que ela se coloca bastante acima ("supra") do superego clássico, ou seja, ele vai além das proibições e das advertências do que é certo e o que é errado, do bem e do mal, do que é aprovado ou condenado, etc. Ou seja, o supra-ego caracteriza-se por uma forma "psicótica" de pensar, a qual se opõe toda a lógica e desenvolvimento em bases científicas e às leis inevitáveis que acompanham os limites da natureza humana. Assim, ele é regido por uma moralidade "sem moral", com leis criadas pelo próprio sujeito, que insiste em impor aos outros. Igualmente, ele quer reger o mundo com normas e valores unicamente seus, firmados a partir de sua onipotência, onisciência e prepotência. Partindo desse pressuposto de que tudo sabe, pode, condena e controla, o sujeito portador de um supra-ego opõe-se tenazmente a qualquer aprendizado com as experiências emocionais e a capacidade de discriminação entre o verdadeiro e o falso fica borrada por um radicalismo arrogante.

- *Contra-ego.* **Nunca ouvi essa expressão. O que significa ?**
Embora essa expressão não exista na literatura psicanalítica, creio que ela se justifica porque alude a uma situação muito freqüente e importante na prática analítica, qual seja, a de que o próprio ego sabota e impede o crescimento do restante da personalidade do sujeito. São distintas as formas de como essa organização patológica, incrustada no seio do ego do sujeito, impede que ele possa ultrapassar um certo grau de melhoria de sua qualidade de vida. Unicamente para exemplificar, cabe citar as seguintes possibilidades da presença e ação nefasta do contra-ego. 1. A existência de uma *gangue narcisista*, ou seja, um conjunto de objetos que, sob a forma de ameaças e falsas promessas, qual uma máfia, obstaculiza que o paciente reconheça e assuma um lado seu, de criança frágil,

mas que, movida pela pulsão de vida, pugna por se libertar dessa organização que é regida pelo princípio de nunca renunciar às ilusões próprias do mundo narcisista. 2. Outra possibilidade de como o contra-ego pode boicotar o crescimento de uma pessoa é o caso de uma obediência do sujeito a determinado papel conferido pelo sujeito pelos seus pais (por exemplo, o de ser um eterno companheiro da mãe...) em que ocorre um protesto de seu próprio ego quando ele quer se emancipar. Isso acontece em algumas reações terapêuticas negativas diante de um êxito analítico.

246. Existe diferença entre "trauma" e "estresse"?

Existe diferença entre os conceitos de trauma e de estresse, apesar de eles poderem se superpor e se complementarem entre si. *Trauma* designa mais diretamente a situações realmente acontecidas que podem atingir uma intensa repercussão emocional. Freud exemplificava com a sedução sexual que a menina poderia, de fato, ter sofrido por parte do pai. No entanto é fácil o leitor imaginar que existe uma grande diversidade de situações traumáticas, às vezes graves e até trágicas, que podem acometer a qualquer ser humano e conservar as marcas, às vezes, a vida inteira. *Estresse*, por sua vez, tem uma nítida conotação com o sistema biológico, ou seja, a mente do sujeito, reproduzindo o mecanismo de nossos antepassados, e também do reino animal, se prepara para uma luta, através de modificações neurobiológicas, com secreção de substâncias químicas, como adrenalina, etc. Para exemplificar: quando o homem pré-histórico ficava frente a frente com um leão, era uma questão de vida ou morte, de modo que o organismo tinha que se preparar para fugir ou para enfrentá-lo. Apesar de os problemas que hoje enfrentamos serem bem diferentes, ainda mantemos as mesmas reações que nossos antepassados da Idade da Pedra apresentavam, porque o nosso organismo reage da mesma forma, de maneira mais ou menos intensa, diante dos pequenos ou grandes problemas de nossa vida cotidiana. Como conseqüência, o sujeito estressado costuma apresentar uma excessiva fadiga e é extremamente suscetível a explosões de impulsividade e agressividade. A situação de o sujeito ser vulnerável aos estresses aumenta em intensidade quando ele for portador de um superego exigente, perfeccionista e ameaçador.

247. Um único e intenso trauma pode provocar uma neurose permanente?

Não é o habitual, mas pode acontecer quando o trauma atingiu uma proporção gigantesca e ficou reprimido no inconsciente, acrescentado de terríveis fantasias inconscientes, relacionadas com o fato traumático. O mais comum é uma dessas possibilidades: 1. Um determinado trauma incide em uma personalidade, criança ou adulta, já previamente fragilizada e não suficientemente preparada para suportar fatos com teor traumático. 2. Um somatório de sucessivas situações traumáticas (um precoce abandono dos pais, perdas importantes, recorrência de abusos, etc.). Um intenso trauma – vamos supor a possibilidade de uma pessoa, criança ou adulto, ter sido seqüestrada e ameaçada de morte, por um período de duas semanas – condiciona o sujeito a um permanente sobressalto de que qualquer pessoa estranha que esteja nas cercanias dele possa ser um assaltante. Neste caso, temos uma situação que é conhecida com o nome de *estresse pós-trauma*.

248. Sentimento de culpa: como se forma e qual é a sua importância no psiquismo?

O sentimento de culpa é inerente ao ser humano. Basta o estudo dos mitos ou a leitura da Bíblia para uma fácil comprovação do quanto a conduta dos homens está impregnada de culpas, as mais distintas. Em termos psicanalíticos, Freud inicialmente atribuiu a formação dos sentimentos culposos da criança ao conflito de Édipo, em que o filho queria sobrepujar o genitor. Posteriormente ele associou a culpa com a existência na criança de impulsos agressivos ligados à pulsão de morte. M. Klein descreveu a formação prematura do sentimento de culpa nas crianças bem pequenas, como uma conseqüência direta das pulsões sádico-destrutivas, acompanhadas de fantasias inconscientes de que elas teriam atacado e danificado personagens importantes e necessitadas. A importância dos excessivos sentimentos de culpa no psiquismo do sujeito é alta relevância, visto que muitos fracassos na vida, justamente quando alguém está começando a ter sucesso, com grande freqüência, é decorrente de alguma antiga e forte culpa que o faz sentir-se como não sendo merecedor de ser feliz. Outras formas comuns em que as culpas provocam prejuízos na mente e no comportamento das pessoas podem ser: diversas modalidades de *masoquismo; acidentofilia* (uma forte propensão a sofrer acidentes); reiterados vínculos afetivos fracassados, de natureza *sadomasoquista;* na situação analítica, a ocorrência de uma *reação terapêutica negativa* (refere-se ao fato de que, quando o paciente está melhorando substancialmente, ele tem uma recaída e volta à estaca zero). As situações causadoras de culpas são múltiplas: pode provir do discurso dos pais, com um significado desqualificatório dos atos do filho, com uma constante acusação contra ele; pode resultar de um superego punitivo; ou de fantasias inconscientes de que o sujeito foi o causador de desgraças, etc.

249. Conflito psíquico: em que consiste? Como ele se forma? Qual é a relação do "conflito" com o "sintoma"?

Conflito refere-se a um enfrentamento, uma oposição entre duas ou mais tendências, como pode ser, por exemplo, uma pulsão erótica do id exigindo uma gratificação imediata, porém o juízo crítico do ego percebe que a situação é inadequada e, aliado a uma ameaça de punição por parte do superego, tenta deter a impulsividade proibida. Estamos diante de um conflito que se processa dentro da estrutura do psiquismo, o qual pode se expressar através de alguma modalidade sintomática (angústia manifesta, somatização, atuação, pensamento obsessivo, etc.). Assim, o *sintoma* resulta de uma transação (o nome que Freud dava a isso é "formação de compromisso") como tentativa de solução de um conflito intrapsíquico, que fica recalcado no inconsciente e mobiliza distintos mecanismos de defesa. Na sua forma mais simples (vamos supor o sintoma conversivo de uma cegueira histérica), o sintoma reflete tanto o desejo original de o sujeito querer olhar algo que lhe é proibido e, ao mesmo tempo, está presente uma força repressora que lhe proíbe olhar e que se expressa através de uma conversão em "cegueira". Além de possibilitar perceber a relação de "causa-efeito", o sintoma representa ter um *significado*, de sorte que pode ser considerado como sendo uma forma de *linguagem não-verbal,* um idioma especial, o "sintomês". Podemos definir o sintoma com as características de que ele é incompreensível para quem o sofre; não é coerente com o resto de sua personalidade; o sujeito não consegue dominar com força de vontade consciente; é repetitivo e não tem explicação lógica; provoca determinado grau de sofrimento; sempre implica um determinado significado inconsciente.

250. "Formação de compromisso": o que significa essa clássica expressão de Freud?

Este conceito consiste em uma espécie de "compromisso" que as instâncias psíquicas assumem entre si, de modo a autorizar o surgimento no consciente daquilo que está reprimido no inconsciente, desde que venha suficientemente disfarçado para não ser reconhecido, tal como sucede em sonhos, lapsos, atos falhos e na formação dos sintomas. A "formação de compromisso" é um recurso que a parte inconsciente do ego utiliza para, em parte, gratificar alguma demanda pulsional proibida, sem prejudicar uma *egossintonia*, *isto é, o ego* dribla a angústia e, aparentemente, está em estado de uma sintonia harmônica com as demais instâncias psíquicas. Na situação de análise, é bastante freqüente que o analista deve transformar a "egossintonia" do paciente, em um estado psíquico de "egodistonia" (o que implica certo grau de sofrimento), para que, então, a partir daí, poder trabalhar junto com o paciente os ocultos conflitos inconscientes.

251. Quais são as diferenças entre os conceitos de inibição, caráter, temperamento e personalidade?

É útil estabelecer uma diferenciação entre estes termos que, embora assemelhados, guardam uma distinção conceitual. Assim, *temperamento* alude a um estado psicológico que é essencialmente estabelecido por fatores biológicos constitucionais, resultantes de uma herança genética que determina uma "têmpera", a qual é mais, ou menos, agressiva, ou voraz, ou apática, tranqüila, etc. *Inibição* designa uma condição em que as defesas psíquicas se configuram de uma forma a não afrontar as proibições de um superego ameaçador. Não chega a ser um sintoma, porém expressa a existência de algum grau de conflito e fica incorporado como um traço de caráter. *Caráter*, tal como a palavra indica, refere-se aos traços que "caracterizam" determinada pessoa, como resultado da forma de como os mecanismos defensivos, desde fases prematuras, se organizam em uma forma definida e cristalizada. Aliás, Freud constituiu uma bela metáfora utilizando a imagem do cristal que, quando atirado ao chão, pode-se partir "não em pedaços ao acaso, mas seguindo as linhas de clivagem, em fragmentos, cujos limites, embora fossem invisíveis, estavam predeterminados pela estrutura do cristal". Assim, o tipo de caráter varia, sem significar psicopatologia, como pode ser o de um tipo obsessivo, ou fóbico, narcisista, etc. *Personalidade*: em psicanálise, este termo alude mais especificamente à construção de um "modo de ser", de como o sujeito será percebido pelos outros, o que está de acordo com a etimologia desta palavra, pois "personalidade" deriva de *persona*, que se refere à máscara usada pelos atores do antigo teatro grego. Assim, nos textos psicanalíticos aparecem com regularidade expressões como "personalidade madura, personalidade imatura, personalidade passivo-dependente, personalidade obsessiva, ou histérica, etc., refletindo o que o sujeito "passa" para os outros e que corresponde ao que se passa dentro dele.

252. O que significa a terminologia "equação 7-C", na determinação dos conflitos psíquicos?

Como uma tentativa de sintetizar os fatores essenciais do psiquismo que, em algum grau e tipo de arranjo combinatório, estão presentes, com configurações distintas, em qualquer situação psicopatológica, proponho um esquema de memorização constituído por sete fatores, cujos termos têm em comum a letra C e que estão em permanente interação entre si. 1. *Completude*: toda pessoa nasce em um estado de total completude, fundido com a mãe e, de alguma forma, este desejo persiste no adulto. 2. *Carência*: pela razão de que este desejo de total completude é impossível de ser alcançado diante das inevitáveis frustrações da realidade, "sua majestade, o bebê" entra em um estado de carência afetiva, que tanto pode ser de natureza normal, como pode atingir proporções enormes e se prolongar por toda a vida adulta. 3. *Cólera* (ou crime): conforme o grau e a qualidade dessas frustrações, a criança desenvolve um estado raivoso de cólera que pode alcançar o nível de fantasias de crueldade e de crime homicida contra personagens frustradoras e privadoras de suas necessidades básicas. 4. *Culpa*: como decorrência direta dos ataques, reais ou fantasiados, instala-se na criança um estado de culpa, pelos eventuais danos que tenha infligido. 5. *Castigo*: a conseqüência direta deste estado culposo é a "necessidade de castigo" que se reveste das mais diversas formas de masoquismo, desde as que não são aparentes até as de mais alta gravidade manifesta. 6. *Compulsão à repetição*: é fácil observar que, após serem castigadas pelos pais pelo cometimento de alguma "arte delituosa", as crianças se sentem liberadas para uma nova transgressão. São movidas por uma forma de compulsão a repetir, até conseguirem ser novamente castigadas, em um círculo vicioso de "crime, culpa e castigo". 7. *Capacidade para atingir a "posição depressiva"*: o círculo vicioso dessa compulsividade à repetição somente será desfeito se o sujeito atingir a capacidade para chegar à "posição depressiva", isto é, assumir a sua parcela de responsabilidade por tudo o que faz, e poder fazer reparações verdadeiras, abrindo o penoso caminho para fazer transformações no sentido de um crescimento mental.

253. Existe diferença entre os termos signo, metonímia e metáfora?

Um exemplo pode esclarecer melhor e permite estabelecer uma necessária distinção entre os conceitos de "signo", "metonímia" e "metáfora": assim, a palavra "fogo" permite três significados, conforme as associações que o sujeito lhe der. 1. Quando o vocábulo "fogo" está diretamente ligado à "fumaça", estamos diante de uma linguagem com *signos*, porque estabelece uma relação de presença imediata, visível e concreta, sem necessidade de linguagem verbal. 2. Quando o fogo for substituído pela associação com "calor", trata-se de uma *metonímia*, porque os dois conceitos estão ligados por uma continuidade lógica, porém sem simbolismo. 3. Se a palavra "fogo" for utilizada para transmitir uma "paixão ardente", trata-se de uma *metáfora*, porque houve uma relação de semelhança simbólica e, sobretudo, a criação de outro significado.

254. Uma vez formada a personalidade, o psiquismo se mantém como uma unidade coesa, monolítica e indivisível?

Não, o psiquismo não se mantém sempre coeso e indivisível. Pelo contrário, a evolução do ser humano se processa através de sucessivas "fases" e "posições", desde as primeiras impressões e sensações fetais, até os últimos dias de vida. Todas as sensações provindas dos órgãos dos sentidos e as experiências emocionais primitivas vão ficando impressas em diversas áreas de nossa mente, de sorte que isto explica uma certa instabilidade e incoerência no comportamento dos indivíduos e dos grupos, conforme qual for a região do psiquismo que em determinadas circunstâncias estiver sendo mobilizada e, por isso, tomando a hegemonia de nossos sentimentos, pensamentos e comportamentos.

255. Pode ilustrar o conceito de "divisão do psiquismo" com uma metáfora?

A primeira metáfora que me ocorre é de um *mapa do mundo,* isto é, cabe estabelecer uma analogia entre o mapa da mente humana com o mapa geográfico do mundo. Este último se caracteriza pelo fato de que ele é composto por regiões com aspectos bastante distintos, como é o caso das zonas dos pólos norte e sul, onde tudo é frio, branco, gelado, solitário; ou regiões da linha do Equador em que prevalece um calor senegalesco; ou ainda regiões tropicais, temperadas, de clima ameno, e com fenômenos geográficos com peculiaridades opostas, como lagos mansos partilhando o espaço terrestre com oceanos agitados, superfícies planas e férteis vizinhando com zonas rochosas e inférteis, etc. De forma análoga, no mapa do psiquismo de qualquer pessoa, também existem zonas frias e melancólicas (equivalentes às das regiões polares) que convivem com zonas tórridas e temperamentais do gênero humano, etc. Do mesmo modo, também há uma permanente convivência, em cada pessoa adulta, da sua parte bebê com as suas partes da criança, de adolescente, de adulto maduro, a sua parte psicótica interagindo com a não-psicótica, e assim por diante. Para completar a metáfora, creio que cabe dizer que, assim como os navegadores necessitam de uma bússola de orientação para não se perderem na imensidão dos mares, também os sujeitos têm necessidade de desenvolver uma espécie de *bússola empática,* com a finalidade de conhecer as diferentes regiões do seu psiquismo para bem navegar dentro do seu interior, sem ficar com a mente perdida, dando voltas sem sair do mesmo lugar.

256. O que significa a expressão "parte psicótica da personalidade"?

Inicialmente, do ponto de vista psicanalítico, é necessário que não se confunda a expressão "parte psicótica da personalidade" (PPP) com "psicose clínica", como esta última é conhecida na psiquiatria. Assim, fundamentalmente, PPP refere-se ao fato de que toda pessoa, normal ou neurótica, mantém enquistada dentro de si essa parte "psicótica", e a recíproca é verdadeira, isto é, em todo psicótico existe preservada uma parte sadia. Os elementos que compõem essa PPP – uma concepção de Bion – são: 1. Fortes pulsões agressivo-destrutivas, com predomínio da inveja e da voracidade. 2. Baixíssimo limiar de tolerância às frustrações. 3. As relações mais íntimas com as pessoas próximas são predominantemente de natureza sadomasoquista e, ou, narcisista. 4. Uso excessivo de dissociações e de identificações projetivas. 5. Grande ódio às verdades penosas, tanto as internas quanto as da realidade externa, havendo em conseqüência uma preferência pelo mundo das ilusões. 6. Na PPP, existe um sensível prejuízo da capacidade de percepção e as do juízo crítico, como resultado e ataque ao conhecimento das verdades. 7. Uma substituição das capacidades de pensar e de aprender com as experiências, respectivamente pela onipotência e pela onisciência, enquanto a arrogância ocupa o lugar do orgulho sadio, a prepotência substitui o contato do sujeito com o seu lado frágil, e um estado de confusão fica a serviço de impedir uma discriminação entre o verdadeiro e o falso. Por parte do psicanalista, um bom conhecimento e um manejo adequado da PPP dos pacientes representam um importantíssimo recurso na prática psicanalítica.

Parte V

OS PRINCIPAIS QUADROS CLÍNICOS DA PSICOPATOLOGIA

257. **Como se formam os diferentes transtornos psíquicos?**

A expressão "transtorno psíquico" é a que está sendo utilizada pelas modernas classificações nosológicas de doenças mentais e emocionais. Eles são múltiplos e diferentes tanto na forma de como eles se configuram quanto no grau de intensidade de cada um. O embate entre as *angústias* – que podem ser resultantes da demanda de pulsões ou de vazios, ou de sentimento de desamparo, ou de culpas, fracassos, baixa auto-estima, etc. – e o *tipo de defesas* de que o ego lança mão para contra-arrestar as angústias determina a formação de traços de caráter, inibições ou sintomas. Os sintomas caracterizam determinado tipo de transtorno, que pode adquirir uma natureza de psicose, ou de neurose, ou de perversão, transtorno de conduta, psicossomatizações, etc. Por sua vez, as psicoses (implicam algum grau de ruptura com a realidade) abrangem diferentes quadros clínicos (esquizofrenia; estados paranóides, *borderline*; certos transtornos bipolares, etc.), com a sintomatologia típica de cada uma delas. O mesmo acontece com as neuroses, e assim por diante.

258. **O que significam as expressões "benefício (ganho) primário" e "benefício secundário" das doenças psíquicas?**

Benefício primário designa o fato de que determinado transtorno psíquico pode representar uma forma de compensar sérios conflitos inconscientes, não reconhecidos pelo sujeito, e que se expressam através de sintomas, como os corporais. Por exemplo: suponhamos que uma pessoa, inconscientemente, devido a certos medos, se recusa a olhar o que se passa ao seu redor e utiliza defesas que se manifestam pelo sintoma de uma "cegueira histérica conversiva", o que lhe traz um certo benefício (primário) porque representa um alívio em relação a alguma angústia bem mais profunda. *Benefício secundário:* o benefício torna-se secundário quando o paciente percebe que sua doença pode lhe render férias prolongadas do trabalho que detesta, ou alimenta a fantasia de que está se beneficiando sem ter que dar coisa alguma, assim ganhando um "encosto" da previdência, uma "mamata", palavras que bastam para esclarecer no que consiste esse ilusório ganho que gratifica a sua "parte bebê". No caso do exemplo citado, a "cegueira" histérica, além de aliviar a angústia original, também pode dar um ganho secundário, no sentido de mobilizar a atenção e preocupação das pessoas com quem convive, ganhar uma licença remunerada do trabalho, etc.

259. **É importante o analista conhecer o diagnóstico das doenças mentais? Quais são os critérios de classificação? O que é o DSM-IV?**

Sim, é importante que o psicanalista reconheça qual é a categoria diagnóstica da caracterologia ou do transtorno mental do seu paciente. No entanto, mais relevante do que um diagnóstico rigorosamente correto do ponto de vista da psiquiatria, é importante, sim, que o profissional tenha condições para estabelecer uma impressão diagnóstica psicodinâmica, isto é, como se processa a dinâmica do psiquismo, o que implica conhecer as ansiedades do paciente e os mecanismos defensivos que ele utiliza. Estes últimos determinam um quadro clínico, cujo diagnóstico deve ser estabelecido o mais próximo possível de uma clara definição diagnóstica. Certos quadros clínicos, como esquizofrenia, doença do pânico, etc., são definidos como "doenças", enquanto outras situações mentais mais manifestas no plano dos padrões de comportamento persistentemente mal-adaptativos caracterizam os "transtornos". O *DSM* (sigla de *Diagnostic and Statistical Manual of Mental Disorders*), elaborado pela American Psychiatric Association, foi criado na década de 1950, teve reedições com sensíveis modificações, só encontrou um consenso internacional nos anos de 1980 e, na atualidade, desde 1993, é vigente a 4ª edição do *Manual Diagnóstico e Estatístico dos Transtornos Mentais*, ou seja, o DSM-IV. Um incontável número de profissionais do mundo inteiro colaborou para dar uma abrangência universal a este manual.

260. **Qual é a finalidade do sistema de "múltiplos eixos" no diagnóstico clínico?**

O termo "multiaxial" (múltiplos eixos) designa que são muitos eixos, de significados diferentes, que devem ser levados em conta para o estabelecimento de um diagnóstico que não fique restrito a um único aspecto; pelo contrário, o paciente deve ser visualizado nas múltiplas facetas de sua personalidade. Assim, são cinco eixos, que se complementam e se interpõem entre si, possibilitando um diagnóstico mais integrado e completo, o que representa uma significativa vantagem na prática analítica. O *eixo I* refere-se a doenças que geralmente se desenvolvem na adolescência tardia ou na fase adulta e que manifestam sintomas típicos, de forma persistente, como esquizofrenia, doença afetiva bipolar, doença do pânico, etc. Os transtornos do eixo I podem ser episódicos, progressivos ou crônicos. O *eixo II* abrange transtornos da personalidade que sejam mal-adaptativos (transtornos histéricos, fóbicos, obsessivo-compulsivos, transtornos de conduta, etc.) e de retardo mental. Assim, os transtornos do eixo II resultam de uma acentuação de traços de personalidade prévios, sem chegar a atingir a dimensão do eixo I. Nem sempre é fácil distinguir os transtornos dos eixos I e II: de modo geral, as doenças do eixo I respondem muito bem à medicação específica. O *eixo III* designa a existência de problemas médicos orgânicos que são relevantes e mantêm uma interação com o transtorno mental. Para ficar em um único exemplo, um alcoolista (eixo I) que já desenvolveu uma cirrose hepática. O *eixo IV* registra a existência de determinados fatores estressantes (econômicos, afetivos, profissionais, orgânicos, etc.) que vêm agindo em um período de um ano, anterior à eclosão, recorrência ou exacerbação do transtorno mental em evidência atual. O *eixo V*, por sua vez, designa o nível global do funcionamento do paciente, no momento da avaliação do especialista e também no que se refere a um longo período do ano anterior. Convém enfatizar que os diferentes eixos não são estanques, pelo contrário, um paciente enquadrado no nível I pode evoluir para o II, e vice-versa, e assim por diante.

261. Psicoses. Esse termo é o mesmo que "loucura"?

O termo "psicose" foi criado em meados do século XIX como uma forma de substituir o depreciativo vocábulo "loucura", então muito em voga, e tentar definir essa doença em uma perspectiva psiquiátrica em lugar de hipóteses demoníacas e outras equivalentes, vigentes na Antigüidade. Genericamente, o termo *psicose* designa um processo deteriorante das funções do ego, a ponto de haver, em graus variáveis, algum sério prejuízo do contato com a realidade, com a probabilidade de surgimento de alucinações e idéias delirantes. É o caso, por exemplo, das diversas formas de esquizofrenias crônicas (as agudas, geralmente, se bem manejadas, costumam ser de prognóstico bastante favorável), para ficar em um exemplo extremado. Existem muitas modalidades de psicoses, como são os diferentes graus e níveis das esquizofrenias; o transtorno bipolar que até pouco tempo era conhecido como "psicose maníaco-depressiva" (na atualidade, com a moderna psicofarmacologia representa ser de excelente prognóstico, além da vantagem que, entre um surto e outro, o psiquismo não se deteriora progressivamente, como costuma ser nas esquizofrenias); as psicoses orgânicas (alterações cerebrais, etc.). Nos tempos atuais, é mais alentador o tratamento de pacientes psicóticos, onde a psicanálise pode ser bastante benéfica, desde que ela funcione com outros recursos, como a medicação com psicotrópicos, um acompanhamento da família, uma eventual hospitalização ou um acompanhamento com "auxiliares terapêuticos", etc.

262. Transtorno da personalidade *borderline*. Quais são as características?

O termo inglês *border* quer dizer "fronteira". Assim, *borderline* significa uma psicopatologia clínica que também é conhecida com o nome de "paciente fronteiriço", ou de "casos-limites", entre outros nomes, sugerindo que esses casos se mantêm no limite entre a psicose e a neurose. Este transtorno mental tem uma estrutura própria, com uma série de características típicas: aparentam um jeito algo "esquisito"; existe um prejuízo do juízo crítico e de percepção da realidade objetiva; uma permanente sensação de ansiedade difusa, de uma forte sensação de vazio e de estranheza; manifestações neuróticas polissintomáticas; uma clara presença do que os analistas chamam de "parte psicótica da personalidade"; uma acentuada instabilidade de humor; freqüentes *actings*, muitas vezes sob a forma de sexualidade perversa, sadomasoquista, e demonstram uma síndrome de uma "difusão da identidade", isto é, o sentimento de identidade é débil e muito cambiante. Do ponto de vista do tratamento com o método analítico, os autores mais experimentados nesses casos concordam que os pacientes *borderline* podem não ser apenas os mais frustrantes, mas também os mais gratificantes de se tratar.

263. Transtorno da personalidade narcisista. Existe um narcisismo normal e sadio?

A palavra "narcisismo" adquiriu uma má fama. No entanto, é útil esclarecer que existe uma – narcisista – etapa evolutiva normal em todo ser humano e, além disso, o narcisismo pode se prolongar ao longo de toda a vida com características absolutamente normais e sadias, porquanto estão representando um bom nível de auto-estima, uma expressão de a pessoa gostar de si mesma, uma vaidade e um orgulho próprio pelo reconhecimento de seus valores e progressos reais. Em contrapartida, existe uma alta probabilidade de que as manifestações narcisistas fiquem tão exacerbadas que adquiram uma característica de patologia, com transtornos no pensamento e na conduta. Assim, os transtornos narcisistas da personalidade se caracterizam por aspectos como: um acentuado egocentrismo do sujeito, em que tudo e todos devem girar em torno do "seu umbigo"; em função disso, esse narcisista terá dificuldades em ter consideração e amor pelas outras pessoas; o sujeito com transtorno narcisista somente ama a quem o ama, de forma incondicional; o orgulho normal se transforma em arrogância e prepotência, e a sua tolerância às frustrações é baixíssima. No entanto, os transtornos narcisistas podem se manifestar por outra faceta: a de uma fragilidade tal que qualquer frustração deixa o sujeito aniquilado; a auto-estima dele é altamente instável, de modo que oscila rapidamente de um pólo para outro (sou o melhor ou sou o pior; sou o mais bonito ou sou o mais feio, etc.). Em relação ao tratamento psicanalítico com alguns pacientes portadores de transtorno narcisista, a análise fracassa porque o narcisismo exagerado os leva a provar que nem a análise e muito menos o analista conseguem algo com ele (na base do "comigo ninguém pode"). Entretanto, outros pacientes com transtorno narcisista de personalidade que têm uma parte de seu psiquismo disposta a fazer mudanças, às vezes, conseguem resultados analíticos altamente gratificantes.

264. Transtorno afetivo (ou do humor) bipolar (TAB): é o mesmo que "psicose maníaco-depressiva"? Quais são os tipos? Responde bem aos tratamentos?

O *transtorno afetivo bipolar (TAB)*, antigamente (até o início dos anos 1980) denominado "psicose maníaco-depressiva" (PMD), é uma doença crônica, de fundo hereditário, constitucional, comumente de início precoce, de características recorrentes, bastante recidivantes, que pode se manifestar de formas distintas. Assim, os *transtornos do humor (TH)* constituem um grupo de doenças que se manifestam de forma distinta, porém conservam uma característica comum, que é o de uma alteração de *humor* (esta palavra significa um estado de ânimo variável na tonalidade dos sentimentos, porém de presença constante). De acordo com o DSM-IV, de 1994, da American Psychiatric Association, os transtornos do humor são divididos em três grandes grupos, cada um deles com várias subdivisões. De modo esquemático, são os seguintes:

a) **Transtornos depressivos**: referem-se à "depressão maior", representam a categoria mais importante e são mais prevalentes no sexo feminino. O termo "depressão unipolar" designa que houve unicamente episódios de depressão.
b) **Transtornos bipolares**: essa categoria abrange as seguintes quatro formas: 1) *Ciclotimia*: consiste em que nunca tenha havido transtorno bipolar I ou II (este

conceito segue adiante), nem transtorno depressivo maior, porém designa que o paciente já vinha apresentando, há pelo menos dois anos, episódios "hipomaníacos" (sintomas semelhantes aos da mania, porém em intensidade bem mais moderada e tolerável), ou episódios de depressão leve. 2) *Distimia*: designa uma depressão crônica, tendo geralmente um início insidioso. 3) *Transtorno do humor bipolar I*: indica que o paciente já tenha apresentado, no mínimo, um episódio maníaco (um grau exagerado de euforia), embora o primeiro surto possa ter sido maníaco, depressivo ou misto. 4) Já o diagnóstico do *tipo II* requer que o paciente venha apresentando – de forma recorrente – tanto episódios de "transtorno depressivo maior", como, também de forma recorrente, surtos maníacos, ou hipomaníacos mais fortes. O transtorno bipolar pode ser bem controlado pela combinação de um acompanhamento psicoterápico e de psicofármacos, porém também existe a possibilidade de produzir intensas e extensas incapacidades em algumas áreas da vida. As estatísticas comprovam que o risco de suicídio das pessoas portadoras dessa doença é 30 vezes maior do que na população normal. Nem todos os casos de TAB se beneficiam com a moderna psicofarmacologia, quer porque são refratários à medicação, como também porque não aderem à disciplina do seu uso, ou porque não suportam os efeitos colaterais. No entanto, é incontestável que o prognóstico da evolução da doença melhorou extraordinariamente. A própria terapia psicanalítica, quando associada com medicamentos antidepressivos, ou estabilizadores do humor, como o lítio, tem dado mostras claras de que o transtorno de humor evolui de forma mais eficiente. Cabe destacar uma alta freqüência de transtornos bipolares que são subclínicos, isto é, os sintomas não se manifestam de forma ruidosa, porém, muitas vezes, respondem de forma bastante satisfatória à medicação específica.

c) **Outros transtornos do humor**: pode ser, por exemplo, o caso de um transtorno do humor induzido por determinadas substâncias, ou os transtornos serem decorrentes de fatores orgânicos, que podem causar ou exacerbar o TAB, como causas neurológicas, endocrinológicas, metabólicas, infecciosas, etc.

265. Como reconhecer os sintomas típicos de depressão e os de mania?

Os principais sintomas da *depressão* são: um estado de tristeza, muitas vezes inexplicável, e de ansiedade; uma abulia, isto é, uma falta de vontade de fazer coisas que sempre gostou de fazer; uma atração para ficar deitado na cama, ao mesmo tempo em que tanto pode ter um excesso de sono como uma dificuldade para dormir à noite; uma sensação de cansaço constante; tanto pode ter uma acentuada falta de apetite como uma ânsia de ficar comendo o tempo todo; sensível diminuição, ou abolição, do apetite sexual; dificuldades para se concentrar em alguma tarefa; sensação de esquecimento; já ao acordar lhe parece que o dia está cinzento e vê tudo com pessimismo e desalento; falta de vontade de falar com outras pessoas e executar tarefas por mais simples que sejam; uma significativa baixa da auto-estima; uma forte sensação de que está em um beco-sem-saída e que sua situação é irreversível; pensamentos sobre a morte e – o aspecto mais sério e preocupante – uma ideação suicida. A intensidade de qualquer um destes sintomas é bastante variável de um caso para outro. Os principais sintomas da *mania* são: o surgimento de sentimentos extremamente eufóricos; uma manifestação de aceleração geral, como o de uma energia excessiva, hiperatividade, inquietação, rapidez exagerada nos pensamentos e na fala; sensação de poder, de que pode fazer tudo o que quiser e de que ninguém vai impedir; baixíssima tolerância às frustrações e fica de humor agressivo quando é contrariado; o juízo crítico fica seriamente abalado, com o risco de tomar iniciativas perigosas, para si ou para os outros; um aparente aumento exagerado da libido; dificuldades para se concentrar em alguma coisa durante muito tempo; gastos exagerados, em um custo superior às posses, em um consumismo desenfreado; redução do tempo de sono, às vezes ficando dias sem dormir ou dormindo muito pouco, sem que, aparentemente, sinta cansaço; comportamento onipotente, onisciente e prepotente, diferente do seu habitual; forma de se vestir, às vezes, extravagante; intentos de sedução e prática sexual indiscriminada; possível abuso de drogas, como bebidas alcoólicas ou remédios para dormir. As formas de mania que são menos tumultuadas, e quase não parecem ser um surto psicótico, são chamadas de estado de *hipomania*. Como os transtornos bipolares levam a disfunções da química cerebral (e vice-versa), o principal tratamento consiste no uso de estabilizadores do humor, dos quais o lítio é o mais conhecido e empregado.

266. Transtornos paranóides. Como se formam?

Os transtornos paranóides variam intensamente em grau de qualidade e de intensidade, como pode ser resumido em uma dessas duas possibilidades: 1) Transtorno da personalidade paranóide, que se caracteriza pelo fato de o sujeito portador ser reconhecido como uma pessoa por demais desconfiada, extremamente sensível, ciumenta, distorce a percepção dos fatos objetivos, é querelante e criador de casos. 2) A possibilidade de se tratar de uma psicose paranóide, inclusive como uma forma de esquizofrenia com a presença de alucinações visuais, auditivas, táteis, e com a produção de idéias delirantes, de perseguição, grandeza ou de ruína. Não raramente se tornam extremamente agressivos e, com muita freqüência, existe a presença de um "ciúme patológico", em que o paranóico desconfia até de sua sombra e, de forma obcecada, castiga a(o) companheira(o) com um terrível controle e idéia fixa de que está sendo traído(a). Do ponto de vista psicanalítico, a paranóia não tem base orgânica; ela é entendida como resultante de um processo defensivo de exageradas "dissociações" (divisão de pessoas e coisas, em boas e más) seguidas de excessivas "projeções" dessas partes divididas, que são suas, em outras pessoas.

267. Neuroses. Qual é a diferença com as psicoses ou psicopatias?

Os pacientes portadores de estruturas neuróticas caracterizam-se pelo fato de apresentarem algum grau de sofrimento e de desadaptação em alguma, ou mais de uma, área importante de sua vida: sexual, familiar, profissional ou social, incluído, também, é evidente, seu particular, permanente e predominante estado mental de bem ou de mal-estar consigo próprio. No entanto, apesar de que o sofrimento e o prejuízo, em alguns casos, possam alcançar níveis de gravidade, os indivíduos neuróticos sempre conservam uma razoável integração do *self*, além de uma boa capacidade de juízo crítico e de adaptação à realidade. A *neurose* se diferencia da *psicose* porque esta última utiliza-se de defesas muito primitivas e, em algum grau, mostra uma ruptura com a realidade, enquanto na neurose as defesas são bem mais evoluídas e não existe um desligamento da realidade. A diferença com a *psicopatia* consiste em que esta se manifesta através da conduta e de comportamentos de natureza anti-social que, aparentemente, são praticados sem culpas. Conforme são os tipos de defesa que o psiquismo lança mão para enfrentar as angústias, vai haver uma diversificação na formação do transtorno neurótico, como pode ser o de "ansiedade generalizada" (em cujo caso, o paciente sofre de expectativas angustiantes, inquietude, dificuldade de concentração, irritabilidade, tensão muscular, alterações do sono); o de "pânico"; "fobias"; "histerias"; transtornos obsessivo-compulsivos", etc. Estudos estatísticos apontam que, na atualidade, 30% da população mundial terá, pelo menos uma vez na vida, algum tipo de transtorno mental, sendo que 70% desses transtornos estão ligados às famílias de ansiedade ou da depressão. Os quadros mais comuns são: fobias (24%), depressão (17%), distimia (6%) e ansiedade generalizada (5%). A soma delas passa de 30% porque parte dos pacientes apresenta transtornos concomitantes.

268. O que Freud chamava de "neurose atual"? E de "neurose narcisista"?

Em suas primeiras tentativas de classificação das neuroses, Freud chamava de *neurose atual* o quadro clínico que não seria produzido por conflitos passados, mas, sim, por motivos atuais, de modo que ela não dependeria estritamente de conflitos psíquicos. Assim, ele considerou dois tipos de neurose atual. 1) A "neurose de angústia" que seria resultante de um estancamento da libido sexual, o que desenvolveria toxinas que provocariam sintomas de angústia livre, como taquicardia, palpitações, respiração ofegante, opressão precordial, etc. 2) "Neurastenia": um estado de fraqueza geral resultante de um excesso de eliminação, como seria o caso de masturbação ou de prática sexual excessiva. Na atualidade, essa classificação e compreensão de como os aludidos sintomas se formam, estão completamente abandonadas. Igualmente, a expressão *neurose narcisista* que Freud empregava para designar o que hoje chamamos de "psicoses" também está abandonada.

269. O que significa "neurose traumática"?

O conceito de "trauma" (em grego, esta palavra significa "ferida") está mais diretamente ligado a acontecimentos externos reais, intensos, realmente acontecidos, que sobrepujaram a capacidade do ego de poder processar a angústia e a dor psíquica que eles provocaram. Quanto mais precoce for o trauma, maior é a possibilidade de ele estar representado no psiquismo da criança, provocando efeitos prejudiciais, como fobias e outras manifestações, o que está bem explícito em uma bela metáfora de Freud em que ele compara o efeito de um trauma psicológico ao de uma agulhada no embrião humano. Uma agulhada em um organismo desenvolvido é inofensivo, porém se for em uma massa de células no ato de divisão celular, promoverá uma profunda alteração no desenvolvimento daquele ser humano em formação. São múltiplos os traumas precoces impingidos às crianças, tanto sob a forma de separações traumáticas quanto de distintas formas de violência contra elas praticadas pelos pais ou pela sociedade. A denominação de neurose traumática para a pessoa adulta se emprega unicamente para designar as reações neuróticas a uma intensa comoção psíquica, como uma tragédia, a morte de alguma pessoa especial, o brusco aparecimento de um grande perigo, a proximidade com uma guerra, assaltos à mão armada, seqüestros, etc. Uma das formas que o psiquismo emprega como tentativa de elaborar a neurose traumática é através da repetição do trauma original, quer através de sonhos repetitivos, de reprodução em desenhos alusivos (como as crianças fazem bastante), narrando o mesmo fato, para todo o mundo, de forma incansável.

270. "Estresse pós-traumático": em que consiste este quadro clínico?

Um intenso traumatismo acontecido na infância (algum tipo de tragédia ou de violência) ou na fase adulta (por exemplo: ter sido vítima de assalto, com risco de vida, ou ter sofrido violência sexual, perda trágica de parentes próximos, situações de guerra, etc.) pode se constituir como uma forma de estresse, ou seja, o organismo fica em um permanente estado de sobressalto, secretando substâncias como adrenalina e outras, para enfrentar a repetição da situação traumática que já vivenciou. Essa situação ameaçadora expressa-se quer por alguma modalidade de "fuga" (como pode ser o de uma evitação fóbica de enfrentar certa coisa ou lugar), ou por uma necessidade de "enfrentamento" do suposto perigo, o que consome uma grande carga de energia psíquica. Os sintomas do estresse pós-traumático podem incluir transtornos de sono, cansaço e irritabilidade, dificuldade para concentrar-se, hipervigilância e uma exagerada resposta de sobressalto e de promover alarmes. Há três tipos de estresse pós-traumático: 1. Agudo (a duração dos sintomas é inferior a três meses). 2. Crônico (a duração de sintomas é superior a três meses). 3. Tardio (nesse caso, o início dos sintomas ocorre pelo menos seis meses após o fato estressante).

271. Síndromes mentais orgânicas. O que é isso?

O aspecto importante desta questão consiste no fato de, não unicamente, ela ser bastante freqüente em determinadas doenças neurológicas de adultos em idade mais avançada, como também porque o seu surgimento, especialmente em jovens, pode ser confundido com algum transtorno puramente psicológico, o que pode representar uma preciosa perda de tempo para um tratamento adequado à etiologia orgânica. Assim, um conjunto de sintomas que parece ser uma doença psiquiátrica clássica, em um exame mais cuidadoso, pode ser diagnosticado como uma doença neurológica ou médica com repercussões mentais. Assim, doenças tão diversas como tumores cerebrais, uma insuficiência renal, ou a ação tóxica de alguma medicação excessiva, podem acarretar síndromes comportamentais que, freqüentemente, são encaminhadas para tratamento psicoterápico, quando o mais provável é que seriam mais pronta e adequadamente resolvidas, se fossem diagnosticadas no início. O problema pode se manifestar de forma aguda e progressiva ou apresentar-se de uma forma crônica com pouca ou nenhuma mudança ao longo de meses ou anos. Em geral, a ausência de problemas psiquiátricos prévios, a ausência de história familiar de doença psiquiátrica e o início dos sintomas após os 40 anos devem levantar a suspeita de doença médica ou neurológica. Assim, os familiares, médicos e psicoterapeutas devem se manter atentos ao surgimento de sintomas como dores de cabeça, desmaios, convulsões, trauma craniano, problemas neurológicos focais como distúrbios da visão e prejuízo da coordenação motora, lapsos de memória especialmente para fatos recentes, parestesias (sensação de formigamento), estado de confusão mental, uma progressiva deterioração intelectual e cognitiva e sintomas afins, podem ser um sério indicador de algum transtorno mental orgânico, tipo doença de Alzheimer, tumor no sistema nervoso, aterosclerose cerebral, demência senil, doenças degenerativas, mal de Parkinson, etc. A confusão com transtornos unicamente psicológicos se deve ao fato de que as síndromes mentais orgânicas freqüentemente vêm acompanhadas de sintomas como ansiedade, depressão, mania e alteração da personalidade.

272. Transtornos que pertencem à "família da ansiedade". Em que consistem?

A ansiedade, ou angústia, é o sinal mais evidente de algum sofrimento psíquico. São múltiplas as formas, os graus e as causas etiológicas dos transtornos de ansiedade, tanto a de forma moderada como a de intensidade insuportável, por causas externas objetivas ou por razões inconscientes não-palpáveis, de instalação aguda (tanto de um único episódio como de forma recorrente) ou de permanência crônica, como manifestações isoladas de angústia livre (taquicardia, falta de ar, medo de morrer, etc.) ou fazendo parte de transtornos mais complexos como quadros depressivos, de pânico, etc. Existe certo risco de medicar visando unicamente à angústia manifesta porque é possível que esta não seja mais do que uma manifestação de uma doença mais complexa subjacente. Outro inconveniente consiste no fato de que o uso indiscriminado de ansiolíticos, para certas pessoas com tendência à adição, pode representar um sério risco de dependência à droga. Os quadros clínicos mais comuns que compõem a "família da ansiedade" são: síndromes do pânico, fobias, ansiedade generalizada, transtorno obsessivo-compulsivo, estresse pós-traumático. Enquanto os transtornos do humor mais comuns são: distimia, depressão, transtorno bipolar, em suas distintas formas.

273. Transtorno do pânico e ataques de pânico. O que são? O que causam? Como se manifestam? São hereditários? Como tratar?

Transtorno do pânico (também conhecido como "doença do pânico" ou "síndrome do pânico") consiste em um surgimento episódico de "ataques de pânico" que se caracterizam pelo início rápido de desconforto, medo ou terror e com a manifestação de pelo menos quatro dos sintomas que seguem: palpitações, taquicardia; sudorese; tremores ou dormência e formigamento; dificuldade respiratória; dificuldade para deglutir, náuseas ou sensação de sufocação; dor ou opressão no tórax; sentimentos de estranheza e de despersonalização; medo de morrer ou de ter um enfarte; medo de enlouquecer ou de perder o controle. Os ataques de pânico são sintomas que podem ser causados por fatores diversos. Em média, 10% da população geral relatam *ataques de pânico* que surgem de forma isolada e pouco freqüente, sem maior significação psiquiátrica. As pessoas que realmente sofrem dessa doença apresentam ataques de pânico inesperados, recorrentes, em uma freqüência que pode ser de mais de um ataque por semana. Outros vivem atormentados por uma "angústia antecipatória", isto é, um permanente sobressalto angustiante de que vai acontecer um ataque e, por essa razão, é bastante comum que comecem a evitar lugares e situações onde tiveram crises anteriores, fato esse que gera a instalação de um quadro fóbico, em que o sujeito evita enfrentar situações, a ponto de, às vezes, se recusar a sair sozinho de sua casa. Embora existam relatos de ataques de pânico em crianças e adolescentes, o transtorno do pânico comumente se desenvolve em pessoas com mais de 30 anos, sendo que é incomum o surgimento de um primeiro ataque após os 40 anos. É bastante freqüente que haja uma relação entre a doença do pânico e os transtornos depressivos. Estudos estatísticos demonstram que existe uma tendência familiar, tanto que a incidência dos transtornos de pânico na população geral é de 3 a 4%, enquanto nas famílias de pacientes com essa doença, as taxas são três a seis vezes superiores. O melhor tratamento – que costuma dar excelente resposta clínica – consiste em uma combinação de tratamento farmacológico específico, com alguma forma psicoterápica, que tanto pode ser de base analítica como cognitivo-comportamental.

274. Terror (ou pavor) sem nome. O que significa?

Esta expressão refere-se a uma angústia que o paciente sente, com uma forte sensação de "aniquilamento" que ele não consegue descrever com palavras. Muitas vezes, de forma equivocada, o terapeuta fica insistindo para que o analisando o faça, quando, ao contrário, é este que está à espera que alguém o entenda, decodifique e esclareça o que ele próprio não sabe o que é que ele sente e de onde veio a angústia que lhe dói tanto. Creio que isso esteja bem expressado neste verso do poeta português Luis de Camões no seu clássico *Os Lusíadas*: "Sinto um... não sei o que; Surge... não sei de onde; Aparece... não sei quando; Mas dói, dói muito; E... não sei por quê".

275. Histerias. Quais são as principais características do "caráter histérico"?

O termo "histerias" aparece no plural pela razão de que este transtorno costuma aparecer nos textos psicanalíticos com formas e significados bastante diferentes. Sua conceituação abrange muitas modalidades e graus, tanto de traços caráter como de quadros clínicos. De modo geral, as seguintes características são as que estão praticamente sempre presentes. 1. A permanência no psiquismo do adulto, de uma parte de criança que ele foi aos 3, 4 anos, no corpo de um adulto. 2. Assim, o limiar de tolerância às frustrações é bastante baixo. 3. A reação às frustrações fica sendo equivalente a como reage uma criança pequena, se atirando no chão, chorando de forma desesperada, fazendo malcriações e ameaças, seguidas de vingança ou arrependimento, até voltar a uma reconciliação e depois recomeça tudo de novo. 4. O mecanismo defensivo por excelência consiste no uso de repressões (recalcamentos). 5. Uma supervalorização do corpo, tanto nos exagerados cuidados estéticos como na possibilidade de surgimento de somatizações. 6. O uso consistente, de forma manifesta ou dissimulada, de alguma forma de sedução. 7. Discurso em geral entremeado de queixas, cobranças, demandas insaciáveis e uma reiterada necessidade de reafirmação de que é amada(o) e desejada(o). 8. A comunicação é caracterizada por uma forma superlativa, algo dramática na forma de expor os fatos. Na situação analítica, nos casos mais marcantes de histerias, em todas as sessões surge o que se pode chamar de o "drama" do dia. 9. A ânsia para obter alguma forma de reconhecimento dos outros domina a maior parte do psiquismo. 10. Existe uma grande habilidade no uso de uma "técnica de provocação", a qual consiste em induzir as pessoas com quem convivem a maltratá-las de alguma forma, assim confirmando a sua arraigada tese de que eternas vítimas de injustiças e abandonos.

276. Quais são os tipos de histeria?

A classificação das doenças mentais (DSM-IV) não fica restrita a um único eixo diagnóstico: assim, partindo do "eixo 1" (indica os sintomas, a psicopatologia), as histerias mantêm a velha divisão nos dois tipos denominados como *conversivas* e *dissociativas*, enquanto, visto do "eixo II" (designa os traços de caráter, o comportamento, os transtornos de personalidade), o conceito é mais abrangente e inclui múltiplas denominações, como: transtornos de personalidade histérica; personalidade infantil-dependente; personalidade fálico-narcisista; traços histéricos de outras personalidades; transtornos de personalidade histriônica. Todas elas mantêm as características gerais da histeria, porém cada uma apresenta aspectos específicos.

277. Histerias conversivas. O que significa isso?

Como o nome diz, histeria "conversiva" refere-se ao fato de que os conflitos psíquicos sofrem uma "conversão" nos órgãos dos sentidos (sob a forma de sintomas de uma aparente cegueira, surdez, perda de visão, etc.) e na musculatura que está sob o comando do sistema nervoso voluntário (contraturas musculares, paralisias motoras, etc.). A conversão segue a mesma deformação que existe nos sonhos, ou seja, os sintomas conversivos representam e dramatizam, simbolicamente, o conflito subjacente. Por exemplo, um sujeito nega-se a escutar verdades que os outros lhe apontam, e se defende, inconscientemente, com uma surdez histérica, porque não tem uma base orgânica. Recordo de um paciente que há meses sentia uma intensa contratura de todo o membro superior direito, que permanecia imóvel e despertava dor quando ele tentava movimentá-lo. Os exames clínicos não acusavam nenhuma irregularidade física. O sintoma somente desapareceu quando ficou claro para o paciente que a contratura estava dramatizando o conflito de que ele queria surrar o desafeto com um soco, ao mesmo tempo que seu superego o advertia dos graves riscos que ele correria, então recolhia o braço, de sorte que os dois impulsos contrários, em conflito, se expressavam através do simbolismo do aludido sintoma histérico.

278. Qual é o significado de transtornos histéricos "dissociativos"? O que é "bela indiferença"? E "personalidade múltipla"?

Os sintomas clínicos mais comuns que caracterizam essas histerias dissociativas consistem em uma espécie de "dissociação" da mente consciente sob a forma de desmaios, desligamento tipo "ausências", ataques que representam um simulacro de crises epilépticas, estados de uma *belle indiference*, sensações de despersonalização e de estranheza, estados crepusculares, sonambulismo, amnésia dissociativa, fuga dissociativa e, mais tipicamente, os conhecidos casos de escrita automática e de personalidade múltipla. A *bela indiferença* (do francês *belle indiference*) consiste em um quadro clínico em que o paciente manifesta nitidamente alguma sintomatologia histérica, conversiva ou dissociativa, porém se mantém em uma atitude de total indiferença, sem sofrimento aparente e, muitas vezes, dando sinais de satisfação, porque auferem um "benefício secundário" do sintoma, como o de atrair a atenção e preocupação das pessoas sobre si. A explicação que Freud dava para esses casos é que o ego tenta prosseguir em seu esforço de dissimular os desejos proibidos de sua sexualidade, substituindo-os por sintomas, tal como no passado usou o recalcamento da sexualidade infantil. *Personalidade múltipla*, por sua vez, designa uma das formas da "histeria dissociativa", que consiste no fato de o sujeito assumir duas ou diversas personalidades à semelhança da história do conhecido filme *As Três Faces de Eva,* no qual, em certos momentos a personagem central era uma ilibada dona de casa, em outro momento se comportava como uma insaciável sedutora e, em um terceiro momento, aparecia sua face de uma criança dependente, sedenta de amparo. Esse fenômeno deve-se à coexistência de diversas representações distintas dentro do ego, dissociadas entre si, e que emergem separadamente na consciência, de acordo com determinadas necessidades e circunstâncias.

279. **Qual é a distinção entre personalidade "histérica" e personalidade "histriônica"?**

O transtorno da "personalidade histriônica" é a forma mais regressiva de histeria, sendo suas manifestações muito mais floridas que a das histéricas, a ponto de alguns autores apontarem para um íntimo parentesco entre o histrionismo e o estado *borderline,* tal é a possibilidade de se envolverem em comprometimentos sexuais promíscuos e insatisfatórios, de uma forma desenfreada e sem senso de crítica e de discernimento. Isso se deve ao fato de que são pessoas que sofrem da patologia do "vazio" e que, quando crianças, fizeram uma superposição do significado simbólico de seio com pênis. O termo "histrião" na Roma antiga designava os autores que representavam farsas bufonas ou grosseiras, de modo que, nas histerias, essa palavra alude às pessoas que representavam ser aquilo que, de fato, não são, fingem, são falsas e teatrais, inclusive são impostoras na sexualidade por meio de uma aparência de uma "hiperfeminilidade" ou, no caso dos homens, de uma "hipermasculinidade".

280. **Qual é o significado psicanalítico da expressão "ataque histérico"?**

Freud atribuía a causa da histeria quase que exclusivamente às fantasias da criança ligadas à situação do complexo de Édipo, não suficientemente bem-resolvido. Essas fantasias e desejos proibidos ficavam recalcados e se manifestavam na vida adulta através de sintomas ou de "ataques", que estariam expressando, de forma disfarçada, a realização dos referidos desejos. Hoje, sabemos que essa afirmativa de Freud, embora em certos casos continue plenamente válida, deve ser extensiva a etapas bem anteriores a de Édipo, como a do narcisismo, época em que se formam muitos vazios emocionais decorrentes das necessidades não-atendidas. Assim, cabe a afirmativa de que, no histérico, a oralidade procura se expressar pela via da genitalidade (caso do donjuanismo e das ninfomanias), e a recíproca é verdadeira (pode explicar alguns casos de um incontrolável impulso para comer). Levando em conta a existência de vazios, uma ânsia para preenchê-los e uma severa intolerância às frustrações, pode-se depreender que um não-atendimento de necessidade, desejo ou demanda desse paciente faz irromper um "ataque" de intensidade muito desproporcional à frustração em si. É como se a frustração, às vezes mínima, tocasse em antigas feridas abertas, assim provocando uma violenta reação de dor, indignação, ódio, ameaças, esperneio, vingança e descontrole, não raramente com agressão física.

281. Transtorno do controle dos impulsos. O que é isso?

Este transtorno refere-se à existência de impulsos que o sujeito sente como "impossíveis" de serem controlados por ele, de sorte que, de forma intermitente, sofrem de uma compulsão à repetição dos mesmos atos impulsivos, mesmo contrariando o desejo consciente de não mais repeti-los. Esses impulsos irresistíveis são bastante diferentes em termos de natureza, freqüência, intensidade e gravidade. As formas mais comuns são as de "piromania" (provocar incêndios), "tricotilomania" (um ato compulsivo do sujeito de arrancar seus próprios cabelos), compulsão a jogos de azar, etc. Os casos de perversões sexuais (pedofilia, por exemplo), adições (como alcoolismo, ou drogas), transtornos alimentares (como da bulimia nervosa) não são incluídos neste grupo de transtornos do controle de impulsos no DSM-IV. Alguns autores consideram que a incapacidade de controlar os impulsos se trata de transtornos de regulagem de tensão interna: sentimentos de excitação, tensão ou estimulação antes de agir; prazer, euforia ou alívio durante o ato, ou culpa após o ato estão quase sempre presente neste conjunto de transtornos de controle dos impulsos. Outros autores destacam uma propensão a agir no lugar de expressar seus sentimentos e não são capazes de reconhecer ou de nomeá-los. A impulsividade se manifesta por uma ausência de refletir antes de executar determinado ato e pela incapacidade em antecipar riscos e conseqüências, para si e para os demais. O substrato biológico desses transtornos ainda não está elucidado. Pesquisas mais recentes demonstram muitas evidências de que um metabolismo anormal da serotonina está presente.

282. Transtornos da personalidade: quais são as formas? Como reconhecer?

Toda pessoa tem um estilo de personalidade particular, diferenciada, que transparece por meio de modos típicos de perceber a si mesmo e ao mundo exterior, os mecanismos de enfrentamento às angústias e estresses diários que cada um de nós prefere e utiliza. Assim, todos temos um código de valores e de conduta que é derivado das influências familiares – especialmente as identificações – e culturais, bem como das experiências individuais e grupais. Não obstante o fato de que o desenvolvimento da personalidade prossiga ao longo de toda a vida, os traços mais característicos são formados até o início da fase adulta, como é a possibilidade de o sujeito ficar sendo mais ou menos dependente; mais ativo, passivo ou alternadamente ativo-passivo; mais expansivo ou retraído; mais comedido ou impulsivo, etc. As pessoas com transtornos da personalidade apresentam evidências clínicas de desadaptação já na adolescência, ou mesmo na infância, e se caracterizam pelo fato de que as capacidades adaptativas permanecem cronicamente inadequadas no que diz respeito a lidar com responsabilidades, assumir papéis e enfrentamento de fatores estressantes, causando problemas no funcionamento familiar e social. O prejuízo de um transtorno de personalidade, especialmente os de natureza anti-social e de uma esquizoidia com dificuldade de se adaptar ao princípio da realidade, é usualmente mais pronunciado durante a terceira e quarta décadas, diminuindo depois. O DSM-IV classifica os transtornos de personalidade em três grupos: o agrupamento *A* abrange pessoas esquisitas, excêntricas, desconfiadas, com são as paranóides, esquizóides e *borderline*. O agrupamento *B* inclui aquelas de personalidade anti-social, histriônica e narcisista. O agrupamento *C* é o grupo de pessoas ansiosas, dependentes, fóbicas e com traços obsessivo-compulsivos. Não é demais frisar que esses agrupamentos não são estanques, pelo contrário, eles tangenciam e se superpõem.

283. Fobias. Como elas se formam?

O DSM-IV situa as fobias dentre os transtornos de ansiedade. O termo "fobia" deriva do étimo grego *phobos*, pavor. Assim, conceitualmente, uma fobia alude ao pavor irracional que um sujeito demonstra, de forma altamente desproporcional, perante um objeto, um ser vivo, ou alguma situação, os quais, por si mesmos, não apresentam nenhum perigo real. Dessa forma, acompanhando dezenas de tipo de medos irracionais, existe uma grande diversidade terminológica, com os nomes de *agorafobia* (medo de espaços abertos), *claustrofobia* (medo de espaços fechados), *hidrofobia* (medo de água), *acrofobia* (medo de alturas); *zoofobias* (medo de certos animais), etc. A estrutura fóbica costuma ser determinada por múltiplos fatores, adquire várias modalidades clínicas e varia intensamente de um indivíduo para outro, tanto em intensidade como em qualidade. Assim, pode se manifestar desde uma situação em que estão presentes alguns traços fóbicos na personalidade (sob a forma de inibições, por exemplo), passando pela possibilidade de ser uma caracterologia fóbica, manifesta por uma conduta defensiva e evitativa, pode atingir uma configuração clínica de uma típica neurose fóbica, sendo que em alguns casos, tal é o grau de comprometimento do sujeito, não é exagero designá-la como uma "psicose fóbica". A origem da formação das fobias em geral está condicionada a três fatores: 1. Medo de entrar em contato com os aspectos inconscientes ligados à sexualidade reprimida. Medo de se confrontar com os aspectos agressivos. 3. O discurso terrorífico dos pais pode estar internalizado na criança como sinal de um constante perigo (por exemplo, se diante de relâmpagos e trovões em um dia chuvoso, a mãe apavorada manda os filhos cobrirem as janelas com panos, se deitarem debaixo da cama, ou se conta histórias amedrontadoras, é bastante provável que ela esteja fabricando um filho fóbico a dias chuvosos).

284. Quais são as características clínicas das fobias?

Os pacientes marcadamente fóbicos praticamente sempre apresentam: 1. Uma má elaboração das pulsões agressivas. 2. Técnicas de "dissimulação" dos medos e de "evitação" das situações fobígenas. 3. Manifestações simultâneas de algum grau de transtornos obsessivo-compulsivos, paranóides e, freqüentemente, de somatizações. 4. Há uma regulação da "distância afetiva" com as pessoas em geral e com o analista em particular, de tal sorte que o paciente fóbico não permite uma aproximação mais profunda devido ao seu pavor de ficar "engolfado" pelo outro e perder sua liberdade, porém tampouco tolera um afastamento excessivo, pelo receio de perder o vínculo com a pessoa necessitada. 5. Quase sempre encontramos na história do paciente fóbico que um dos progenitores, ou os dois, sofriam de alguma modalidade de fobia. 6. Uma forma de fobia bastante comum, que seguidamente passa desapercebida, é a *fobia social*. 7. Muitas vezes a pessoa fóbica tenta resolver os seus pavores por meio de atitudes *contrafóbicas*. 8. Impõe-se levar em conta o diagnóstico diferencial entre as fobias propriamente ditas, que vêm acompanhadas por uma intensa angústia-pânico, e os quadros similares que se manifestam na *doença do pânico*.

285. Qual é o significado da expressão "contrafobia"?

É bastante freqüente que o psiquismo de um fóbico, como um recurso extremo de espantar seu medo, ordene que ele não evite a situação fobígena, mas que, pelo contrário, a enfrente com uma aparência de destemor e intrepidez. Essa atitude tem duas facetas: uma é positiva porque, embora com um grande gasto de energia psíquica, a pessoa está lutando contra o seu medo irracional, o que, à medida que não acontece nada do que ele temia, leva a uma espécie de descondicionamento dos medos que ficaram gravados na sua mente infantil. Por outro lado, pode representar um prejuízo porque, na atitude contrafóbica baseada em um gesto extremo de "seja o que Deus quiser", o sujeito fóbico corre o risco de enfrentar situações temerárias, para as quais não esteja suficientemente preparado.

286. Fobia social. Ultimamente tenho lido e ouvido bastante essa expressão. Em que consiste?

Realmente, a fobia social é bem mais freqüente do que pode parecer, visto que ela comumente passa despercebida porque o sujeito fóbico utiliza um sistema bem estruturado de dissimulações e, através de racionalizações de toda ordem, ele evita ao máximo fazer aproximações sociais, nas quais terá que interagir, o que, não raramente, o faz ganhar o apelido de "bicho-do-mato". Da mesma forma, a fobia social atinge pessoas que vão desempenhar funções em que estão expostas à observação de outras. Como acontece com as demais fobias, também a social se caracteriza pela intensa necessidade de o sujeito *evitar* a situação que, por antecipação, ele "tem medo de ter medo". As situações temidas mais comuns são as de: falar ou desempenhar em público; comer e escrever (por exemplo, assinar cheques); falar ao telefone para pedir algo; participar de reuniões sociais; conversar com autoridades, etc. Os encontros com a situação temida disparam um medo, com ansiedade excessiva e irracional, que superam o raciocínio lógico desse fóbico social, interferem em seu funcionamento, causam desconforto e, muitas vezes, levam o sujeito a renunciar a importantes oportunidades, como a de ser promovido em seu emprego, ou assumir alguma responsabilidade, embora objetivamente esteja bem preparado para isso. A principal causa dessa fobia é a presença no psiquismo de um superego de fortes características exigentes e ameaçadoras. O álcool é freqüentemente utilizado como uma tentativa de abrandar esse implacável superego. Existe uma tendência de haver um padrão familiar na fobia social.

287. Fobia infantil. Como se manifesta?

Comumente, todas as crianças manifestam medos irracionais de situações novas, pessoas, animais, ou objetos, como pode ser o medo do escuro, da altura, de pessoas estranhas, de ficar preso em espaços fechados, de aranhas, de animais (como cães e outros), de tempestades, de cortar os cabelos, de tomar injeções, etc. Na maioria das crianças, essa fobia é transitória, no entanto, algumas dessas fobias que se manifestam de forma por demais exagerada na infância podem se prolongar na vida adulta. As crianças, assim como muitos adultos, são particularmente sensíveis para desenvolver uma "fobia situacional", ou seja, determinado evento traumático, por exemplo, um vôo cheio de turbulências assustadoras, principalmente se a pessoa que está ao seu lado estiver em pânico, pode efetivar uma fobia a voar de avião.

288. Fobia escolar. Qual é a causa disso?

Igualmente bastante freqüente em crianças pequenas e, em proporção menor, em crianças maiores ou adolescentes, essa fobia tem uma característica singular: na imensa maioria das vezes, o nome "fobia escolar" não se justifica, visto que aparentemente a criança se recusa a ir à escola e os pais atribuem que o ambiente escolar (alegam que a professora não é carinhosa, que existe um coleguinha que morde, etc.) é o responsável pela não-adaptação do filho ao convívio da escola. No entanto, do ponto de vista psicanalítico, a regra consiste em que a causa da fobia se deve a uma insegurança da criança em separar-se da mãe, pelo medo de vir a ser esquecida por ela e outras fantasias e temores do gênero. O conhecido "período de adaptação" da criança pequena, na maioria das vezes, é de curta duração, entretanto, em inúmeras outras vezes, pode se prolongar por um tempo indeterminado. Nesses casos, é fundamental que tanto o genitor que acompanha a criança como a professora responsável não se contagiem com o pânico da criança e consigam manejar a situação com uma atitude composta de sentimentos de paciência, firmeza e segurança.

289. Fobia ao casamento. Eu não conhecia essa expressão. Como reconhecer esse tipo de fobia?

Apesar do fato de que esta terminologia não costuma ser empregada na literatura psicanalítica, a "fobia ao casamento" manifesta-se com grande freqüência na clínica psicanalítica. Esta forma de fobia também é conhecida, pelos mais eruditos, com o nome de *gamofobia,* termo que deriva do grego "*gamos*" (casamento) e "*phobos*" (horror). Todo analista tem, ou já teve, ou terá, pacientes tanto masculinos como femininos, jovens ou de idade madura, que não obstante o fato de que mantêm, ou já tiveram, vínculos amorosos (porém pelas mais diversas razões – racionalizações – que alegam) nunca conseguem concretizar uma relação, por mais íntima que esta seja, em casamento formal. As racionalizações destes pacientes são tão bem colocadas para justificar por que resolvem desistir do matrimônio que geralmente as pessoas circunstantes, o(a) próprio(a) paciente e, inclusive o psicanalista, podem não se dar conta de que se trata de uma típica fobia ao casamento. Inclusive, muitas vezes, passa despercebido o fato de que, de forma inconsciente, o paciente com este tipo de fobia provoca situações para convencer a si e aos outros de que a sua desistência de casar representou um ato de coragem ou de auto-respeito, etc. As causas inconscientes que determinam essa fobia específica são variadas e, muitas vezes, múltiplas, com uma possível conjugação entre elas. Como exemplos comuns cabe mencionar a situação decorrente de um péssimo modelo de como foi a vida conjugal dos pais; o medo de ficar submetido e perder a sua liberdade (como, em criança, observava uma mãe escravizada pelo pai ou vice-versa); uma excessiva idealização do futuro cônjuge, em uma eterna expectativa de ela encontrar o príncipe encantado, ou ele concretizar o velho sonho de achar a sua bela fada madrinha e, assim por diante, as causas se multiplicam.

290. **Transtornos obsessivo-compulsivos (TOC). São freqüentes? Como se manifestam? Todo obsessivo tem TOC?**

Como acontece com outras estruturações da personalidade, também a de natureza obsessivo-compulsiva diz respeito à forma e ao grau de como se organizam os mecanismos defensivos do ego diante de fortes ansiedades subjacentes. Assim, é útil distinguir quando se trata da presença de, sadios, "traços obsessivos" (método, ordem, disciplina, meticulosidade, limpeza) em uma pessoa normal, ou quando há traços marcadamente obsessivos acompanhantes de uma neurose mista, psicose, perversão, etc., ou ainda, quando se trata de uma neurose, de um transtorno obsessivo-compulsivo (TOC). Neste último caso, estará presente um grau de sofrimento que o sujeito inflige a si mesmo e aos demais e também algum prejuízo ao seu funcionamento na vida familiar e social. O caráter obsessivo habitualmente adquire uma dessas duas formas, algo opostas: 1. O tipo *tímido,* em que o sujeito tem tanto medo de errar que está sempre vacilante diante de qualquer tomada de iniciativa, vive em um permanente estado de dúvidas, age com um exagero de minuciosidade e detalhismo, geralmente tem uma excessiva prolixidade; utiliza exageradamente o processo "anulatório" (por exemplo: diz ou faz uma coisa e logo se arrepende, anula o que fez e faz o contrário). 2. O tipo *autoritário:* neste caso, em um extremo oposto ao tipo tímido, o sujeito, de forma obsessiva, mantém um rígido controle sobre tudo e todos, inclusive sobre ele mesmo, de modo que são pessoas perfeccionistas, intransigentes, autoritárias, intolerantes e prepotentes.

291. **Quais são os sintomas mais típicos do TOC?**

Em certos casos, os sintomas compostos por dúvidas ruminativas, pensamentos cavilatórios, controle onipotente, frugalidade, obstinação, rituais e cerimônias, atos que compulsiva e repetidamente são feitos e desfeitos em um nunca acabar, podem atingir um alto grau de incapacitação do sujeito para uma vida livre, configurando uma gravíssima neurose, beirando à psicose. Vale lembrar que o termo "obsessivo" refere-se aos pensamentos, ou impulsos, ou imagens que, como corpos estranhos, infiltram-se na mente e atormentam o sujeito, sobrepondo-se ao seu raciocínio lógico. Por sua vez, o termo "compulsivo" designa os atos motores que esse tipo de neurótico executa como forma de contra-arrestar a pressão dos referidos pensamentos. Por exemplo, uma pessoa, que já tenha deitado para dormir, pode ser invadida por fantasias, um sinistro pressentimento de que deixou aberto o gás da cozinha e este pensamento (obsessão) fica tão intenso que ele se sente impelido (compulsão) a sair da cama para verificar com alívio que estava tudo em ordem, voltar para a cama e, após algumas horas, retomar ao mesmo pensamento obsessivo e ato compulsivo. A causa mais relevante do TOC – do ponto de vista psicanalítico – se deve à presença de um superego extremamente rígido que funciona à moda de uma camisa-de-força que tolhe todos os movimentos espontâneos do sujeito, lhe policiando quanto à emergência no consciente de derivados das pulsões amorosas, agressivas e exigindo perfeição no cumprimento de qualquer pensamento ou tarefa. Como são pessoas que mantêm um permanente controle sobre si próprio, automaticamente exercem esse policiamento em tudo e em todos, de modo que eles se caracterizam por manter um severo controle sobre os outros. Por outro lado, os modernos pesquisadores destacam a importância de fatores genéticos no surgimento do TOC, além da existência de uma co-morbidade com outros transtornos (como transtorno do humor, por exemplo) e, em especial, com a presença de "tiques".

292. Na psicanálise, existe alguma relação entre "fezes" e "dinheiro", especialmente em pacientes obsessivos?

A psicanálise admite que existe, sim, uma relação simbólica entre as fezes, mais precisamente a fase "anal" da evolução da criança e a relação que o sujeito obsessivo mantém com o dinheiro, visto que ambos têm em comum uma tendência a economizar (no caso da criança, corresponde à etapa em que ela retém suas fezes). É necessário levar em conta que as fezes constituem um dos primeiros produtos do ser humano, que a criança imagina como sendo uma "obra" inteiramente sua (aliás, é comum que mães mais humildes se refiram ao ato de evacuar do seu filho pequeno com o verbo "obrar"), um tesouro exclusivamente seu que ele pode presentear a mãe, ou pode retê-las, negando-se a dar a outros. Assim, a criança possui um certo domínio sobre a sua produção, ou não-produção, das fezes; sobre sua decisão de excreção, doação ou retenção dos excrementos. De forma análoga, o sujeito adulto fixado na fase anal pode lidar com o seu dinheiro, da mesma forma como lidava com as fezes, excretando de forma indiscriminada (tipo diarréia), fazendo doações e gostando de presentear (da mesma forma como presenteava a mamãe, fazendo xixi e cocô direitinho no penico), ou retendo o dinheiro, escondendo dos outros a sua poupança, como um entesouramento que lhe confira um poder.

293. A afirmativa de que as manifestações paranóides, fóbicas e obsessivas estão sempre intimamente associadas é verdadeira?

A observação clínica comprova que traços caracterológicos, ou sintomas de paranóia, fobia e obsessão estão sempre juntos, apesar de que um deles pode aparecer com maior intensidade que os outros dois. Isso acontece porque a raiz etiológica de um superego cruel tiranizando a vida do sujeito é a mesma nesses três transtornos, e o que se modifica é o mecanismo de defesa que é mais utilizado pelo psiquismo para enfrentar a angústia persecutória que esse superego ameaça e impõe. Assim, nos transtornos paranóides – a mais grave das três formas –, o mecanismo defensivo por excelência é o da projeção de seus impulsos em outras pessoas. No caso das fobias, a defesa mais empregada consiste em projetar e deslocar no espaço externo (elevador, avião, cão, barata, etc.) os seus temores internos de vir a ser atacado ou de acontecer uma tragédia. Nos transtornos obsessivos, o mecanismo defensivo mais intensamente utilizado é o de um rígido controle onipotente sobre impulsos, desejos, afetos, pensamentos e ações dele próprio e dos outros.

294. Transtornos sexuais. Quais são eles? Como definir "parafilias"?

As três categorias de transtornos sexuais são: 1. Parafilias. 2. Transtornos de identidade de gênero. 3. Disfunção sexual. *Parafilias*: O DSM-IV define a "parafilia" como um transtorno no qual a pessoa experimenta, de forma intensa, fantasias, impulsos ou comportamentos sexualmente excitantes, recorrentes, envolvendo: a) objetos não-humanos; b) sofrimento ou humilhação para si mesmo ou para o parceiro; c) abuso de crianças ou adultos, sem consentimento. Assim, as parafilias mais comuns são: *Exibicionismo* (exposição dos genitais a estranhos). *Fetichismo* (uso de objetos inanimados, geralmente roupas, para cheirar, masturbar). *Pedofilia* (abuso sexual com crianças). *Voyeurismo* (excitação sexual por meio da observação de pessoas despidas). *Sadismo sexual* (excitação sexual derivada de infligir sofrimento físico ou psicológico a outrem). *Masoquismo sexual* (a excitação sexual é obtida pelo ato de ser ferido, humilhado ou submetido a algum outro tipo de sofrimento). *Frotteurismo* (ação de tocar ou esfregar-se em uma pessoa, geralmente em algum aglomeramento, sem o consentimento do outro). As parafilias são encontradas quase que exclusivamente em homens.

295. Transtorno da identidade de gênero. O que significa isso?

Este transtorno consiste no fato de que a pessoa experimenta um forte e persistente desejo de pertencer ao sexo oposto ou, em casos mais graves, acredita, ou, pelo menos, insiste em proclamar que pertence ao sexo oposto. Em certos casos, raros, de condições orgânicas de intersexualidade (por exemplo, uma congênita genitália ambígua), é difícil definir com precisão qual é o sexo verdadeiro e pode requerer pesquisas laboratoriais. Em crianças, esse transtorno é difícil de se diagnosticar. Não devemos confundir o desejo de trocar de sexo com manifestações de meninos afeminados, ou de meninas com jeito masculinizado e, muito menos, confundir com homossexualidade. Um caso de transtorno de gênero sexual não se restringe unicamente ao desejo de obter a genitália do sexo oposto, mas também existe uma preferência em exercer papéis que habitualmente são executados pelas pessoas do outro sexo biológico.

296. Disfunções sexuais. Quais são as formas?

O conceito de disfunção sexual é muito amplo, de modo que ele abrange os seguintes quatro problemas: desejo sexual; excitação sexual; obtenção do orgasmo; dor no ato sexual. Os transtornos do *desejo sexual* incluem a diminuição do apetite sexual e o transtorno de aversão sexual. São três fatores que concorrem para o desejo sexual: as *pulsões instintivas* (com a respectiva produção de hormônios), a *vontade* e o *motivo*. Uma educação por demais repressora, ou um passado de abuso sexual, pode inibir o desejo sexual. Outros fatores que podem prejudicar o desejo consistem: em um defeito orgânico na produção da vascularização e lubrificação da zona genital, e também a queda na produção de testosterona, hormônio responsável pelo desejo sexual, em ambos os sexos. Os transtornos da *excitação sexual* referem-se ao fato de que, mesmo quando o desejo sexual está presente, existe um transtorno de excitação na mulher (também chamado de "frigidez" ou de "anorgasmia"), ou uma dificuldade de ereção no homem que, quando total, define o transtorno de *impotência*, a qual pode ser de episódios isolados ou uma fase transitória, sem maior significação. Estimativas indicam que 150 milhões de pessoas, em média, devam ter algum grau de disfunção erétil no mundo, sendo que os mais atingidos são homens com mais de 50 anos. Na atualidade, a disfunção erétil deixou de ser considerada como um problema essencialmente de fundo psicológico, de sorte que cresce a importância de causas orgânicas, em cujo caso o problema surge gradativamente. Na verdade, as duas causas interagem. Calcula-se que somente 10% dos homens acometidos de disfunção erétil procuram tratamento. O medicamento Viagra, lançado no Brasil em 1998 e que se tornou o produto mais vendido no país, tem comprovado excelentes resultados uma hora depois de ingerido. Igualmente nas mulheres – em que se estima que 43% delas em todo o mundo sofrem com algum grau de problema dessa natureza – essas disfunções são encaradas na atualidade como um transtorno também derivado de causas orgânicas e não unicamente psicológicas. Também deve ser levado em conta que o uso de antidepressivos, de enorme uso em todo o mundo, muito freqüentemente inibe a excitação. Os transtornos do *orgasmo* incluem tanto a falta, parcial ou total, de orgasmo feminino, ou a masculina, como pode ser o caso de "ejaculação precoce". O transtorno referente à *dor* envolvendo o relacionamento sexual se manifesta na mulher sob a forma de "vaginismo", e nos homens pode surgir uma *dispaurenia*, ou seja, um coito doloroso. Uma associação de tratamento psicoterápico de base analítica e um atendimento para as causas orgânicas costuma dar bons resultados.

297. Don-juanismo e ninfomania. Pode esclarecer esses transtornos?

Existe uma característica comum entre ambas as patologias, que é uma atividade sexual desenfreada, praticamente sem escolha da parceria e sem o mínimo de amor. *Don-juanismo*: designa que essa hiperatividade de conquistas amorosas e de prática sexual é desempenhada por homens e se constitui como um bom exemplo de uma configuração narcisista que aparece camuflada com uma aparência edípica, isto é, trata-se de uma pseudogenitalidade que simula ser uma exitosa genitalidade adulta. Em tais casos, esses sujeitos unicamente "amam" aqueles que os fazem sentir-se amados, ou seja, a intensa atividade sexual que exige uma contínua e ininterrupta troca de parceiras obedece a uma compulsiva, irrefreável e vital necessidade primitiva de obter o reconhecimento do quanto são capazes de serem amados e desejados. Tudo isso decorre do fato de que quando eram crianças sentiram uma enorme carência de uma boa maternagem, enquanto os contatos com a mãe ficaram muito erotizados, de sorte que é pela via genital que os don-juans buscam preencher os vazios afetivos que então se formaram. *Ninfomania*: indica que esse transtorno da atividade sexual se refere às mulheres, por razões psicodinâmicas equivalentes às que foram descritas para o don-juanismo.

298. Depressão. Por que é importante? Qual é o grau de gravidade?

A enorme importância do transtorno da depressão pode ser medida por alguns dados estatísticos, como: 1. A depressão é considerada a quinta maior questão de saúde pública do mundo. Em 2020, prevê-se que ela estará no segundo lugar do *ranking*, depois das doenças cardíacas. Estima-se que 15% das pessoas terão pelo menos um episódio de depressão ao longo da vida. Mais de 20% dos pacientes demoram até cinco anos para procurar ajuda especializada. As mulheres estão mais sujeitas aos transtornos depressivos do que os homens, em uma proporção de 2:1. 2. Assim, entre as 10 causas incapacitantes dos indivíduos, 5 são psiquiátricas e, dentre elas, a depressão maior, unipolar, é a primeira delas. 3. As pessoas deprimidas inicialmente consultam os seus médicos, pelos sintomas que lhes atormentam e prejudicam sua qualidade de vida e, dos médicos consultados, 50% não diagnosticam a depressão e, entre os que diagnosticam, quase sempre tratam mal, com medicação inadequada (por exemplo, o emprego de benzodiazepínicos) ou acertam na medicação, porém erram na posologia. 4. O número de pessoas que sofrem de depressão também está aumentando em números relativos. 5. Além do profundo sofrimento pessoal, também existe um sensível prejuízo indireto, tal como é a repercussão na família, e na atividade profissional, com faltas ao trabalho e uma importante queda no rendimento. 6. É relevante fazer uma distinção de quando se trata de uma depressão provocada por causas existenciais com repercussões psicológicas, ou por causas endógenas, neurobiológicas, em cujo caso existe uma importante influência hereditária e são casos que, em geral, respondem muito bem à medicação antidepressiva. A gravidade do transtorno depressivo é bastante relativa, porquanto ele varia de caso para caso, em um espectro que vai desde um grau leve, ou moderado (o sujeito continua trabalhando, porém com um enorme desgaste, sem motivação, com todas suas funções ficando lentas, como é a perda da libido, indisposição para qualquer compromisso social, etc.), até um grau que pode ser severo ou extremamente grave, com um sério risco de suicídio.

299. Quais são as causas e os tipos de depressão?

São múltiplas e diferentes as causas e os tipos de depressões. No caso das depressões *psicógenas*, resultantes de problemas existenciais, as seguintes causas merecem ser destacadas: 1. *Perdas*, em geral, principalmente de pessoas necessitadas e queridas, ou, ambivalentemente, amadas e odiadas; também por perdas de empregos, de uma estabilidade econômica, ou por uma perda gradativa de capacidades motoras e intelectuais, como o idoso sente. 2. *Culpas* devido a um superego demasiadamente rígido e punitivo; obtenção de êxitos que mobilizam uma "necessidade de castigo", porque o superego lhe acusa de que não é merecedor de sucesso; por culpas que foram imputadas pelos outros, como os pais no passado, por exemplo, muitas vezes de forma injusta e indevida. 3. *Fracasso narcisista*, isto é, o sujeito narcisista tem uma ânsia tão vital de ser permanentemente reconhecido como sendo uma pessoa especial e um vencedor em tudo que faz, que algum insucesso, às vezes mínimo, lhe deixa prostrado em uma depressão (é diferente de tristeza e chateação, o que seria normal). 4. *Ruptura* (mesmo quando essa tem um significado altamente positivo em direção a um sadio crescimento mental) com determinados papéis que foram impostos à criança (por exemplo, o de nunca se separar da mamãe) e que o adulto repete de forma estereotipada, sem se dar conta de que o faz por uma obrigação que parte de seu inconsciente. 5. *Identificação patológica*, ou seja, o sujeito pode estar tão identificado com alguma pessoa – por exemplo, mãe, pai, irmãos, etc. que têm ou tiveram uma vida infeliz, depressiva, às vezes entremeadas de doenças ou de tragédias – que ele se sente na, inconsciente, obrigação de seguir o mesmo destino de um deles, assim se deprimindo e se proibindo de ter uma qualidade de vida melhor do que a daqueles. Já as depressões *endógenas* se devem a causas – que as neurociências estão cada vez revelando com maior precisão científica – que dizem respeito aos circuitos neuronais e ao metabolismo de substâncias químicas neurotransmissoras e neurorreceptoras que são secretadas de forma deficiente, de sorte que uma medicação adequada pode suprir e restabelecer o equilíbrio anterior à depressão (os neurorreceptores são estruturas nas quais os neurotransmissores agem estimulando-as). Também é de interesse assinalar que uma das causas desencadeantes da depressão endógena pode ser de natureza sazonal, isto é, mais comumente no inverno com a perda da luminosidade (existem teorias que atribuem à luz do sol o efeito de liberar neurotransmissores ligados à obtenção de bem-estar e prazer), sensação de escuridão e solidão. Na prática analítica, é importante que o terapeuta saiba discriminar quando a depressão é de causa puramente emocional ou de causa endógena, embora seguidamente elas estejam associadas. Na atualidade, com as importantíssimas contribuições das pesquisas das neurociências, especialmente através de neuroimagens, fica tão evidenciada uma recíproca interação entre o endógeno e o psicógeno, que muitos autores advogam que talvez não mais caiba uma nítida distinção entre ambas.

300. Quais são os sintomas da depressão?

Inicialmente, é necessário estabelecer uma significativa diferença entre tristeza e depressão. Assim, a *tristeza* consiste em uma reação normal à perda ou a um evento que não corresponda às expectativas prévias. O sentimento é natural e traz benefícios se o sujeito conseguir refletir para tirar um aprendizado das experiências penosas. A *depressão*, por sua vez, é um transtorno mental ligado a um distúrbio da química cerebral, caracterizado por uma tristeza crônica e perda importante de interesse em atividades antes prazerosas. Considera-se uma doença quando a pessoa apresenta cinco ou seis dos sintomas que seguem: 1. Uma tristeza permanente. 2. Desânimo e apatia. 3. Insônia (especialmente na segunda metade da noite) ou dormir demais (hipersonia). 4. Falta de estímulo e de tomada de iniciativas. 5. Perda da libido e do prazer em geral. 6. Baixo desempenho no trabalho. 7. Irritabilidade. 8. Falta ou excesso de apetite. 9. Sensível prejuízo de manter atenção e concentração. 10. Redução da auto-estima, com críticas autoculposas e depreciativas. 11. Constantes queixas, especialmente de natureza hipocondríaca. 12. Visão pessimista do futuro. 13. Ideação, ou tentativa, suicida.

301. Qual é a diferença entre luto e melancolia?

Luto é um estado psíquico resultante da perda de alguém, ou algo, muito querido, que pode provocar dor e angústia, em um quadro geral de reação depressiva que, para ser superada, demanda algum tempo de elaboração que constitui um "trabalho de luto".

Assim, com uma elaboração progressiva da perda do ente querido, a pessoa perdida fica internalizada sem maiores conflitos, e a pessoa enlutada consegue desligar-se normalmente dele, guardando em um "pano de fundo" uma carinhosa saudade. Na *melancolia*, a pessoa que foi perdida fica incorporada no sujeito que pranteia a perda, e permanece internalizada nele, de forma crônica e patológica. A patologia da melancolia consiste no fato de que o objeto (a pessoa significativa) que morreu não foi devidamente enterrado no cemitério, mas, sim, continua dentro do sujeito, em um estado de "morto-vivo", fiscalizando, censurando, cobrando, exigindo reparações e, muitas vezes, impondo que o sujeito tenha o mesmo destino dele. Do ponto de vista da psiquiatria, o enfoque acima deveria ser o de estabelecer uma diferença entre "luto normal" e "luto patológico", enquanto a "melancolia" designa um subtipo mais severo de depressão, com marcada falta de interesse ("anedonia"), sintomas neurovegetativos (piora pela manhã, insônia, anorexia...) e psicomotores (lentificação ou agitação).

302. O que é "depressão anaclítica"?

Este termo designa um estado depressivo que surge no primeiro ano de vida da criança devido a um afastamento súbito e prolongado da mãe, mesmo depois de ter se estabelecido um bom vínculo com ela. As características dessa depressão anaclítica são as de uma apatia generalizada. Na maioria das vezes, a situação volta ao normal quando a mãe retorna, ou, em caso contrário, a depressão desta criança pode ficar muito agravada. Esta última situação pode ser exemplificada com a depressão anaclítica, de características bem mais graves, que têm o nome de "hospitalismo", porquanto se tratam de criancinhas que ficam por longo tempo internadas em creches e hospitais sem a presença física da mãe. As estatísticas mostram que essas crianças, embora bem tratadas, adoecem e morrem com mais facilidade do que as crianças em condições normais. Isso se deve ao fato de que a depressão abala o sistema imunológico, o que torna o organismo uma presa fácil para as doenças infecciosas. Um adulto também pode sentir uma depressão do tipo anaclítica quando reedita a mesma sensação de abandono e desamparo, tal como foi descrita com as crianças pequenas.

303. O que é "depressão distímica"?

A depressão do tipo "distímica" se caracteriza pelo fato de que ela se inicia de forma insidiosa, permanece pelo tempo mínimo de dois anos e apresenta uma forte tendência a se tornar crônica, refratária à medicação, não obstante sejam sintomas depressivos de baixa intensidade. Os sintomas clínicos se manifestam por uma atitude de freqüente (na maior parte do dia, na maioria dos dias da semana) aflição, aborrecimento, ou de um negativismo diante de toda a vivência; por uma redução ou anulação da impulsividade, inibição de atividades; sensação opressiva de tensão, com idéias de fracasso ou de inferioridade e de que nada vale a pena tentar fazer. São raros os casos típicos, tal como são descritos nos livros-texto; pelo contrário, as distimias resultam de etiologias as mais diversas, se apresentam de inúmeras formas e, freqüentemente, a alteração do humor surge de forma inexplicável e sem motivo algum para o sujeito. Muitas vezes é difícil diagnosticar com precisão se a causa da distimia é de origem psíquica ou somática, ou de uma associação de ambas e é útil ressaltar o fato de que uma distimia pode evoluir para um quadro de "depressão endógena maior". É comum o surgimento de quadros depressivos distímicos na idade avançada ou em relação com enfermidades somáticas graves e lesões cerebrais. Da mesma forma, a distimia pode se manifestar na infância e na puberdade com a presença de desânimo, teimosia constante e atitude negativista, que pode expressar uma reação natural da criança sempre que guarde uma conexão proporcional a alguma causa e volte a se dissipar com relativa rapidez. As distimias persistentes na infância podem se constituir em uma suspeita de estado patológico. O comportamento dos educadores (pais, professores, médicos) desempenha aqui um papel importante, de modo que é imprescindível que eles se dêem conta que a criança padece dessa doença. Às vezes, o estado distímico pode estar refletindo uma forma de a criança, ou púbere, estar reagindo a alguma injustiça continuada do educador, de maneira que uma única frase de compreensão e reconhecimento pode acarretar o desaparecimento do estado de distimia e a criança volta a sorrir e a ganhar um brilho no olhar, com uma felicidade equivalente para os pais.

304. Depressão narcisista: o que significa essa expressão?

Não obstante o fato de que essa terminologia pouco apareça na literatura psicanalítica, não resta a menor dúvida de que este quadro clínico se manifesta com grande freqüência na prática clínica. Consiste no fato de que a causa desencadeante da depressão não é de natureza endógena, ou determinada pela ação de um superego rígido – que injeta culpas e pune o sujeito – com ameaças e acusações de que ele não é merecedor de viver bem e feliz. Tampouco se trata de uma depressão decorrente de perdas de pessoas importantes ou de lutos que se transformam em uma melancolia crônica. Antes disto tudo, a *depressão narcisista* é decorrente de um fracasso da ambição – muitas vezes de natureza ilusória – de atingir determinados objetivos por ele (ou por seus pais quando era criança) idealizados. Nestes casos de pessoas excessivamente narcisistas, qualquer insucesso é vivenciado como sendo um fracasso e, mais do que culpas e necessidade de castigo, o sujeito narcisista sente vergonha, humilhação e uma queda vertical da auto-estima, com uma conseqüente sensação de desamparo e de que perderá o reconhecimento, a admiração e o amor dos demais; logo, afunda em um estado depressivo.

305. Transtornos mentais pós-parto. Em que consistem? São freqüentes? São graves?

Os transtornos mentais que se seguem aos partos são relativamente freqüentes, somando às diferentes modalidades de como se manifestam. Assim, três são os principais tipos clínicos: 1) *Blues pós-parto* (o termo inglês *blue* pode ser traduzido como uma espécie de melancolia moderada). Neste caso, os sintomas são de irritabilidade, labilidade de humor, episódios de choro. O quadro clínico é de surgimento precoce, o pico dos sintomas se dá ao redor do terceiro ou quarto dia após o parto. A freqüência é a da metade, a dois terços, das puérperas. A provável causa é a de um reajuste hormonal pós-parto. O tratamento é desnecessário, visto que a resolução do quadro é espontânea. 2) *Psicose puerperal*: nessas situações, os sintomas são iguais aos de outros quadros de psicose. O pico de maior gravidade consiste no risco de essas mães desenvolverem idéias delirantes envolvendo o bebê a ponto de poderem atentar contra a vida dele. O início costuma ser entre a primeira ou segunda semana pós-parto. A incidência é em torno de 1 para 500 mães em puerpério. A etiologia, além de fatores emocionais, decorre de fatores endocrinológicos – mudanças hormonais – agindo como fatores precipitantes em mulheres predispostas a essa patologia. O tratamento será de acordo com a síndrome clínica de como se apresenta o quadro psicótico. O ECT (eletroconvulsoterapia) é o tratamento de escolha em casos severos, em que a paciente pode atentar contra si ou contra o bebê. 3) *Depressão puerperal*: este transtorno é importante porque estudos epidemiológicos feitos em todo o mundo apontam que atinge de 10 a 15% das mulheres. A depressão pós-parto é uma doença psíquica que afeta a mãe nas primeiras semanas após o nascimento e coloca em risco o desenvolvimento psicológico do bebê, deixando seqüelas que podem ser acompanhadas até a vida adulta. As principais características da doença da mãe são: tristeza, falta de motivação e, principalmente, a falta de prazer em tudo o que se refere ao bebê. A mãe deprimida não quer se ocupar do filho e, algumas delas, chegam a negligenciar nos cuidados mínimos essenciais. A mãe deprimida não interage com a criança e se reporta a ela de forma mecânica, sem externar prazer ou alegria pelo nascimento do filho, por maior que tenha sido previamente o seu desejo em tê-lo, embora geralmente sejam mulheres muito vulneráveis, com história psiquiátrica prévia e fatores de estresse recentes e que, já durante a gravidez, apresentaram dificuldades psicológicas. As causas são muitas, desde as exteriores reais (dificuldades econômicas, casamento em crise, total falta de apoio dos familiares, gravidez indesejada por um dos cônjuges, etc.), até as de causas eminentemente psicológicas. Entre estas, os psicanalistas destacam o fato de o nascimento do bebê possa reativar na mãe, através de identificações com a sua mãe do passado, o receio inconsciente de que vá se reproduzir entre ela e o seu bebê o mesmo tipo de relação conflitada que teve com a sua mãe. Há uma diferença entre a "depressão pós-parto" e a "tristeza (*blues*) pós-parto". Esta última é normal e geralmente acontece no terceiro ou quarto dia de vida da criança, quando a mãe está cansada e até um pouco irritada com essa nova situação de vida. Isso não dura mais do que poucos dias, enquanto a depressão pós-parto se instala progressivamente com um estado mental de apatia e de falta de prazer em se ocupar do bebê, podendo culminar em negligência, rechaço e agressões várias. O maior dano, no entanto, é a possibilidade de que uma depressão mais duradoura deste tipo possa estar semeando na criança um terreno propício para desenvolver uma estrutura depressiva.

306. **As crianças podem sofrer de depressão? Em caso positivo, quais são os critérios para os educadores reconhecerem este transtorno afetivo?**

Não resta a menor dúvida que, sim, desde a mais tenra idade, as crianças podem manifestar sintomas e sinais depressivos, como foi respondido em uma questão anterior (302) sobre "depressão anaclítica". Cabe ressaltar que os transtornos psiquiátricos em geral que surgem na infância vêm sendo reconhecidos como prováveis precursores de equivalentes manifestações na psicopatologia adulta. Como os sintomas de depressão na criança não são exatamente iguais aos dos que aparecem no adulto, cabe detalhar as manifestações mais comuns que surgem em casa, na escola ou no convívio em geral com outras crianças. Assim, os sentimentos depressivos unipolares mais freqüentes são: tristeza – com a particularidade de que as crianças pequenas podem não se sentir tristes, mas aparentam estar tristes, fato que se constitui um critério diagnóstico –

às vezes acompanhada de irritabilidade, apatia, desânimo, baixa auto-estima, desinteresse geral, abulia (isto é: perda da vontade de desejar algo), menor capacidade de concentração, retardo psicomotor ou agitação motora, alteração do sono (insônia em 75% das vezes, ou hipersonia, isto é, sono exagerado), excesso de sentimentos de culpa com auto-acusações, alterações do apetite, queixas orgânicas (predomina a cefaléia e dor no abdome) e fracasso escolar. Pode acontecer a ocorrência de casos de suicídio em crianças, embora longe da freqüência e da gravidade como ocorrem em adolescentes entre os 15 e 20 anos, nos quais o suicídio ocupa o terceiro lugar de causa de morte (o primeiro é devido a acidentes com carros e motos). Os transtornos afetivos nas crianças também podem expressar-se de forma maníaca, ou hipomaníaca, em que predomina um estado de inquietação motora, agitação, taquipsiquismo, fantasias de grandeza e também pode ocorrer uma alternância típica da bipolaridade.

307. O paciente suicida: como reconhecer o risco? O que fazer para prevenir?

O suicídio é um problema de enorme importância não só pela perda de uma vida e repercussão deletéria na família, como também por ser um sério problema de saúde pública, em função da alta freqüência com que ocorre. Para exemplificar, basta dizer que estatísticas norte-americanas comprovam que 1% dos norte-americanos morre por suicídio, perfazendo cerca de 30 mil pessoas a cada ano nos Estados Unidos, tornando o suicídio a oitava principal causa de morte e a terceira causa em jovens entre 15 e 24 anos. Na verdade, em aproximadamente 10 pessoas que tentam suicídio, só uma concretiza a morte. Estima-se que 1 milhão de pessoas anualmente cometa suicídio em todo o mundo, número que deve ser inferior ao real se levarmos em conta que nem todos casos são notificados. Cabe destacar que os atos suicidas não são unicamente os que são manifestos e evidentes, porquanto uma grande parte deles é cometida de forma dissimulada, como uma exposição a grandes riscos, provocação indireta de acidentes automobilísticos, etc. Também deve ser considerado o fato de que uma significativa porção de intentos suicidas não é para uma busca convicta de acabar com a vida, mas para dar um sinal de alarme tal como um grito de socorro, ou para castigar, culpar ou sensibilizar alguém e coisas do gênero. Apesar de, em crianças, o suicídio ser raro, as aludidas estatísticas mostram que mais de 12 mil crianças com idade inferior a 13 anos são hospitalizadas anualmente por atos autodestrutivos. Um dado bastante dramático é que o suicídio em jovens vem aumentando de forma alarmante no mundo inteiro, o que está diretamente ligado ao também crescente consumo de drogas, se constituindo um grave problema de saúde pública. Fatores que aumentam o risco de suicídio: sexo masculino, idade acima de 65 anos, estado de desamparo e solidão, estados severamente depressivos, tentativas prévias de suicídio, histórico familiar de ocorrência de atos suicidas. Três observações que julgo importantes: 1. Dificilmente um ato suicida é totalmente inesperado, não obstante a possibilidade de que pegue a todos de surpresa. 2. Na imensa maioria das vezes, o suicídio é precedido de uma série de sinais antecipatórios que, de forma camuflada, são indicadores de um projeto suicida da pessoa, quase sempre mergulhado em alguma espécie de depressão mais severa. 3. A existência de suicídios na família do paciente com risco deve ser considerada como sendo um fator agravante para o suicida potencial, seja pelo fator hereditário, seja por uma identificação com a pessoa morta, que morreu por suicídio.

308. Depressões resistentes ao tratamento: existe essa possibilidade?

Existe, sim. Uma "depressão resistente ao tratamento" pode ser definida como qualquer depressão para a qual o psiquiatra clínico que trata o deprimido já tentou uma série de recursos, já trocou de psicofármacos antidepressivos e tentou inúmeras combinações deles sem um efetivo resultado duradouro e ainda não encontrou um tratamento que funcione com plena eficácia. De modo geral, os pacientes com transtornos afetivos têm maiores índices de recorrência e cronicidade do que se pensava, tanto que de 15 a 20% deles não se recuperam totalmente e têm um curso crônico. É bastante comum a existência de uma depressão secundária, em uma co-morbidade com outras doenças e, nesses casos, as taxas tanto de cronicidade como de resistência ao tratamento são altas. O mesmo se passa com depressivos abusadores de medicamentos. Os pacientes distímicos também representam uma alta percentagem de resistência ao tratamento. A causa mais comum da falta de resposta positiva às tentativas de tratamento parece apontar para a constatação de que 66% destes pacientes são tratados de forma inadequada, tanto por um equívoco de diagnóstico como em termos de dosagem do medicamento prescrito. Do vértice psicanalítico, é necessário o terapeuta reconhecer a possibilidade de que este paciente deprimido não esteja em um estado psíquico de *desistência*, isto é, neste caso, ele desistiu de viver, se contenta em sobreviver, seu único desejo é nada desejar e mantém um cerrado namoro com a morte. É útil estabelecer uma distinção entre *resposta* ao tratamento e *remissão*. A primeira é definida como sendo uma redução em 50% dos sintomas depressivos. Já "remissão" é definida como uma quase completa ausência de sintomas, de modo que pode persistir 10%, ou menos, dos sintomas iniciais. Assim, embora 80% dos pacientes respondam agudamente aos antidepressivos, apenas 50 a 60% recuperam um pleno funcionamento normal. Na atualidade, cada vez mais, busca-se a remissão dos sintomas, pois a melhor parcial, com a manutenção de alguns sintomas – o que indica uma depressão residual –, se relaciona com um prognóstico pior.

309. Transtornos alimentares. Em que consistem?

Os transtornos do comportamento alimentar – anorexia nervosa, bulimia nervosa e transtorno de compulsão periódica – representam uma importante patologia, tanto pela sua grande freqüência como pelo fato de serem considerados transtornos difíceis de serem abordados em razão da complexidade de sua etiologia que implica interação de uma série de distintos fatores. Assim, as principais vertentes etiológicas são: 1. *Biológicas* (constitucionais, neuro-hormonais, etc.). 2. *Familiares (*vínculos de tipo simbiótico, uma ideologia comum em relação aos hábitos alimentares, etc.). 3. *Socioculturais* (pressão dos grupos sociais em relação aos padrões de ideais estéticos exigidos por determinada cultura vigente, em que a globalização e a "midiologia" têm uma influência determinante). 4. *Psicológicos (*a psicodinâmica das angústias e os mecanismos defensivos assumem múltiplas e variadas modalidades, variando de uma pessoa para a outra).

310. Bulimia nervosa. Em que consiste esse transtorno?

Este quadro clínico de transtorno alimentar está ficando cada vez mais freqüente, acometendo principalmente moças jovens, a tal ponto que pesquisas em universidades norte-americanas apontam um percentual de 5 a 20% de alunas bulímicas, ao mesmo tempo em que, de modo geral, entre as pessoas que buscam tratamento para a obesidade, cerca de 30% se devem à bulimia. As principais características são as seguintes: 1. Episódios recorrentes de voracidade, com um consumo rápido de grande quantidade de alimentos, geralmente muito calóricos e de fácil ingestão, em um curto período de tempo, e os próprios pacientes costumam chamar esse impulso irrefreável de "ataques". 2. O "ataque" costuma vir seguido de uma "purga", através de um vômito autoprovocado. 3. Por sua vez, esse vômito assim provocado, habitualmente, acarreta um estado de ânimo depressivo, com pensamentos autodestrutivos. 4. Tentativas repetidas de perder peso com dietas exageradamente estritas, vômitos, uso de diuréticos, laxantes e enemas, assim alternando banquetes e jejuns, de modo que também apresentam grandes oscilações em seu peso. Convém registrar que esses ciclos, quando muito freqüentes, podem produzir sérias conseqüências orgânicas, como desidratação, arritmias cardíacas, contraturas musculares, perda do esmalte dental, transtornos menstruais, etc. 5. O "grupo de risco" mais propenso a sofrer dessa psicopatologia bulímica é constituído por mulheres jovens, inteligentes, com espírito de liderança, porém com um medo mórbido de engordar e com uma necessidade constante de um reasseguramento de sua auto-estima que, bem no fundo, é muito baixa. Dentre os aspectos psicodinâmicos cabe destacar características como: não existe uma estrutura psíquica única, de modo que a bulimia pode incidir nas mais distintas formas de psicopatologia; muitas vezes, aparece em pessoas que têm uma dificuldade de controlar uma impulsividade para a ação; quase sempre o fator desencadeante de um "ataque" é uma frustração, especialmente por uma separação ou sentimento de exclusão, que desperte raiva e desamparo; assim, o impulso voraz pela comida pode ser uma tentativa inconsciente de preencher os vazios internos; outras vezes, a bulimia se constitui como uma forma de atacar os pais, tanto que sempre deixam alguns rastros que denunciam a ingestão desenfreada e restos do vômito; junto com a agressão às figuras paternas, que secundariamente causa culpas, a bulimia também representa uma forma masoquista de autopunição; no entanto, o fator mais relevante do transtorno talvez seja o que diz respeito à formação do sentimento de identidade, com as angústias que derivam de enfrentar os problemas da adolescência, o início da vida sexual e os compromissos da vida adulta.

311. Anorexia nervosa é uma doença grave?

Trata-se de um transtorno alimentar caracterizado por uma compulsiva e irrefreável busca de magreza que leva a pessoa a recorrer a distintas estratégias para perder o peso, às vezes em um intenso regime praticamente reduzido a alguma verdura e água, ocasionando uma magreza alarmante, às vezes em um extremo de caquexia, com um sério risco de vida. A taxa de mortalidade pode exceder 10% em geral por causa de uma arritmia secundária à hipocalcemia e ao baixo peso. As pessoas que sofrem de anorexia apresentam um pavor diante da idéia de engordar, mesmo quando elas estão extremamente magras, situação essa que não exclui a possibilidade de elas continuarem se imaginando gordas, o que denota uma séria perturbação da *imagem corporal*. Em 90% dos casos, este transtorno se manifesta em mulheres adolescentes e adultas jovens, na faixa de 12 a 20 anos. Um dos sintomas mais manifestos é a existência de uma amenorréia (suspensão da menstruação) que acompanha uma impressão geral de que a mulher anorética tem uma aparência infantil. Até certa época, a psicanálise tentava explicar que a anorexia nervosa se devia a uma espécie de histeria de conversão, simbolizando um repúdio à sexualidade, a ponto de não permitir vestígio de qualquer protuberância abdominal que nem sequer remotamente pudesse lembrar a concretização de alguma fantasia de gravidez. Os mais recentes avanços psicanalíticos apontam para dois aspectos: um se refere a um grave transtorno da imagem corporal, resultante das inscrições no corpo da criança das antigas sensações, fantasias e o tipo discurso dos pais com alusões ligadas ao corpo da filha. O segundo aspecto diz respeito à constatação de que costuma existir no psiquismo da anorética uma péssima relação com a mãe, com a sensação inconsciente de que esta não permite o crescimento dela porquanto o desejo de sua mãe seria o de manter a filha eternamente dependente e submissa a ela. O tratamento deve ser uma aliança de psicoterapeuta (de orientação analítica, ou cognitivo-comportamental), com médico especialista, outros técnicos de apoio, com eventual hospitalização toda vez que o flagrante emagrecimento ultrapasse um certo limite que propicia sérias conseqüências orgânicas, inclusive risco de vida.

312. O que é "transtorno de compulsão periódica"?

Transtorno de compulsão periódica designa uma nova categoria diagnóstica que, essencialmente, é um subtipo de obesidade, tanto que a maioria das pessoas portadoras deste transtorno é obesa, porém com a característica de que têm episódios recorrentes de comer compulsivamente, com a perda de controle, além de que apresentam um sofrimento significativo e lutam contra a compulsão do seu sintoma. Os episódios de compulsão periódica acontecem pelo menos duas vezes por semana durante um período de seis meses e o sujeito não preenche os critérios que definem o transtorno de bulimia nervosa. A maioria das pessoas com este transtorno, repetidamente, já fez dietas. Os comedores compulsivos tendem a ter uma vida mais conturbada do que os indivíduos obesos do mesmo peso. Ao contrário da anorexia e da bulimia nervosa que, de longe, são predominantes em mulheres, no transtorno de compulsão periódica, a prevalência em mulheres é discretamente superior, em uma média de 1,5:1. O tratamento de escolha é fundamentalmente o de uma terapia de base analítica (para clarear os fatores inconscientes determinantes da compulsão) ou cognitivo-comportamental (para modificar a rotina dos hábitos alimentares).

313. Obesidade é doença?

Embora a obesidade seja uma doença, até pela gravidade que ela representa do ponto de vista da clínica médica, deve ser considerada mais como uma síndrome (uma manifestação sintomática que pode provir de diversas fontes, da mesma forma que o surgimento de uma febre pode resultar de várias causas, desde banais até graves) do que uma doença específica, visto que é uma manifestação corporal que se expressa por um exagerado acúmulo de gordura e conseqüente aumento de peso, mas que pode ser resultante de diversos fatores, como: 1. *Psicológicos* (principalmente como uma tentativa de preencher vazios interiores). 2. De natureza dietética ligada a uma *cultura alimentar da família*. 3. Uma clara tendência *genética* (existem pesquisas que demonstram que filhos adotivos adquirem uma conformação corporal – como pode ser a obesidade – mais idênticas à dos pais biológicos do que à dos pais adotivos, embora o longo convívio que tenham com os hábitos alimentares destes). 4. Distúrbios *orgânicos* de causa neuroendócrina – metabólica. Quando os fatores psíquicos é que são os francamente preponderantes da obesidade, muitos autores propõem denominá-la como uma "adição sem drogas". É interessante destacar que muitas pessoas sofrem de um transtorno, não raro, que vem sendo chamado de *sugar craving* (ou seja, vorazes por açúcar), só recentemente considerada como de origem endócrina e não psicológica, porquanto resulta de uma deficiência na produção de serotoninas que, entre outras funções, também é responsável pela estimulação do centro de saciedade (da fome e do apetite) do cérebro. Quando a obesidade é excessiva, ela pode estar indicando uma doença com graves prejuízos e riscos orgânicos. Outro aspecto que cabe mencionar é o fato de que a imagem corporal que o sujeito obeso tem de si nem sempre acompanha aquela que é real: assim, um magro pode imaginar-se como sendo obeso, e a recíproca é verdadeira. Em relação ao tratamento, além da utilização de terapias individuais e cuidados nutricionais, está sendo bastante indicada a abordagem grupal, notadamente o emprego de "grupos de reflexão", que propiciam tanto um enfoque de fundamentação psicanalítica como de base cognitiva, sobretudo no que diz respeito aos hábitos alimentares e desenvolvimento de técnicas de controle ao impulso de comer demasiadamente.

314. **Freqüentemente me deparo com pessoas que são lindas, porém se acham feias; ou o contrário. Um psiquiatra me disse que isso decorre de um "transtorno da percepção da auto-imagem". Ele está certo? Pode me explicar melhor como é esse transtorno?**

Realmente, fenômenos desta natureza surgem com bastante freqüência na prática clínica, com inúmeras variações, como, dentre outras múltiplas possibilidades, o sujeito pode ser magro aos olhos de todos, enquanto ele mantenha a absoluta convicção de que é gordo e necessita fazer regime para emagrecer, e a recíproca disto também é verdadeira, etc. Do ponto de vista da psicanálise, esta distorção da imagem corporal se deve ao fato de que a criança empresta significados – às vezes bastante distorcidos – a tudo que ela imagina que se passa no corpo dela, ou a distorção é devida ao tipo de discurso dos pais em relação ao corpo dela. Neste último caso, em situações patogênicas, tanto os pais podem exagerar de forma demasiada a beleza do filho pequeno, promovendo uma ilusão de uma beleza que não é real, como também, de forma sistemática, podem desqualificar a estética da criança, a ponto de esta ficar convencida de que ela é feia, embora haja evidências contrárias, em uma opinião generalizada. Acontece que as aludidas sentenças paternas, excessivamente laudatórias ou depreciatórias, de uma forma ou de outra, ficam gravadas no ego da criança, ficando como que *impressas* na mente, de sorte que elas se tornam *representações de si mesmas*, de modo que podem ser evocadas com freqüência, superando a percepção real e lógica, porque a antiga representação irracional, tal como uma tatuagem, predomina. Vou dar um pequeno exemplo para demonstrar o quanto um discurso dos pais pode adquirir um significado distorcido por parte da criança e, assim, ficar representado na sua mente, às vezes ao longo de toda a sua vida. Uma mulher jovem com uma aparência que merece ser considerada linda veio consultar exatamente porque ela já não mais suportava ter de carregar o pesado ônus de ser muito feia. Todas as tentativas de apelar ao raciocínio lógico das evidências totalmente contrárias à sua imaginária feiúra de nada adiantavam. Isso perdurou até um dia em que, no curso da sessão analítica, a paciente fez um desabafo contra a "mãe megera que lhe cortou o direito de ser livre". À minha solicitação de que ela desse um exemplo dessa afirmativa, ela recordou uma frase repetitiva de sua mãe de que, quando a paciente era pequena, diante de uma arte que ela, criança, fazia, a mãe a advertia com estas palavras: "criança que não obedece e que incomoda é feia". Assim, ficou evidente que a paciente ficou com suas pulsões agressivas bastante perturbadas e, nas situações em que ela devia se indignar raivosamente, ela mantinha uma atitude reativa, sempre aparentemente amorosa, enquanto interiormente se sentia uma menina má, logo, feia.

315. Transtorno do déficit de atenção/hiperatividade (TDAH). Por que essa patologia está em moda?

O transtorno do déficit de atenção/hiperatividade já é conhecido há aproximadamente 50 anos, no entanto era descrito com outros nomes, como o de "disfunção cerebral mínima", quase que restrito unicamente a crianças. A hiperatividade infantil costuma aparecer entre os 3 e os 5 anos, sendo três vezes mais comum em meninos. No passado, a hiperatividade era o requisito principal para o diagnóstico. Contudo, na atualidade, se considera que a desatenção e a falta de concentração são os transtornos centrais. Portanto, o requisito essencial para determinar o diagnóstico deste transtorno exige a presença de um déficit de atenção e de uma conseqüente hiperatividade, até mesmo em pessoas adultas. Os sinais de desatenção se manifestam por uma espécie de "desligamento" das pessoas e das tarefas, tanto escolares como dos brinquedos, e também é muito freqüente que essas crianças percam objetos como cadernos, lápis, peças de roupa, material esportivo, etc. A hiperatividade se expressa por meio de uma irriquietude, não param quietos, mexem em tudo, cansam os colegas e os pais, se tornam algo confusas no que querem e falam, aumenta a impulsividade com os inerentes riscos, baixo rendimento escolar, etc. Esse transtorno tem uma incidência média de 3%, dos quais uns 40% apresentam distúrbio de aprendizagem. Aproximadamente 50% das crianças com este transtorno perdem sua hiperatividade na adolescência, entretanto os problemas de atenção com significativa freqüência persistem na idade adulta. Por isto, o diagnóstico de transtorno de déficit de atenção/hiperatividade está merecendo uma maior atenção dos terapeutas, por permitir localizar uma causa orgânica para um transtorno tão prejudicial à qualidade de vida e, principalmente, porque esse transtorno responde bem a medicamentos, como a Ritalina. Ademais, impõe-se a necessidade de evitar abusos de um exagero, de diagnósticos equivocados, tanto que vários educadores alertam para o fato de que muitas crianças são rotuladas de hiperativas, só porque são bagunceiras.

316. O uso da Ritalina é muito freqüente. Pode apresentar algum tipo de risco?

Utilizado em larga escala nos Estados Unidos, o medicamento Ritalina está evidenciando um enorme aumento de prescrição no Brasil, de modo que, nos últimos dois anos, registrou um aumento de 140% e continua em uma rápida progressão de consumo. Uma das razões para este enorme incremento da Ritalina se deve ao fato de que se passou a atribuir ao transtorno do déficit de atenção uma boa parcela de responsabilidade no mau desempenho escolar. Tudo isto pode representar sérios riscos, como é a possibilidade de uma automedicação sem um aval médico, com todos possíveis inconvenientes. Também costuma acontecer que muitos jovens buscam efeito excitante em busca de uma euforia química, ou as meninas que costumam utilizar a ritalina porque estão ávidas por emagrecer. Um grande contingente de pessoas também corre o risco de utilizar Ritalina como um recurso para estudar ou trabalhar de madrugada, quando pressionado por provas, trabalhos com prazo de entrega, etc. Cabe alertar para um grave risco que consiste em um uso abusivo de algumas pessoas, através do recurso de diluir a Ritalina em água para ser injetado, ou triturado para ser inalado, em uma busca de excitação e euforia; no entanto, pequenos pedaços da pílula podem obstruir vasos sangüíneos e levar a distúrbios vasculares graves. O importante a enfatizar aos pais, educadores em geral e a médicos que prescrevem é o fato de que existe um efeito medicamentoso paradoxal: para quem não apresenta uma condição neurobiológica que justifique a hiperatividade e a dispersão de atenção, a Ritalina exerce um efeito perigosamente excitante e estimulante. No entanto, em casos que estão adequadamente prescritos, esta mesma medicação costuma exercer um notável benefício clínico.

317. Transtorno da personalidade anti-social é o mesmo que psicopatia?

Atualmente os termos "psicopata", "sociopata", "perturbado de conduta" e "transtorno da personalidade anti-social" são livremente utilizados como sinônimos; no entanto muitos autores não aceitam essa sinonímia, porque esvazia uma precisão diagnóstica e deixa de acentuar alguns aspectos específicos. Os sinais indicadores de um transtorno de personalidade anti-social incluem os seguintes aspectos: 1. Uma alta freqüência de comportamentos que transgridem regras ou violentam os direitos de outros. 2. Uma forma de o sujeito visualizar o mundo centralizado unicamente nas suas vantagens pessoais, sem manifestar uma verdadeira preocupação e consideração pelas demais pessoas. 3. Um dos requisitos para preencher este diagnóstico é que o transtorno de personalidade anti-social tenha começado antes dos 15 anos, como pode ser, por exemplo, na infância em que cometeu abusos contra violação de regras, desrespeito às posses e direitos dos outros, roubos, mentiras de má-fé, provocação para lutas corporais, atitudes destrutivas, às vezes cruéis, contra pessoas, animais ou patrimônio público. 4. É necessário diferenciar a ocorrência de atos anti-sociais durante um certo período da vida, como certas transgressões cometidas na adolescência que não se repetem na vida adulta, daquelas outras que começam cedo e se perpetuam pela vida inteira. 5. Outra distinção que deve ser feita é entre "comportamento anti-social" (transgressões isoladas) e "transtorno da personalidade anti-social" (conduta permanente e global). 6. Assim, creio que o mais adequado é especificar quais são os sintomas mínimos necessários para caracterizar um "transtorno da personalidade anti-social" e admitir que existe uma larga faixa na qualidade e intensidade nessa categoria diagnóstica, desde casos brandos de "sociopatas" que agridem a sociedade com engodos e atos delituosos, sem perder um certo encanto e um aparente bom relacionamento social, até o grau extremo de um psicopata anti-social tipo dos *serial killers*, que cometem assassínios em série, com extrema crueldade, sem sentir o menor remorso. Os aludidos sinais que são requisitos mínimos necessários para caracterizar um transtorno da personalidade anti-social são: idade mínima de 18 anos, porém com evidências de transtorno de conduta desde os 15 anos; ausência quase que total de empatia e consideração pelos outros; essa indiferença emocional vem acompanhada de uma irresponsabilidade com baixíssima moral de julgamento crítico ou ético; geralmente não manifestam sintomas psicóticos; incapacidade para amar, com vida sexual pouco integrada; ausência de sentimentos de culpa, remorsos e vergonha; incapacidade para aprender com a experiência; é oito vezes mais freqüente em homens do que em mulheres; um ato delinqüencial isolado, praticado durante o uso de substâncias, sem um passado psicopático e com possibilidades de recuperação quando mudam as circunstâncias que cercam a sua vida habitual, não é considerado um típico transtorno da personalidade anti-social. Este tema vem, cada vez mais, trazendo sérias preocupações para a psiquiatria, justiça, sociologia e segurança pública.

318. Perversões. O que tem a dizer sobre elas?

Etimologicamente, a palavra "perversão" resulta de *per* + *vertere* (ou seja, pôr às avessas, desviar) designando o ato de o sujeito perturbar a ordem ou estado natural das coisas. Assim, de acordo com essa significação, o conceito de perversão foi estendido, por alguns autores, para uma abrangência que inclui outros desvios que não unicamente os sexuais, como seriam os casos de perversões *morais* (por exemplo, os proxenetas, também conhecidos vulgarmente como "cafetões", isto é, aqueles que, por dinheiro, intermediam situações amorosas), as *sociais* (casos em que o conceito de perversão fica muito confundido com o de psicopatia), as perversões *alimentares* (anorexia, bulimia), as *institucionais* (algum desvio da finalidade para a qual a instituição foi criada), as do *setting* psicanalítico, etc. No entanto, em sentido mais estrito, a maioria dos autores psicanalíticos mantém fidelidade a Freud e defende a posição de que, em psicanálise, o termo "perversão" deve designar unicamente os desvios ou as *aberrações das pulsões sexuais*, embora reconhecendo que estas vêm mescladas com patologia das pulsões agressivas. Cabe destacar que o sujeito portador de alguma perversão idealiza a sexualidade pré-genital, de sorte que dificilmente se arrepende daquilo que faz contra si e contra os outros. Do ponto de vista clínico, as seguintes perversões são as mais comuns: exibicionismo; escoptofilia (ou voyeurismo); sadismo; masoquismo; fetichismo; bestialismo (prática de sexo com animais); pedofilia (abuso sexual com crianças), etc. O *homossexualismo* – que sempre era considerado como uma típica forma de perversão –, na atualidade, não está sendo incluído na classificação dos transtornos mentais porque, salvo as formas degradantes de homossexualidade, cada vez mais, está havendo um crescente respeito pelo direito de qualquer pessoa ter uma livre opção pela sua orientação sexual.

319. A homossexualidade é considerada uma perversão? Quais são as causas de seu surgimento?

A psicanálise contemporânea considera que, antes de ser enquadrada em uma única categoria nosológica – como perversão, por exemplo –, a homossexualidade deve ser compreendida como síndrome, isto é, um conjunto de sinais e sintomas que pode ser produzido por mais de uma causa, como, por analogia, é o surgimento de um quadro febril. Além disso, muitas correntes psiquiátricas consideram a homossexualidade não como uma patologia, mas, antes, como um legítimo direito de o sujeito optar livremente pelo exercício da modalidade sexual que mais lhe convier. Essa posição fica implícita na última versão do DSM-IV norte-americano, o que não afasta a possibilidade de que determinadas formas de homossexualidade possam aparecer em um contexto de patologia grave. Em termos socioculturais, dados estatísticos deixam claro que a homossexualidade não é um fenômeno inusitado e que, pelo contrário, é bastante freqüente em qualquer sociedade. Os homens manifestamente efeminados, ou as mulheres de aspecto chamativamente viril, constituem somente uma pequena porcentagem da população homossexual. Além disso, nem todo efeminado é homossexual e a recíproca é verdadeira. Cada vez mais, os homossexuais vêm tomando uma atitude corajosa de assumir publicamente a sua condição, se organizam em fortes "movimentos *gay*" e estão ganhando um crescente espaço, por exemplo, o direito a uma ligação conjugal legal, ou ao fato de que estão sendo aceitos em forças militares, em muitos países avançados. Psicanaliticamente, o enfoque etiológico já não incide unicamente sobre os conflitos edípicos. Também está havendo uma crescente valorização das fases evolutivas pré-genitais, mais especificamente as que remontam às particularidades próprias do narcisismo. O tratamento psicanalítico não visa prioritariamente a resolver a homossexualidade como a tarefa única da análise, mas capacitar o sujeito a conhecer melhor as motivações inconscientes que o levam a optar – ou, em muitos casos, ser movido por uma impulsão irrefreável à busca de parceiro homossexual –, de sorte a reduzir o sentimento de vergonha, culpa e autopunição, o que contribui significativamente para a meta maior de o sujeito homossexual obter uma melhor qualidade de vida e adquirir uma liberdade interior.

320. Fetichismo. O que significa?

O termo "fetiche", em português, tem ligação com a crença de "feitiço". A psicanálise tomou emprestado o termo "fetichismo" da antropologia, em que significa um objeto material venerado como sendo um ídolo. Não se trata de neurose nem de psicose; tem uma estrutura própria em que a defesa psíquica por excelência é a "renegação", isto é, o sujeito diante de determinado fato ou pensamento, ele aceita e simultaneamente desmente. Freud concebeu o fetichismo como uma tentativa de a criança substituir a fantasia de que houve uma castração do pênis (porque observa que as meninas e as mulheres não têm pênis) por algum objeto que tenha forma semelhante. Assim, para Freud, a perversão sexual seria caracterizada pelo fato de que uma parte do corpo (pé, boca, seio, cabelo, sentido de visão ou de cheiro, etc.) ou um objeto exterior (sapatos, chapéus, gravatas, calcinhas, etc.) serem tomados como objetos exclusivos de uma excitação ou para a prática perversa de atos sexuais. Na atualidade, de forma geral, o termo "fetiche" também é empregado em situações não exclusivamente do campo sexual, mas a tudo que tem um significado de que "parece que é, mas, de fato, não é"!

321. Sadismo e masoquismo. O que vem a ser sadomasoquismo?

O termo *sadismo* – que designa uma das formas de perversão sexual – deriva dos escritos do Marquês de Sade, que se notabilizou pela alta carga de agressão destrutiva ligada à prática sexual, pelo sofrimento infligido ao outro, provocando danos físicos e morais. Na atualidade o significado de sadismo é extensivo a outras formas de agressão e violência que não unicamente à de natureza sexual, como é o caso de uma forma tirânica de alguém controlar e comandar a vida de outro, etc. Em termos de um relacionamento mais íntimo e prolongado, o mais comum é que se forme um conluio inconsciente entre as partes envolvidas, de sorte que a relação, de um casal por exemplo, adquire uma configuração vincular do tipo sadomasoquista. *Masoquismo*: este termo deriva do nome do escritor austríaco Leopold Masoch, que descrevia em seus romances uma atitude de submissão e humilhação masculina em relação à mulher amada, em uma busca de sofrimento. Assim, durante muito tempo, o significado de masoquismo ficou conectado com a noção de adultos que não podem encontrar uma satisfação sexual, a menos que simultaneamente se lhes inflija alguma forma de dor física e humilhação. Nos dias atuais, no entanto, o significado de masoquismo abrange muitos outros atos e tipos de relacionamentos, assim criando outro relevante vocábulo, o *sadomasoquismo*, levando em conta que o sadismo e o masoquismo sempre coexistem, tanto dentro do próprio sujeito como nos seus vínculos com os demais.

322. O masoquista gosta de sofrer? O que é "masoquismo moral"?

Diferentemente do "masoquismo erógeno", que Freud designava para se referir à obtenção do prazer sexual sempre ligada à dor, o "masoquismo moral", também uma concepção de Freud, alude à situação na qual o sujeito masoquista não necessita de parceiros, porquanto ele se auto-inflige dores (não unicamente sexuais), devido a seus sentimentos de culpa com a respectiva necessidade inconsciente de castigo. Em relação à questão de que o masoquista gosta de sofrer, a resposta não é única, ou seja, existe a possibilidade de que, de fato, ele goste de sofrer, o que acontece no caso de que, quando criança, ele era espancado e erotizou este sofrimento, tal como se fosse uma carícia sexual. O mais comum, no entanto, é que o verbo "gostar" esteja equivocadamente empregado, visto que o mais adequado seria dizer que, no lugar de gostar, na verdade, o sujeito masoquista tem uma forte e compulsiva *necessidade de ser castigado*, como uma forma de punição por atos ou fantasias de destruição que ele julga ter cometido. A moderna psicanálise vem valorizando um aspecto mais sutil, porém bastante importante, ou seja, o fato de que, para preencher vazios anteriores, o sujeito reproduz experiências do passado que evoquem a figura da mãe, do pai, etc., porém muitas vezes essas lembranças estão impregnadas com características de sofrimento. Por exemplo, uma mulher de 30 anos, com uma sólida formação moral e intelectual, no plano afetivo repetidamente se une a homens que mais cedo ou mais tarde começam a maltratá-la e a abandonam. O curso da análise evidenciou que ela tinha uma compulsiva necessidade de reproduzir o antigo padrão de relacionamento que tinha com sua mãe, simultaneamente carinhosa e abandonante, visto que, quando essa estava alcoolizada, maltratava a filha, física e moralmente, além de abandonar a casa por algum tempo. Essa paciente tinha atos masoquistas, porém não gostava de sofrer e tampouco se achava necessitada de ser punida, ou de não ser merecedora de uma boa qualidade de vida; mais do que tudo, estava cumprindo a determinação inconsciente de executar um certo papel de resgatar e proteger a mãe, e tentando preencher o vazio de uma boa figura materna.

323. Traumatofilia: o que significa esse termo?

Como mostra sua etimologia, esta palavra é derivada das raízes gregas *trauma* (ferida) + *philos* (amigo de) e designa o fenômeno bastante freqüente de pessoas que, de forma compulsivamente repetitiva, acidentam-se (daí também ser empregado o termo "acidentofilia"). Podem ser incluídos os sujeitos que de forma inconsciente forçam a repetição de cirurgias, às vezes desnecessárias e, algumas, chegam a ser mutiladoras de certas zonas corporais. A traumatofilia guarda uma relação íntima com sentimentos sadomasoquistas e lembra a, muito conhecida, situação de crianças que sofrem pequenos acidentes quando os pais se afastam por um tempo mais prolongado.

324. Neurose de sucesso (ou neurose de destino, ou neurose de fracasso). O que significa?

Não obstante as três terminologias, de certa forma sinônimas – neurose de sucesso, de destino e de fracasso –, não tenham um valor nosográfico oficial, pois não designam propriamente um quadro clínico com características específicas e bem-definidas, elas repreentam um grande valor descritivo e clínico, porque enfatizam uma *compulsão à repetição* de aspectos que causam sofrimento. Assim, em um grande número de pessoas portadoras deste tipo de neurose, paradoxalmente, o *medo de ter sucesso* é maior do que o de *fracassar*, de modo que forças ocultas do inconsciente engendram o seu próprio fracasso. No plano afetivo, é bastante freqüente que muitas pessoas, inclusive as bem-dotadas de atributos estéticos, intelectuais, morais e emocionais, facassem no trabalho, na duração de um estado de felicidade, no amor... Neste último caso, todos sabemos da existência de um número altíssimo de pessoas que são reconhecidas como excelentes sob todos os pontos de vista, porém que não sao bem-sucedidas no desejo de encontrar uma pessoa do sexo oposto, de sua escolha. Isto acontece porque o outro que se aproxima é colocado (pela pessoa portadora desta neurose do fracasso) no lugar de alguém inacessível ao seu alcance, ou é proibido, ou fica denegrido, ou, após algum pouco, de fato revela facetas bastante doentias, assim confirmando uma tendência para más escolhas, etc. A maior parte das pessoas que se lamenta – "Por que não encontro alguém legal?", "Não tenho sorte mesmo!", etc. – no fundo do inconsciente proíbe-se de encontrar o que procura. São múltiplas as causas geradoras desta compulsão à repetição de insucessos, mas quase sempre existe uma forte fixação em sentimentos culposos. Neste caso, geralmente isso se deve à existência de um certo grau de masoquismo que, por exemplo, impede a pessoa de se sentir merecedora de uma qualidade de vida superior a de um genitor, contra quem sempre alimentou o desejo de triunfar e, daí, decorre um sentimento de cupla quando, de fato, esteja superando. Este conflito, segundo Freud, estaria diretamente ligado à angústia de castração, no contexto de um complicado complexo de Édipo. Essa proibição opera em um nível inconsciente e pode ser tão intensa que obriga o sujeito a, compulsivamente, repetir, qual um destino de desígnio divino, a alternância entre a conquista do sucesso e um respectivo fracasso. Daí o sujeito recomeça um novo trabalho, um novo amor, da mesma forma como pode ser o caso de benfeitores que são pagos com ingratidão ou de sujeitos que seguidamente são traídos por amigos, etc., em um interminável círculo vicioso, que justifica a descrição que, em 1920, Freud fez destas pessoas que, segundo ele, "dão a impressão de que um destino as persegue, de que há uma orientação demoníaca de sua existência". Pode acontecer que situações como as descritas se eternizem, porém, não resta dúvida do fato de que um tratamento psicanalítico, bem-conduzido, pode trazer excelentes resultados práticos.

325. O que significa patologia do vazio?

Os recentes e aprofundados conhecimentos teóricos e técnicos relativos ao desenvolvimento emocional primitivo dos bebês permitem afirmar com convicção que nem toda a psicopatologia deriva unicamente dos conflitos entre pulsões do id, defesas do ego e ameaças do superego. Pelo contrário, fica cada vez mais evidente que há um crescente contingente de pessoas que, antes de conflitos, sofrem de primitivas *carências* afetivas básicas, pelo fato de que suas mais precoces necessidades vitais – leite, cuidados higiênicos, proteção, calor, amor e paz – não terem sido suficientemente preenchidas, resultando daí a formação de vazios, verdadeiros "buracos negros". Assim, cada vez mais as investigações da psicanálise procuram enfocar as primeiras falhas maternas, as resultantes faltas no psiquismo do bebê e da criança pequena e as repercussões nos adultos dos vazios que então se formaram. A freqüência dessa patologia é tão significativa que justifica o nome corrente de "clínica do vazio".

326. Autismo. Em que, exatamente, consiste essa doença?

Habitualmente, "autismo" alude a um grave transtorno do psiquismo de certas crianças, que ficam voltadas unicamente para si mesmas (*auto*), assim desligando-se do mundo exterior, de modo a transmitir a impressão de que elas olham, não para as pessoas, porém através delas. É importante distinguir os dois tipos de autismo: um, primário, também conhecido por "doença de Leo Kanner", que tem uma origem *orgânica*, por um defeito genético, já tendo sido localizado o cromossomo responsável. No segundo tipo de autismo, que alguns denominam como tipo "secundário", ou *psicogênico*, o ensimesmamento decorre de importantes falhas no desenvolvimento emocional primitivo. Nesse caso, o prognóstico é bem mais animador, caso seja providenciado a tempo um tratamento psicoterápico adequado. Muitos autores preferem usar a denominação "síndrome de privação emocional" para os casos de autismo psicogênico, justamente para não criar confusão que o simples nome "autismo" pode ocasionar. Nem sempre é fácil fazer uma distinção diagnóstica entre o autismo orgânico (ou "primário") e o psicogênico (ou "secundário"), sendo importante levar em conta que o primeiro costuma vir acompanhado de sintomas neurológicos, como é a presença de um movimento ondulatório das mãos que lembram o bater de asa de uma borboleta, daí o nome de *flapping*. Em geral, as mães destas crianças descrevem que, desde o momento do nascimento, sentiram dificuldades em estabelecer um vínculo emocional com seu filho, sendo freqüente ouvi-las dizer: "Eu nunca pude chegar no meu bebê"; "Ele nunca sorriu para mim". São crianças que mostram um grau de indiferença extrema pelos seres humanos que as rodeiam, os quais são tratados por estas como se fossem seres inanimados, cuja única função seria a de servi-las de forma incondicional e mecânica. Igualmente, existe uma baixíssima tolerância às mínimas frustrações, apresentam um retardo no desenvolvimento da linguagem, que é pobre e pouco comunica. Tendo em vista que a causa é – geneticamente – neurológica, comete uma enorme injustiça quem acusa os pais (principalmente as mães) de serem os responsáveis pelo autismo do filho, por "falta de amor", acusação que até poucas décadas atrás era bastante comum. Já as crianças que são portadoras de um autismo predominantemente psicogênico, desde muito cedo, criaram uma *cápsula (ou concha) autística*. Segundo a denominação da psicanalista Francis Tustin, que foi a autora que mais contribuiu para o entendimento desses quadros clínicos, elas parecem quase totalmente "desligadas" do mundo exterior, como uma forma arcaica de se defender das traumáticas frustrações e falta de resposta afetiva impostas pelo ambiente que as cercam. Tustin (1986) postulou que essas crianças sofrem de *vazios* – ou *buracos negros* (este último nome foi tirado da física cósmica que designa uma espécie de "autofagia" da luminosidade das estrelas) – que são resultantes da formação de uma rígida carapaça contra o aludido sofrimento provindo da realidade exterior. Nestes casos, é importante estabelecer um diagnóstico diferencial com o verdadeiro autismo neurológico e com a aparência de que se trate de uma deficiência intelectual.

327. Fale sobre o problema das adições. Por que existem tantas pessoas que são adictas, ou seja, "viciadas" em alguma coisa?

As adições estão sempre ligadas a uma tentativa de o sujeito preencher vazios existenciais decorrentes da primitiva "angústia de desamparo", a qual, por sua vez, quase sempre, é conseqüente das sérias falhas, ou faltas, dos primitivos cuidados maternos e, também, paternos. Em uma tentativa de preenchimento destes vazios, os sujeitos em estado de sensação de desamparo podem lançar mão de uma série de recursos ilusórios, em uma crença mágica de que, assim, cada um a seu modo, vá recuperar a sua auto-estima e a sua tão combalida segurança. A adição mais conhecida e mais temida consiste no uso compulsivo de drogas tóxicas e euforizantes ou bebidas alcoólicas, etc., o que, secundariamente, pode acarretar problemas sociopáticos. No entanto, também existem adições mais disfarçadas, como são aquelas que ocorrem sob a forma de uma compulsão a comidas; consumismo compulsivo de roupas, jóias e coisas equivalentes; busca irrefreável de relações (pseudogenitais) com pessoas do sexo oposto (ou do mesmo sexo), etc., sempre com uma busca de se sentir vivo. Assim, entre outras modalidades aditivas, podem ser incluídas, a "cleptomania" (uma forte e incontrolável impulsão para cometer pequenos roubos em *shoppings*, em casas de pessoas amigas, etc., com a particularidade de que esses furtos não preenchem nenhuma necessidade real), ou ainda, um problema que está muito em moda, como é o caso de uma adição a alguma modalidade de jogos de azar, como pode ser a "bingomania".

328. A psicanálise tem alguma explicação para a "adição aos jogos de azar"? Pode exemplificar com a "bingomania"?

O vício ligado aos jogos de azar, como pode ser exemplificado com o carteado, especialmente o pôquer; distintas formas contumazes de apostas; o comparecimento compulsório a cassinos, corridas de cavalos no prado, bingo, etc., constituem um grave problema social que a psicanálise pode ajudar a entender. Relativamente ao bingo, jogo de azar que está muito em moda no Brasil, no início de 2004, o Governo brasileiro proibiu de forma categórica a legalização desse jogo, fato que provocou fortes polêmicas entre os que aprovam e aqueles que reprovam essa medida governamental. Não obstante se possa lamentar que essa drástica medida governamental foi decretada em regime de urgência, sem estudos mais sérios, e lançando ao desemprego milhares de pessoas, mais por razões de um momento político do que por qualquer outra razão, não resta a menor dúvida de que a bingomania é, sim, um problema sério. Note o leitor que devemos fazer uma distinção entre o uso eventual deste jogo – como uma distração que se repita de tempos em tempos, fato absolutamente normal – e a compulsão irrefreável de jogar, jogar diariamente, com a grande possibilidade de o sujeito vir a perder aquilo que tem – e o que não tem –, correndo um grande risco, não tão improvável, de entrar em uma ruína financeira. Do ponto de vista psicanalítico, cabe apontar para três aspectos, entre outros, que determinam a formação desse vício: um, consiste em uma ânsia de fugir da solidão, de modo a poder partilhar com demais pessoas uma sensação de estar acompanhado, em uma festa coletiva. A segunda razão é que o viciado tem uma expectativa de que ele será bafejado pela sorte, por interferência dos fluidos de Deus, representante da "mãe boa" que lhe falhou. O terceiro e mais importante fator refere-se à permanência no sujeito de uma parte do pensamento mágico, de que a ilusão de enriquecer, de fato, se concretizará e, assim, terá prestígio, poder e felicidade.

329. Transtornos por uso de substâncias psicoativas (ou dependência química). Por que isso acontece?

Não resta dúvida de que o problema do uso de substâncias psicoativas (álcool, tabaco, cafeína, drogas em geral) é um dos problemas mais sérios de saúde pública e que, diretamente, afeta as famílias e a sociedade. Os termos usados para definir os transtornos por uso de substância são variados e confusos, ao que se soma o fato de que a gravidade depende bastante de um complexo de fatores, como a quantidade consumida, o tipo de substância usada, o tempo de duração da adição, etc. Por essa razão, cabe fazer algumas definições: 1. *Droga (ou substância) psicoativa*: refere-se às que modificam o estado de consciência de quem usa, sendo que os efeitos podem ir desde uma estimulação suave (uma xícara de chá ou de café, por exemplo), até os efeitos que modificam profundamente o funcionamento do psiquismo (cocaína, por exemplo). 2. *Uso nocivo*: implica o fato de que determinada substância está sendo consumida de forma regular, de modo a causar danos à saúde do sujeito. 3. *Adição*: tem um significado mais referido às características comportamentais do sujeito do que propriamente aos efeitos fisiológicos que o consumo da droga causa. Entre os aspectos do *comportamento aditivo*, cabe destacar: uma atitude impulsiva e compulsiva; uma incontida ânsia pela obtenção da droga; perda de controle sobre si; tenaz negação da gravidade de seu transtorno; possibilidade de o uso sistemático provocar problemas de dependência, tolerância, compulsão e problemas na abstinência. 4. *Dependência*: a característica essencial da dependência de substâncias consiste em um grupo de sintomas fisiológicos, de conduta e da cognição consciente, que indicam que o sujeito continua consumindo a droga de forma a induzir a uma deterioração clinicamente significativa. 5. *Tolerância*: com a perda do efeito psicoativo de uma dose particular para cada usuário, conseqüentemente surge a necessidade de aumentar a dose para manter o mesmo efeito anterior, de sorte que as doses crescentes podem causar um sério risco de vida. O termo *tolerância cruzada* designa que a tolerância para determinada droga pode ficar extensiva a outra. 6. *Síndrome de abstinência*: refere-se ao fato de que, após a cessação ou de uma significativa redução do uso de uma substância psicoativa que vinha sendo usada repetidamente, geralmente por um longo período ou em altas doses, surge um conjunto de manifestações sintomáticas psíquicas e físicas, em graus e configurações variáveis. 7. *Craving*: palavra da gíria inglesa que em português é popularmente conhecida como "fissura" – designa uma compulsão ardente ao uso da droga porque o usuário dependente imagina que encontrará alívio para o seu sofrimento.

330. Quais são as formas de dependência química?

A dependência às substâncias psicoativas se manifestam nas três áreas seguintes: 1. *Psíquica*: a evidência mais clara dessa dependência se expressa através de um desejo irresistível de repetir o uso da droga (*craving*) para obter uma sensação de um ilusório estado de bem-estar e euforia, ou porque não consegue suportar a ausência da substância. 2. *Física:* neste caso, o organismo sente necessidade de manter determinados níveis, e se estabelece um verdadeiro vínculo entre a droga e o organismo. 3. *Social*: refere-se à necessidade de o sujeito – geralmente adolescente – consumir a droga como uma demonstração de que pertence a determinado grupo social, de modo a vir ser aceito e reconhecido por seus pares como um igual a eles. O grupo a que ele pertence reage de forma muito severa diante de qualquer tentativa de largar o comportamento aditivo. Os adictos que seguem um padrão de repetida auto-administração da droga freqüentemente desenvolvem os problemas de tolerância, abstinência e a uma ingestão compulsiva da substância

331. Transtornos somatoformes (psicossomáticos). Como isso se forma?

Ninguém mais contesta a inequívoca interação entre o psiquismo determinando alterações somáticas e vice-versa, o que permite a ilustração com exemplos clínicos que vão desde os mais simples (a corriqueira evidência de estados de raiva ou medo provocando palidez e taquicardia; vergonha, levando a um enrubescimento; um estado gripal desencadeando uma reação depressiva transitória e, reciprocamente, um estado depressivo facilitando o surgimento de uma gripe, etc., etc.), passando por situações bastante complexas, como pode ser o surgimento de importantes somatizações (úlcera gastroduodenal; retocolite ulcerativa; desencadeamento de alguma forma de câncer; problemas de infertilidade, etc.). Em resumo, pode-se dizer que a somatização, como resposta à dor mental, é uma das respostas psíquicas mais comuns que o ser humano é capaz. Alguns fatores que levam à somatização, são: 1. Toda e qualquer pessoa possui uma "potencialidade somática" (equivale ao conceito de "complacência somática", de Freud), que, em determinadas situações emocionais, pode ser ativada e manifesta na corporalidade orgânica. Na atualidade, está se dando um grande relevo aos estudos provindos da psiconeuroimunologia. 2. Repressão de conflitos decorrentes de pulsões libidinais e agressivas, que se expressam através do corpo. 3. A forma de como primitivos vínculos do bebê com a mãe, referentes ao corpo, permanecem "fixados" no psiquismo do sujeito. 4. Um aspecto fundamental é a identificação que a criança fez com a mãe, especialmente com alguma doença que esta tivesse tido. 5. Uma somatização pode funcionar como uma primitiva forma de comunicação não-verbal, que pode propiciar ao analista uma leitura de conflitos não-manifestos pela palavra.

332. O que significa "complacência somática"?

Freud utilizava esse termo para se referir à escolha do órgão ou do sistema orgânico sobre o qual se dá a conversão histérica, ou a somatização, isto é, ele queria dizer que existem algumas áreas orgânicas de extrema sensibilidade, que condicionam, facilitam, descarregam e servem como cenários de determinados estados emocionais. Assim, Freud considerava que o investimento libidinal de uma zona erógena pode deslocar-se para outras regiões corporais, o que exige uma certa complacência que permite aos órgãos que simbolizam o conflito reprimido tentar satisfazer o desejo proibido, de forma disfarçada. Por exemplo, uma cegueira histérica estaria dramatizando, nos olhos, o desejo e o pavor de olhar os pais em coito. Na atualidade, na medida em que o corpo foi ganhando uma extraordinária importância nas concepções psicanalíticas, o conceito de complacência somática extrapola a localização única em pacientes histéricos, de forma que ela pode abranger a todas as entidades clínicas, especialmente as mais regressivas.

333. Hipocondria. Em que consiste? Há explicação psicanalítica?

A palavra "hipocondria" provém dos étimos gregos *hipo* (abaixo de) + *condros* (costela), em uma clara alusão à localização do fígado, órgão ao qual os antigos (e ainda hoje, por parte de muitos) costumavam imputar a responsabilidade pela maioria dos males orgânicos. Hipocondria refere-se a um transtorno corporal, sob uma condição imaginária, na qual o sujeito sofre dores ou outros desconfortos atribuídos a determinados órgãos, geralmente de localização vaga e errática (ora imaginam que estão com câncer no seio, ou próstata, depois é no intestino que localizam o "câncer", ou sentem os sintomas da Aids, etc.). Comumente as sensações corporais vêm acompanhadas por um subjacente temor de uma ameaça de doença mortal. É necessário distinguir quando se trata de um período transitório de queixas hipocondríacas que estão expressando algum alto grau de ansiedade por alguma situação atual, do quadro clínico de uma verdadeira hipocondria que, então, adquire características de cronicidade. Do ponto de vista psicanalítico, as hipóteses são três: 1. Os objetos (personagens internalizados) persecutórios no lugar de ficarem projetados em outras pessoas (nesse caso, configuraria uma paranóia) se instalam em órgãos, de onde emanam as aludidas ameaças de morte contra o sujeito (é uma espécie de "paranóia interna"). 2. Também deve ser levada em conta a possibilidade de como certos órgãos estão representados no psiquismo (por exemplo, os intestinos como sendo um depósito de sujeira, os olhos como representantes de uma curiosidade intrusiva, ou os pais sempre diziam que estavam tristes por "causa do fígado", etc.) de uma forma doentia. 3. O sujeito pode estar identificado com algum genitor que sofre – ou sofria, no caso de que já tenha falecido – de determinada doença, que o hipocondríaco, com essa identificação, imaginariamente reproduz no seu próprio corpo.

334. Feridas emocionais do aborto. Isso existe?

Sem dúvida existe, sim, e, mais ainda, as feridas podem permanecer ao longo da vida e acarretar prejuízos psíquicos. É útil estabelecer uma diferença entre o aborto que acontece espontaneamente, sem que tenha havido a menor interferência exterior; e o aborto que, intencionalmente, foi provocado. No caso de um abortamento *espontâneo*, seguido de uma elaboração do luto pela perda, os danos persistentes são mínimos, salvo as situações em que a mulher que sofreu o aborto não consegue elaborar o fato científico de que existem inúmeras razões biológicas para justificar que ela em nada colaborou para esse drama e, nessa hipótese, ela alimenta fantasias de que foi a culpada, porque seu aparelho feminino não é sadio, porque não se cuidou, porque deveria, ou não deveria, ter feito isso ou aquilo. Somente nessa hipótese podem persistir feridas emocionais permanentes. Quando se trata de *aborto provocado* (ou "induzido"), a possibilidade de que se formem as aludidas feridas é bem maior porque vêm acompanhadas de sentimentos de culpa, nem sempre conscientes, mas que agem desde o inconsciente. Esses sentimentos culposos acusam a mulher de ter cometido um ato de violência transgressora, fato que acontece mais comumente nos países, como no Brasil, em que a lei não permite o aborto legal (salvo algumas exceções especiais). De sorte que a prática ilegal de interrupção da gestação, somada a certas diretrizes religiosas mais rígidas, pode emprestar um certo clima de ter cometido um infanticídio, com conseqüências emocionais de algum grau de gravidade. Convém lembrar que em muitos países evoluídos existem clínicas especiais que fazem um excelente atendimento legal para as mulheres que praticam aborto, fato que minimiza os danos e a mulher sente-se respeitada em seus direitos de fazer opções diante de certas circunstâncias pessoais que, suficientemente, justifica o seu ato. As feridas emocionais mais importantes são: 1. A mulher que cometeu o aborto imagina que sua capacidade de engravidar novamente esteja definitivamente danificada (fato que explica por que muitas mulheres têm uma compulsão a engravidar, embora seguida de novos abortos, para testar se realmente foi castigada com um dano irreversível na sua capacidade para procriar). 2. Pode acontecer que a mulher, inconscientemente, cometa "abortos" na sua vida diante de fatos e projetos que tinham tudo para dar certo, porém, seguindo o mesmo caminho do feto que não nasceu, ela também não se permite crescer. 3. Muitas depressões podem ser explicadas por um perdurável sentimento, embora oculto, de que não são merecedoras de levar uma vida feliz. 4. Um importante aspecto que raramente é valorizado consiste no fato de que também o homem, que seria o pai da criança que não nasceu, e que de alguma forma participou da decisão do ato abortivo, também pode pagar o preço de uma depressão, de boicote de seu crescimento e de sua qualidade de vida. 5. Como forma de atestar a enorme importância social do problema do aborto provocado, cabe citar alguns dados extraídos de estatísticas recentes, divulgados pela Organização Mundial de Saúde (OMS), como: são praticados no mundo 50 milhões de abortos todos os anos. Mais de 20 milhões são feitos em países onde o aborto é ilegal. No Brasil, que figura entre os 54 países em que o aborto é proibido, estima-se que seja realizado 1,5 milhão de abortos ilegais por ano. Mais de 80 mil mulheres morrem todos os anos, e a maior parte dos óbitos ocorre nas nações que consideram como crime a prática do aborto.

335. Qual é a diferença entre esterilidade e infertilidade? Ambas podem ter causas emocionais?

Existe uma diferença entre o conceito de "esterilidade" e o de "infertilidade". *Esterilidade* refere-se à existência de alguma condição orgânica que impossibilita a mulher de engravidar, de forma natural. Nesse caso, os médicos especialistas tentarão resolver o problema físico impeditivo, ou buscar métodos alternativos de alcançar a gestação bem-sucedida. *Infertilidade,* por sua vez, designa uma condição em que a mulher não consegue engravidar, não obstante o fato de que todos os exames físicos não indiquem nenhuma causa orgânica, quer na mulher ou no homem. Entre outras causas possíveis não resta a menor dúvida de que o fator emocional na mulher desempenha um papel fundamental nos casos de infertilidade, com o inconveniente de que, à medida que o tempo passa e ela não engravida, aumenta a sua ansiedade, o que movimenta um circuito neurológico-glandular (por meio das conexões no sistema hipófise-hipotálamo-supra-renal) com a secreção, ou inibição, de hormônios e demais substâncias químicas, o que dificulta a possibilidade de uma fecundação fértil, de modo que assim se forma um círculo vicioso. Para ilustrar a incontestável influência de fatores psicológicos nos casos de infertilidade da mulher, basta assinalar o conhecido e freqüente fato de que alguma delas, após uma longa espera de tentativas infrutíferas de engravidar, combina com o marido a decisão de adotar uma criança e, surpreendentemente, após a adoção, tudo correndo bem, a mesma mulher, sem nenhuma interferência médica, começa a engravidar com grande facilidade. Parece que, em muitos casos, procede a explicação psicanalítica de que o conflito da mulher infértil por razões emocionais repousa no fato de que a expectativa de vir a ser mãe pode colidir com um profundo conflito inconsciente com uma mãe que foi internalizada como uma espécie de "inimiga, invejosa" que lhe proíbe o direito de se completar como mulher adulta, logo, atingindo o momento mais sublime da mulher, assim se nivelando à sua mãe ou até a superando. Depois que adota uma criança e nenhuma de suas fantasias inconscientes se concretizou, ela sente confiança na sua maternagem, ganha a bênção da mãe que está interiorizada nela, cai a ansiedade e assim desfaz-se o vicioso círculo psiconeuro-hormonal. A experiência clínica comprova que a infertilidade por razões puramente emocionais responde bem à terapia analítica.

Parte VI

TÉCNICA PSICANALÍTICA: PRINCÍPIOS BÁSICOS

336. **Qual a importância do primeiro contato do paciente com o analista?**

O primeiro contato que se estabelece entre a pessoa que procura tratamento e o psicanalista se processa de distintas maneiras, apesar de que, na imensa maioria das vezes, ele se realiza por telefone, quando se combina uma entrevista inicial, caso o analista queira um novo paciente ou tenha disponibilidade de horários. A importância deste primeiro contato reside no fato de que, mais do que possa parecer uma simples conversa formal de natureza prática, já começa a se desenhar uma relação vincular, que adquire contornos específicos para cada situação em particular. Assim, é possível distinguir quando a pessoa que pretende se analisar evidencia, pelo modo de se comunicar pelo telefone, uma forma excessivamente tímida e submissa, ou arrogante e impondo condições de forma prepotente, ou pedindo regalias especiais, especialmente em relação ao valor da consulta, ou a possibilidade de que sua motivação para análise seja espúria e o sujeito esteja equivocado quanto ao real objetivo de um tratamento analítico, etc. Da mesma forma, a pessoa que telefona para o analista para fins de tratamento, também faz um início de movimento transferencial com este, de sorte que empresta um significado ao tom de voz do terapeuta, ajuíza se foi valorizada e acolhida por ele, se houve um contato mais humano ou simplesmente frio e protocolar, etc. Outras vezes é algum familiar quem toma a iniciativa de fazer o contato com o analista, o que pode indicar um significativo grau de dependência, ou medo de rechaço, do provável paciente, o que em nada impede que se combine uma entrevista inicial. O primeiro encontro fica simplificado quando a pessoa já vem encaminhada por alguém – um colega psicoterapeuta, algum médico, ou amigo que se analisa, etc. – que já tomou a cautela inicial de prestar algumas breves informações ao analista e de situar o pretendente à análise com alguns necessários esclarecimentos prévios. Em síntese, a importância do primeiro encontro consiste no fato de que já é aí que começa a construção de uma relação vincular que pode ser o início de uma longa, íntima e profunda relação humana.

337. A "entrevista inicial" tem alguma diferença da "primeira sessão"?

A *entrevista inicial* (pode ser mais de uma sessão) antecede o "contrato" de um trabalho analítico, em que analista e paciente vão combinar uma série de aspectos de ordem prática, como os dias e horários das sessões, honorários e plano de férias, que irão estabelecer as normas formais do andamento da análise. A *primeira sessão*, por sua vez, alude ao fato de que o tratamento psicanalítico já começou formalmente. A finalidade da entrevista inicial é dupla: 1. Possibilitar ao analista fazer uma avaliação de aspectos como: a *motivação* do paciente para fazer mudanças e para enfrentar uma jornada tão longa, custosa e difícil; fazer um levantamento da parte doente do paciente, juntamente com a sua reserva de capacidades positivas; avaliar as condições da realidade exterior do paciente, inclusive as de ordem econômica para que ele não se submeta a um sacrifício, ou que muito cedo se confronte com sérias dificuldades e necessidade de uma interrupção frustrante; a avaliação deve se estender às condições de analisabilidade e acessibilidade do paciente a um processo analítico; também é útil que o analista avalie as características diagnósticas do paciente e as perspectivas prognósticas. 2. Propiciar a possibilidade de o analista se auto-avaliar quanto às suas condições de bem analisar um determinado paciente e de o paciente se dar ao direito de avaliar se ele sentiu uma necessária empatia inicial, se é com essa pessoa que está à sua frente que ele quer entregar a sua vida íntima e esperar alívio para o seu sofrimento e melhorar a sua qualidade de vida.

338. O que significa fazer o "contrato analítico" antes de iniciar o tratamento psicanalítico propriamente dito? A palavra "contrato" tem alguma conotação jurídica?

Absolutamente, não tem a menor implicação jurídica. Aqui, a expressão "contrato" é utilizada para enfatizar que não basta o paciente concordar formalmente em iniciar a análise, sem que ele, antes, tenha uma noção bastante clara da existência de algumas regras e responsabilidades que vão lhe caber, assim como também o analista deverá se comprometer com o seu quinhão de responsabilidades. Temas que envolvem assuntos de pagamentos, como valor, possibilidade de negociação, prováveis reajustes periódicos, faltas, um plano de férias, etc. merecem ser bastante esclarecidos, para servir como ponto de referência diante do surgimento de situações futuras. A feitura de um contrato também representa a vantagem de que, em determinados casos, fica justificado que tanto o paciente como o analista podem necessitar de algum tempo de "aquecimento", para se conhecerem melhor e, assim avaliarem com mais propriedade se a indicação para a análise, com este paciente (ou, com este analista), é a mais adequada.

339. Quando o analista avalia a pessoa que procura terapia psicanalítica, existe diferença entre os critérios de analisabilidade e o de acessibilidade?

O termo *analisabilidade* sempre foi empregado como critério clássico e básico para avaliar a indicação ou contra-indicação para uma análise-padrão, o que leva em conta muito especialmente os aspectos do diagnóstico clínico e as perspectivas do prognóstico. Assim, pacientes psicóticos ou aqueles portadores de uma estrutura altamente regressiva, de provável prognóstico sombrio, eram quase que imediatamente recusados e encaminhados para psiquiatras ou unicamente "terapias de apoio". *Acessibilidade*, por sua vez, não valoriza sobremaneira o grau de patologia manifesta, de modo que a impressão do analista deve ser mais o de um "diagnóstico psicanalítico" do que o de um diagnóstico rigorosamente clínico, da nosologia psiquiátrica, embora, é óbvio, este último também deva ser levado em consideração. Também se considera a rigorosa previsão prognóstica como fator decisivo na indicação da análise como tratamento de escolha, porquanto a tendência predominante é a de deixar que a prognose seja avaliada durante o curso da análise, o que, às vezes, revela grandes surpresas para o analista, tanto gratificantes quanto decepcionantes. Em suma, o critério de "acessibilidade" atenta principalmente para a disponibilidade e a capacidade de o paciente permitir um acesso ao seu inconsciente, estando o interesse maior do analista mais dirigido não tanto à doença, mas muito mais para sua "personalidade total", notadamente a reserva de suas capacidades positivas.

340. O que é o *setting* (ou enquadre)? Quais são as combinações necessárias entre paciente e analista?

Comumente traduzido como "enquadre", o *setting* pode ser conceituado como a soma de todos os procedimentos que organizam, normatizam e possibilitam o processo psicanalítico. Assim, ele resulta de um conjunto de regras, atitudes e combinações, tanto as contidas no contrato analítico como também as que vão se definindo durante a evolução da análise, como o número de sessões por semana, os dias e horários das sessões, os honorários, o plano de férias... O *setting* analítico costuma sofrer uma carga de pressão por parte de certos pacientes (às vezes, de certos analistas) no sentido de se fazerem sucessivas modificações em relação ao que foi inicialmente combinado e instituído. Na prática analítica, além das necessárias combinações pragmáticas, o *setting* visa às seguintes funções: 1. Criar uma atmosfera de confiabilidade, de regularidade e de estabilidade. 2. Estabelecer o aporte da realidade exterior, com as suas inevitáveis privações e frustrações. 3. Ajudar o paciente a definir a predominância do "princípio da realidade" sobre o "princípio do prazer". 4. Principalmente para pacientes demasiadamente regressivos, a regularidade do *setting* favorece que este paciente desenvolva as capacidades de diferenciação, separação, individuação e responsabilização. 5. Pode-se dizer que o *setting,* por si mesmo, funciona como um importante fator terapêutico psicanalítico, pela criação de um *espaço* que possibilita ao analisando trazer seus aspectos infantis no vínculo transferencial, assim repisando antigas experiências emocionais que na época foram mal-resolvidas, e, ao mesmo tempo, poder usar a sua parte adulta para ajudar o crescimento daquelas partes infantis

341. Em que consistem as regras técnicas para o analista?

Por meio de seus trabalhos sobre técnica psicanalítica mais consistentemente estudados e publicados no período de 1912 a 1915, Freud deixou um importante e fundamental legado a todos os psicanalistas das gerações vindouras: as regras mínimas que devem reger a técnica de qualquer processo psicanalítico e que se referem mais diretamente ora ao analisando, ora ao analista. Classicamente, são quatro essas regras, que não estão descritas em um bloco único, mas que facilmente podem ser garimpadas nesses escritos técnicos: a regra "fundamental", a da "abstinência", a da "neutralidade" e a da "atenção flutuante". Creio que seja legítimo acrescentar uma quinta regra, a do "amor às verdades", em razão da ênfase que Freud, em diversos textos, deu à verdade e à honestidade – tanto para o paciente quanto, principalmente, para o analista – como condição mínima necessária para a prática da psicanálise. Segue uma explicitação das cinco regras mencionadas e outras mais.

I. **A regra fundamental (ou da livre associação de idéias). Por que é considerada fundamental?** Essa regra consistia fundamentalmente no compromisso assumido pelo analisando de associar livremente as idéias que lhe surgissem espontaneamente na mente e de verbalizá-las ao analista, independentemente de suas inibições ou do fato de julgá-las importantes ou não. O termo "fundamental" era apropriado, pois seria impossível conceber uma análise sem que o paciente trouxesse um aporte contínuo de verbalizações que permitissem ao psicanalista proceder a um levantamento de natureza arqueológica dos recalques acumulados no inconsciente, de acordo com o paradigma vigente na época. Nos primeiros tempos, Freud instruía seus pacientes a contar tudo o que lhes viesse à cabeça e, para tanto, ele forçava a livre associação de idéias por meio de uma pressão manual na fronte do analisando. Posteriormente, ele deixou de pressionar fisicamente, porém continuava a exigir a rígida observância de o paciente não reter qualquer idéia a ser comunicada e comprometer-se com a mais absoluta honestidade e outros requisitos, como o do uso praticamente obrigatório do divã, se comprometesse com um número máximo de seis ou no mínimo de cinco sessões semanais, não assumisse nenhum compromisso importante sem antes examiná-lo exaustivamente, o rígido emprego de definidas fórmulas quanto ao modo de pagamento, de faltas, etc. De lá para cá, muita coisa mudou, acompanhando as mudanças de valores culturais e econômicos ocorridas no mundo, e também as transformações no próprio perfil do paciente, do analista e do processo analítico, como maior flexibilidade e grande valorização que os analistas atribuem à comunicação através de uma linguagem "não-verbal" e não somente da costumeira linguagem da associação verbal. No entanto, a essência dessa recomendação técnica de Freud continua vigente.

II. **Regra da abstinência. Abster-se de quê?** Essa regra de Freud consiste na recomendação de que tanto o analista como o paciente devem fazer algumas abstenções de seus desejos durante o curso da análise. Assim, o analista, como um princípio técnico, deve abster-se de fazer gratificações externas, mais particularmente, as que se referem ao que Freud chamava de "amor de transferência". O paciente, por sua vez, deveria abster-se de efetivar qualquer ação importante em sua vida exterior sem antes analisá-la exaustivamente, com a finalidade de obter o consentimento do psicanalista. Embora essa regra esteja implícita em qualquer análise, penso que os analistas contemporâneos não mais a incluem nas combinações prévias que constituem o necessário "contrato analítico", de modo que adotam uma postura igualmente firme, com a colocação dos devidos limites, porém com uma margem de elasticidade bem maior, sem a necessidade de apelar para o recurso de proibições e censuras. Como forma de sintetizar a regra da abstinência, creio que cabe a afirmativa de que a melhor forma de o analista "atender" às demandas do paciente é a de "entender" (e interpretar) o porquê e o para que delas.

III. **Regra da neutralidade. É o mesmo que indiferença?** A essência dessa regra recomendada por Freud aparece na sua famosa "metáfora do espelho", na qual ele afirma que "o psicanalista deve ser opaco aos seus pacientes e, com um espelho, não lhes mostrar nada, exceto o que lhe for mostrado". Nos textos originais de Freud, ele utilizava a palavra *indifferenz*, que em alemão não significa exatamente uma "indiferença", mas uma "imparcialidade". Classicamente, essa regra refere-se mais estrita e diretamente à necessidade de o analista ser neutro, isto é, não sobrepor os seus próprios valores morais, sociais, éticos e religiosos, e que ele possa se envolver afetivamente com os problemas do paciente, desde que *não fique envolvido* neles. Na atualidade, pensa-se que o analista deve funcionar como um espelho, porém no sentido de ser um espelho que possibilite ao paciente mirar-se de corpo inteiro, por fora e por dentro, como realmente ele é ou o que não é, ou como pode vir a ser. A neutralidade, no sentido absoluto do termo, é uma utopia, impossível de ser plenamente alcançada, até mesmo porque o psicanalista é um ser humano como qualquer outro e, portanto, tem sua ideologia e seu próprio sistema de valores, os quais, quer ele queira ou não, são captados pelo paciente e, além disso, as suas palavras e atitudes também funcionam com um certo poder de sugestionamento sobre o paciente. Da mesma forma, os sentimentos contratransferenciais despertados no analista podem intervir no seu estado de neutralidade. O importante, no entendimento atual dessa regra, é que o analista tenha condições de entender o seu estado mental e de espírito, de modo a poder administrar os seus sentimentos, e não fique envolvido.

IV. **Regra da atenção flutuante. Qual o significado de "flutuante"?** Freud estabeleceu essa regra com a seguinte afirmativa: "Não devemos atribuir uma importância particular a nada daquilo que escutamos, sendo conveniente que prestemos atenção a tudo na mesma atenção flutuante". Com esta frase, ele pretendeu enfatizar a importância de o analista não estar na sessão com pré-julgamentos e com uma escuta selecionada para os assuntos que mais lhe interessam. Somente nessa condição, Freud completava, é que o analista pode atingir a uma verdadeira comunicação de "inconsciente para inconsciente". Um aspecto importante para o analista conseguir esse estado de "atenção flutuante" é que ele não tenha a sua mente impregnada por memórias, desejos e uma ânsia de compreensão imediata e tampouco que ele fique concentrado unicamente no que seus órgãos dos sentidos (o que vê, escuta, etc.) e o seu pensamento lógico lhe sugerem; de certa forma, ele pode "cegar-se artificialmente" para possibilitar o surgimento de "intuições", que podem representar uma rica fonte de entendimento daquilo que está oculto no paciente.

V. **Regra do amor às verdades. Quais verdades?** Em diversas passagens de seus textos técnicos, Freud reiterou o quanto ele considerava a importância que a verdade representa para a evolução exitosa do processo analítico. Mais exatamente, a sua ênfase incidia na necessidade de que o psicanalista fosse uma pessoa veraz, verdadeira e que somente a partir dessa condição fundamental é que a análise poderia, de fato, promover as mudanças verdadeiras nos analisandos. Dessa firme posição de Freud, podemos tirar uma primeira conclusão: mais do que unicamente uma obrigação de ordem ética, a regra do amor à verdade também se constitui como um elemento essencial de técnica de psicanálise. Freud estendia a sua postulação da indispensabilidade de honestidade e verdade tanto à pessoa do terapeuta quanto à do paciente. Em relação ao primeiro deles, ninguém contesta a sua validade fundamental. Quanto à pessoa do analisando, as coisas têm mudado um pouco, se partirmos do vértice de que o paciente está no seu papel de fazer aquilo que ele sabe fazer e no seu ritmo. É necessário esclarecer que a verdade a que estamos nos referindo não tem conotação de ordem moral e, muito menos, representa uma recomendação para que o analista saia em uma obsessiva caça às verdades negadas ou sonegadas pelo paciente, até mesmo porque o conceito de verdade absoluta é muito relativo. Antes disso, como foi frisado, o importante é a aquisição de uma "atitude de ser verdadeiro", especialmente consigo próprio, único caminho para atingir a um estado de liberdade interior, o que seguramente é o bem maior que um indivíduo pode obter.

VI. **Além dessas regras técnicas clássicas, existem outras?** Existem, sim, embora sejam derivadas daquelas clássicas. Cabe citar mais três regras técnicas: 1. A de *não ritualizar ou dogmatizar*: quando o analista não conhece o verdadeiro motivo e significado pelos quais determinada técnica tenha sido adotada, esta corre o risco de ficar sendo praticada de forma mecânica, qual um cerimonial religioso, obedecendo a rituais previamente conhecidos e repetitivos, sem levar em conta características e circunstâncias singulares e especiais de cada paciente em particular. 2. A *preservação do setting*: é indispensável que o analista tenha bem claro para si que o fato de ele ser "humano" para com o paciente não implica ser "bonzinho" a ponto de não reconhecer que o vínculo do par analítico *não é simétrico*, isto é, deve existir uma marcada diferença na ocupação dos lugares e na execução dos papéis e funções de cada um do par; caso contrário haverá um clima de confusão e perda dos limites. Da mesma forma, também é necessário preservar as combinações que ambos fizeram relativamente ao *setting*, para que o "princípio da realidade" se contraponha às ilusões próprias do "princípio do prazer" do paciente, principalmente quando for bastante regressivo, embora possa parecer um paradoxo. Deve ficar claro que o essencial não é a eventual ruptura do setting, mas o fato de que este possa ser retomado, ou seja, o analista não está perdido e mantém o controle analítico daquilo que está fazendo. 3. *Regra do sigilo*: tem um significado bem mais amplo, porque implica um imbricar da técnica com a indispensável, ética.

342. Deve haver uma rigidez na aplicação do *setting* (enquadre) psicanalítico clássico?

Acompanhando as transformações sociais, culturais e econômicas que o mundo todo está passando, também a psicanálise está sofrendo a passagem por crises e fazendo sensíveis modificações, sem perder sua essência. Assim, o número mínimo de sessões semanais que era imposto de forma rígida está ganhando em flexibilidade; da mesma forma, o uso obrigatório do divã e a aplicação das regras técnicas relativas à livre associação de idéias do paciente, à neutralidade, ao anonimato e à abstinência do analista. Igualmente no que se refere a uma atitude deste de quem sabe e pode tudo, aos excessivos silêncios a que, em certa época, ele impunha aos pacientes, além do seu estilo formal de interpretar e quase que exclusivamente sempre referido a uma transferência com ele, estão se transformando e ganhando uma forma bastante mais coloquial. Convém enfatizar que assim como pode existir um desvirtuamento do *setting* devido a uma excessiva rigidez (é diferente de firmeza) do analista, também não podemos ignorar os inconvenientes, por vezes graves, que decorrem de uma exagerada permissividade (é muito diferente de flexibilidade). Sumarizando: a importância de o *setting* se manter inalterado o máximo possível decorre do fato de que, apesar de todos os sentimentos, atos e verbalizações do paciente que são significados por ele como sendo proibidos e perigosos, o *setting* não ficou pervertido; analista e paciente continuam ocupando e desempenhando os lugares e os papéis que cabem a cada um deles; o analista não está destruído pelos ataques, nem deprimido, tampouco está colérico, não revida nem retalia, não apela desnecessariamente para a medicação e muito menos para uma hospitalização; não o encaminha para outro terapeuta; nem sequer modificou o seu estado de humor habitual e ainda se mostra compreensivo e capaz de, junto com o paciente, tirar um aprendizado com as experiências emocionais difíceis.

343. É obrigatório o uso do divã em um tratamento psicanalítico?

Não obstante o fato de que a imagem simbólica do divã esteja intimamente ligada à psicanálise como uma condição imprescindível, convém esclarecer que Freud não postulou o uso do divã como uma condição *sine qua non,* como uma imposição universal; somente afirmava que era mais cômodo para ele, além de que poderia favorecer uma certa regressão do paciente para uma situação infantil que poderia despertar o aporte de associações e representações do analisando. Comumente me deparo com a pergunta de que se é válida a análise que se efetua por longos períodos sem que o analisando use o divã. Particularmente acredito que é válida, sim, se estiverem ocorrendo significativas mudanças da estrutura interna do paciente, em contraposição a outras eventuais situações em que o paciente possa estar fazendo uso do divã no número adequado de sessões semanais, durante longo tempo e, ainda assim, não tenha obtido verdadeiras transformações internas. Isso não deve significar que se esteja depreciando o valor do divã, tanto que cabe ao profissional analisar as possíveis inibições, angústias ou restrições do paciente ao seu uso. Em suma, penso que antes de o uso do divã ser uma *imposição* do analista ao paciente, ele deve representar uma *conquista* a este, por ter vencido angústias e ter adquirido a espontaneidade para fazer uma opção entre deitar ou não.

344. Qual é o número mínimo de sessões semanais para ser "psicanálise de verdade"?

Inicialmente creio ser importante enfatizar que o critério de "psicanálise de verdade" é altamente discutível e polêmico. Alguns preferem considerar que uma análise é a única legítima e verdadeira quando é praticada por um analista filiado a alguma instituição legitimada pela IPA, que observe o número mínimo de sessões, o uso do divã e que faça as interpretações centradas na neurose de transferência. Outros autores consideram que o mais importante para legitimar uma análise como verdadeira, sempre praticada por uma pessoa com formação adequada, é quando ela consegue produzir "verdadeiras" mudanças psíquicas com evidentes comprovações na vida cotidiana do analisando. O que importa afirmar é que o número de sessões por semana, por si só, não basta para definir o processo analítico. O número recomendável já foi de seis, passou para cinco, estabilizou-se em quatro e, na atualidade, alguns centros importantes, como na França, estão permitindo e adotando três sessões semanais, inclusive para análises didáticas, oficiais. Outro ponto discutível é se, no começo de uma análise, ela deve, já de saída, começar com o número mínimo de sessões por semana (na atualidade, em nosso meio, são quatro), ou se pode começar com menor número e, à medida que a análise for evoluindo, fazer os devidos ajustes, sempre que os fatores reais permitirem. A opinião vigente no atual momento é que devem ser mantidas as quatro sessões mínimas para as análises que estão ligadas à formação oficial dos candidatos à formação como psicanalistas, de alguma instituição filiada à IPA, sendo que as demais análises estão bastante mais flexíveis em relação ao número mínimo de sessões semanais.

345. Qual é o tempo de duração de uma sessão analítica?

Cabe consignar três aspectos: 1. Ao longo da história da psicanálise, o tempo de duração cronológica de cada sessão psicanalítica já foi de 60 minutos, ficou reduzido em 50 e, atualmente, muitos psicanalistas estão adotando o tempo médio de 45 minutos. 2. No entanto, os psicanalistas seguidores de Lacan preferem adotar um critério não tanto cronológico, mas, sim, o que eles denominam de "tempo lógico", isto é, a sessão não tem tempo fixo de duração – pode durar bem menos do que 50 minutos, ou mais –, sendo que, segundo a escola lacaniana, a sessão termina quando o analisando atinge o "corte (castração) simbólico", ou seja, sai do registro imaginário e sua palavra que era "vazia" passa a ser "cheia". 3. Um ponto discutível entre os analistas é relativo a quando o paciente esteja bastante atrasado, digamos que faltem 15 ou 10 minutos para a terminar o tempo do paciente, o analista está liberado do compromisso de fazer a sessão ou deve esperar o paciente até o último minuto? As opiniões dividem-se: alguns analistas fazem combinações com determinados pacientes, por exemplo, de esperarem até 25 minutos; outro exemplo, o de fazer uma combinação nestes moldes somente no último horário do analista, até mesmo porque, em caso contrário, o paciente poderia usar seu horário como um instrumento de controle sobre o seu analista. A opinião predominante é a de que o paciente é dono de seu horário e tem o direito de se atrasar o quanto quiser (o que não significa que essa conduta não será objeto de uma detida análise) e que convém ao analista ter tarefas que ele possa cumprir de forma prazerosa enquanto aguarda a vinda do seu paciente.

346. A questão do pagamento. Será que é justo o paciente pagar as sessões a que faltou?

Do ponto de vista do analisando, sua análise é bastante custosa, pelo número elevado de sessões e da duração do tratamento. No entanto, embora um psicanalista possa ter estipulado um valor relativamente elevado para o custo de uma sessão, a verdade é que ele não pode ultrapassar determinado número de horas semanais de atendimento psicanalítico, de sorte que ele poderá, na melhor das hipóteses, construir um patrimônio sólido, com um bom padrão de vida, porém jamais enriquecerá, se viver unicamente de seu trabalho. Durante um longo tempo os analistas mantinham uma uniformidade de honorários para cada um de seus pacientes; na atualidade, devido às sensíveis diferenças do poder aquisitivo e das irregularidades da política de reajustes que a maioria dos pacientes sofre em seus locais de trabalho, ficou impossível manter um valor único. Assim, a maioria dos analistas mantém uma certa margem de combinação com o paciente de um valor adequado para ambos, sendo que é útil que o analista – para poder trabalhar confortavelmente, condição necessária mínima para que analise bem – tenha seus próprios parâmetros de um valor máximo (que não sofra a influência da ganância) e de um valor mínimo (abaixo do qual ele trabalharia com certo desconforto, prejudicial). Em relação ao fato de o paciente pagar por sessões a que ele faltou, cabe assinalar três aspectos: 1. Quando o paciente está realmente interessado na sessão, quase sempre é possível combinar uma troca de horário, ou de dia, na mesma semana da sessão em que não foi possível comparecer (a experiência mostra que fazer a reposição de sessões perdidas em ocasiões tardias quase sempre gera muita confusão), desde que, apesar da boa vontade do analista, ele, de fato, não tenha outro horário disponível. 2. O problema de o paciente pagar não é unicamente de ordem monetária, mas também se constitui um fator analítico terapêutico, por ser uma ocasião de o analisando assumir a responsabilidade por um espaço que é única e inteiramente seu; propicia a análise de ele suportar frustrações que, na vida, são inevitáveis; prepará-lo a funcionar no plano do princípio da realidade, no lugar do princípio do prazer. 3. Realmente, muitas vezes a questão do pagamento pode adquirir uma situação constrangedora, especialmente nas situações em que a dupla analítica fica em um clima de "palavra contra palavra", ou de "memória contra memória". A melhor forma de fazer a profilaxia dessas situações consiste em fazer combinações bastante claras por ocasião da feitura do contrato analítico, particularmente a combinação presumível do "plano de férias" da análise.

347. O(a) namorado(a), ou cônjuge, ou algum familiar próximo insiste em querer vir falar com o terapeuta. Como proceder?

Trata-se de uma situação relativamente freqüente. Uma regra indispensável é que o analista não pode aceitar uma condição que muitos deles impõem: a de que se mantenha a conversa em segredo, sem que o paciente tome conhecimento do que está se passando. Muito pelo contrário! É imprescindível que o paciente sinta que seu terapeuta o respeita, nada esconde dele e que só receberá a pessoa que insiste em falar com ele se o analista acreditar que possa haver alguma utilidade e se o paciente, uma vez notificado, tenha o direito de decidir se concorda ou não (ambas as possibilidades devem ser bem analisadas); e, ademais, no caso em que ele concorde, também cabe ao analista lhe conceder o direito de optar se quer estar junto para participar da possível conversa, ou não. Quando se trata de paciente dependente de alguém que financia a análise, como é o caso de criança, adolescente, ou alguns adultos que não têm recursos próprios, a situação muda de figura, embora a essência do que antes foi afirmado se mantém a mesma. Especialmente com crianças e adolescentes na fase inicial, é bastante útil que haja uma participação, maior ou menor, dos pais.

348. É possível um mesmo analista tratar simultaneamente parentes próximos ou pessoas amigas?

Até certa época, a possibilidade de um mesmo terapeuta analisar pessoas próximas era totalmente inviável; na atualidade, sempre que o analista esteja convicto de que tem plenas condições de conter as informações e os sentimentos que cada paciente em particular desperta dentro dele, sem misturar os conteúdos das narrativas de cada um em separado (é impressionante o fato de que um mesmo acontecimento partilhado por duas ou mais pessoas permite leituras diferentes, às vezes completamente opostas, mesmo todos sendo pessoas igualmente honestas). Outra capacidade fundamental que o analista deve possuir é a de não "tomar partido" de um ou de outro dos seus pacientes que são próximos, porque tal falha estaria representando não só que ele se contra-identificou com um deles, como também revela que ele tem uma deficiência na capacidade de ser continente daquilo que os pacientes depositam dentro dele.

349. Há a possibilidade de uma pessoa analisar-se com um amigo?

Temos de estabelecer uma diferença entre uma "pessoa amiga" e um "amiguinho", no sentido de que a primeira delas é uma pessoa bastante conhecida do analista, porém sem um relacionamento por demais íntimo; enquanto "amiguinho" expressa que existe uma estreita relação de amizade entre o analista e o outro que quer se analisar com ele, em que eles compartilham de programas sociais que implicam um relacionamento em que expõem a intimidade, troca de confidências, etc. Na primeira hipótese, se o analista estiver seguro de que os seus sentimentos contratransferenciais não irão interferir no andamento normal da análise, que ele não tem nada a esconder ou do que se envergonhar e que seu provável paciente está realmente motivado para mergulhar em seus conflitos inconscientes, particularmente não vejo maiores impedimentos para que o terapeuta aceite tratar essa pessoa amiga que confia nele. Na segunda hipótese, a análise, no sentido verdadeiro da palavra, deve ser descartada.

350. O surgimento de resistências no tratamento analítico é positivo ou negativo?

Durante muito tempo o conceito de "resistência" foi considerado pelos psicanalistas com uma conotação negativa porque significava que o paciente se opunha a permitir o afloramento dos desejos proibidos que estavam reprimidos, recalcados no inconsciente. Existem, sim, resistências malignas para o desenvolvimento normal de uma análise, tal é a oposição de várias modalidades defensivas inconscientes contra qualquer tentativa de tomar conhecimento de certas verdades penosas e, principalmente, contra a possibilidade de vir a fazer verdadeiras mudanças psíquicas. Não obstante isso, na imensa maioria das vezes, as resistências que surgem na situação analítica são bastante bem-vindas pelo analista, visto que elas expressam a forma de como o ego do paciente se mobiliza para enfrentar as suas angústias diante da realidade de sua vida. Na grande maioria das vezes, o paciente resiste como uma forma de se proteger contra os ataques que sofreu no passado (sob a forma da carência, abandono, incompreensão e humilhações, praticadas pelos pais), de forma a, pelo menos, conseguir sobreviver. Aliás, a etimologia da palavra "resistência" vem dos étimos latinos *re* (quer dizer "de novo, mais uma vez") + *sistere* (significa "direito a existir"), comprovando o quanto a resistência pode estar a serviço de uma busca de um direito de ser alguém que, de fato, existe!

351. **Existem muitas e diferentes formas de resistências? É possível classificá-las?**

Não é possível uma clara classificação ou sistematização das resistências, devido aos múltiplos vértices de abordagem, sua múltipla determinação e, na situação analítica, o fato de que cada sujeito tem uma pletora de recursos resistenciais, os quais, em um mesmo paciente, variam com os distintos momentos do processo analítico. No entanto, de forma esquemática, a classificação pode se basear em um dos critérios que seguem enumerados: 1. Pelas *manifestações clínicas*, tais como: faltas, atrasos, intelectualizações, silêncio exagerado ou prolixidade, excesso de "atuações", etc. 2. Pelas *finalidades:* por exemplo, o paciente resistir contra a regressão, ou progressão, ou contra uma tomada de conhecimento de verdades dolorosas como desejos proibidos, inveja, culpa, humilhação, a renúncia às ilusões narcisistas, a evitação de sentimentos depressivos, e contra uma mudança verdadeira, etc. 3. Pelo critério de relacionar as modalidades de resistências ao *tipo, ao grau e à função das defesas mobilizadas,* de sorte a determinar os traços caracterológicos de toda a pessoa, por exemplo, o de um "falso *self*"; a formação de determinados sintomas; algum quadro de psicopatologia clínica, etc. É muito importante o analista constatar a forma como o paciente resiste na situação analítica, porque ela expressa a modalidade de como as defesas inconscientes do ego se organizaram no psiquismo do paciente para enfrentar as dificuldades que surgiram desde a infância e que se repetem ao longo da vida. Considero este fenômeno tão relevante que costumo sintetizar este fato com a frase: "Dize-me como resistes, e dir-te-ei quem és!".

352. **Existe a possibilidade de que o analista também tenha resistências na análise?**

Não custa repetir que antes de o sujeito ser um psicanalista ele é um ser humano, portanto sujeito a ter conflitos internos, emoções de toda ordem e, assim, também manifestar resistências inconscientes contra a tomada de certos conhecimentos que lhe são desagradáveis, ou uma resistência narcisista em que ele sempre quer ter a razão, a posse da verdade e a palavra final. Partindo daí, é lícito afirmar que muitas das resistências manifestadas pelos pacientes podem estar representando uma – sadia – oposição quanto ao que o analista quer desqualificar ou impor dentro dele. Quando a resistência do analista (por exemplo, evitar analisar a intimidade da vida sexual do paciente, ou a de desfazer as ilusões narcisistas, etc.) é resultante de aspectos que o paciente mobilizou dentro dele, o nome deste fenômeno é o de *contra-resistência*.

353. **Contra-resistência. A formação de conluios inconscientes. O que significa isso?**

O aspecto mais importante do movimento resistencial do analista em ressonância com as resistências do paciente diz respeito ao risco da formação de diversos tipos de *conluios,* inconscientes, entre o par analítico. Algumas modalidades desses conluios podem ser:

1. Uma muda e inconsciente combinação entre paciente e analista no sentido de evitarem a abordagem de certos assuntos difíceis para ambos. 2. Uma recíproca "fascinação narcisista" que, às vezes, atinge um estado de encantamento mútuo, impossibilitando a análise de aspectos agressivos. 3. Uma relação de poder sob uma, disfarçada, forma "sadomasoquista", em que o paciente está completamente submetido ao seu analista, ou vice-versa. 4. Um conluio de "acomodação", visto que a análise já está estagnada há bastante tempo e ambos se acomodaram a essa situação estéril. 5. Existe o risco de um conluio de natureza "perversa", que consiste em um enredamento do analista em um jogo de seduções por parte de pacientes com características perversas, em que o analista perde o seu papel. 6. Entre as possibilidades de um conluio perverso sobressai o de natureza erotizada (não é a mesma coisa que "transferência erótica").

354. Reação terapêutica negativa. Qual é o significado dessa expressão?

A formulação original de Freud sobre o fenômeno da "reação terapêutica negativa" (RTN) foi a seguinte: "Há pessoas que se conduzem muito singularmente no tratamento psicanalítico. Quando lhes damos esperanças e mostramo-nos satisfeitos com a marcha do tratamento, mostram-se descontentes e pioram acentuadamente. Descobrimos, com efeito, que tais pessoas reagem em um sentido invertido aos progressos da cura. Cada uma das resoluções parciais que haveria de trazer consigo um alívio ou desaparecimento temporário dos sintomas, ao contrário, uma intensidade momentânea da doença e, durante o tratamento, pioram no lugar de melhorar. Mostram-nos pois a chamada reação terapêutica negativa. É indubitável que, nestes doentes, há algo que se opõe à cura, a qual é considerada por eles como um perigo e que neles predomina a necessidade de doença, e não a vontade de cura. Em sua essência tudo o que Freud afirmou continua válido e aos psicanalistas que o seguiram coube a tarefa de localizar as causas que funcionam como sabotadoras de um crescimento do paciente em direção à cura, aspecto que é muito importante na prática analítica não só pelo significado que representa como também pela alta freqüência que ocorre no tratamento analítico. De modo geral, cabe assinalar as seguintes causas que podem provocar o surgimento de uma RTN. 1. Os sentimentos de culpa (oriundos do "triunfo edípico" sobre o pai, que sua melhoria lhe representa) ligados a uma "necessidade de castigo". 2. Medo de despertar sentimentos invejosos no outro, ou a própria inveja do paciente em relação ao analista que foi capaz e teve sucesso com ele, provoca uma piora inconsciente para "não dar ao analista o gostinho de triunfo", tal como ele fazia com seus pais no passado. 3. A presença de uma organização patológica que age dentro do paciente, proibindo-o de crescer, de forma a obrigá-lo a permanecer uma eterna criança como, possivelmente, foi o papel que desde criancinha lhe outorgaram.

355. Como surge a transferência? Quais são as suas modalidades?

O vocábulo "transferência" não é exclusivo do vocabulário psicanalítico, porquanto ele é utilizado em inúmeros outros campos, mas sempre indica uma idéia de deslocamento, de transporte, de substituição de um lugar por outro, ou de uma pessoa (viva, ou morta) por outra, sem que isso afete a integridade das pessoas em jogo. Embora para a comunidade psicanalítica o termo "transferência" deva ficar restrito ao que se passa no campo analítico, daquilo que o paciente está revivendo e sentindo com o seu analista, é inegável que não há como desconhecer que essa expressão já ganhou grande extensão e uma analogia conceitual com aquilo que se passa na relação médico-paciente, professor-aluno, patrão-empregado, etc. Igualmente, o conceito de transferência vem sofrendo sucessivas transformações e renovados questionamentos, como o de se a figura do analista é uma mera pantalla transferencial para a repetição de antigas relações objetais que estão introjetadas no paciente, ou se ele também se comporta como uma nova pessoa, real. A transferência, juntamente com a resistência e a interpretação, continua sendo um pólo fundamental da psicanálise. Existem muitas modalidades de transferência; por exemplo, pode ser uma transferência paterna ou materna, positiva ou negativa, erótica ou erotizada, narcisista, perversa ou psicótica, etc.

356. "Transferência erótica" e "transferência erotizada" são a mesma coisa? Elas complicam a análise?

Não são a mesma coisa, embora possam ser parecidas. A transferência de características eróticas adquire um largo espectro de possibilidades, desde sentimentos afetuosos e carinhosos em relação ao analista, até outro pólo de uma intensa atração sexual por ele (ou ela), atração essa que se converte em um desejo sexual obcecado, permanente, consciente, egossintônico e resistente à qualquer tentativa de análise. O primeiro caso alude à transferência *erótica*, na qual existe a predominância da pulsão de vida, ou seja, está vinculada à necessidade que qualquer pessoa tem de ser amada. A segunda situação refere-se à transferência *erotizada*, mais ligada às pulsões agressivas que visam a um controle sobre o analista e uma posse voraz dele; mais freqüentemente essa forma de transferência surge de pacientes em alto grau de histeria, ou em pacientes *borderline* e psicóticas, que por um transtorno de percepção e de pensamento fazem uma espécie de ideação delirante de que o analista também esteja apaixonado ou atraído por ele (ou ela) de sorte que qualquer gesto ou palavra do analista possa ser interpretado pela paciente como uma forma de consentimento.

357. Neurose de transferência: o que significa isso?

A expressão "neurose de transferência", de Freud, designa a situação analítica em que o paciente repete na transferência com o analista, de uma forma bastante intensa, os passados conflitos infantis. Assim, a técnica psicanalítica passou a ficar centrada em substituir a neurose clínica do paciente por uma neurose de transferência com o analista, a qual, sendo exitosamente analisada, leva à descoberta da primitiva neurose infantil. Freud, nos primeiros tempos, supunha que a neurose de transferência seria uma interferência prejudicial à análise, porém posteriormente passou a considerá-la um fator bastante positivo, apesar dos inconvenientes quando ela é excessivamente exagerada.

358. O surgimento da transferência "negativa" é um obstáculo para o prosseguimento exitoso de uma análise?

Com o nome de "transferência negativa", Freud se referia às transferências nas quais predominavam as pulsões agressivas, com os seus inúmeros derivados, sob a forma de inveja, ciúme, rivalidade, voracidade, ambição desmedida, algumas formas de destrutividade, incluindo as eróticas. Na atualidade, é importante o analista levar em conta que uma transferência de aparência negativa (manifestações de decepção ou raiva contra o analista, por exemplo) pode estar sendo altamente positiva, na hipótese de que esteja representando alguns movimentos que o paciente está ensaiando para reviver com o analista a sua agressividade que seus pais do passado não souberam conter e, muito menos, conseguiram entender que a agressividade poderia ter a finalidade positiva de conquistar espaço próprio e experimentar uma autonomia, como acontece freqüentemente com os adolescentes.

359. A transferência "positiva" é um indicador seguro de êxito da análise?

Classicamente, a expressão "transferência positiva" designa todas as pulsões e os derivados, repetidos com o analista, relativos à libido, especialmente os sentimentos amistosos e carinhosos, incluídos os desejos eróticos, desde que tenham sido sublimados sob a forma de amor não-sexual e não persistam como um vínculo erotizado. No entanto, o mais importante é destacar que aquilo que muitas vezes parece ser uma transferência positiva pode estar sendo negativa, do ponto de vista de um processo analítico, porquanto pode estar representando não mais do que uma extrema e permanente idealização, o que representa um entrave para um verdadeiro crescimento.

360. Por que quando o terapeuta falta a sessões (desmarca, viaja, tira férias...) alguns pacientes interrompem o tratamento?

Na imensa maioria das vezes, isso acontece não só pela conhecida "angústia de separação" em que o paciente se sente desamparado pelo analista, como também, muito antes disso, pelo fato de que o paciente que toma uma atitude extrema como essa – ocorrência que não é rara – empresta um significado intensamente desproporcional ao fator desencadeante (a falta por férias, ou por outra razão plausível, poderia ser encarada com absoluta normalidade pelo paciente), devido a que o paciente já carrega antigas experiências emocionais altamente dolorosas, em que se sentiu abandonado, pela mãe, por exemplo, quer de uma forma de ausência física ou de vivências sentidas como abandono afetivo por parte dela. É como se alguma imprevista ausência do analista tocasse em uma ferida aberta do paciente, provocasse neste uma enorme dor com conseqüente sentimento de ódio e de retaliação (no caso, de abandono) contra o terapeuta, na base de "olho por olho, dente por dente".

361. **Aliança terapêutica: o que significa isso no decurso de um tratamento analítico?**

Essa expressão significa que, no vínculo transferencial, o paciente possa apresentar uma condição mental, tanto de forma consciente como inconsciente, que lhe permita manter-se verdadeiramente aliado à tarefa do psicanalista. Pode-se dizer que uma aliança terapêutica não deve ser tomada simplesmente como um desejo consciente do paciente em colaborar e melhorar, tampouco como sinônimo de transferência positiva e, muito menos, como antônimo de transferência negativa. Pelo contrário, creio que o importante surgimento da última, em sua plenitude aparentemente negativa, muitas vezes se torna possível graças ao respaldo de uma aliança terapêutica. Essa aliança deve provir, pelo menos, de uma parte do paciente comprometida e envolvida em assumir e colaborar verdadeiramente com a profundeza da análise, enfrentando, assim, junto com o analista as inevitáveis dificuldades e dores.

362. **Psicose de transferência: qual é o significado dessa expressão? Significa que o paciente ficou psicótico?**

Esta expressão significa o surgimento de um fenômeno que, não raro, surge no campo transferencial, que consiste no fato de que eventualmente analisandos não-psicóticos ingressam em um estado transferencial de tamanho negativismo e distorção dos fatos reais, em relação ao analista, que chega a dar a impressão de que se trate de uma situação realmente psicótica, mas não é. A grande característica desta psicose transferencial reside no fato de que ela fica restrita à situação da sessão analítica, finda a qual o analisando retoma a sua vida de forma completamente normal. Essa psicose de transferência, que também é conhecida com o nome de "psicose transitória", pode perdurar por dias, semanas ou meses. Se permanecer por um período demasiadamente longo e ininterrupto sem dar mostras de reversibilidade, constitui-se em um sério indicador de que se aproxima um impasse irreversível. Em tais casos de psicose transferencial, as reações contratransferenciais são extremamente difíceis para o analista. Por tudo isso, o quadro transferencial merece particular atenção, de modo a ser bem conhecido por todo analista praticante. O importante é que o analista, nessas situações, não fique polemizando com o paciente, forçando as interpretações no sentido de querer provar que ele está certo e o analisando está sendo injusto e distorcendo tudo. Pelo contrário, deve demonstrar boa capacidade de "continência" e, sobretudo, de paciência.

363. **Extratransferência: o que significa esse conceito de técnica?**

É incontestável a importância de que o analista formule as suas interpretações no calor da situação transferencial, todas as vezes em que isso for possível e adequado. No entanto, existe uma tendência na psicanálise contemporânea de evitar o, nada incomum, uso abusivo, sistemático e unicamente formulado em termos de reduzir tudo o que o analisando disser, à clássica fórmula: "isso é aqui-agora-comigo-como lá e então". Para muitos pacientes, essas interpretações não funcionam, porquanto há a possibilidade de que ainda não tenha se formado uma transferência (embora haja transferência em tudo, nem tudo é transferência a ser interpretada) e essa precisa ser construída aos poucos, no curso da análise. Nesses casos, a interpretação dos sentimentos que o paciente traz embutidos nas narrativas relativas a fatos e pessoas do mundo exterior – e é isso que constitui a *extratransferência* – pode ser perfeitamente útil para o paciente compreender o seu mundo interno, que é reproduzido na sua vida externa, mesmo que esteja representando um deslocamento da situação analítica.

364. Sentimentos contratransferenciais do analista. O que isso significa? Eles são positivos ou negativos para o processo analítico?

Freud foi o primeiro a utilizar a expressão "contratransferência", porém inicialmente conceituou-a como um fenômeno que atrapalharia a análise e afirmou que esses sentimentos, despertados pelo paciente dentro do analista e que fazem efeito neste, seriam uma prova de que ele estaria necessitado de mais análise. Essa concepção durou uns 40 anos e, na atualidade, os analistas consideram que os sentimentos contratransferenciais podem se constituir como um excelente instrumento de "empatia" do analista diante do que se passa no mundo interno do paciente. Alguns aspectos merecem ser ressaltados: 1. Existe o risco de se confundir o que é contratransferência com o que não é mais do que uma "transferência do próprio analista". 2. O sentimento contratransferencial tanto pode adquirir uma dimensão patogênica, com o analista perdido e envolvido na situação criada, quanto ele pode se constituir em uma excelente bússola empática (poder sintonizar e colocar-se no lugar do paciente). 3. É importante que o analista possa lidar com naturalidade com os seus sentimentos contratransferenciais dificílimos (por exemplo, de medo, tédio, paralisia, impotência, erotização, raiva, etc.), sem sentir vergonha e culpas, de modo a poder assumir e refletir sobre o que eles representam no vínculo com o paciente. 4. Assim, em resumo, pode-se dizer que a contratransferência apresenta uma perspectiva tríplice: como um possível obstáculo, como instrumento para o analista e como um fator integrante do campo analítico.

365. Atuações (*actings*) e contra-atuações: em que consiste o surgimento desses fenômenos durante uma análise?

O termo *acting* – ou "atuação", em português – designa o fato psicanalítico em que o paciente substitui a tomada de conhecimento dos seus conflitos e angústias por certos transtornos de comportamento e conduta. Até há pouco tempo, os autores consideravam qualquer modalidade de atuação como uma forma de resistência inconveniente à evolução da análise. A psicanálise contemporânea contempla três aspectos que conferem uma nova visualização e manejo técnico das atuações dos pacientes: 1. As atuações processam-se quando o paciente não consegue recordar, pensar, tomar conhecimento consciente, verbalizar ou conter seus conflitos ocultos, ou quando não foi compreendido pelo seu analista, ou imagina que não o será. 2. Podem constituir uma importante forma de "comunicação não-verbal", à espera de que o analista saiba decodificar e nomear a dramatização oriunda do *script* do seu drama inconsciente. 3. Podem ser malignas – decorrentes de uma forte predominância das pulsões agressivas – ou benignas, em cujo caso predominam as pulsões de amor e vida.

Comunicação: do ponto de vista da psicanálise, em que consiste?

A comunicação e a patologia da comunicação representam um dos aspectos mais relevantes da psicanálise contemporânea. Os psicanalistas da atualidade dão um grande valor não só à comunicação verbal, mas também àquela que se expressa de outras formas que não pelas palavras, porquanto é sabido que o discurso verbal nem sempre tem o propósito de realmente comunicar algo a alguém. Pelo contrário, na situação analítica, o psicanalista deve estar muito atento para as diversas formas de distorções, falsificações, mentiras e ambigüidade confusional que o paciente inconscientemente utiliza para, justamente, não comunicar as verdades e para impedir que o analista tenha acesso a elas. O fenômeno da comunicação implica a conjugação de três fatores: a *transmissão* (o conteúdo e a forma de como o sujeito emite suas informações); a *recepção* (como ele escuta e quais os significados que o sujeito atribui àquilo que ouve) e os *canais de comunicação*, tanto verbais como não-verbais, por onde as mensagens transitam.

O que significa comunicação não-verbal, quais são as formas e como elas se manifestam na situação analítica?

Em relação à comunicação pré-verbal, cabe assinalar as seguintes modalidades: 1. *Paraverbal*: refere-se aos aspectos que estão ao lado ("para") do verbo, muito especialmente as nuanças da voz, tanto do paciente quanto do analista, na situação analítica. 2. *Gestual:* certos gestos e atitudes podem dizer muito mais do que palavras. 3. *Corporal:* manifesta-se de diversas formas – desde a condição de bebê, o corpo fala! –, como nas somatizações, hipocondria, etc. 4. *Oniróide:* é aquela que desperta imagens visuais que, às vezes, na situação analítica podem ser muito mais profundas do que o conteúdo manifesto das palavras. 5. *Conduta:* por exemplo, as "atuações", quando bem compreendidos pelo analista, podem se constituir importante fonte de comunicação primitiva. 6. *Efeitos contratransferenciais:* quando são despertados, pelo paciente, na pessoa do analista, eles podem funcionar como excelente via de acesso a aspectos inconscientes que o paciente não consegue pensar e, muito menos, verbalizar. 7. O próprio *silêncio*, tanto do paciente como do analista, pode estar representando uma forma de comunicar algo. 8. É necessário que o analista perceba – e enfatize para o paciente – que existe uma grande diferença entre ouvir e escutar; entre olhar, enxergar e ver; entre falar e dizer.

368. **Atividade interpretativa na situação analítica: ela é sempre igual para todos analistas e para todos pacientes, ou são chavões que se repetem?**

Em psicanálise, o termo "interpretação" refere-se ao ato de o analista ter conseguido decodificar e entender o significado do que está oculto ou camuflado no inconsciente do paciente, e utilizar uma formulação adequada para que o paciente faça um *insight*, ou seja, acenda uma luz que ilumine os mistérios obscuros de seu inconsciente, que repercutem negativamente na sua vida consciente. No psicanalista, isto se processa em três tempos: o de um "acolhimento" das associações, simbolizações e significações que estão contidas na narrativa do paciente; seguidas das "transformações" que se processam em seu psiquismo; e, o da "devolução" ao paciente, sob a forma de formulações verbais. As interpretações não são iguais para todos os analistas, visto que cada um tem o seu *estilo* particular de exercer a atividade interpretativa, além de que as particularidades de cada paciente em separado, ou o momento da análise de um mesmo paciente, também devem ser levados em conta. Assim, quando bem exercida, não é verdade que o analista empregue os mesmos clássicos chavões para todos os pacientes; pelo contrário, cada vínculo analítico em especial constrói a sua própria linguagem que viabiliza um acesso ao inconsciente do paciente.

369. **Quais são os elementos que compõem uma interpretação?**

Cabe discriminar os seguintes sete elementos essenciais na composição de uma interpretação: 1. O *conteúdo* do que vai ser interpretado. 2. A *forma*, muito particularmente o tom de voz do analista, que reflete o estado de seu psiquismo interior. 3. A *oportunidade* (isto é, o *timing*) em que a interpretação será formulada, indo além de se ela está certa ou errada, pode determinar se será adequada ou não. 4. A *finalidade*, isto é, para o que o analista está interpretando. 5. *Para quem* é dirigida a interpretação, ou seja, para qual personagem que está dentro do paciente e que, em um dado momento, está mais à tona, possivelmente transferido para a pessoa do analista. 6. A *significação* que determinada lembrança, sentimento ou fantasia representa para o paciente, assim como também que ele empresta às palavras do analista. 7. Finalmente, um aspecto que pouco aparece nos textos de técnica psicanalítica e que tem uma importância fundamental consiste no *destino* que a interpretação vai tomar dentro da mente do paciente.

370. **A finalidade das interpretações é sempre a mesma?**

Não é sempre a mesma, pelo contrário, as modalidades da atividade interpretativa podem ser discriminadas, conforme suas finalidades, nos seis tipos seguintes: 1. *Compreensiva*: acima de tudo, o paciente sentiu-se compreendido pelo analista. 2. *Integradora*: visa juntar os aspectos do paciente que estão dissociados, dentro e fora dele. 3. *Instigadora*: objetiva instigar o analisando a saber "pensar", refletir sobre as suas experiências emocionais. 4. *Disruptora*: tem a finalidade de tornar "egodistônico" (desconfortável) o que está "egossintônico" (confortável, acomodado) no paciente, como pode ser um sintoma, traço de caráter; conduta inadequada, ilusão narcisista, um falso *self*, etc. 5. *Nomeadora*: cabe ao analista dar nomes às experiências emocionais primitivas representadas no sujeito, que ainda estejam sem nome, ou seja como um "terror sem nome", conforme diz o psicanalista Bion. 6. *Reconstrutora*: consiste em uma espécie de costura, de reconstrução, dos sentimentos e significados contidos nos fatos passados com os presentes.

371. Estilo da função interpretativa: cada analista tem liberdade de usar seu estilo pessoal, ou ele deve cumprir uma uniformidade de técnica analítica?

A frase de um grande pensador – "O estilo é o homem" – define bem a importância que, mais restritamente na situação analítica, o estilo de comunicação, tanto da parte das narrativas do paciente como da atividade interpretativa do analista, representa para a evolução do processo de transformações analíticas. Assim, podemos classificar os "gêneros narrativos" que são empregados, conforme a dimensão do psiquismo dos interlocutores do par analítico, nos seguintes: o estilo *lúdico* (o brincar das crianças, por exemplo); o *gráfico* (desenhos feitos na sessão); *sensorial* (alude ao corpo, sob a forma de borborigmos intestinais, espirros, tosse, etc.); *motor* (remete às "atuações") *onírico* (remete à possibilidade de o analista utilizar o sonho, ou devaneio, ou determinadas imagens que surgem no paciente, ou no analista, como um relato que exprime um importante movimento no psiquismo do paciente).

372. Existem estilos patogênicos na forma de o analista interpretar?

No meu modo de entender, existem, sim, estilos patogênicos, isto é, que mais prejudicam do que beneficiam o paciente. Cabe exemplificar com as seguintes modalidades: 1. *Superegóica*: as interpretações, disfarçadamente, estão veiculando acusações, cobranças e expectativas a serem cumpridas. 2. *Pedagógica*: às vezes, as intervenções do terapeuta constituem-se como verdadeiras "aulinhas". 3. *Doutrinária*: pelo uso de uma retórica (a arte de convencer os outros) e com um possível vício de o analista querer confirmar ou demonstrar que sua interpretação é a correta. 4. *Deslumbradora*: de ocorrência freqüente nas formulações por parte de analistas excessivamente narcisistas, com um provável risco de o analista deslumbrar (etimologicamente, vem do castelhano *des*, tirar + *lumbre*, luz) seu analisando. 5. *Pingue-pongue*: o analista mantém com o seu paciente um continuado "bate-rebate", de tal sorte que não se formam espaços para silêncios, os quais, muitas vezes são muito necessários. 6. *Intelectualizadora*: nesse caso, as interpretações podem ser brilhantes e até corretas, porém resultam ineficazes, porque não vêm acompanhadas de um contato emocional, correndo o risco de fortificar as defesas obsessivas de certos pacientes.

373. A interpretação de sonhos deve ser minuciosa e, eventualmente, demandar meses de análise, como Freud fazia, ou na atualidade isso mudou?

Realmente, desde a criação da psicanálise e durante longo tempo, o sonho era considerado "a via régia do inconsciente" e, por isso, os sonhos mereciam dos psicanalistas uma profunda investigação, nos seus mínimos detalhes e respectivas associações do paciente, ocupando inteiramente as sessões por dias, semanas ou até meses, como ocorreu com o famoso sonho do "homem dos lobos" (o nome é alusivo a um sonho do paciente em que apareciam lobos empoleirados em uma janela), paciente de Freud, que analisou este sonho, minuciosamente, durante meses (embora tenha sido com a finalidade de comprovar a sua concepção da cena primária). Na atualidade, essa técnica de interpretação dos sonhos mudou bastante, porque os analistas conhecem inúmeras outras "vias régias" para atingir o inconsciente dos pacientes, de sorte que, não obstante continue sendo bastante importante decodificar a movimentação psíquica que o sonho representa, o importante é que o analista trabalhe – juntamente com o paciente – os possíveis significados essenciais do sonho, especialmente quando eles estão ligados à evolução da análise, com as prováveis repercussões no psiquismo do analisando.

374. As interpretações do analista podem ser classificadas como "certas" e "erradas"?

Não é um critério adequado porque existe uma grande diferença entre interpretação "certa", ou seja, aquela que é exata e correta do ponto de vista do entendimento que o analista fez do paciente e do conteúdo de sua formulação, e uma interpretação "eficaz", isto é, aquela que consegue "tocar" o paciente e resulta em uma eficácia de abrir o caminho para a aquisição de um *insight* verdadeiro, caminho para atingir mudanças psíquicas. Assim, pode-se dizer que nem toda a interpretação certa é eficaz e, muitas vezes, a recíproca dessa afirmativa é verdadeira. Em outras palavras: do ponto de vista do conteúdo, o analista pode interpretar corretamente, porém o faz com uma forma fria, ou intelectualizada, ou com algum outro estilo patogênico, ou sem atentar para a possibilidade de que o próprio paciente faça uma escuta distorcida ou esteriliza a interpretação que ouviu, de modo que ela perde a sua eficácia, que é justamente aquilo que mais interessa no ato analítico. Talvez caiba fazer uma analogia com uma mãe que esteja amamentando o bebê com o seu nutritivo leite, porém se ela estiver praticando o ato de amamentar a um mesmo tempo em que esteja fumando e concentrada na novela que ela está assistindo, a nutrição será de resultado parcial porque faltou aquele "algo mais" (calor, amor, paz...) que completaria a alimentação (interpretação).

375. Cabe ao analista fazer confissões ou pedir desculpas ao paciente?

É útil, inicialmente, estabelecer uma distinção – de o analista nunca deixar de ser verdadeiro, nunca distorcer as verdades e, muito menos, tentar imputar ao paciente a responsabilidade por eventuais falhas ou equívocos que, na realidade, partiram dele, analista – com uma necessidade de fazer confissões detalhadas dos motivos de suas falhas. Um bom recurso tático consiste em admitir que a percepção que o paciente teve de algum erro dele, analista, ou de que ele aparenta estar com algum problema de saúde, é bastante provável que esteja certo (até porque é uma grave falha técnica não reconhecer que o paciente não é um louco, ou que não faça justiça ao direito de o analisando perceber que nem sempre é o analista quem está com a razão), o que não significa que o analista deva entrar em detalhes mais íntimos. Quanto ao eventual ato de o analista pedir desculpas, por exemplo, por um atraso ou falta que não conseguiu comunicar com antecipação para o paciente, ou por uma confusão em seus horários de atendimento, ou equivalentes, é bastante natural que isso ocorra, sem a necessidade de prolongar demasiadamente o seu pedido de desculpas, ou seja, deve ser o suficiente para que o paciente sinta que, verdadeiramente, seu analista o está respeitando e que está tendo consideração por ele.

376. Existe diferença entre os conceitos de "interpretação" e de "construção"?

Freud estabeleceu uma diferença entre esses dois termos, de modo que o conceito de *interpretação* ficou mais restrito à determinada situação analítica, enquanto o de *construção* tem um significado bem mais abrangente e alude mais especificamente a uma reconstrução histórica que integra os fatos, sentimentos e comportamentos atuais do paciente, com os que se passaram desde a gênese da formação de sua personalidade e acontecimentos posteriores, que estavam reprimidos, ocultos para o consciente. Cabe citar uma frase do próprio Freud, que aparece em seu livro *Construções em Análise*, de 1937: "O trabalho de construção ou reconstrução, do analista, em muito se assemelha à tarefa de um arqueólogo em uma habitação ou edifício antigo que tenha sido destruído e soterrado. Só através da técnica analítica é possível trazer à luz o que está completamente oculto". Ele também alerta o analista para distinguir quando o levantamento histórico é de fatos que realmente aconteceram, ou se a realidade subjetiva do paciente é quem os imaginou, tal como acontece com as idéias delirantes. Na atualidade, a reconstrução da estrutura da personalidade do paciente vai muito além de uma simples descoberta arqueológica de restos reprimidos, visto que ela deve atingir também as significações que a criança deu às primitivas experiências emocionais, a forma de como elas ficaram "impressas" e representadas no psiquismo, o resgate de aspectos do paciente que, por ação de defesas primitivas, como negação, dissociação e projeção, foram expulsos da sua mente e foram projetados em outras pessoas.

377. O que significa "interpretação mutativa"?

Esta expressão, clássica na psicanálise, comporta duas significações. 1. Indica uma útil possibilidade de que o foco do relato do paciente centrado no seu presente mude para o plano do passado, nas origens infantis da neurose, agora revividas na transferência com o analista. 2. Designa o fato de que as interpretações estão atingindo a finalidade de promover mudanças verdadeiras na estrutura do psiquismo do paciente.

378. Em que consiste o recurso técnico de o analista "abrir novos vértices" para o paciente?

Na linguagem psicanalítica, o termo "vértice" designa um ponto de vista, um ângulo ou uma perspectiva, a partir dos quais tanto o analisando quanto o analista observam e comunicam determinada experiência analítica, que por si mesma pode ser sentida e descrita de muitas maneiras. Cabe uma metáfora com o caleidoscópio, instrumento que é composto por três espelhos unidos em uma figura geométrica, que encerram um conjunto de pedrinhas com cores diferentes, de modo que um giro do instrumento modifica o desenho colorido, embora as peças componentes sejam as mesmas. Assim, na prática analítica, é um bom recurso técnico que, diante de uma idéia ou sentimento do paciente que acredita piamente como sendo verdadeira, mas que o analista sente que existe algum grau de mal-entendido do significado do fato que ele relata, ou distorção da verdade, cabe ao analista levantar a possibilidade de outra forma de perceber, pensar e significar (um novo vértice) o mesmo fato que ele relatava com tanta convicção. Também é importante é que esses vértices recíprocos entre paciente e analista mantenham uma distância adequada e útil: que não sejam tão distantes a ponto de impedir a correlação entre os respectivos vértices, nem tão próximos entre si a ponto de impedir uma diferenciação e discriminação entre analista e paciente, com uma conseqüente estagnação no processo de novas perspectivas e aberturas do conhecimento da realidade psíquica.

379. O que vem a ser *insight*? Existem tipos diferentes?

A morfologia dessa palavra, composta dos étimos ingleses *in*, dentro de + *sight*, visão, dá uma clara idéia de que a conceituação de *insight* está diretamente ligada a alguma "luz" que o analisando venha a adquirir por meio de uma atividade interpretativa. A lenta e continuada elaboração dos *insights* parciais vai possibilitar a obtenção de mudanças psíquicas, objetivo maior de qualquer análise. O conceito de *insight* não é unívoco, pois permite várias significações, de acordo com o destino que a interpretação do analista toma na mente do analisando. Como forma esquemática, é útil discriminar os seguintes tipos: 1. *Insight intelectivo*: não tem maior efeito terapêutico, porquanto o paciente unicamente "intelectualiza" aquilo que ouviu do analista. 2. *Cognitivo*: Cognição não é o mesmo que intelectualização; antes, refere-se a uma clara tomada de conhecimento, por parte do paciente, de atitudes e características suas que até então estavam egossintônicas, podendo o *insight* cognitivo promover uma egodistonia e é essa que vai propiciar o passo seguinte. 3. *Afetivo*: pode-se dizer que aqui começa o *insight* propriamente dito, porque ele vem acompanhado de vivências afetivas, tanto as atuais como as evocativas de experiências emocionais do passado, assim possibilitando o estabelecimento de correlações e de novas significações entre ambas. 4. *Reflexivo*: o analisando, a partir do contato com as experiências afetivas, começa a refletir, pensar, a fazer-se indagações e a estabelecer correlações entre os paradoxos e as contradições de seus sentimentos, pensamentos, atitudes e valores; entre o que diz, o que faz e o que, de fato, ele é! 5. *Pragmático*: este tipo de *insight* alude ao fato de que as mudanças psíquicas devem necessariamente ser traduzidas na "práxis" de sua vida real exterior, e que elas estejam sob o controle de seu ego consciente, com a respectiva assunção da responsabilidade pelos seus atos.

380. Elaboração: qual é o significado psicanalítico dessa expressão?

Essa expressão designa que o aparelho psíquico, através de um "trabalho" dos *insights* parciais que o paciente foi gradativamente adquirindo, dá importantes passos para fazer uma integração das suas diferentes partes que estão dissociadas, com uma ênfase no fato de que o trabalho de elaboração implica o sujeito assumir a sua própria parcela de responsabilidade nos fatos e comportamentos que acompanham a sua vida. A elaboração, em grande parte, é uma tarefa das funções conscientes, porém ela também se processa inconscientemente. Neste último caso, o melhor exemplo é o do fenômeno dos sonhos que, na situação psicanalítica, demonstram que acionado por restos de fatos reais ocorridos na véspera e por estímulos que as sessões anteriores despertaram, o psiquismo do paciente está "trabalhando", isto é, está elaborando os sentimentos e significados do que lhe foi estimulado. O trabalho de elaboração, no sentido de o paciente integrar sucessivos *insights* parciais que estão sendo adquiridos no curso da análise, quase sempre vem acompanhado de algum grau de forte sofrimento, pois ele implica o analisando aceitar perdas, fazer renúncias a aspectos que ele sempre idealizara, enfrentar pressões externas e, principalmente, internas. Este é o preço que o paciente terá de pagar para obter verdadeiras mudanças na estrutura do caráter, de comportamento, de atingir uma liberdade interna e uma libertação de capacidades que, em estado potencial, estão imobilizadas pelos freios neuróticos. É verdade que uma elaboração pode ser prazerosa, pelo fato de que vem acompanhada por uma sensação de "descobertas" – ou seja, a retirada (*des*) de *cobertas,* que sempre foram usadas a serviço de repressões.

381.

Qual é a diferença entre uma análise evoluir em "círculos" ou em "espiral"?

Toda a análise gira em torno dos mesmos sentimentos, angústias e conflitos básicos que norteiam a vida de qualquer pessoa, à moda de uma "variação em torno dos mesmos temas", para empregar uma linguagem própria do campo da música. Na situação psicanalítica, um critério importante de avaliação do crescimento mental do paciente consiste em verificar se a recorrência dos temas se processa de forma unicamente *circular* – em cujo caso, parte-se de um ponto e se regressa exatamente ao mesmo ponto e plano – isto é, os relatos do paciente se repetem sempre da mesma maneira, sinal de que a análise possa estar estagnada porque nada de novas mudanças estejam acontecendo, ou se ela evolui de uma forma *espiralar.* Neste último caso, os fatos narrados pelo analisando continuam sendo repetitivos. No entanto, um observador atento poderá perceber que existem algumas mudanças que comprovam que ele saiu de um ponto e retorna ao mesmo, porém o retorno se dá em um plano acima, movimento este que, sendo repetido sucessivas vezes, empresta uma configuração de uma espiral (tipo um parafuso ou uma mola), em uma forma helicoidal, ascendente, progressiva e expansiva, lembrando a figura de um cone invertido. Para exemplificar, podemos imaginar a situação bastante freqüente em que a paciente conta pela centésima vez a briga que teve com seu marido, relato que tanto pode entediar o analista, que já "conhece o começo, meio e fim" da briga conjugal que evolui em um inacabável "círculo", como também é possível que o analista observe detalhes que indicam mudanças – tal como pode ser uma menor intensidade e duração do pugilato entre o casal, menor tempo de "emburramento" de um com o outro, maior período de distanciamento entre uma briga e outra e a possibilidade de que o paciente esteja se dando conta e assuma a parte dele que foi responsável pelo desencadeamento do atrito. Portanto, o fato é o mesmo – a briga –, porém a evolução analítica está sendo em espiral e não em círculo, o que tem um importante significado na marcha da análise rumo a um crescimento mental.

382. Psicossíntese: tem fundamento essa expressão em psicanálise?

A expressão "psicanálise" designa que um todo deve ser decomposto em partes, para que cada uma das partes separadas possam ser mais bem compreendidas, tal como era a técnica que Freud empregava para o entendimento dos sonhos. É o mesmo fenômeno que se passa no campo da química, como a análise da água demonstra que ela é composta de dois átomos de hidrogênio e um de oxigênio, conhecimento este que permite a descoberta de tantos outros fenômenos diretamente ligados a ele. No entanto, após a necessária "análise" das manifestações do paciente, como sintomas, traços de caráter, atos falhos, sonhos, atuações e outros transtornos referidos ao psiquismo, o tratamento psicanalítico deve proceder a uma espécie de "psicossíntese", isto é, deverá haver um resgate com uma nova integração de partes da personalidade que foram reprimidas para o inconsciente, ou que foram negadas e projetadas em outras pessoas da realidade exterior, etc. Esse trabalho de síntese – mercê do ingresso do paciente na "posição depressiva" – possibilita a recomposição do esfacelamento da estrutura psíquica, porém mais do que uma mera junção de partes que estavam dissociadas, a integração sintética adquire um *significado* diferente do que era anteriormente, conquista esta que é de importância essencial para o êxito de uma análise.

383. Existe a plena "cura psicanalítica"? O que significa "crescimento mental" do paciente?

Em psicanálise, o termo "cura" não tem o mesmo significado que na medicina. Enquanto na prática clínica e cirúrgica o conceito de "cura" designa uma completa resolução de alguma doença e, igualmente, na clínica psiquiátrica pode indicar total resolução de uma sintomatologia psíquica, no tratamento psicanalítico não é possível aquilatar e mensurar com exatidão o que resta de neurose no paciente que concluiu a sua análise, porquanto o analista com elementos mais abstratos do que concretos, mais subjetivos do que rigorosamente objetivos, mais parciais do que totais e completos. Por esta última razão, a partir do psicanalista Bion, está havendo uma tendência a não empregar o termo "cura", de modo a substituí-lo pela expressão "crescimento mental".

384. A meta da análise pode ser a de o analista esperar que o paciente incorpore o seu modelo e seus valores e que fique igual a ele, analista?

Embora este risco exista – principalmente por parte de analistas excessivamente narcisistas –, certamente, isso não é o objetivo de uma análise. Pelo contrário, a meta da análise deve ter como prioridade a tarefa de propiciar ao paciente atingir uma condição de liberdade interior, ou seja, para poder dizer "sim" ao seu ego, ele deve adquirir a condição de poder dizer "não" às suas personagens, vivas ou mortas, que estão internalizadas nele, o amordaçando, sufocando, ameaçando, com exigências e expectativas. Cabe ressaltar que "dizer não" a estes objetos não deve ser entendido como sendo uma ruptura belicosa com eles, mas, sim, como uma nova proposta de relacionamento, sem medos, culpas e sentimento de ingratidão, pelo fato de o paciente estar atingindo uma autonomia, a de ele ser ele mesmo e não quem (os pais, etc.) gostariam que ele viesse a ser. A partir da conquista da liberdade interior, o paciente poderá desenvolver a sua liberdade na vida exterior, com menos inibições de errar, menor dependência da aprovação da opinião alheia, etc. Não cabem dúvidas de que o analista desempenha a função de, em muitos aspectos, ser um importante modelo de identificação para o paciente, porém isso não deve significar que o paciente deva pensar, sentir e agir como ele; ao contrário, a meta da análise pode ser consubstanciada nas duas frases que seguem. A primeira é a do psicanalista Bion, de que o critério de resultado analítico exitoso não é o de o analisando estar curado e vir a ficar igualzinho ao seu analista, mas sim o de o paciente vir a, de fato, "se tornar alguém, que está *tornando-se* alguém". A segunda frase é a que está nessa sentença do filósofo Nietzche: "Como vir a ser aquilo que, realmente, se é!".

385. Qual é a diferença entre "benefício terapêutico" e "resultado analítico"?

Como forma esquemática, pode-se dizer que a obtenção de um objetivo psicoterápico se processa de duas maneiras: a de um "benefício terapêutico", e de um "resultado analítico". O *benefício terapêutico* pode atingir uma gama distinta de objetivos que guardam uma certa hierarquia de importância entre si, como são os seguintes: 1. A resolução de *crises* situacionais agudas (pode ser obtida em curto prazo e, se bem manejadas pelo terapeuta, costumam ser de excelente prognóstico). 2. O esbatimento de *sintomas* (se não estiverem organizados em uma cronificação, também são de bom prognóstico). 3. Um melhor reconhecimento e utilização de algumas *capacidades* sadias do ego, que estavam latentes, ou bloqueadas, e a possível liberação das mesmas. 4. Melhor *adaptação interpessoal* (tanto no plano da vida familiar como na profissional e social). Não obstante o grande mérito que representa esse benefício terapêutico, deve ser levado em conta que, mesmo quando resulta uma inequívoca melhora no padrão de ajuste de relacionamento com demais pessoas e grupos, essa melhora pode ser algo instável, sujeita a recaídas, quando ela não tiver sido construída com os alicerces de profundas modificações da estrutura interna do paciente, tal como o resultado psicanalítico propicia. Assim, a expressão *resultado analítico* pressupõe que a análise atingiu o preenchimento de uma condição básica: a de uma modificação nas relações objetais internas do paciente e, portanto, de sua estrutura caracterológica. Isso, necessariamente, implica trabalhar com as primitivas pulsões, necessidades, demandas e desejos que estão embutidos nas fantasias inconscientes, com as respectivas ansiedades e defesas do ego, de sorte a conseguir um "crescimento mental".

386. Na realidade, qual é o principal objetivo de um tratamento analítico? Quais são os critérios para avaliar que chegou o momento de terminar a análise, com sucesso?

De forma resumida, pode-se dizer que o principal objetivo de um tratamento analítico é conseguir um crescimento mental do paciente, mercê da obtenção de verdadeiras mudanças da estrutura psíquica interior. Segue uma enumeração dos principais aspectos que, na atualidade, caracterizam uma verdadeira mudança psíquica. 1. Uma modificação na qualidade das relações objetais internas e, a partir daí, as externas. 2. Um menor uso de mecanismos defensivos primitivos (um excesso de negações, projeções, ou de idealizações, por exemplo). 3. Uma renúncia às ilusões de natureza excessivamente narcisista. 4. A aquisição de uma capacidade de fazer certas "desidentificações patógenas" e adquirir novas identificações mais sadias. 5. A obtenção de uma capacidade para suportar frustrações, absorver perdas, fazer um luto pelas mesmas e fazer as necessárias reparações. 6. A recuperação e a reintegração de partes do paciente que estavam cindidas. 7. A capacidade para demonstrar consideração, gratidão e reconhecimento pelos demais. 8. Uma diminuição das expectativas impossíveis de serem alcançadas. 9. Um abrandamento das exigências e ameaças do superego. 10. Uma libertação das "áreas autônomas" e capacidades do ego que estão bloqueadas. 11. A aceitação da condição de dependência, que é inerente ao ser humano, desde que essa dependência adquira características "boas". 12. O desenvolvimento da linguagem verbal, com capacidade para simbolizações, abstrações e a finalidade de realmente comunicar. 13. A aquisição de um "sentimento de identidade", autêntico, consistente e estável. Certa ruptura com determinados papéis que desde criança foram impostos à criança e o adulto os executa de forma estereotipada, sem se dar conta de que está sendo comandado por ordens emanadas pelo seu inconsciente, para que cumpra os referidos papéis, como o de "bode expiatório", gênio, bonzinho, etc. 14. A obtenção de uma autenticidade, autonomia, a de ser uma pessoa "verdadeira" e livre para pensar, criar e agir. 15. Isso implica trocar a possível condição de funcionar com um "falso *self*" e substituir a este por um "verdadeiro *self*". 16. O desenvolvimento das capacidades de o paciente reconhecer os seus alcances e fazer projetos de crescimento, mas também a necessidade de reconhecer os seus limites, limitações, o direito de os outros serem diferentes dele, com outros valores e autonomia, além de uma indispensável aceitação de hierarquia funcional. 17. A importante aquisição de uma "função psicanalítica da personalidade" – expressão que significa o fato de o paciente ter atingido uma condição que, à mercê de uma boa introjeção do seu analista – o capacita a prosseguir uma eterna "auto-análise".

387. Término da análise (alta): como isso se processa no tratamento psicanalítico? Quando o paciente sabe que sua análise chegou ao fim? Quem dá a alta, o paciente ou o analista?

Pela razão de que o termo "alta" está intrinsecamente ligado ao campo da medicina e implica uma idéia de cura de alguma doença concreta – fato que não cabe em uma concepção psicanalítica, que também guarda uma dimensão abstrata –, creio que a expressão "término" de uma análise, seja mais adequada. Os critérios de término são bastante variáveis, porque pode ser regulado pelos objetivos, mais ou menos pretensiosos, que analista e paciente se propuseram inicialmente, ou pode ser medido por circunstâncias externas que forçam a interrupção da análise em um momento em que o paciente esteja relativamente bem. Um aspecto importante é que um "término" não deve ser confundido com "interrupção" da análise, em cujo caso é o paciente quem insiste em terminar em função de sua crença de que já está "bem", enquanto o analista percebe nitidamente que isso está longe de ser verdade. Outro aspecto relevante é que um término pode pecar por duas possibilidades extremas; ora ela pode ser excessivamente prematura, ou, em outro extremo, por demais prolongada. Um bom indicador é o de a dupla analítica avaliar se, independentemente dos anos decorridos, a análise está estagnada, dando voltas em torno de si mesma, ou se existem evidências de que, por mínimas que possam parecer, há uma movimentação do psiquismo em direção a progressivas mudanças. O paciente sente que sua análise chegou ao fim quando percebe que mantém uma prolongada estabilidade de uma harmonia interior, que, dentro das possibilidades reais, ele atingiu uma boa qualidade de vida e expansão de suas capacidades e que, diante de situações aflitivas, ele consegue enfrentar com suas próprias capacidades e exercício de uma "auto-análise". A experiência mostra que a combinação de um término formal da análise não é ditada nem isoladamente pelo paciente ou pelo analista, mas que, espontaneamente, ambos sentem de maneira simultânea que o momento certo está chegando, programam mais um tempo para a elaboração final de uma decisão tão significativa e, normalmente, a separação se processa de uma forma altamente emotiva para os dois, porém bastante natural.

Parte VII

A PRÁTICA DA CLÍNICA PSICANALÍTICA

388. Desde a criação da psicanálise até a atualidade, tem havido mudanças na prática da clínica psicanalítica?

Sem dúvida! Nestes cento e pouco anos que se passaram desde sua criação, acompanhando as modificações que se processaram em todas as áreas científicas e no pensamento humanístico em geral, também a psicanálise sofreu – e vem sofrendo – profundas transformações, a ponto de, na atualidade, se comparada com os tempos pioneiros de Freud, não ser exagero dizer que ela está quase irreconhecível. De uma forma altamente esquemática, a psicanálise pode ser dividida em três épocas: a ortodoxa, a clássica e a contemporânea. A psicanálise *ortodoxa*: caracteriza aquela praticada por Freud e algumas gerações de seguidores e, sobretudo, privilegiava a *investigação* dos processos psíquicos (por isso, os sonhos eram interpretados tão minuciosamente, ganharam tanta relevância e eram chamados de a "via régia do inconsciente"). O enfoque da análise era quase que exclusivamente centrado nos – proibidos – desejos edípicos reprimidos no inconsciente. O objetivo da prática da psicanálise de então era bastante rígido na aplicação das recomendações técnicas de Freud e visava, mais precipuamente, à remoção dos sintomas, um por um. Assim, as análises se efetivavam com seis sessões semanais e tinham duração muito breve, alguns meses, em média. Esse período se prolongou aproximadamente até o início da década de 1940.

389. O que caracteriza o período da "psicanálise clássica"?

A psicanálise *clássica* coincide com a abertura de novas correntes do pensamento psicanalítico, algo diferenciadas, ou complementares dos postulados freudianos. Começa a transparecer na literatura psicanalítica a presença de uma crescente e forte valorização dos aspectos referentes ao "desenvolvimento emocional primitivo", o que alargou o espectro de categorias clínicas consideradas analisáveis, como certas psicoses, além da análise de crianças. As análises passaram a ser de duração bem mais longa, por muitos anos, enquanto o número de sessões semanais diminuiu para cinco e depois para quatro. O foco de maior interesse do analista passou a ser o da interpretação – sempre referida à neurose de transferência – das emoções arcaicas, relações objetais parciais, fantasias inconscientes, com as respectivas ansiedades e defesas primitivas, mais centradas nas pulsões agressivas. A contratransferência passou a ganhar um merecido espaço de valorização. Nesse período, a influência da escola kleiniana adquiriu uma enorme relevância.

390. O que se entende por "psicanálise contemporânea"?

O terceiro período – o da psicanálise contemporânea – prioriza os "vínculos", emocionais e relacionais, de amor, de ódio e de conhecimento que permeiam a dupla analítica, reproduzindo velhas experiências emocionais, malresolvidas na época. Assim, os psicanalistas atribuem uma valorização bastante mais significativa a aspectos como: a importância da influência da "mãe real" (sem menosprezar a relevância do pai) no psiquismo do bebê e no da criança; da mesma maneira, é cada vez maior a crença de que a "pessoa real do analista" exerce uma marcante influência na evolução da análise; o leque de analisabilidade, incluindo pacientes bastante regressivos, ficou mais ampliado; começa a haver um menor rigor nos limites entre psicanálise e psicoterapia de base psicanalítica; o estilo interpretativo do analista adquire um tom mais coloquial; a análise das funções do ego consciente ocupa um interesse bem maior por parte dos psicanalistas; cresce de forma significativa o enfoque nos transtornos narcisistas da personalidade; a psicanálise começa a abrir as portas para outras ciências, como a lingüística, a teoria sistêmica, a cognitiva, as neurociências, a psicofarmacologia, a etologia, etc. Os psicanalistas atuais encaram com muito maior naturalidade o eventual emprego de psicofármacos (por exemplo, de antidepressivos) concomitantemente com o prosseguimento normal da análise. Além disso, na formação de um psicanalista existe uma nítida tendência para a valorização de uma "formação múltipla", isto é, a necessidade de o analista conhecer suficientemente bem todas diversificadas correntes psicanalíticas. O *setting* ("enquadre" que, por meio de combinações com o paciente, normatiza o processo analítico) está ganhando em flexibilidade em muitos aspectos, como o número de sessões semanais, inclusive em muitos institutos de formação psicanalítica oficial, está sendo aceito como sendo o de três sessões semanais. Os autores que exerceram maior influência na psicanálise contemporânea, vigente nos últimos 30, 40 anos, são Bion, Winnicott, Kohut e Lacan.

391. Tem havido mudanças no perfil do paciente desde a época pioneira da psicanálise até os dias atuais?

Nos tempos pioneiros de Freud e de seus seguidores imediatos, o atendimento era quase que exclusivamente com pacientes portadores de quadros com claras manifestações de sintomas típicos de algum tipo de neurose. Assim, no início das descobertas de Freud, a totalidade de sua prática clínica era dirigida para mulheres jovens e histéricas, posteriormente o atendimento analítico foi se estendendo para pacientes portadores de sintomas fóbicos (caso do menino Hans), obsessivos (caso do "homem dos ratos") e outros afins. Aos poucos, a psicanálise não ficou restrita à remoção de sintomas, mas passou a priorizar os pacientes portadores de algum grau de transtorno caracterológico. A partir das contribuições kleinianas, a psicanálise ampliou o seu raio de ação para pacientes bastante mais regressivos, como os psicóticos, assim como também abriu as portas para a análise de crianças. Na atualidade, as pessoas que procuram tratamento analítico o fazem principalmente com queixas de problemas relativos a algum transtorno do "sentimento de identidade"; igualmente também está havendo uma alta incidência de pacientes com um sentimento de "baixa auto-estima", o que, por sua vez, em uma escalada crescente, gera o surgimento de "quadros depressivos" e também de pessoas "estressadas", com um alto grau de "angústia livre" (a significativa incidência da "doença do pânico" talvez seja um bom exemplo disto). Outros transtornos que prevalecem no perfil dos pacientes da atualidade se referem a personalidades do tipo "falso *self*"; transtornos narcisistas, patologias regressivas, como são, por exemplo, as psicoses francas, pacientes "*borderline*", portadores de perversões, somatizadores, transtornos de alimentação, o significativo aumento, sobretudo em jovens, de drogadições, transtornos de conduta, além de um maior incremento de pacientes que a psicanálise contemporânea vem denominando como "patologia do vazio". Ademais, nos tempos atuais, pacientes que procuram alguma modalidade de terapia psicanalítica, em boa parte, apresentam uma nítida tendência para a busca de soluções mais rápidas, com um menor número de sessões e coisas equivalentes. Ademais, na atualidade, é significativamente maior a procura de tratamento analítico por parte de homens, de crianças (comumente encaminhadas pelos próprios pais, já mais esclarecidos, por médicos e por professores), de adolescentes (geralmente encaminhados pelos seus próprios pares adolescentes que têm, ou já tiveram, experiência de tratamento analítico), de casais e de famílias.

392. Existem mudanças na forma como os psicanalistas de hoje analisam, em comparação com os do passado?

Sim, as mudanças têm sido consideráveis. Creio que elas podem ser sintetizadas nos seguintes 12 itens: 1. O analista desceu do pedestal, de modo que reconhece que não é um deus que tudo sabe e tem a posse da verdade definitiva. Hoje, o terapeuta analítico aceita ter uma atitude de "incerteza", o que favorece a formação de um necessário "estado mental interrogativo", no curso da situação analítica. 2. Desse modo, a ênfase da análise incide no "vínculo analítico" que unifica as pessoas do paciente e do analista, com uma maior simetria quanto à condição de seres humanos, portanto sujeitos às mesmas condições de sentirem angústias e dúvidas existenciais. Não obstante isso, deve ficar mantida uma assimetria no que toca à preservação de lugares, papéis e funções de cada um deles. 3. O estilo do analista atual é mais coloquial e ele não se coloca permanentemente como o centro da vida do paciente, atitude esta que fica consubstanciada na interpretação (muitas vezes, artificial e excessivamente reducionista) unicamente centrada no "aqui-agora-comigo", da transferência. 4. Assim, a tendência atual é a de não ver o analista exclusivamente como uma mera pantalla para as transferências do paciente, mas também com os seus aspectos de "pessoa real". 5. Como pessoa real, ganha uma significativa importância não só quais são os seus referenciais psicanalíticos, como também a existência de atributos da pessoa do analista, como são as capacidades intrínsecas de continente, empatia, intuição, ser verdadeiro, etc. 6. Se admitirmos a importância da pessoa real do analista, devemos estender essa relevância para o fenômeno do "encontro", muito singular, das pessoas de cada analista com cada paciente que, às vezes, logo cimenta uma empatia, ou o contrário, independentemente da competência maior ou menor do analista. 7. O analista atual não fica restrito a um raciocínio unicamente baseado na lógica e no que seus órgãos dos sentidos captam; pelo contrário, ele também valoriza os paradoxos, as contradições, o princípio da negatividade, na concomitância dos opostos e no surgimento, dentro de si, de imagens e intuições, no decorrer das sessões. 8. Desse modo, o psicanalista contemporâneo está gradativamente ganhando em espontaneidade e diminuindo a sua escravidão a regras rígidas ditadas por um "superego analítico". 9. Aumenta, cada vez mais, a valorização de uma "formação múltipla, eclética", de sorte a conhecer os mais distintos autores notáveis, com o fim de construir, livremente, a sua verdadeira identidade de psicanalista, respeitando o seu estilo pessoal. 10. No que se refere à sua "atitude psicanalítica interna", é importante que o psicanalista parta do princípio de que o paciente "sempre tem razão", ou seja, ele deve ter a liberdade, na situação analítica, de agredir verbalmente, atuar, regredir, transgredir, provocar, discordar, etc., visto que tudo isso está evidenciando como ele realmente é, e será objeto de análise mais aprofundada. 11. Outro fator que caracteriza o analista atual é a procura por fazer uma mais abrangente e sólida integração da psicanálise com as demais disciplinas do saber humano, como pode ser exemplificada com as neurociências, a psicofarmacologia, a religião, a mitologia, a antropologia, etc. 12. Também deve ser altamente considerado o fato de que as mudanças econômicas e culturais e a concorrência dos métodos alternativos, principalmente os do emprego de modernos psicofármacos, está impondo à psicanálise, fazem com que muitos consultórios de analistas estejam com preocupantes espaços vagos.

393. Quais são as principais transformações ocorridas no processo psicanalítico desde a época pioneira até a atual?

Ninguém mais contesta que a psicanálise vem sofrendo sucessivas transformações, não obstante conserve a essência dos princípios fundamentais legados por Freud. Na impossibilidade de descrever detalhadamente as inúmeras transformações, cabe mencionar brevemente os seguintes aspectos: 1. *A multiplicidade de correntes psicanalíticas* (as renovadas concepções teóricas e técnicas, provindas das distintas escolas de psicanálise, influenciam o dia-dia da prática psicanalítica). 2. *Novos paradigmas*: assim, nos tempos de Freud predominava o modelo de fazer vir ao consciente todas as repressões que jaziam no inconsciente, principalmente as das pulsões libidinais. Em um segundo momento, por influência de M. Klein, o modelo passou a ser o da "teoria das relações objetais", com uma ênfase nas relações entre os objetos parciais internalizados, e sua repetição sistemática na transferência com o analista, além de uma suprema valorização das fantasias inconscientes, especialmente aquelas relacionadas às pulsões agressivas – especialmente a inveja – com as respectivas angústias e defesas primitivas. Um terceiro modelo de paradigma da psicanálise, provindo das contribuições de Bion, pode ser chamado de "vincular-dialético", porquanto ele valoriza, sobretudo, os vínculos intra e intersubjetivos, de modo que o analista deve estar em permanente interação dialética com o seu paciente, ou seja, à "tese" do paciente (a sua realidade psíquica, o analista propõe uma "antítese" – sua atividade interpretativa –, do que resulta uma síntese – *insights* –, que, por sua vez, funciona como uma nova tese e assim por diante, em um movimento espiralar ascendente e expansivo, promovendo um crescimento mental). Na atualidade está sendo bastante valorizado um quarto paradigma, o qual se refere aos "déficits-vazios", ou seja, à formação de verdadeiros "buracos negros" psíquicos decorrentes de falhas primordiais no decurso do desenvolvimento emocional primitivo. Esses quatro paradigmas não se excluem, pelo contrário, se complementam, embora cada um deles tenha uma maior aplicabilidade, conforme a singularidade da psicopatologia de determinada situação clínica. 3. *Psicanálise e psicoterapia*: está havendo uma aproximação muito maior entre ambas, a ponto de seguidamente serem concebidas como sobrepostas. 4. O*s fenômenos do campo analítico* – como o *setting*; a resistência-contra-resistência; a transferência contratransferência; comunicação; interpretação; valorização do ego consciente; atuações; *insight*; elaboração; critérios de crescimento mental – vêm apresentando significativas modificações na aplicação da prática clínica psicanalítica.

394. Diante de antigos traumas psíquicos que estão bem reprimidos, o melhor é o paciente esquecê-los ou lembrá-los?

Do ponto de vista dos pacientes que mantêm recalcados no inconsciente, traumas realmente acontecidos, além de fantasias e desejos que, desde crianças, eram significados como pecaminosos, é preferível manter a repressão, de modo a negar, a esquecer os fatos, pensamentos e sentimentos que o ameaçam, atemorizam ou lhe envergonham. Do ponto de vista do analista, no entanto, a posição deve ser contrária, isto é, ele deve acreditar e transmitir ao paciente temeroso de remexer em feridas malcicatrizadas a sábia sentença de que "a melhor maneira de esquecer é... lembrar!". A explicação para este fenômeno consiste nas seguintes razões: 1. Provavelmente, de longa data, o paciente vem consumindo uma alta cota de energia psíquica para manter a repressão, energia essa que poderia ser sublimada e muito mais bem aproveitada pelas capacidades latentes do ego. 2. A experiência mostra que quando o paciente lembra o que estava reprimido, diante da escuta respeitosa e de naturalidade do analista em relação ao que está sendo "confessado" pelo analisando, este sente um enorme alívio por não ter provocado decepção e, muito menos, ter sido criticado, ou algo equivalente. 3. Quando o paciente lembra, e verbaliza na situação analítica, propicia ao analista que, mais do que as lembranças em si, ele trabalhe com os significados equivocados que o analisando emprestou a determinados atos e pensamentos que ele se sentiu obrigado a recalcar, de sorte a poder fazer novas significações, menos terroríficas; logo, mais sadias.

395. Em que consiste o ato psicanalítico de promover "desrepressões"? Pode ilustrar com uma metáfora?

O termo "desrepressão", justamente, alude ao ato analítico em que o paciente, à mercê do trabalho do analista (que segue o rastro das associações de idéias e sentimentos do analisando), permite que aquilo que estava negado e reprimido no inconsciente possa surgir no seu consciente, assim liberando energia psíquica e possibilitando uma transformação dos significados patogênicos para uma significação sadia. Cabe fazer uma metáfora: imaginemos que alguém queira empurrar uma bola para o fundo de uma tina com água: por uma lei física, a bola tenderá a voltar à superfície, o que equivale à força que faz o material reprimido no fundo do inconsciente para voltar à superfície do consciente. Quanto mais força o sujeito fizer com as suas mãos para manter a bola no fundo, mais gastará uma importante energia mecânica (na nossa metáfora, equivale à energia psíquica), de modo que, deixar a bola cheia de repressões emergir à tona do consciente, promoverá no paciente um enorme alívio em perceber que a bola não continha gases venenosos e perigosos; permitirá um emprego mais saudável e frutífero das energias do psiquismo e facultará que as significações sejam transformadas.

396. O que significam as expressões "dessignificações" e "neo-significações"?

Um exemplo clínico talvez possa melhor esclarecer os conceitos de "dessignificação" e o de "neo-significação": internado em uma clínica psiquiátrica, um paciente em surto psicótico passava quase que o tempo todo se auto-acusando, proferindo blasfêmias contra si próprio, como a de se proclamar um cafajeste, que não merecia viver entre gente decente, precisava ser punido com a morte, e coisas do gênero. As primeiras tentativas de fazê-lo justificar por que se atacava tanto de nada adiantaram, porém, com uma atitude de paciência e de autêntico interesse pelo paciente, sem pressioná-lo, o terapeuta conseguiu que, em um certo dia, ele declarasse, de forma enfática: "Eu não presto porque pequei contra Deus e a Virgem Maria". Solicitado a esclarecer essa sentença, o paciente lembrou que, quando adolescente, o padre professor, durante a aula de catecismo, afirmou de forma categórica para os alunos perplexos: "No crime da masturbação, cada gota de esperma derramado equivale a uma gota de sangue de Nossa Senhora". Ficou mais claro que o registro que ficou impresso na sua mente estava impregnado com o significado de que ele sangrava a sua mãe (Nossa Senhora) e atentava contra o pai (Deus), de sorte que se sentia um pecador, criminoso, e, portanto, os intensos sentimentos de culpa decorrentes faziam-no sentir-se um crápula merecedor de castigo e imerecedor de ser amado e admirado pelos demais. A partir daí, o terapeuta que o atendia passou a promover uma dessignificação desse significado patológico e, mercê da técnica de ir abrindo outros vértices de entendimento (por exemplo: a viabilidade de que sua masturbação na época adolescente, ao contrário de ser um crime, poderia estar representando um ato normal e sadio, porque estaria demonstrando seus primeiros sinais de conhecer o seu corpo e reconhecer a florescência da libido como uma transição para a condição de homem em amadurecimento). Um gradativo alívio do paciente possibilitou a realização de importantes transformações em seu psiquismo, graças às novas ("neo") significações dos mesmos fatos acontecidos no passado.

397. Qual é o significado e a importância do termo "desidentificações", e o que significa "neo-identificações"?

A formação do sentimento de identidade de qualquer pessoa se alicerça principalmente nos processos de "identificação" com as diversas pessoas que foram, ou são, especialmente significativas na sua vida. As referidas identificações tanto podem ser sadias e estruturantes como também podem adquirir uma configuração patológica e desestruturante. As identificações patológicas – por exemplo, com um pai tirano, ou com uma mãe deprimida, ou enlouquecedora, etc. – podem promover uma internalização dessas figuras no psiquismo do filho, de sorte que a um mesmo tempo que, já adulto, esse filho se queixe destes pais, ele também repete ao longo de sua vida as mesmas condutas e traços de personalidade que ele tanto critica. Assim, no processo analítico, é imprescindível que o paciente conserve sua identificação com os modelos dos pais que ele admira e que se dê ao direito de se "desidentificar" dos aspectos deles que o analisando deteste e não quer ser igual. Este último movimento psíquico constitui um ato de "desidentificação" que abre um espaço no psiquismo para novas identificações, isto é, "neo-identificações". A expressão "neo", ou "re"identificações", designa o importante fato de que, em algum grau, todo paciente porta no interior de seu psiquismo algumas identificações patogênicas com os pais ou com outras pessoas altamente significativas. Assim, na prática analítica, é indispensável que gradativamente o paciente consiga reconhecer quais são as identificações patógenas e fazer as "desidentificações" delas, de modo a dar-se o direito de discriminar e decidir quais os modelos dos pais que ele quer conservar e quais são o que ele quer excluir do seu psiquismo, ou seja, se desidentificar. Simultaneamente com as desidentificações, vai se abrindo um espaço psíquico que vai sendo preenchido pelo "novo modelo" (isto é, uma "neo-identificação") que o paciente tem à sua frente: o modelo de seu analista, o qual, além da atividade interpretativa, tem uma maneira pessoal de "conter" angústias, de como ele "pensa", "comunica", encara as "verdades" difíceis, acredita nas potencialidades latentes e nas capacidades bloqueadas do paciente, a consideração e respeito que demonstra pelos outros, etc.

398. O que significa o psicanalista usar o método "maiêutico"?

A "maiêutica" designa um processo dialético, de natureza pedagógica, no melhor estilo socrático, em que se multiplicam as perguntas, a fim de obter, por indução dos casos particulares e concretos, um conceito geral do assunto em questão, como se fosse a *gestação* de uma idéia "levada a termo". Por essa razão, o termo "maiêutica" é utilizado de forma análoga na obstetrícia. Em relação à psicanálise, Bion definiu esse processo com essa frase: "Sócrates disse que às vezes ele fazia o papel de uma parteira, isto é, atendia o nascimento de uma idéia. O mesmo se aplica a nós, analistas: podemos ajudar a que um paciente nasça, a que emerja do ventre do pensamento". Na prática cotidiana da psicanálise este método dialético consiste em que o analista diante das teses do paciente, mercê de perguntas instigativas, abra novos vértices de observação e pensamento de sorte a propor antíteses para o paciente, do que pode resultar a formação de sínteses, o que equivale à obtenção de *insight*. Não é a parteira (analista) quem dá a luz ao bebê (paciente). Ela só fica por perto para ajudar durante o parto.

399. "Procurei um psicanalista para me analisar. Ele impôs a condição mínima de quatro sessões semanais, caso contrário ele não me atenderia, porque, segundo ele, não seria análise de verdade. Ele estava com a razão?"

Em minha opinião, este psicanalista não estava com a razão! Na verdade, as posições entre os psicanalistas praticantes ainda se dividem um pouco. No entanto, a grande maioria se inclina por maior flexibilidade, de sorte que, na atualidade, muitos dos próprios institutos de psicanálise estão aceitando três sessões semanais para a análise oficial de candidatos para a formação psicanalítica. De minha parte, acredito que um paciente bem motivado e um psicanalista bastante experimentado podem realizar uma verdadeira psicanálise com, digamos, duas sessões por semana.

400. "Flagrei o meu analista dormindo e ressonando durante a sessão. Provoquei algum ruído e ele despertou, porém não admitiu diretamente o que aconteceu e preferiu analisar a minha participação neste incidente. Indignada, abandonei a análise. Acertei? Errei?"

O importante não é tanto a possibilidade de o analista ter adormecido durante a sessão. Isso não é muito raro de acontecer e pode até ser compreensível diante de uma hipótese de que ele tenha tido uma impossibilidade de dormir nessa noite, etc. O que seria um erro técnico grave do analista, isto sim, seria a eventualidade de ele não querer reconhecer a sua responsabilidade pelo acontecido e, pior de tudo, tentar atribuir e repassar a culpa do incidente constrangedor unicamente ao paciente. Não é possível imaginarmos uma análise em que o analista não seja plenamente verdadeiro e que se ponha em uma posição de estar sempre certo e atribuindo tudo o que se passa de errado ao paciente. Uma técnica adequada seria o analista reconhecer a possibilidade de que ele tenha adormecido, pedir desculpas (se preferir, ele, com uma naturalidade possível, pode dar uma breve justificativa pelo que lhe aconteceu, assumindo a sua responsabilidade) e enfocar a análise na intensidade da reação da paciente, qual a significação que este desagradável episódio provocou nela, analisar a possibilidade de que, embora a paciente tenha toda a razão em ficar indignada, ela possa ter dimensionado exageradamente o fato, pela possível hipótese de que tenha incidido em uma antiga ferida psíquica do passado ainda aberta. Assim, se realmente o analista não propiciou uma análise honesta do que aconteceu, a paciente acertou em abandonar a análise. Porém, se foi a paciente quem não permitiu que o analista se desculpasse e tentasse analisar a reação dela, em meu entender, ela errou. Claro, estou partindo da hipótese de que a análise ia bem, e que este acontecimento cometido pelo analista tenha sido um fato isolado.

401. **Pode esclarecer a importância da verdade na situação analítica?**

A psicanálise considera que a "verdade" é um elemento essencial para o crescimento mental e que sem ela o aparelho psíquico não se desenvolve, morre de inanição. A busca da verdade impõe a necessidade de o sujeito estabelecer confrontos e correlações entre fatos passados e presentes; realidade e fantasia; verdades, falsificações e mentiras; o que o sujeito diz, faz e o que, realmente, ele é, etc. Deve ser levado em conta que a verdade, por si mesma, é sempre bastante relativa, porque depende da época e do lugar de determinada cultura e dos valores subjetivos de cada pessoa ou comunidade. Essa subjetividade quanto ao julgamento da verdade está bem sintetizada neste verso do poeta Campoamor: "Nem tudo é verdade\ Nem tudo é mentira\ Tudo depende\ Do cristal com que se mira". Na situação analítica, mais importante do que sair em uma caça obsessiva às verdades e estabelecer de forma categórica o que elas são, onde e com quem estão, é a necessidade de o analista ser uma "pessoa verdadeira", ter um amor às verdades, por mais penosas que elas sejam e, assim, passar este modelo ao seu paciente. É importante o fato de que conhecer (ou saber) as verdades é o caminho para o sujeito vir a ser, e que Sócrates tinha razão quando afirmou que "saber que não se sabe também é uma forma de conhecimento e sabedoria". Igualmente importante é a forma como o analista deve transmitir a verdade através das interpretações, o que pode ser sintetizado nessa bela e profunda frase de Bion: "Amor sem verdade não é mais do que uma paixão; e verdade sem amor não passa de uma crueldade".

402. É possível analisar uma pessoa mentirosa?

Potencialmente, todas pessoas, em algum grau, são mentirosas, fato que, na situação analítica, é normal e se constitui uma importante matéria de análise, especialmente as mentiras que o paciente faz para si mesmo, sob a forma de negações, de distorções e de ilusões. No entanto, em muitos analisandos, a disposição para as mentiras (isso alude mais diretamente ao fato de elas serem conscientes) e aos auto-enganos (tem um tanto de consciente e outro tanto de inconsciente) assume uma forte intensidade, além de, às vezes, serem idealizadas pelo mentiroso, pois lhe dá a sensação de que é muito vivo e esperto, deixando de ser um mero e transitório recurso defensivo para se tornar um fim em si mesmo, o que pode inviabilizar uma evolução do tratamento analítico. Entre esses dois pólos opostos, existem situações intermediárias que, não obstante possam representar possíveis dificuldades, justificam a indicação do método analítico – especialmente quando o paciente reconhece que é um mentiroso –, porém algumas cautelas técnicas impõem-se.

403. A expressão "antianalisando" significa que o paciente é contra a análise?

Não, essa expressão não significa que o paciente seja deliberadamente contra a análise ou que não acredita nela. Pelo contrário, aqui, o prefixo *anti* não significa "contra", mas tem o significado equivalente ao de "antimatéria", isto é, revela-se pela ausência, pelo contrário. Assim, com essa denominação, a psicanalista francesa Joyce McDougall descreve os pacientes que têm características peculiares: dão a impressão inicial de serem "casos bons", aceitam bem o protocolo analítico e não abandonam o analista. Porém, o passar do tempo da análise, em geral linear e fria, revela que não se produziu mudança significativa. Esses pacientes colaboram com o analista, falam de coisas e de pessoas, mas não estabelecem as relações e ligações entre elas, pois lhes falta o senso de curiosidade e indagação. Parece que não fazem regressões maciças, que perderam o contato consigo mesmos. Apesar disso tudo, mantêm uma estabilidade em suas relações objetais e recusam qualquer idéia de separação de seus objetos de rancor. Apegam-se à análise como "um náufrago à uma bóia, sem esperança de alcançar terra firme e mantêm-se fiéis ao provérbio espanhol: 'antes morrer do que mudar'".

404. "Transformações": qual é o significado psicanalítico desse termo?

O termo "transformação(ões)", em psicanálise, acompanhando a história da humanidade que se caracteriza por sucessivas e profundas mudanças em todos pontos de vista, refere-se ao fenômeno que, consoante com a sua etimologia (*trans* + *formar*, ou seja, *formar para além de*), consiste na aquisição de novas formas, tanto no paciente como no analista, no vínculo entre ambos e no processo psicanalítico. Como exemplo de transformações que ocorrem na situação analítica, pode-se mencionar os fenômenos dos sonhos, os sintomas (por exemplo, alucinações ou ideação delirante), a passagem do pensamento para uma verbalização, ou para uma "atuação", ou para uma repetição na transferência, assim como também a aquisição de um *insight*, seguido de uma elaboração, pode transformar a conduta e o modo de pensar e de ser de determinado paciente. No entanto, por maior que seja uma transformação, sempre resta um resíduo do fato original (que em psicanálise é conhecido com o nome de "invariante"), o que pode ser exemplificado com o fato de que uma mesma paisagem campestre, pintada por vários artistas de distintas correntes, pode resultar em pinturas totalmente diferentes e até irreconhecíveis, porém todas terão alguma tonalidade de verde e de algum outro detalhe da paisagem original. O importante desta metáfora é destacar que as mudanças não são súbitas; antes disso, elas conservam a essência das raízes originais, porém adquirem novas formas, conforme se adaptam às novas mudanças sociais, econômicas e culturais do meio ambiente. O melhor exemplo é o da própria psicanálise contemporânea que, mercê de inúmeras transformações teóricas, técnicas e práticas que ela vem sofrendo desde que foi criada há pouco mais de um século, é praticamente irreconhecível em relação à psicanálise pioneira, embora conserve toda a essência das descobertas e dos princípios provindos de Freud.

405. A expressão "mudança catastrófica", no curso da análise, designa uma piora total do paciente?

Em contextos diferentes – na mente, nos grupos, na sociedade, na sessão psicanalítica, etc. –, sempre há uma conjunção constante de fatores específicos que, de uma forma ou outra, adquirem uma configuração de um "equilíbrio neurótico" do psiquismo. Sempre que esse equilíbrio enfrenta uma situação de mudança e de crescimento, a situação se altera e se instala um clima de catástrofe. Assim, na situação analítica, o analista deve estar atento à possibilidade de que uma significativa mudança do estado mental do paciente (por exemplo, passar da posição esquizoparanóide para a depressiva, ou fazer renúncias às ilusões do mundo narcisista) venha acompanhada de uma dor psíquica, muito intensa, que Bion denomina como "mudança catastrófica". Essa última, na prática analítica, consiste na possibilidade de o analisando mostrar-se confuso, deprimido, desesperançado, dizendo ao analista que está muito pior do que antes de ter começado a análise, não sendo rara a possibilidade de surgir uma ideação suicida. Apesar da eventual dramaticidade deste quadro clínico, é bem provável que ela seja temporária e represente o preço a ser pago por uma significativa melhora e um expressivo crescimento mental.

406. Qual é a diferença entre os fenômenos de resistência, desistência, existência e resiliência?

A etimologia pode nos ajudar a conceituar: a palavra *resistência* deriva dos étimos latinos *re* (de novo, mais uma vez) + *sistere* (direito a ser alguém) de sorte que, na situação analítica, a resistência pode adquirir uma significação positiva porque designa que o paciente está se defendendo contra angustiantes experiências emocionais do passado, nas quais ele se sentiu abandonado, desrespeitado e humilhado, e a favor de ele sobreviver com dignidade. *Desistência*, por sua vez, tem o prefixo "de", que designa um "abandono", isto é, na situação analítica trata-se de uma situação grave porque um paciente em estado de desistência nada mais deseja do que nada desejar, mantém um cerrado namoro com a morte e já "jogou a toalha" no ringue da vida. Já o termo *existência* é composto com o prefixo *"ex"*, que significa "para fora" (como em: exterior; explicitar, etc.), logo, o significado psicanalítico alude a um renascer, a uma atitude desejosa de estar voltado para a vida. O termo *resiliência* (os dicionários referem-se como "uma energia armazenada que é devolvida, de uma forma elástica") designa uma força interior, uma espécie de "garra" que contribui para o sujeito não desistir diante de situações difíceis e até desesperadoras, mediante esse elã vital que, muitas vezes, é proveniente de energias espirituais.

407. O que quer dizer a expressão "transferência forçada" ou "caçador de transferências?

Essa expressão não existe na terminologia da psicanálise, de sorte que, aqui, ela está sendo empregada para designar aquela condição em que o analista utiliza um referencial técnico em que, sistematicamente, reduz tudo aquilo que o paciente lhe relata, para um plano de entendimento transferencial, como pode ser, por exemplo, na base de "tudo isto que você está me dizendo acerca da briga com o seu marido, na verdade, é o que está sentindo e brigando, agora, aqui e comigo". Muitas vezes, essa interpretação pode estar correta, isto é, a hipotética paciente pode estar realmente "brigando" com o seu analista; no entanto, em outro grande número de vezes, esse modelo de interpretação corre o risco de não ser mais do que um chavão, um reducionismo transferencial artificial. Nesse caso, o terapeuta, qual um "caçador de transferências" pode estar *forçando* uma interpretação em cima de algo que não corresponde ao que o paciente realmente sente, situação que é bastante freqüente por parte daqueles analistas que, por exemplo, independentemente de quem seja o paciente, sempre interpretam a "angústia de separação do fim de semana", o que pode causar uma submissa e passiva aceitação por parte de alguns pacientes ou de uma reação (provavelmente sadia) de enérgica contestação e indignação por parte de outros.

408. Fazer o "mapeamento do psiquismo": em que isso consiste e qual é a sua importância?

Podemos comparar o funcionamento do psiquismo com o de uma orquestra, na qual estão presentes concomitantemente instrumentos diversos executando uma partitura musical, cada um com funções específicas e distintas, porém inseparáveis e interdependentes. De forma análoga, a mente humana também é composta de diferentes zonas, com características e funções específicas, que operam distintamente, às vezes de forma harmônica, porém, em sua maioria, configuram aspectos contraditórios e opostos. Cabe a metáfora com o mapa do globo terrestre, em que diversos continentes com características, às vezes, diametralmente opostas na sua totalidade constituem uma unidade. Da mesma forma, no psiquismo de qualquer ser humano, em graus diferentes, convivem aspectos muito distintos uns dos outros, como é o caso de uma "parte infantil", ou adolescente, convivendo com uma "parte adulta", ou uma "parte psicótica da personalidade" ao lado de uma "parte não-psicótica", uma parte que quer crescer e outra que se opõe a isso, etc. Destarte, assim como um navegador necessita de um mapa e de uma bússola para se orientar na geografia do globo, também o analista deve fazer o *mapeamento* do seu psiquismo e, assim, munir-se de uma "bússola empática", que o permitirá navegar nas profundas águas de determinada análise, com vistas a, junto com o paciente, desenhar o mapa da geografia psíquica deste último para que também ele adquira a referida bússola que lhe possibilite navegar dentro dele mesmo.

409. Conhecer o enredo (*script*) das "peças teatrais" do psiquismo: em que isso consiste e qual é a sua importância na análise?

As antigas sensações e experiências emocionais primitivas da criança, de alguma forma, ficam *impressas* na mente, cada uma delas com determinada significação. O conjunto das significações configura-se sob a forma de uma "rede" (cada elemento está conectado com os demais), constituindo verdadeiros enredos, com determinada história, com distintas personagens contracenando entre si, sob a direção e edição de um diretor, tudo se processando qual uma peça teatral (ou a edição de um filme) que conserva a sua essência, mesmo que a peça seja reproduzida por décadas ou séculos, só mudando os autores. Da mesma maneira, o arquivo do psiquismo interior consta de algumas peças teatrais que podem se reproduzir de forma interminável no mundo exterior. Como exemplo, pode-se imaginar a repetição de uma peça que tenha por título "Sofrido amor", na qual a personagem principal "ama" demais, de forma incondicional, a um homem que lhe trata mal, a humilha, alternando momentos em que lhe faz promessas e juras de amor, com outros tantos em que a rejeita e, de modo acintoso, a troca por outras mulheres. Ela sofre e, não obstante seja uma pessoa bem dotada de inteligência, sucesso profissional e sólidos atributos morais, briga com ele, perdoa-o após ele se dizer arrependido e renovar as promessas de que ela é a única que ele ama e que em breve vão casar, assim recarregando as pilhas das esperanças dela, até que tudo retorne à situação anterior, em um movimento repetitivo que já dura anos. Uma análise mais acurada revelou que o *script* dessa peça é uma repetição de um enredo familiar que ela vivenciou no passado, ou seja, a mãe a enchia de manifestações de carinho e promessas de um eterno amor, ao mesmo tempo em que a repudiava e desqualificava, enquanto fazia uma ostensiva preferência pelos outros dois filhos do sexo masculino. A nossa paciente reproduzia com seu companheiro (desempenhando o papel da mãe do passado) o mesmo drama que sofreu na infância: amor ambíguo da mãe, entremeando promessas de amor com sucessivos abandonos afetivos, de sorte que a analisanda representava seu papel de "ir ao encontro do desencontro" assim configurando a representação de uma peça teatral, com o título "Sofrido amor", que poderia se eternizar, se não tivesse tido o auxílio da terapia psicanalítica, para se livrar desta escravidão de ser obrigada pelo inconsciente a repetir eternamente a mesma personagem.

410. O que fazer diante de pacientes que são "colecionadores de infelicidades"?

Todos conhecemos pessoas que, diante de infelicidades realmente acontecidas ou existentes, conseguem preservar sua dignidade e a alegria de viver, enquanto outras, não obstante bem aquinhoadas pela vida real e sem nenhum problema objetivo de preocupação maior, estão sempre em um estado de desânimo e, de forma sucessiva, "dão azar" em tudo que fazem, como nas experiências amorosas que, sistematicamente, começam bem e terminam em situações de abandono. A experiência mostra que não se trata de azar propriamente dito, mas, sim, que existe determinismo – de natureza sabotadora, oriundo de forças psíquicas inconscientes –, que, qual uma compulsão à repetição, força o sujeito a repetir as mesmas vivências de abandono, de sorte a se tornar um verdadeiro *colecionador* de injustiças, de azares, de abandonos, de infelicidades. Essa necessidade que muitas pessoas apresentam de "reencontrar os seus abandonos" não significa exatamente um masoquismo, mas uma mágica tentativa inconsciente de resgatar personagens do passado, através do recurso de reproduzir as mesmas cenas que marcaram a sua infância, como pode ser o de uma mãe, ou pai, que foram internalizados como "abandonantes". Esse enfoque não descarta a possibilidade, também bastante freqüente, de que a coleção de infelicidades se deva a um masoquismo resultante de culpas que punem o sujeito com a sentença de que ele não merece ser plenamente feliz.

411. Por que os analistas dão tanta importância ao que eles chamam de "angústia de separação"?

De fato, a "angústia de separação" é muito importante na situação analítica porque ela surge com enorme freqüência e evoca antigos sentimentos de desamparo e abandono, quando, diante de um afastamento dos pais, a criança entrava em um estado de pânico. Isso, muito provavelmente, se devia ao fato de que essa criança ainda não tinha desenvolvido os "núcleos básicos de confiança" de que, mesmo afastada da mãe, ela pode contar plenamente com a disponibilidade, a proteção de seu amor incondicional. Em caso contrário, a criança seria invadida por fantasias de que a mãe esqueceu, ou que não gosta, ou que fugiu dela, ou ainda que pode ter morrido e coisas equivalentes. Assim, pode acontecer que em situações de um maior afastamento do analista, determinado paciente portador dessa criança altamente insegura que certa época ela foi pode reproduzir com o analista as mesmas angústias de então, o que propicia a análise deste transtorno psíquico. No entanto, é necessário destacar o fato de que muitos analistas exageram na interpretação dessa angústia de separação, como se todo e qualquer paciente não pudesse suportar o mínimo afastamento dele (um fim de semana, por exemplo), assim cometendo um equívoco técnico, porque essa forma estereotipada de interpretar pode redundar em maior infantilização do paciente, como se, sem o analista, o paciente fique reduzido a uma criancinha angustiada, não sendo nada. Nestes casos, é relevante que o analista não se coloque no papel de que o paciente sente a falta concreta dele, mas, sim, o terapeuta deve visar ao *significado* (de abandono, desamparo...) que, em determinadas situações de separação, como um imprevisível afastamento do analista.

412. Os pacientes (e, muitas vezes, também os analistas) sabem pensar?

Pensar – de fato, e de forma eficaz – é um processo muito difícil! Para expressar essa dificuldade, vou utilizar esta frase que construí: "A maioria das pessoas pensa que pensa, mas não pensa, porque algumas delas pensam *com* o pensamento dos outros (caso das pessoas passivas, submetidas), outras *contra* o pensamento dos outros (caso

das personalidades paranóides), outras *cavilam e ruminam* os pensamentos, sem tomar decisões (caso dos neuróticos excessivamente obsessivos), enquanto outras pessoas fazem seus pensamentos *orbitar* unicamente em torno de seu próprio umbigo, sem levar em conta os demais (caso das personalidades exageradamente narcisistas), etc."
O verdadeiro significado da função de pensar implica que o sujeito passe exitosamente pela, assim chamada, "posição depressiva", de sorte que consiga juntar e integrar os aspectos contraditórios (dos pais do passado e de seus próprios); consiga sintetiza e abstrair, conhecer seus limites, limitações e diferenças com os demais e assumir o seu quinhão de responsabilidade pelo que pensa, diz e faz.

413. **Por que muitos pacientes têm uma reação de dor psíquica desproporcionalmente exagerada ao estímulo doloroso real?**
Pode utilizar uma metáfora para esclarecer qual é a diferença entre "quantidade" e "intensidade" da reação emocional diante de traumas?

A *intensidade* da reação psíquica de qualquer pessoa diante de um algum fato traumático varia na proporção direta, não tanto pela quantidade do estímulo doloroso, mas sim, muito mais em função do significado – logo, a qualidade – que o referido estímulo representa para o sujeito. Cabe exemplificar com a tão corriqueira situação em que uma ligação amorosa termine, e a pessoa que foi abandonada entre em uma grave crise depressiva, não se conformando e nunca parando de lamuriar (situação que, por vezes, se eterniza), não obstante sua lógica perceber que o vínculo amoroso já estava em uma péssima situação e uma separação se impunha. É bastante provável que o término do vínculo amoroso tenha tocado em uma velha ferida, não-cicatrizada, de antigos sentimentos de abandono que, quando criança pequena, o sujeito tenha sofrido por parte dos pais. Assim, para clarear a distinção entre os conceitos de "quantidade" e o de "intensidade", vou utilizar uma metáfora: se pincelarmos a pele sadia de qualquer pessoa com algumas gotas de tintura de iodo (a *quantidade*), ela não sentirá absolutamente nada de doloroso; no entanto, se pincelarmos a mesma quantidade de iodo sobre uma parte da pele onde há uma ferida aberta, é certo que a mesma pessoa dará urros de dor (é a *intensidade* da reação) diante de uma mesma quantidade de estímulo.

414. **Fetiche: o que isso significa em uma concepção psicanalítica?**

O termo "fetiche", que em português tem ligação com a crença de "feitiço", é empregado de longa data em diversos campos do saber humano. A psicanálise o tomou emprestado da antropologia, onde significa um objeto material venerado, como sendo um ídolo. Do ponto de vista psicanalítico, Freud postulou que o fetichismo aludia a uma perversão sexual, caracterizada pelo fato de que uma parte do corpo (pé, boca, seio, pênis, cabelo, sentido da visão ou do cheiro, etc.) ou um objeto exterior (sapatos, chapéus, gravatas, tecidos, calcinhas, etc.) serem tomados como objetos exclusivos de uma excitação, ou prática perversa de atos sexuais. Na atualidade, o termo "fetiche" é mais abrangente, de maneira que designa tudo aquilo que "parece ser, mas não é", mecanismo este que é resultante do mecanismo de defesa de "renegação", isto é, uma parte do sujeito sabe que está negando, enquanto a outra parte dele se compraz com a negação e não quer abandoná-la. As personalidades perversas costumam utilizar o emprego do "faz de conta que é real aquilo que não passa de ilusão", que o fetiche representa.

415. O que fazer com um analisando que "não quer mudar"?

Esta questão é bastante importante porque é muito freqüente a possibilidade de que determinado tratamento analítico esteja decorrendo em uma aparente tranqüilidade e de maneira bem-sucedida, visto que o paciente, seus familiares, amigos e o próprio analista estão satisfeitos com os "progressos". No entanto, é possível que, no paciente, não esteja havendo mais do que "benefícios terapêuticos" que, às vezes, são de curta duração ou que recidivam diante de fatores estressantes, sem que se tenham processado verdadeiros "resultados analíticos", isto é, reais transformações na estrutura do interior do psiquismo do paciente. Essa situação acontece mais comumente com aqueles pacientes que, embora bem motivados para a análise, são portadores de uma parte, geralmente inconsciente, que se opõe a fazer mudanças porquanto não quer renunciar ao mundo das ilusões narcisistas, aos "privilégios" da condição de criança, ao enfrentamento de deveres e responsabilidades da condição de adulto, ou ao enfrentamento de trocar aquilo que ele conhece e, por isso, imagina que enfrenta bem, no lugar de enfrentar o novo e desconhecido, que ele teme, embora saiba que lhe poderia abrir novas portas em seu crescimento pessoal. Cabe sublinhar que esse desejo de "não mudar", muitas vezes, é consciente, e o paciente quando confrontado pelo analista o assume e verbaliza, assim facilitando uma análise mais aprofundada dessa posição mental de boicote à mudança. Assim, não basta o analista trabalhar corretamente, sem atentar para este aspecto do analisando que está em um estado mental de egossintonia com a sua resistência.

416. Transformar, no paciente, um estado de "egossintonia" em "egodistonia": o que significa isso na prática analítica?

Os termos "egossintonia" e "egodistonia" designam um estado mental que o analisando tem a respeito de sua própria neurose. Freqüentemente, os analistas encontram uma forte forma de resistência do paciente contra uma boa evolução da análise. Embora sejam evidentes seus conflitos, inibições, angústias dissimuladas e estereotipias de conduta, o sujeito está harmonizado com a sua deficitária qualidade de vida e sempre consegue encontrar racionalizações que lhe justificam a tese de que não tem o que mudar. Nesses casos, antes de tudo, é necessário que o analista consiga transformar em egodistônico (quebra da acomodação e da manifesta sintonia com a neurose) o que está egossintônico no analisando. Um exemplo pode esclarecer melhor: uma paciente não dirigia automóvel, sob a alegação de que, além de os carros poluírem o meio ambiente, ela se locomove muito bem porque ora o marido "quebra seus galhos de locomoção", ou, na absoluta impossibilidade dele, os táxis resolvem (até um dia em que foi surpreendida por uma chuva intensa, não encontrou táxi, nem marido e amargou horas retida em um dilúvio). Uma sistemática análise da situação comprovou que o seu desdém pelo uso de automóveis era a negação de uma *fobia a dirigir,* que se devia a um subjacente temor-pânico de causar um acidente (seus aspectos agressivos ainda não estavam, então, suficientemente analisados) e provocar mortes, dela e de outros, especialmente de crianças pequenas (ela, no passado, já havia provocado um aborto).

417. O que fazer com um paciente que quer encerrar a sua análise sem ainda estar em condições satisfatórias?

Essa situação ocorre com relativa freqüência, e isso pode ser devido a diferentes fatores, como pode ser o surgimento de fatores externos (dificuldades econômicas, por exemplo): ou alega que quer experimentar "andar com as suas próprias pernas", ou ainda porque sente que não mais está progredindo e quer experimentar outro terapeuta ou outro método de tratamento, assim como também julga que está em excelentes condições, ao contrário do juízo do analista, etc. Creio que, inicialmente, o analista deve ter a humildade de intimamente refletir e poder reconhecer a possibilidade de o paciente estar, de forma sadia, com a razão em sua argumentação para encerrar a análise. O segundo aspecto a destacar é que, uma vez que tenha a convicção de que descartou a hipótese anterior e que o analisando está forçando a "ganhar alta", o analista tem o dever de tomar as seguintes três atitudes analíticas: 1. Não forçar, sob a forma de convencimento (às vezes com o recurso de falsas interpretações) que o paciente *deve* continuar se tratando, senão... (essa atitude é contraproducente porque o analista é que fica com a parte do paciente que gostaria de continuar se tratando, enquanto cabe ao paciente ficar com a sua outra parte que não quer). 2. Diante de uma atitude mais categórica assumida pelo paciente de que ele quer mesmo encerrar sua análise, cabe ao analista lhe deixar clara a diferença entre "alta" (ou "término", como prefiro) e "interrupção" do tratamento analítico. Assim, com a aquiescência do paciente, é útil ambos realizarem um balanço final, no sentido de o paciente ter bem claro quais são os seus aspectos que estão bem-amadurecidos para enfrentar os acontecimentos da vida e quais são os seus pontos frágeis ou doentios que podem atrapalhar a sua vida. 3. É necessário que o analista tenha a capacidade de reconhecer se a sua mente não está invadida por sentimentos de abandono, indignação e raiva, em cujo caso pode, inconscientemente, tomar atitudes de revide e vingança. Creio ser fundamental que um momento tão importante como é o de uma separação de um vínculo de tamanha significação se processe da forma mais harmônica e respeitosa, com o paciente sentindo-se reassegurado de que, em uma hipótese que queira voltar, encontrará as portas abertas.

418. Por que os analistas, em geral, dizem que uma terapia psicanalítica com duas sessões por semana funciona melhor do que com uma, três melhor do que com duas e quatro melhor do que com três. Isso é verdade?

Trata-se de uma verdade, porém uma verdade bastante relativa. Explico melhor: na hipótese de que o paciente esteja em um verdadeiro "trabalho analítico" – dando acesso ao seu inconsciente e buscando fazer autênticas transformações em seu psiquismo –, um maior número de sessões propicia uma continuidade mais íntima, com um conseqüente maior estímulo para novas reflexões, associação de idéias, elaboração dos *insights* que está adquirindo, etc. No entanto, a experiência da prática analítica comprova que na realidade nem sempre as coisas se passam exatamente assim, isto é, pode acontecer que determinados pacientes estejam fazendo quatro sessões semanais e que estejam fazendo, deitados no divã, nada mais do que uma "superficial" psicoterapia. Em contrapartida, também existe a possibilidade de que certos pacientes com duas sessões semanais (ou até mesmo uma) estejam trabalhando analiticamente e fazendo verdadeiras mudanças psíquicas, logo, de crescimento e de comportamento no seu processo de viver. Nessa última hipótese, o mais provável é que este paciente com potenciais para se analisar e crescer se beneficiaria ainda mais com um maior número de sessões na semana, não obstante existam exceções, visto que muito depende de determinado "ritmo ótimo" que a dupla paciente-analista encontra como a mais adequada, sem a obrigação de ter de cumprir regras previamente estabelecidas.

419. **Por que é freqüente que, depois de viverem "algo bom", algumas pessoas pensem que "algo ruim" pode acontecer com elas?**

Esta questão relativa a uma "piora" do paciente, após uma "melhora", aborda uma situação bastante freqüente na clínica psicanalítica, a qual se deve a uma série de fatores possíveis. Assim, por exemplo, costuma acontecer uma dessas possibilidades: 1. O paciente, em seu inconsciente, é portador de um sentimento de desvalia, de que ele não é merecedor de ser feliz, porque imagina, por exemplo, que quando era criança tenha causado muitos malefícios e danos aos seus familiares mais próximos, que, na atualidade, estejam em uma "pior". 2. Ele esteja identificado com alguma dessas suas "vítimas" (embora isso possa ser unicamente imaginário) e sente-se na obrigação de seguir o mesmo destino delas. 3. Na hipótese de que esse paciente é, ou era, muito invejoso do sucesso de outros, ele faz a fantasia de que um sucesso seu atrairá olhares e fluidos malignos de pessoas invejosas que o atacarão ou roubarão tudo o que ele conseguir. 4. Outra causa provável de certos pacientes não tolerarem sentir e desfrutar de um bem-estar mais duradouro por um sucesso alcançado consiste no receio de que os "pais insaciáveis" que residem em seu interior estarão à espera de novos sucessos, em um crescente de exigências a serem cumpridas, o que lhe atemoriza e força a disfarçar e abortar sua alegria e prazer diante de sucessos.

420. **Uma análise só é acessível a uma elite econômica. Isso é verdade?**

Na atualidade, esta afirmativa não é verdadeira! Toda pessoa que estiver suficientemente motivada para fazer um tratamento de base psicanalítica, com o propósito de atingir verdadeiras mudanças da estrutura do seu psiquismo interior, encontra uma relativa facilidade. Isto se deve ao fato de que a grande maioria dos Institutos de Psicanálise mantém serviços de encaminhamento de pessoas interessadas em fazer análise, para os candidatos que estão em plena formação de psicanalista e membros de suas respectivas Sociedades Psicanalíticas, cujo atendimento é realizado em bases econômicas bastante flexíveis e acessíveis. Ademais, existe um grande número de institutos de formação de psicoterapeutas analíticos que oferecem um bom atendimento por valores suficientemente cômodos, às vezes, não mais do que simbólicos.

421. Análise com crianças. Isso é possível?

Durante longo tempo, os psicanalistas consideravam que um tratamento com crianças pequenas não poderia ser considerado como sendo verdadeiramente psicanalítico. No entanto, a partir do início da década de 1940, a psicanalista M. Klein, utilizando a técnica da utilização de jogos, desenhos, brinquedos e brincadeiras, conseguia atingir um acesso ao inconsciente das crianças que ela tratava – inclusive, algumas com não mais do que 2 anos –, de sorte a poder interpretar as fantasias inconscientes dos pequenos pacientes, com as respectivas fortes angústias primitivas. Entre louvores de alguns analistas e severas críticas de outros, esse método de analisar crianças foi atravessando gerações e, na atualidade – enriquecida com um conhecimento muito mais profundo e ampliado dos fenômenos psíquicos que acontecem durante o desenvolvimento emocional primitivo –, a análise de crianças é oficialmente reconhecida pelos órgãos competentes, os institutos de psicanálise mantêm cursos de especialização específicos para a formação de psicanalistas de crianças, e a procura de análise por parte do público em geral é bastante expressiva, com excelentes resultados, em geral.

422. Análise com adolescentes funciona bem?

Nos primeiros tempos, a análise com adolescentes era considerada muito difícil de ser realizada com êxito, porque, muito freqüentemente, eles abandonavam o tratamento, em grande parte devido à dificuldade de discriminar o que era fantasia daquilo que era realidade. Por exemplo, se a moça adolescente imaginava que estava apaixonada pelo seu analista, ela não entendia a interpretação de que aquilo que pensava ser paixão não passava de um deslocamento transferencial, de um "como se, de fato, fosse", de modo que, atemorizada, ela fugia, abandonando a análise. Acresce que os analistas também não tinham condições de entender a turbulência emocional típica dos adolescentes, que, em busca da construção de um sentimento de identidade, são altamente instáveis nas suas reações psíquicas, na súbita flutuação dos estados de humor, em crenças e valores, na alternância entre sentir-se ora criança, ora adulto, ora dependente, ora julgando ser totalmente independente, ora admirando os pais, ora desdenhando e criticando-os acerbamente e assim por diante. Nos tempos atuais, mercê dos novos conhecimentos teóricos e técnicos, as análises com adolescentes – tanto na faixa dos púberes (dos 11 aos 13 anos) como da adolescência inicial (dos 14 aos 17) ou terminal (dos 18 aos 21 anos) – decorrem com uma tranqüilidade muito maior e exitosa. Também deve ser levado em conta o fato de que os próprios adolescentes propagam entre seus colegas e amigos a vantagem de se fazer um tratamento psicanalítico, desejo este que tem encontrado por parte dos pais uma receptividade bem mais acolhedora do que em épocas passadas.

423. Análise com idosos. Será que vale a pena?

Vale a pena, sim! Inicialmente é necessário reconhecer que o critério de "idoso" é bastante relativo, de modo que, se recuarmos algumas décadas, toda pessoa a partir dos 60 anos seria considerada idosa, o que na atualidade é um critério discrepante, na grande maioria das vezes, em que uma pessoa desta idade está em pleno processo de atividade familiar, social e profissional, com cuidados corporais e manutenção de entusiasmo com expectativas relativas a projetos futuros. A psicanálise clássica contra-indicava uma análise para pessoa idosa, porém já há algumas décadas muitos analistas têm tido gratificantes experiências com tratamento de base psicanalítica com idosos. Nos tempos atuais, é cada vez maior a retirada desse preconceito, de sorte a acreditar que esse tipo de tratamento pode ser muitíssimo útil. Para tanto, duas condições são necessárias: 1) O paciente idoso deve estar suficientemente motivado para fazer mudanças psíquicas, a par de demonstrar condições para fazer reflexões e abstrações. 2) O analista não deve ser tão rígido a ponto de exigir o rigoroso cumprimento das clássicas regras técnicas (uso quase que obrigatório do divã, número mínimo de quatro sessões semanais, com tudo sendo interpretado na transferência, etc.); pelo contrário, deve haver uma flexibilidade, sem renunciar aos princípios básicos da técnica analítica. Inúmeras vezes, os resultados podem ser considerados muito bons.

424. **Terapia (analítica ou sistêmica) com casais. Sua principal finalidade é impedir o divórcio do casal?**

As principais linhas de atendimento de um casal são a de fundamentação psicanalítica ou a da que segue o embasamento teórico e técnico da corrente sistêmica; no entanto, na atualidade existe uma significativa tendência a uma integração entre ambas, o que enriquece bastante o terapeuta de família em seu trabalho clínico. Não obstante o fato de que inúmeras vezes o casal que procura essa terapia vem com a esperança de melhorar a qualidade de vida em comum, ou a de salvar o casamento, essa não é a finalidade única, ou a mais importante, de uma terapia de casal. Também é freqüente a possibilidade de que o casal já venha com a decisão firmemente assumida de se separar, e cabe ao terapeuta trabalhar no sentido de que a separação seja o menos traumática possível, especialmente no que diz respeito a uma possível utilização dos filhos como munição na guerra que, não raramente, se estabelece no litígio do divórcio. O terapeuta de casal deve estar atento à triste situação litigiosa que, após um início amoroso tão promissor de "meu bem para cá e meu bem para lá", se desgasta e se transforma em um "meus bens para cá e teus bens para lá".

425. **Terapia analítica com a família. Não se corre o risco de ela aumentar as desavenças entre os familiares?**

Da mesma forma que com a terapia de casal, a terapia de família está encontrando uma grande aceitação em nosso meio. Há, de fato, um receio inicial, algo generalizado, de que um encontro terapêutico entre vários membros de uma mesma família, em que existe, por parte de todos, um compromisso com as verdades, possa incrementar mal-entendidos, insultos, acusações, recíprocas atribuições de culpas, incremento de ódio e formação de subgrupos rivais no âmbito da família, assim correndo o risco de amplificar a sua dissociação e desagregação. Dificilmente isso acontece em termos por demais exagerados, porém, quando ocorre, cabe ao terapeuta perceber que está havendo uma excelente oportunidade para ele observar, ao vivo e em cores, a dramatização da maneira patológica de como essa família funciona, assinalando os aspectos mais doentios do grupo familiar. Assim, os problemas mais comuns com que o terapeuta de família se defronta costumam ser: problemas na comunicação (emitem as mensagens de modo inadequado e as recebem de forma distorcida); má distribuição dos lugares que ocupam, certa confusão entre os papéis e atribuições que desempenham; maior ou menor incapacidade para o reconhecimento de valores, limites e limitações de cada um em relação aos demais; solidariedade, gratidão, distinção das diferenças e possível subversão de necessária hierarquia que deve haver em uma família sadia. Igualmente, o terapeuta de família deve estar atento para a possibilidade de que determinada família eleja um membro como o portador das mazelas psíquicas dos demais, assim configurando o que se chama de "paciente identificado". Em resumo, se bem manejada, a terapia de família não concorre para aumentar as desavenças entre os familiares; pelo contrário, os unifica, em busca de uma harmonia.

426. Terapia psicanalítica de grupo: é verdade que ela não é considerada um verdadeiro tratamento psicanalítico?

Esse é um assunto bastante controvertido. De fato, a grande maioria dos psicanalistas – que nunca experimentaram praticá-la, portanto, opinam sem um maior conhecimento e tampouco sem a mínima vivência da prática clínica – manifesta-se radicalmente contra a possibilidade de que uma terapia psicanalítica de grupo possa ser considerada uma "verdadeira psicanálise". No entanto, em muitos lugares reconhecidamente importantes (Portugal é um exemplo disto), a *grupanálise* tem significativa penetração e reconhecimento público. Particularmente, eu sou daqueles que, tanto praticando a psicanálise individual como a grupal, possibilita que eu reconheça as diferenças e semelhanças, de modo que não tenho dúvidas em assumir a responsabilidade de afirmar que, uma vez praticada por um psicanalista experimentado, existe, sim, uma psicanálise de grupo, se levarmos em conta que o critério de "análise verdadeira" é aquela que produz significativas e permanentes transformações da estrutura do psiquismo do paciente.

427. Como agem as terapias psicanalíticas? Unicamente através das interpretações do analista?

Desde a criação da psicanálise até recentemente, de fato, predominava a convicção de que as terapias psicanalíticas agiam exclusivamente através do entendimento de que o psicanalista obtinha dos conflitos inconscientes do paciente, que transpareciam no material clínico de suas narrativas, seus sintomas, seus sonhos, etc. A partir dessa compreensão, o analista formulava a *interpretação* do primitivo conflito oculto do paciente que reaparecia deslocado na pessoa do terapeuta, no curso da "neurose de transferência". A interpretação leva à aquisição de *insights*, enquanto a *elaboração* de um conjunto de *insights* abriria o caminho para a *cura analítica*. Não obstante tudo isso continue plenamente válido, na atualidade considera-se que as interpretações do psicanalista dirigidas ao inconsciente do paciente representem um aspecto parcial de como as terapias analíticas agem com eficácia. Assim, muitos analistas – entre os quais me incluo – consideram que outros elementos também agem, como a análise do consciente, com uma atenção às funções cognitivas do paciente e às de ele saber pensar adequadamente; a valorização das recentes contribuições das neurociências, que estão possibilitando ao analista fazer uma conexão mais íntima entre o cérebro, os circuitos neuronais e as emoções que transitam pelo psiquismo. No entanto, o que cabe enfatizar, além da atividade interpretativa, é a *pessoa real do analista*, notadamente ao que diz respeito à importância que ele representa como um *novo modelo de identificação* para o paciente: de como ele enfrenta as angústias, como organiza o seu pensamento, como transmite, sem palavras, um amor às verdades, uma autenticidade, uma consideração e respeito pelos outros, um novo modelo de maternagem e paternagem que possa preencher ou transformar as possíveis falhas dos modelos originais que, provindos dos pais, ficaram impressos na mente infantil do paciente, agora adulto.

428. Reação terapêutica negativa (RTN): qual é o seu significado e quais são as possíveis causas do seu surgimento na análise?

Essa expressão é original de Freud. Passo a palavra a ele para explicar melhor o que afirmou em 1923: "Há pessoas que se conduzem muito singularmente no tratamento psicanalítico. Quando lhes damos esperanças e mostramo-nos satisfeitos com a marcha do tratamento, mostram-se descontentes e pioram acentuadamente. Descobrimos, com efeito, que tais pessoas reagem em um sentido inverso aos progressos da cura. Mostram-nos, pois, a chamada reação terapêutica negativa. É indubitável que, nestes doentes, há algo que se opõe à cura, a qual é considerada por eles como um perigo e que neles predomina a necessidade de doença, e não a vontade de cura". Em relação às causas do surgimento dessa reação negativa, pode-se apontar quatro possíveis razões: 1. Uma espécie de "masoquismo moral" (termo de Freud) decorrente de sentimentos de culpa com a respectiva necessidade de punição. 2. Uma maneira de evitar imergir mais profundamente nos sentimentos depressivos. 3. Uma forma de inveja em relação ao analista que foi capaz de auxiliá-lo. 4. A presença de uma certa "organização patológica" dentro do ego do paciente que o proíbe de fazer mudanças, sob a ameaça e a acusação de que ele está rompendo com os valores da sua família primitiva e abandonando, com ingratidão, determinados papéis que lhe foram designados, aos quais ele deveria manter uma eterna fidelidade e gratidão.

429. O uso de medicamentos, como os psicotrópicos, Viagra, Ritalina, etc., podem substituir, opor-se ou complementar uma análise?

Substituir um tratamento psicanalítico – levando em conta que o objetivo desse é promover verdadeiras mudanças da estrutura do psiquismo – os medicamentos não conseguem de forma nenhuma. *Opor-se* a uma análise é uma possibilidade, sempre que uma eventual medicação esteja sendo prescrita de forma inadequada (por erro diagnóstico, ou como uma tentativa mágica de cura, por exemplo); ou a medicação está correta, porém esteja sendo usada em doses por demais escassas ou excessivas; ou ainda no caso, bastante freqüente, de que esteja havendo uma automedicação por parte do paciente. A possibilidade de que o uso do medicamento possa *complementar* a eficácia de um tratamento analítico é bastante possível: assim, por exemplo, uma medicação antidepressiva nos casos de uma depressão endógena (biológica), usada concomitantemente com o curso da análise, pode ser muito benéfica, visto que alivia um intenso e desnecessário sofrimento psíquico, sem prejudicar a eficácia analítica, pelo contrário, até pode auxiliar a participação do paciente na sessão. O mesmo vale para o uso de medicação específica para os casos de recorrentes "crises de pânico", transtornos afetivos bipolares, transtornos de déficit de atenção e hiperatividade, situações psicóticas, etc. O próprio Viagra, quando – comumente – beneficia um problema de prejuízo de ereção, devolve uma auto-estima ao homem e contribui para um aumento de sua confiança. Não custa enfatizar que o terapeuta deva manter-se bastante atento para a possibilidade de um uso abusivo de certos medicamentos que possam criar problemas de adição, de intoxicação ou de alarmantes efeitos secundários. Além desse prejuízo, devemos levar em conta o inconveniente de um, desnecessário, alto custo econômico e das dores de uma penosa decepção das esperanças que estavam idealizadas em determinada medicação.

430. Tratamentos biológicos. Pode fazer uma síntese deles?

No final do século XIX e até o final da década de 1950, os medicamentos usados para aliviar a forte ansiedade dos pacientes consistiam no uso de álcool, sais de bromento, hidrato de cloral e paraldeído, enquanto os barbitúricos eram prescritos para os transtornos do sono. Como todas essas drogas acarretavam problemas de tolerância e dependência, os cientistas e pesquisadores foram estimulados a desenvolverem a descoberta de agentes farmacológicos, mais seguros e efetivos, contra a ansiedade, resultante de diversas causas. Assim, a partir do início da década de 1960, surgiram diversas medicações que, de forma extremamente reduzida, podem ser assim esquematizadas: 1. *Drogas hipnótico-sedativas*: são indutores do sono, reservado exclusivamente para os casos de transtornos do sono, (por exemplo, o ro-hipnol) tanto na insônia transitória (em geral com a duração de uma a duas semanas, ocasionada por alguma situação estressante), ou em casos de insônia com tendência à cronicidade (quando dura mais de três meses). 2. *Medicamentos estimulantes*: o uso mais comum dos estimulantes (por exemplo, a ritalina) na prática psiquiátrica é no tratamento do "transtorno de déficit de atenção/hiperatividade" (TDAH) em crianças e ocasionalmente em adultos. 3. *Agente antiansiedade*: inicialmente foram bastante utilizados os "meprobramatos", porém eles apresentavam problemas de redundar em dependência; posteriormente, os "benzodiazepínicos", mais seguros e efetivos se tornaram o tratamento dominante para a ansiedade. 4. *Medicamentos antipsicóticos*: também conhecidos como "neurolépticos" (este nome alude ao fato de que eles podem exercer efeitos colaterais no sistema neurológico), os antipsicóticos – de diversos tipos e modos de ação – são usados para tratar sintomas psicóticos em pacientes com esquizofrenia e outras condições similares. 5. *Medicamentos antidepressivos*: também comportam um largo leque de tipos e modos de funcionamento e, tipicamente, de modo geral, eles demoram uma média de duas semanas para exercer a reversão do quadro depressivo de origem endógena, com retorno ao estado psíquico anterior. Nos pacientes que sofrem de "transtorno bipolar" (maníaco e depressivo), há o risco de o paciente entrar em uma situação maníaca; no entanto, eles não são euforizantes e não induzem elevação do humor na ausência de transtorno depressivo. 6. *Agentes estabilizadores do humor*: são medicamentos (por exemplo, o sal de lítio, entre outros mais) com efeitos tanto antimaníacos como antidepressivos.

431. Em que consiste a eventualidade de o analista proceder a uma "intervenção vincular" durante o curso de uma análise?

Essa expressão alude às situações nas quais o analista acredita que seria benéfico estabelecer uma (ou mais de uma) reunião conjunta de algum paciente seu com algum familiar significativo (ou até mesmo um grupo familiar). Uma intervenção vincular pode proporcionar uma experiência muito rica e proveitosa para pacientes ainda dependentes e que sofrem um assédio hostil por parte de quem lhes financia a análise. Além disso, especialmente, favorece bastante o analista perceber e sentir de forma mais plena o sério problema da comunicação que afeta os vínculos de seu paciente com as pessoas significativas de seu entorno. Uma eventual intervenção vincular só deve acontecer de forma esporádica, não sistemática e muito prolongada, não devendo ser confundida com uma terapia de família ou algo análogo. Também é fundamental que o analista tenha o controle da situação, não saia do seu lugar e do seu papel costumeiro e que tenha segurança de que *setting* anterior possa ser facilmente restabelecido.

432. Existe a possibilidade de o analista tomar a iniciativa de interromper a análise com um determinado paciente?

Apesar de ser uma situação pouco freqüente, não é rara a possibilidade de que o psicanalista tome a iniciativa de propor a interrupção de determinado tratamento de natureza psicanalítica. Tal acontecimento pode ser ocasionado por uma série de razões, como: 1. O paciente não demonstra a menor motivação para fazer mudanças psíquicas enquanto, ao mesmo tempo, pratica *actings* de características malignas e perigosas, para si e para outros. 2. Outra possibilidade: o paciente demonstra que gasta tempo, dinheiro (que talvez lhe faça muita falta) e esperanças, enquanto o analista percebe que não existe perspectiva de resultado analítico propriamente dito, de sorte que outro tipo de terapia, mais focal, cognitivo ou essencialmente farmacológico, possa dar os mesmos, ou melhores, resultados práticos. 3. Também existe a viabilidade de que o analista consiga reconhecer os seus limites e suas limitações diante de determinada patologia regressiva (uma grave perversão, psicose ou psicopatia, por exemplo) que desperta uma dificílima e cansativa contratransferência da qual ele não consegue se libertar e, assim, de forma honesta, com respeito pelo paciente e por si próprio, ele decide fazer um encaminhamento. 4. Outras situações com características singulares também poderiam ser descritas, de modo a que uma interrupção da análise possa ser proposta pelo analista para o paciente, em um clima de harmonia.

433. Todos pacientes são analisáveis?

Em princípio, todo e qualquer paciente pode obter algum tipo de benefício de alguma modalidade psicoterápica; no entanto, em termos de psicanálise propriamente dita, isto é, em que haja a possibilidade de um acesso ao inconsciente do paciente, de sorte a possibilitar verdadeiras mudanças da estrutura do seu psiquismo, nem todas as pessoas são analisáveis. Assim, após uma criteriosa avaliação por parte do terapeuta, melhor seria que certos pacientes que não preencham condições mínimas para uma psicanálise sejam encaminhadas para outras formas de terapias, mais condizentes com as necessidades específicas de determinado paciente. A título de exemplificação, pessoas para quem a psicanálise não está indicada são aquelas que apresentam algum tipo de degenerescência mental; pacientes que não demonstram a condição mínima de capacidade de abstração e simbolização, de modo que, pelo contrário, somente conseguem "pensar" em termos concretos; pessoas que apresentam arraigadas motivações esdrúxulas, sem a menor vontade de fazer mudanças autênticas. Por exemplo, lembro de um caso em que o paciente manifestou claramente que "só veio se analisar porque sua mulher lhe impôs que ou ele se trataria com um psicanalista ou ela pediria o divórcio" (ele pretendia que o analista concordasse com uma farsa, com o objetivo de enganar a esposa). Inúmeros outros exemplos equivalentes poderiam ser mencionados. Por outro lado, muitos tipos de paciente que, durante muito tempo, eram contra-indicados para um tratamento psicanalítico – como crianças, idosos, psicóticos, etc. –, na atualidade, são aceitos e podem demonstrar uma excelente resposta terapêutica.

Parte VIII

O CAMPO ANALÍTICO: OS VÍNCULOS ENTRE O ANALISTA E O PACIENTE

"Tomei a decisão de me analisar, mas não sei com quem, porque tenho medo de errar. Existe algum critério que possa me orientar para escolher o psicanalista 'certo' para mim? A propósito, o que é 'match'?"

Um critério absolutamente certo não existe, tendo em vista que cada paciente tem as suas características particulares, e o mesmo acontece com o psicanalista, independentemente da corrente psicanalítica que ele segue e de sua provável competência e conceito público. Assim, o mais importante é considerar o fato de que pode acontecer que determinado paciente possa evoluir mal com o terapeuta X e ir muito bem com o Y, de mesma competência. No entanto, também pode ocorrer que este segundo analista (Y), que foi tão eficaz na resolução de certos problemas do paciente (por exemplo, a sexualidade, ou a agressão, com culpas), não conseguiu alcançar êxito diante de outros transtornos (por exemplo, o narcisismo exagerado) do mesmo paciente. O oposto também pode ocorrer, isto é, outro paciente ir mal com Y e bem com X. A psicanálise contemporânea explica este fato, levando em conta que, além do – importante – aspecto transferencial que se reproduz igualmente com qualquer analista, também tem um peso significativo o *vínculo* especial, singular e único que se configura entre o paciente e o analista; vínculo este que alguns autores norte-americanos denominam como "match" (em nosso idioma costuma ser traduzido por "encontro"). Embora não exista um critério de absoluta certeza, alguns indicadores, para a escolha de quem será o analista desejado, podem ser úteis, como: uma enfática recomendação de alguma pessoa que você admira, tanto pode ser de um paciente do analista recomendado, como alguém que pertence à área "psi". Ter a absoluta convicção de que o seu provável analista se trata de pessoa séria, afável, não-preconceituosa e firme no seu trabalho. Caso tenha alguma forma de conhecer de sua "pessoa real", procure avaliar se ela pode ser exageradamente complicada. Um bom indicador é aquele que consiste em ter a sensação de que em um contato, mesmo que distante (uma palestra, por exemplo), tenha se formado uma boa sensação de *empatia*. Na hipótese de que marque e se realize uma *entrevista inicial*, o fator "empatia", junto com a sensação de que está sendo compreendido pelo analista, é especialmente importante.

435. O que é "campo analítico"?

Durante muitas décadas, o tratamento psicanalítico funcionava exclusivamente com o paciente trazendo o seu "material clínico", por meio de uma "associação de idéias" contidas em suas narrativas, enquanto ao psicanalista cabia o papel de compreender as mensagens provindas do inconsciente do paciente e, assim, formular as suas interpretações. Na atualidade, esses respectivos papéis não estão tão delimitados e estanques. Pelo contrário, analista e analisando interagem permanentemente, através de recíprocos sentimentos que acompanham as resistências e contra-resistências, as transferências e contratransferências, as várias formas de comunicação, os aspectos lógicos, mas também os intuitivos, espirituais e vinculares em geral, assim compondo um – dinâmico – campo analítico, com sucessivas transformações. Dessa forma, o exercício da psicanálise tornou-se muito mais complexo, porém bastante mais fascinante.

436. Um mesmo paciente, caso se tratasse com analistas diferentes – supondo que eles sejam de uma mesma escola e de igual competência –, obteria os mesmos resultados?

Os autores psicanalíticos estão divididos. Muitos acreditam que os resultados seriam os mesmos, baseados no argumento que a transferência do paciente se repete da mesma forma, independentemente de quem seja aquele que está no papel de psicanalista. Outro contingente de autores (entre os quais me incluo) acredita que existe um "algo mais" do que simplesmente um vínculo transferencial, de sorte que consideram que se estabelece um *match*, ou seja um "encontro" entre duas pessoas, com características peculiares de cada um, determinando uma maior ou menor empatia e um recíproco "encaixe" entre paciente e analista, fato que influiria significativamente na evolução da análise e, portanto, na obtenção dos resultados psicanalíticos. Este último aspecto tem uma comprovação em pesquisas que demonstram que um mesmo paciente pode evoluir bastante bem com certo analista na análise de determinadas características (narcisistas, por exemplo) e mal com outro de mesma competência, ou vice-versa, diante de outras características fundamentais (depressivas, por exemplo).

437. Faz diferença o paciente analisar-se com analista homem ou mulher?

As opiniões entre os psicanalistas se dividem: uns acreditam que em pacientes jovens, ou adultos, que ainda estejam em pleno processo de formação de um sentimento de identidade, a preferência na escolha do psicanalista deveria ser alguém que tenha o mesmo sexo biológico do paciente, tendo em vista o importante fato de que o terapeuta também funciona como um novo – e muito significante – modelo de identificação mais sadio, que complementaria as eventuais falhas dos modelos dos pais originais. Assim, por exemplo, a recomendação clássica para homossexuais masculinos é a de que o analista seja do sexo masculino. A minha posição particular não é exatamente esta, ou seja, levo em consideração alguns outros aspectos, como os que seguem: 1. Procuro saber (especialmente quando vou fazer um encaminhamento) se o paciente tem preferência pelo sexo biológico de quem será seu analista, ou lhe é indiferente, e respeito bastante o seu desejo. 2. Em princípio, não vejo maior diferença entre a escolha de analista homem ou mulher, baseado no fato de que, independentemente do seu sexo, todo terapeuta deve possuir uma permanente função de maternagem e de paternagem. A primeira, comumente, refere-se mais enfaticamente ao atributo de o analista (de forma análoga à função da mãe) possuir uma boa capacidade de "continente", isto é, de conter as necessidades e angústias do filho, ou do paciente na situação analítica. A função paterna, em um sentido mais restrito, alude às funções do pai que impõe limites, frustrações e determina as leis que regem o princípio da realidade. 3. Devemos levar em conta a diferença que existe entre "sexo biológico" e "gênero sexual". 4. Em relação aos pacientes homossexuais, a clássica recomendação de que o analista tenha o mesmo sexo do paciente, penso que, com o contemporâneo conhecimento que temos do desenvolvimento emocional primitivo da criança, podemos observar que a causa do homossexualismo não repousa unicamente em uma situação edípica invertida. Pelo contrário, o transtorno da identidade de gênero sexual do futuro homossexual (descontando a possibilidade de que haja um condicionamento genético) começa muito antes, nos primórdios da relação da criança pequena com a mãe. Assim, a minha experiência de ter acompanhado – em supervisão – inúmeros casos de homossexualidade masculina me autoriza a acreditar que a evolução da análise ocorre com maior êxito quando é feita com analista mulher que tenha uma boa função tanto materna quanto paterna.

438. E com analista jovem ou velho?

A primeira prioridade é a do paciente que tem todo o direito de expressar sua concordância ou não em se analisar com um analista que tem determinada idade. Por exemplo, é bastante freqüente que alguma pessoa de mais idade rejeite a idéia de ser tratada por analista bastante mais jovem, não tanto pela hipotética possibilidade de este ser menos experiente, porém muito mais por uma sensação de algum grau de sentimento de vergonha ou de fracasso pessoal. Já com adolescentes, tanto é comum que muitos deles prefiram analistas jovens (que acreditam "compreender melhor os seus problemas") como é igualmente comum que muitos outros prefiram analistas mais veteranos, como que revelando uma ânsia pela proteção e orientação de alguma figura parental forte e amiga. Mesmo que o analista já tenha uma idade um tanto avançada, se ele estiver em harmonia com o adolescente que está dentro de si, a experiência mostra que uma análise que um adolescente faça com ele pode evoluir de uma forma plenamente satisfatória.

439. A "pessoa real do analista" tem importância na evolução da análise?

Trata-se de um tema bastante controvertido que divide a opinião dos autores psicanalíticos. A maioria acredita que o importante na situação analítica é o vínculo transferencial e que este depende da projeção e do deslocamento, na pessoa do analista – seja este quem for, logo, independentemente de como é a sua pessoa real –, dos principais personagens (especialmente os pais) que habitam o interior do psiquismo do paciente. Outro contingente de psicanalistas – entre os quais me incluo – acredita que, indo além de funcionar como uma importante pantalla transferencial, a pessoa real do analista também exerce um papel fundamental no processo psicanalítico, principalmente em pacientes bastante regredidos, como portadores de estrutura psicótica, pacientes *borderline,* patologia do vazio, etc. Assim, a pessoa real do terapeuta pode exercer as seguintes funções, através do seu modelo e jeito de ser: 1. Preencher vazios afetivos e suplementar as primitivas faltas e falhas de funções do ego. 2. Como ele se porta diante da emergência de angústias. 3. O modelo de como o analista percebe os fatos e de como os pensa; seu jeito de ser verdadeiro; ser franco sem ser agressivo; seu respeito pelas diferenças e a sua coerência entre aquilo que diz, faz e o que, realmente ele é!

440. O que significa "paciente de difícil acesso" (PDA)?

Essa expressão vem sendo bastante empregada pelos psicanalistas contemporâneos, designando mais particularmente os pacientes que dificilmente concedem a si mesmos e ao analista acesso ao seu inconsciente, de modo a dificultar extremamente o objetivo maior de qualquer análise: a obtenção de mudanças verdadeiras no psiquismo. Em geral, são pacientes portadores de patologias bastante regressivas e de transtornos do narcisismo. No entanto, pode-se dizer que hoje muitos pacientes rotulados como de difícil acesso por determinado analista possam não o ser para um outro, e vice-versa. De uma mesma forma, muitos outros analisandos que parecem ser de fácil acesso, na verdade, podem estar em um estado de conluio inconsciente com o seu analista, em uma análise inócua. Em razão disso, talvez o melhor critério seja não prejulgar o paciente, mas experimentar tratá-lo dentro dos requisitos analíticos mínimos, levando em conta que a acessibilidade só poderá ser estabelecida com a própria marcha da análise e a definição de quem será o analista, no sentido de ter habilidade de ele ter paciência e continência para desfazer certas resistências e, assim, conseguir um acesso ao inconsciente do paciente.

441. Qual é o significado da expressão "fúria narcisista" do paciente?

"Fúria (ou injúria) narcisista" é um termo usado freqüentemente por analistas para designar o fato de as pessoas portadoras de algum transtorno narcisista, por mais amáveis e tranqüilas que aparentam ser em condições normais, reagirem de maneira furiosa diante de algum tipo de frustração que lhes represente uma afronta à sua ilusão de grandiosidade, um questionamento hostil à sua onipotência e uma injúria à sua auto-estima. Na prática analítica, é muito importante que o analista não se deixe intimidar diante dessa reação furiosa.

442. Os silêncios na situação analítica são indesejáveis?

Trata-se de uma situação bastante freqüente no processo analítico, que se refere tanto ao paciente exageradamente silencioso quanto a um estilo do analista, também excessivamente silencioso no curso das sessões. Cabe destacar os seguintes pontos que seguem enumerados: 1. É útil estabelecer uma diferença entre "silêncio" e "mutismo". O primeiro pode acontecer sob distintas modalidades, graus e circunstâncias, enquanto "mutismo" alude a uma forma mais prolongada e a uma determinação mais definida de o paciente manter-se silencioso na análise, às vezes de forma absoluta ou com esporádicos e lacônicos comunicados verbais. Seguem algumas causas que originam silêncio excessivo do paciente: 2. Causa simbiótica: ocorre no caso de pacientes que se julgam no pleno direito de esperar que o analista adivinhe magicamente em que ele está pensando e quais são as suas demandas não satisfeitas. 3. A sua capacidade para pensar, por alguma forma de angústia, está bloqueada. 4. Uma inibição fóbica, devido ao seu receio de decepcionar. 5. Uma forma de protesto, que geralmente acontece quando os anseios narcisistas do analisando não estão sendo gratificados. 6. Uma forma de controle sobre o analista. 7. Uma maneira de desafio narcisista em que esse paciente se julga superior ao seu analista. 8. Uma modalidade de negativismo. Uma forma de comunicação primitiva que desperta efeitos no analista, a quem cabe decodificar o que o silêncio do paciente está querendo dizer. 9. Silêncio como uma forma de expressão de um estado regressivo, como, o paciente esteja adormecido no divã, como se estivesse vivenciando a experiência de dormir sendo velado pela mamãe. 10. Silêncio elaborativo: situação em que o silêncio se constitui como um espaço e um tempo necessários para o paciente fazer reflexões e a integração de *insights* parciais para um *insight* total.

443. **O cinema mostra, com grande freqüência, os analistas escrevendo notas enquanto o paciente fala. Essa praxe é uma verdade?**

Pode acontecer, sim, que os analistas façam apontamentos daquilo que o paciente narra enquanto ele está deitado no divã, porém a freqüência em que essa praxe ocorre está muito longe de ser uma rotina, tal como o cinema insinua. Na grande maioria das vezes o analista guarda na sua memória aquilo que é mais significativo, de sorte que o esmiuçamento de detalhes se torna desnecessário. Ademais, o uso permanente deste recurso de tomar notas durante a sessão representa uma desvantagem: a atenção do analista fica dividida entre sua tarefa intelectual e aquela que é a mais importante de todas, ou seja, uma escuta espontânea, livre e inteiramente concentrada nos sentimentos que o paciente está lhe entregando.

444. **Um analista pode chorar ou rir durante uma sessão? Isso não vai contra a regra da neutralidade?**

Essa questão é bastante oportuna porque muitos analistas confundem uma atitude de necessária neutralidade – no sentido de que ele não perca o seu "lugar" na situação analítica e tampouco que se deixe "ficar envolvido" com o paciente – com um distanciamento asséptico, uma certa indiferença, quase que uma espécie de fobia de chegar afetivamente perto do analisando, de sorte que a relação analítica fica muito fria, mecânica e, não raramente, bastante intelectualizada. Os analistas contemporâneos, em sua maioria, conseguem distinguir a espontaneidade de se envolver com os sentimentos do paciente (rir, chorar, brincar, sofrer junto), sem se deixar envolver, de modo que a análise decorre em um clima de maior naturalidade e calor humano, sem representar nenhum perigo para o bom desenvolvimento do processo analítico.

445. **Na hipótese de que o analista esteja bastante preocupado com problemas pessoais seus, ele tem condições de analisar com eficácia?**

A resposta tanto pode ser positiva como negativa. Tudo depende da condição de o analista possuir, ou não, a capacidade que podemos chamar de "dissociação útil do ego", ou seja, se ele consegue dividir o seu psiquismo consciente em duas partes: o seu lado de pessoa humana normal que tem o pleno direito de ter problemas pessoais, às vezes graves, e o seu lado de um profissional que tem o dever – ético, inclusive – de corresponder às necessidades, ao custo e às expectativas que o paciente deposita nele. Caso o analista consiga fazer essa dissociação útil do seu ego, ele poderá analisar de forma normalmente eficaz; caso contrário, se ele mistura tudo, o melhor a fazer é ser honesto consigo mesmo, e não analisar nesses dias difíceis.

446. **O estilo pessoal de cada analista conduzir o processo analítico influi na evolução do tratamento?**

A profunda frase "o estilo é o homem" define bem a importância que, mais restritamente na situação analítica, o estilo da comunicação, tanto de parte das narrativas do paciente, como da atividade interpretativa do analista, representa para a evolução do processo de transformações analíticas. Os estilos variam de um analista para outro, em condições normais; no entanto, os fundamentos básicos da técnica psicanalítica devem permanecer inalteráveis. Assim, uns analistas serão mais loquazes, enquanto outros se mostrarão mais silenciosos; uns gostam de estilo lúdico, se permitindo brincar verbalmente com seu paciente, enquanto outros são mais sérios e sisudos; alguns utilizam uma precisão científica em suas interpretações, enquanto outros gostam de utilizar metáforas, etc. No entanto, existe uma possibilidade de que o analista incorra em uma patologia no seu estilo de interpretar. Assim, podemos enumerar os seguintes estilos patogênicos: 1. "Superegóico": as interpretações, disfarçadamente, estão veiculando acusações, cobranças e expectativas a serem cumpridas. 2. "Pedagógico": às vezes elas se constituem como verdadeiras "aulinhas". 3. "Doutrinária": pelo uso de uma retórica (a arte de convencer os outros) e com um possível vício de o analista querer confirmar ou demonstrar que sua interpretação é a única correta. 4. "Deslumbrador": estilo mais típico em analistas muito narcisistas que gostam de brilhar, com a conseqüência do inconveniente de que seu brilho (*lumbre*) apague (*in*) a capacidade de reflexão do paciente. 5. Estilo "pingue-pongue": o analista mantém com seu paciente um "bate-rebate", de tal sorte que não se formam espaços para silêncios, os quais muitas vezes são necessários. 6. "Intelectualizador": neste caso, o analista pode estar mais interessado em fazer interpretações brilhantes, com alto grau de sofisticação intelectual e de erudição, do que propriamente visar uma fina sintonia com as necessidades e angústias do paciente.

447. **O analista pode ser "perguntador"? E pode responder às perguntas que o paciente lhe faz?**

Existe uma grande variação na forma e no propósito com que determinadas perguntas são formuladas. Assim, na situação psicanalítica, perguntas que o analista dirige ao paciente com uma finalidade exagerada de colher dados de sua história pregressa, ou de submetê-lo a um interrogatório que lembra uma inquisição, ou ainda a insistência com perguntas que, bem no fundo, atendem muito mais à curiosidade do próprio terapeuta do que algum benefício para o paciente, no mínimo, representam ser inócuas ou contraproducentes. No entanto, são bastante úteis aquelas questões que o analista levanta para o paciente com o objetivo principal de instigá-lo a fazer reflexões, a perceber que um mesmo fato permite diferentes percepções, significações e facetas da verdade. Nessas condições, é perfeitamente louvável o estilo questionador do psicanalista.

448. Ele pode empregar metáforas?

Sem dúvida alguma. As metáforas têm a virtude de conectar o pensamento com o sentimento e com a imagem. Especialmente em algum paciente que mantenha impresso, em seu psiquismo, determinados fatos traumáticos que se processaram antes da aquisição da palavra, a angústia resultante remanesce sem nome, de sorte que o paciente não consegue descrevê-la para o analista. No lugar de o analista ficar insistindo que, com palavras, o paciente lhe esclareça esse "pavor sem nome", cabe a ele nomear esse sofrimento e, nesses casos, uma metáfora bem aplicada pode ter um efeito psicanalítico bem mais eficaz do que interpretações "profundas e completas". Recordo de uma paciente que estava em profundo estado de regressão após ter sofrido um violento trauma por parte do marido que a injuriou publicamente, ao que seguiu um abandono dele. Os familiares providenciaram um tratamento analítico, no qual ela se apresentou de forma totalmente encolhida, em posição fetal, mal escutava as interpretações do analista, não reagia minimamente a elas, enquanto repetia em voz quase inaudível que sua vida não tinha mais sentido, logo só lhe restava pensar em suicídio. A situação somente se reverteu a partir do momento em que o terapeuta lhe formulou a metáfora de que certas regressões são saudáveis, tal como acontece com alguém que para dar um pulo com o fim de conseguir passar de uma margem do precipício para a outra que é de solo firme e fértil, deve recuar bastante, para ganhar força e impulsão a fim de conseguir dar um salto que pode representar a aquisição de uma liberdade e crescimento.

449. Qual a conduta do analista diante de situações de crises que ocorrem com pacientes?

Inicialmente, convém enfatizar que a palavra "crise" adquiriu uma generalizada conotação de algo que vai muito mal e que uma espécie de tragédia é iminente. Imaginemos a crise de um casal: a hipótese de que a crise entre eles possa terminar em um término definitivo, beligerante e litigioso, é claro que existe, sim. Nesse caso, a crise representa "o início do fim". No entanto, determinada crise pode ser "o início de um novo início", ou seja, tal como sugere a etimologia da palavra "crise" (ela procede do étimo grego *crysis* que significa "separação"), às vezes, de forma sadia, é necessário que se atinja o ponto de culminância – a crise – de uma situação que, embora externamente possa aparentar uma harmonia e bem-estar, já atingiu um ponto de exaustão e necessita ser transformada. No exemplo que utilizamos, do casal em crise, é comum acontecer que unicamente com a mobilização da parte sadia de ambos, ou com o concurso de análises separadas de cada um deles, ou de uma terapia do casal, os cônjuges em crise saíam revigorados dela, com importantes modificações nele, nela, no casal e, logo, nos filhos.

450. Alianças e conluios entre paciente e analista. Isso acontece?

A psicanálise contemporânea privilegia uma atenta observação daquilo que se passa no campo analítico, isto é, na íntima relação recíproca entre analista e paciente, de sorte que permite observar com mais nitidez a mútua formação de alianças e, ou, conluios inconscientes entre ambos do par analítico. Por *aliança terapêutica* entendemos o fato – positivo – de quando determinado paciente apresente uma condição mental, tanto de forma consciente quanto inconsciente, quer na transferência positiva ou na, assim chamada, transferência negativa, o que lhe permite manter-se verdadeiramente aliado à tarefa do psicanalista. Já a expressão *conluio inconsciente* alude ao fato – negativo para a análise, se passar despercebido pelo analista – de que existe uma espécie de pacto surdo e mudo, entre analista e paciente de natureza resistencial, no sentido de ambos evitarem perceber e verbalizar determinados fatos, idéias ou sentimentos que preferem negar.

451. Quais são os principais tipos de conluio inconsciente no vínculo do par analítico?

Em linhas gerais, cabe descrever as seguintes sete formas de conluios inconscientes, que aparecem com maior freqüência, na situação analítica: 1. Uma inconsciente combinação entre paciente e analista, no sentido de evitarem a abordagem de certos assuntos difíceis para ambos. 2. Uma "recíproca fascinação narcisista", isto é, um estado de encantamento mútuo, impossibilitando a necessária análise dos aspectos agressivos do paciente. 3. Uma relação de poder sob uma forma "sadomasoquista" disfarçada, em que tanto o terapeuta quanto o paciente podem predominantemente exercer o papel de sádico ou de masoquista complacente. 4. Um conluio na manutenção de velhas-novas ilusões de que o paciente não quer abrir mão, assim comprometendo o necessário – embora doloroso – processo de trocar a fixação no ilusório princípio do prazer e ingressar no princípio da realidade. 5. Um conluio de "acomodação", ou seja, tanto o paciente como o analista estão resignados com a estagnação da análise. 6. Existe a possibilidade de um conluio "perverso" em que determinado paciente sutilmente consegue envolver e enredar o seu analista e, assim, trocar de lugar e de papéis com ele. 7. Entre as possibilidades de um conluio perverso sobressai o de natureza "erotizada", a feitura de negócios, íntimo convívio social, etc., situações essas que esterilizam qualquer análise.

452. Um analista pode aceitar presentes do paciente?

Até certa época em que era vigente uma aplicação equivocada da "regra da neutralidade", os analistas fugiam de qualquer contato com o paciente que não fosse rigorosamente o do ortodoxo ritual psicanalítico. É claro que existem muitas situações em que a oferta de presentes por parte do paciente possa estar sendo inadequada (por exemplo, um paciente em estado maníaco presentear com algo por demais valioso; ou um presente que represente uma excessiva intimidade, ou uma forma repetitiva e exagerada de presentear, etc.) e merece uma análise das razões inconscientes do paciente. Porém, na grande maioria das vezes, os presentes são dados em momentos significativos (Natal, por exemplo), de forma adequada e cujo significado adquire uma dimensão de seu crescimento mental (liberdade para gestos espontâneos, sentimento de consideração e de gratidão, por exemplo) e não há razão para o analista recusar ou se aprofundar na análise de possíveis segundas intenções inconscientes, no lugar de simplesmente agradecer ou até mesmo de se rejubilar com o gesto de seu paciente.

453. No curso da análise, é possível analista e paciente chegarem a um consenso de o paciente mudar de terapeuta?

Sim, existe esta possibilidade, quando o paciente, ou o analista, ou ambos, se derem conta que a análise está estagnada; existe um clima de beligerância ou de tédio e apatia que se prolonga excessivamente; a análise gira unicamente em torno de queixas, com difíceis sentimentos transferenciais-contratransferenciais que não se resolvem; ou se instalou uma "re(l)ação terapêutica negativa" (RTN) que já dura há mais de seis meses e o impasse persiste sem saída; ou o paciente há muito tempo falta sistematicamente a quase todas as sessões; além de situações equivalentes a essas, que merecem uma reflexão se a análise deste paciente com este analista já "não deu o que podia ter dado" e talvez caiba a possibilidade de uma mudança de psicanalista, ou de método de tratamento dentre as múltiplas possibilidades do arsenal terapêutico. O ideal é que a interrupção se processe em um clima de recíproco respeito e de concordância quanto aos direitos de cada um, sem maiores razões para eternos ressentimentos ou de delegação de culpas de um no outro, etc.

454. O que significa a terminologia "SSS", de Lacan?

Lacan criticava a técnica analítica que enfocava primordial e insistentemente as interpretações sistematicamente enfocadas na transferência, com o argumento de que, em lugar de resolver a neurose transferencial, essa técnica só faria aprofundá-la, porque o analista estaria se colocando no centro do universo do analisando. Descontando os exageros dessa afirmativa, é importante levar em conta a sua advertência de que não se estabeleça no analisando e no analista a crença de que este último é um "sujeito suposto saber" (SSS), isto é, como o nome sugere, que o analista sabe tudo que o paciente ignora e que idealiza que o analista seja perfeito. Caso o analista tenha exagerados núcleos narcisistas não percebidos por ele próprio, pode assumir este papel, assim se colocando no imaginário do analisando, oferecendo-se a ele como quem conhece a verdade e abastecendo-o com seus conhecimentos em lugar de deixá-lo descobrir e revelar a sua verdade.

455. Quais são os atributos necessários para o analista chegar a ser "suficientemente bom"?

Na psicanálise contemporânea, cada vez mais, vai se fortalecendo a crença de que para ser um bom psicanalista não basta o profissional ser provido de uma boa formação teórica e técnica, sabendo captar as mensagens inconscientes do paciente e interpretando-as corretamente. Isso é considerado pouco, até porque este mérito pode ser exercido pelo profissional de uma maneira fria e intelectualizada. Pelo contrário, cresce o consenso de que o analista também deve possuir uma série de condições emocionais mínimas necessárias que facultarão a possibilidade de que, indo além de ser um terapeuta correto, ele também seja eficaz! Os seguintes 10 atributos emocionais merecem ser destacados: 1. Uma *atitude mental* permanentemente interrogativa (não se acomodar às suas verdades prévias, de sorte a ter a mente aberta para cada situação em particular). 2. Uma *visão binocular* (não tomar uma parte como o todo; pelo contrário, abrir novos e múltiplos vértices de observação a respeito de um mesmo fato). 3. *Respeito:* etimologicamente esta palavra procede de *re* (de novo) + *spectore* (olhar), de sorte que significa a capacidade de o analista voltar a "enxergar" o ser humano que está à sua frente com outros olhos, com outras perspectivas, sem a miopia repetitiva de rótulos e papéis que desde criancinhas foram incutidos nos pacientes. 4. *Empatia* (a capacidade de se colocar no lugar do paciente). 5. *Continente* (capacidade para "conter" dentro de si, durante o tempo necessário, necessidades, desejos, demandas e angústias do seu paciente). 6. *Paciência* (não no sentido de passividade, mas, sim, como um processo ativo, de respeitar o ritmo das dificuldades do paciente). 7. *Capacidade negativa* (essa expressão não deve ser entendida no sentido de uma falha; pelo contrário, ela alude à capacidade de o analista conseguir conter os, assim chamados, sentimentos negativos, como ódio, medo, angústia, desamparo, etc., tanto os do paciente como os dele próprio). 8. *Intuição* (alude a que o terapeuta não deve se apoiar unicamente em seus órgãos dos sentidos, como a visão, audição, etc., mas também em "algo" invisível que procede de seu interior). 9. *Capacidade para sobreviver:* designa que uma condição fundamental para que o analista seja "suficientemente bom" é a de que ele sobreviva às diversas modalidades de ataques – agressivas, eróticas, depressivas e narcisistas – que muitos pacientes necessariamente vão lhe impor no curso da análise. 10. *Ser verdadeiro:* é uma condição fundamental: não se trata de o analista ter a posse de conhecimentos que ele julga serem as verdades absolutas, mas, sim, que ele seja verdadeiro consigo mesmo, de modo a poder ser verdadeiro para seu paciente. Destarte, é imprescindível que um bom analista goste e acredite em seu paciente, de verdade!

456. A importância da função de "continente" do analista: o que significa isso?

Na psicanálise contemporânea, a noção de "continente" adquire uma relevância extraordinária: ela designa a capacidade da mãe (ou do terapeuta na situação analítica) de conter as necessidades, angústias e demandas do seu bebê (ou do paciente, no caso do analista). Assim, na situação analítica cabe ao terapeuta *acolher* o seu paciente, venha ele como vier; aceitar e *conter* a carga de projeções que o paciente descarrega dentro dele; d*ecodificar* o conteúdo dessas projeções; *reconhecer* o significado e o sentido das referidas projeções que o paciente emite na mente do analista; dar um *nome* àquilo que o paciente projeta e que ainda não tem condições para definir o que sente e o que faz; *devolver* ao paciente o conteúdo daquilo que ele projetou no continente do analista, em doses parceladas, devidamente desintoxicadas e nomeadas, através da atividade interpretativa. O analista não deve confundir sua função de continente, que é um processo ativo, com o papel de "recipiente", situação em que ele serviria unicamente como depositário de evacuações mentais do paciente.

457. Existe um limite máximo de o analista suportar a soma das difíceis manifestações (fases críticas, ataques, depressão, sedução, choro aos prantos, etc.) dos sucessivos pacientes?

O ideal seria que todo psicanalista tivesse uma capacidade ilimitada de continência para conter e suportar em plenas condições tudo aquilo que vem dos pacientes. Entretanto, da mesma forma como toda mãe ou pai que realmente ama seu filho, porém há certos momentos que extrapolam sua paciência, também o analista tem um determinado limite, a partir do qual ele pode ter a sua mente invadida por sentimentos como raiva, impaciência, cansaço, tédio, impotência, desânimo, confusão, etc. Isso não invalida a possibilidade de que o analista gosta bastante, respeita seu paciente e esteja beneficiando-o de forma evidente, porém é necessário que ele se aperceba, conscientemente, dos seus difíceis sentimentos e os administre de forma adequada. Aliás, é necessário que todo analista conheça seus limites, tanto os de natureza emocional quanto os de suas capacidades físicas.

458. Um analista deve evitar ir a encontros sociais onde sabe que encontrará pacientes seus?

Durante muito tempo, em plena vigência da "regra da neutralidade", existia uma enfática recomendação para que os analistas evitassem ao máximo qualquer aproximação de natureza social. Na atualidade, são raros os analistas que levem essa recomendação ao pé da letra, mesmo porque seria ridículo fugir do paciente, seria o mesmo que considerar o analisando como um "bicho que morde". Assim, a regra de manter uma certa distância depende de vários fatores, como o tipo e grau de patologia, o tempo de duração da análise e o nível atual do vínculo analítico, o tipo do encontro social, além de um bom senso analítico, no sentido que é sensato evitar encontros sociais por demais íntimos, porém é mais do que natural compartilharem de uma situação social, ou científica, bastante abrangente, inclusive com a possibilidade de manterem uma longa conversação sobre assuntos amenos. Às vezes, certos pacientes, ou analistas, por meio de diversas racionalizações, evitam ao máximo a possibilidade de um encontro fora do formalismo das sessões, pela razão de que, a meu entender, pela persistência de alguns núcleos fóbicos.

459. Empatia é o mesmo que simpatia?

Não obstante ambas expressões conservem uma certa semelhança, do ponto de vista psicanalítico, elas designam significados bem distintos. A etimologia pode nos ajudar a entender melhor. A palavra *empatia* deriva do grego e forma-se de *em*, "dentro de" + *pathos*, "sofrimento, dor", enquanto *simpatia* deriva do prefixo *sym* (ou *sin*) que significa "ao lado de". Fica clara, assim, a importante distinção entre *empatia* (nesse caso o analista consegue se colocar na pele do paciente e, juntamente com ele, sentir as dores emocionais daquele) e a *simpatia* (em cujo caso, o analista é gentil, carinhoso, algo sedutor, agradável, etc., porém não necessariamente consegue, de fato, sentir o que seu paciente sente). Assim, existem quatro possibilidades: uma, a de que o analista seja empático sem ser simpático; a outra, a de que seja simpático, e não empático; uma terceira possibilidade, ideal, é que ele seja simpático e empático; a quarta, um desastre, nem simpático e tampouco empático.

460. Necessidade de, no ato analítico, o analista manter uma atitude de "visão bifocal" (ou binocular) em relação ao paciente. Em que consiste isso?

Muitos psicanalistas pecam por manter uma forma de percepção e de pensamento unifocal, ou seja, ele somente enxerga uma única face, embora verdadeira, de um determinado fenômeno psíquico do seu paciente, o que o leva a concordar ou a pelejar com seu analisando em torno de quem está com a razão. Na atualidade, podemos considerar essa atitude do analista como um sério erro técnico. Pelo contrário, cabe ao analista respeitar a verdade psíquica do seu paciente, por mais delirante e equivocada que esta parece ser e, a partir daí, abrir novos e possivelmente variados vértices de observação de um mesmo fato, externo e/ou interno, de uma forma bi ou multifocal. Isso visa capacitar o paciente a estabelecer confrontos e correlações entre distintos vértices, e assim capacitá-lo a passar de um ponto de vista a outro a respeito do que sucede em determinada experiência emocional. A técnica de abrir novos vértices tem uma extraordinária importância na psicanálise atual por estar baseada no fato de que, assim como a criança forma a imagem de si mesma nos moldes de como a mãe a vê, também o paciente está em grande parte influenciado pela visão que o analista tem de suas dificuldades e de suas potencialidades.

461. Um permanente "estado mental de curiosidade" (tanto do analista como do paciente) é um fator positivo ou negativo para a análise?

Inicialmente é necessário esclarecer que existem duas faces da curiosidade: uma é perniciosa porque adquire características excessivamente invasivas e intrusivas, muitas vezes fruto de uma forte inveja de alguém ou de um exagerado controle obsessiv sobre os outros. Por outro lado, também existe uma curiosidade altamente sadia ue consiste em que a criança, ou o futuro adulto – na situação analítica, o paciente ou o psicanalista –, querer conhecer o mundo, tanto o real, exterior, como o seu próprio mundo interior. Assim, quando o paciente formula perguntas diretas ao analista, este deve ter a capacidade para discriminar o quanto são perguntas que merecem ser logo esclarecidas, ou trabalhadas analiticamente, ou consideradas como evidência de crescimento da espontaneidade, consideração e criatividade de um determinado paciente seu. Em contrapartida, o analista também deve se manter alerta à possibilidade de que a sua própria curiosidade não passa de um mero desejo de conhecer a intimidade (a sexual, por exemplo), sem maior propósito psicanalítico, pelo menos para aquele momento da análise. Até pouco tempo atrás, os analistas eram pouco curiosos e interrogativos porque eram regulados pelo "princípio da certeza", enquanto na atualidade, acompanhando a cultura própria do pós-modernismo, os psicanalistas vêm adotando uma forma de perceber, pensar e conhecer, inerente ao "princípio da incerteza", o qual implica permanente curiosidade, necessária e sadia para o desenvolvimento. Trata-se de uma espécie de filosofia do analista, a ser transmitida ao paciente, se levarmos em conta a etimologia da palavra "filosofia" que designa um amor (do grego *philos*) pelas verdades (*sophos*).

462. Pode definir o seu conceito de "bússola empática" no ato analítico?

Creio que uma metáfora possa esclarecer melhor: os navegadores pioneiros na sua missão de atingir as mais distintas zonas dos diversos continentes do globo terrestre se orientavam pelos astros a fim de não se perderem nos mares e ficarem rodopiando em torno de um mesmo lugar. Quando o céu, à noite, ficava encoberto pelas nuvens, eles se perdiam, até que a descoberta da bússola veio a sanear essa dificuldade inicial e possibilitou que as viagens marítimas se processassem mais normalmente e sem maiores riscos. Da mesma forma, cada pessoa tem necessidade de navegar em seu psiquismo que, tal como o globo do mundo, também comporta distintas zonas, umas bem diferentes das outras (parte infantil e parte adulta; psicótica e não-psicótica; aspectos da personalidade frágeis convivendo com outros maduros e seguros, etc.), de sorte que cabe ao analista conseguir navegar tranqüilamente em seu próprio psiquismo e dar condições ao seu analisando a que, a partir do mapeamento e conhecimento de suas distintas zonas psíquicas, conseguir desenvolver uma espécie de bússola interna que lhe permita empatizar consigo próprio e com os demais, de sorte a poder navegar no curso da vida, com menores turbulências, instabilidade de posições e de humor, com melhor conhecimento e manejo daquilo que quer possuir e agir, levando em conta suas capacidades, seus limites, suas limitações e as inevitáveis diferenças com os outros e consigo mesmo.

463. "Capacidade negativa" do analista: isso designa aspectos negativos do analista? Em que consiste e por que é importante?

Essa expressão alude a uma das condições necessárias mínimas que o analista deve possuir para poder conter dentro de si, no curso da situação analítica, a emergência de sentimentos muito difíceis, considerados como "negativos", como a de não entend r o que está se passando com o paciente e com ele próprio, as dúvidas, incerteza e, principalmente, os angustiantes sentimentos contratransferenciais (medo, raiva, piedade, confusão, tédio, excitação, impotência, etc.) nele despertados. Assim, pode-se dizer que a capacidade "negativa" do analista é altamente "positiva" para o êxito da análise.

464. O que significa "capacidade de sobrevivência" do analista?

Normalmente, no curso de uma análise, em determinados momentos ou períodos, o analista é alvo de uma série de ataques por parte do paciente, ataques estes que variam bastante de um paciente para outro, podendo assumir a forma de agressão verbal (a agressão física, em hipótese alguma deve ser tolerada pelo analista), atuações malignas, mentiras, ataques invejosos, períodos de "reação terapêutica negativa", regressão a níveis psicóticos, etc. Um analista não suficientemente bem preparado pode entrar em estado de medo, ou algo equivalente, de sorte a tomar medidas inadequadas, como a de prescrever um excessivo uso medicamentoso contraproducente, que visa mais a acalmar a si próprio, ou a romper com os parâmetros do *setting* estabelecido, ou ainda desistir e remeter para outro colega, ou ainda, a apelar para uma desnecessária hospitalização, etc. É bastante provável que um analista que tenha uma boa "capacidade de sobrevivência" diante de tempestades emocionais faça uma "limonada dos limões azedos", ou seja, ele vai perceber que o tumulto emocional de seu paciente provavelmente possa estar reproduzindo antigas situações similares, que estão sendo encenadas no ato analítico, à espera que, diferentemente dos pais originais, o analista entenda, decodifique e ressignifique os antigos traumas, e, sobretudo, que sobreviva aos ataques. Essa última condição é fundamental, visto que o paciente vai sentir que ele não é tão perigoso quanto, desde criança, pensava que era, e também que as pessoas significativas de sua vida não são tão frágeis como ele imaginava que fossem.

465. Winnicott empregava a sua técnica do "jogo do rabisco". Qual é o significado disso? O que quer dizer "rabisco verbal"?

O célebre psicanalista britânico D. Winnicott introduziu o "jogo dos rabiscos" (*squiggle game*, em inglês) no seu atendimento a crianças. O jogo começava com um rabisco feito por Winnicott sobre um pedaço de papel em branco. A criança era estimulada, a partir desse rabisco inicial, a fazer o seu. Seguia-se novo traço do terapeuta e assim sucessivamente. Assim, era muito comum que daí resultasse a feitura de distintos desenhos, de modo que, no curso de uma sessão, a dupla produzia uma média de 30 desenhos, que Winnicott considerava uma importante forma de linguagem gráfica, não-verbal, equivalente ao valor que os sonhos representam como uma via de acesso ao inconsciente. Na psicanálise contemporânea, o jogo do rabisco adquiriu um significado muito especial, porquanto traduz o modelo de como deve decorrer uma análise vincular, ou seja, a recíproca influência que se processa continuamente entre analista e analisando, em um verdadeiro "jogo de rabisco verbal".

466. Quais são as características de um "bom paciente para análise"?

Um "bom paciente" não deve ser aquilatado por demonstrações unicamente exteriores, como o fato de ele nunca faltar ou atrasar, pagar bem e pontualmente, ser simpático e agradável, não ter uma patologia regressiva, não criar casos ou impasses, nem agredir verbalmente, ou evidenciar sentimentos de ingratidão e, tampouco, praticar atuações, às vezes preocupantes, etc. Antes disto, um "bom paciente para a análise" deve levar em conta, sobretudo, o seu grau de motivação para fazer verdadeiras mudanças psíquicas, sua garra e dedicação à difícil tarefa de dar acesso às zonas ocultas de seu inconsciente, a sua capacidade de adquirir *insights* afetivos e reflexivos (os que são unicamente intelectivos, de nada adiantam), de sorte a fazer elaborações que o conduzam à "posição depressiva", com uma necessária coragem para renunciar a suas habituais defesas neuróticas (ou narcisistas, psicóticas, perversas, etc.) e de fazer autênticas transformações em sua personalidade, que se reflitam na sua conduta no cotidiano de sua vida de relações.

567. Um analista sério e que não transige com as inverdades é o mesmo que ser "verdadeiro"?

Não necessariamente. Pode acontecer que se trate de um analista com uma excessiva estrutura de características obsessivas, de sorte que, embora seja uma pessoa séria, ele pode estar preso em suas próprias defesas obsessivas, as quais, então, funcionam como uma verdadeira "camisa-de-força" que limitam sua visão, flexibilidade e adquirem uma configuração de rigidez, intolerância, quando não de totalitarismo (é diferente de ter autoridade). Nesse caso, extremado, ele não é propriamente uma pessoa "verdadeira" visto que orbita unicamente em torno de "suas" verdades e pode ficar cego e intransigente para outro tipo de verdades, inclusive as que partem dos seus pacientes. Diferentemente disto, ser verdadeiro implica a condição de ter atingido uma liberdade interna, para poder discriminar e ser coerente com os demais e consigo próprio.

468. O que significa "intuição" do analista? Ele deve usá-la na situação analítica? Tem algo de místico nisso?

Na concepção psicanalítica, o termo "intuição" não tem nada de transcendental, ou de místico, como muitas vezes se pensa. Antes, alude a um estado mental em que o analista não esteja utilizando somente os órgãos dos sentidos (principalmente a visão e audição), e a sua função intelectual, para captar algo importante da esfera afetiva do paciente. Trata-se de uma espécie de terceiro olho ou de um terceiro ouvido que permite ao analista entrar em contato com o interior do seu psiquismo e de sua espiritualidade de sorte a sentir coisas e sentimentos que não são palpáveis unicamente pelos sentidos conscientes. Intuição e empatia se complementam na construção de um forte vínculo com o paciente, sendo que a primeira se refere mais ao plano cognitivo, enquanto a empatia diz respeito mais especificamente ao plano afetivo.

469. É contraproducente um analista querer fazer uso de sua memória durante o ato analítico?

Uma expressão do renomado psicanalista britânico Bion, que recomendava que no ato analítico o estado mental do analista deve ser o de estar "sem desejo, memória e ânsia de compreensão" causou grande confusão entre os terapeutas, devido um equívoco de compreensão do significado desta assertiva. Na verdade, Bion queria enfatizar que o analista deve ter a cautela de não deixar que sua mente esteja *saturada*, isto é, impregnada de memórias e desejos, a tal ponto que isso possa prejudicar a necessidade de deixar sua mente aberta para fatos novos e permitir que a sua intuição possa emergir com maior liberdade. Assim, podemos afirmar que existem dois tipos de memórias, tanto na pessoa do paciente como na do analista: uma é prejudicial porque invade e apaga a espontaneidade da mente; a outra forma de memória é aquela que brota espontaneamente em determinado momento do curso da evolução da sessão, em cujo caso pode representar um aspecto enriquecedor à análise do inconsciente.

470. **Representa uma desvantagem o fato de que, na situação analítica, o psicanalista esteja com a mente ocupada com algum tipo de desejo?**

Inicialmente, é útil frisar que é impossível que todo e qualquer analista atinja um estado de absoluta neutralidade em relação ao seu paciente. Em segundo lugar, caso isso acontecesse, creio que seria uma desvantagem, porque um bom psicanalista não é um robô; antes, ele é um ser humano, logo possui desejos, sim, como o de que o seu paciente melhore; que ele tenha obtido êxito em uma empreitada importante e coisas afins. Da mesma forma como se passa quando a sua mente está ocupada com memórias de surgimento espontâneo, também os desejos do terapeuta somente serão desvantajosos para a eficácia da sessão analítica, na hipótese de que esses desejos estejam saturando a sua mente, assim danificando uma necessária isenção e capacidade de discriminação diante de seus analisandos.

471. **Os medicamentos são verdadeiramente úteis no tratamento dos transtornos mentais? Em caso positivo, podem ser usados no transcurso de uma análise, e a quem cabe medicar?**

Sim, a moderna psicofarmacologia psiquiátrica tem uma forte fundamentação científica, resultante de notáveis avanços na área das neurociências. Assim, descontando o fato de que existe um evidente abuso na prescrição e na utilização de medicação que em muitos casos poderia ser perfeitamente dispensada, não resta dúvida de que os medicamentos, como antipsicóticos; antidepressivos; estabilizadores do humor; contra a doença do pânico, contra o transtorno de déficit de atenção e hiperatividade, dentre outros mais, comprovadamente, na maioria das vezes, promovem excelentes resultados clínicos. Quanto à possibilidade de a medicação poder ser utilizada no transcurso de uma análise, na atualidade, somente uma minoria de analistas se manifesta contra, argumentando que os medicamentos podem embotar a ansiedade e, sem a presença desta, a análise do inconsciente ficaria bastante prejudicada. Entretanto, uma expressiva maioria de psicanalistas não vê inconvenientes no uso concomitante de medicação, de modo que eu próprio, a partir de uma longa prática clínica, posso atestar que, sempre que a medicação for adequadamente prescrita pelo psiquiatra – na grande maioria das vezes, o psicanalista encaminha o seu analisando para ser avaliado e acompanhado medicamentosamente por um psiquiatra de sua confiança –, o curso da análise, além de não sofrer o menor prejuízo, ainda ganha em eficácia.

472. Qual o significado da expressão "aprender com a experiência"?

As experiências emocionais, as boas e as más, de alguma forma e em algum grau de intensidade, acompanham todo e qualquer ser humano ao longo de toda a sua vida. O que, de fato, diferencia o crescimento psíquico de cada pessoa é o melhor, ou o pior, ou um nulo aproveitamento de tirar um aproveitamento das múltiplas e variadas experiências pelas quais todos passamos, principalmente daquelas que foram frustrantes. Extrair um aprendizado com as experiências implica a capacidade de o sujeito conseguir refletir, isto é, que consiga ser verdadeiro consigo mesmo, de sorte a poder pensar na possibilidade de que ele tenha o seu quinhão de responsabilidade em determinada situação frustrante e o que ele pode mudar para que os fracassos, às vezes repetitivos, não se perpetuem. É fácil e cômodo (porém não possibilita mudanças verdadeiras) acharmos culpados pelas nossas desventuras repetitivas – basta acharmos que a culpa provém de outras pessoas, ou circunstâncias exteriores a nós (isso corresponde ao que a psicanálise denomina "posição esquizoparanóide"). Um caminho bem mais difícil, porém que possibilita fazer mudanças profundas e positivas na nossa estrutura psicológica, consiste em entrar em uma "posição depressiva", ou seja, pensarmos, assumirmos a responsabilidade de nossa participação e, principalmente, tirarmos uma aprendizagem daquilo que de frustrante aconteceu. Um exemplo banal, de tão freqüente que é, consiste nas pessoas que se separam do cônjuge, depois conseguem um novo amor, porém após um início de felicidade, muito cedo descobrem que o(a) novo(a) companheiro(a) é "igualzinho (a) ao anterior" e que tudo se repete da mesma forma. Outras pessoas, no entanto, que aprenderam com as experiências doentias podem refazer a sua vida amorosa em condições bastante mais saudáveis do que a fracassada relação conjugal anterior.

473. O que fazer diante de um "estado confusional" do paciente?

Geralmente um estado de confusão deixa o terapeuta e familiares bastante assustados. Cabe fazer uma distinção entre duas possibilidades: 1. De fato, existe uma possibilidade de que um estado mental confuso possa estar indicando a presença de uma parte psicótica da personalidade (principalmente quando a confusão se mantém por um tempo prolongado), ou algum transtorno neurológico, ou, ainda, que possa estar indicando algum estado de degenerescência, principalmente quando se tratar de pessoa idosa. 2. Uma segunda possibilidade, principalmente no transcurso de um tratamento psicanalítico, é que o surgimento de um estado mental de confusão possa estar significando que o paciente esteja atravessando um período bastante difícil, com forte sofrimento, porém bastante positivo e promissor de importantes mudanças. Nesses casos, a confusão se deve ao fato de que uma parte do psiquismo do paciente ainda está presa aos seus habituais cacoetes neuróticos, enquanto outra parte dele está absorvendo novos valores que contestam os anteriores, de sorte que no interior de seu psiquismo esteja se travando uma batalha entre o mundo das ilusões neuróticas (por exemplo, é extremamente doloroso para uma pessoa exageradamente narcisista renunciar às suas ilusões de crer que ela é aquilo que, de fato, não é!) e o mundo da realidade, em que ele possa dar livre passagem às suas reais capacidades que estavam latentes.

474. **Ouvir é o mesmo que "escutar"? Olhar é o mesmo que "enxergar, ver"? Falar é o mesmo que "dizer"?**

Essas questões oportunizam que se estabeleça uma importante diferença: ouvir, olhar e falar são funções fisiológicas que exercemos naturalmente e de forma automática. Entretanto, "escutar" significa que existe um verdadeiro interesse do interlocutor em apreender e valorizar aquilo que o outro esteja comunicando. Da mesma forma, a função de olhar (vem do órgão "olho") pode ser um ato inexpressivo, diferentemente de quem "enxerga", de alguém que "vê" algo que está nas entrelinhas, observa pequenas nuances faciais naquele que está falando, de sorte a "enxergar" muito do que está oculto, às vezes, em uma dimensão espiritual, muito além da meramente sensorial. Igualmente, no campo da comunicação verbal, é bastante freqüente a possibilidade de que uma pessoa (um analisando, por exemplo) possa falar muito e nada, ou muito pouco, "dizer"; enquanto há outros pacientes (ou analistas) que pouco falam (às vezes até estão em estado de silêncio), mas que "dizem" muito.

475. **No processo psicanalítico, cabe a inclusão de uma "análise do consciente"?**

A literatura psicanalítica, só excepcionalmente e de forma muito passageira, emprega a terminologia "análise do consciente" e, tampouco, ela dedica uma maior atenção aos aspectos conscientes que devem ser analisados no seu paciente, fato que, creio, seja devido a uma enorme supremacia que os psicanalistas devotam ao inconsciente. Não obstante, particularmente, creio que a abordagem e a análise dos atos conscientes são de relevante importância no processo analítico. Assim, embora seja incontestável que sempre existe alguma influência do inconsciente na esfera do inconsciente, também não deve restar dúvidas de que todo analisando (vale o mesmo para o analista e para qualquer outra pessoa) deve desenvolver a sua capacidade de assumir o seu quinhão de responsabilidade consciente por tudo aquilo que ele diz e faz. Da mesma forma, ele necessita conhecer e administrar de forma assumida o uso que ele faz de suas funções do ego consciente – percepção, pensamento, conhecimento, juízo crítico, ação motora, impulsividade, intenções, etc. –, além da importância de ele ter plena consciência do conhecimento de seus limites, limitações e suas diferenças com os demais. Igualmente importante é que o sujeito construa um próprio código de ética e de valores conscientes, principalmente na sua tomada de decisões. É bastante freqüente que, na situação analítica, diante de uma revelação surpreendente o paciente exclame: "Só se isso for inconsciente", ao que o analista deve contrapor a indagação "E a quem pertence o seu inconsciente?", com o propósito de instigar o paciente a refletir sobre sua responsabilidade e, principalmente, com o fim de desenvolver a capacidade de o analisando manter um diálogo entre o seu consciente e o inconsciente.

476. **Impasse psicanalítico: o que é e como proceder diante dele?**

A palavra "impasse" deriva do idioma francês ("sem passagem") e, na situação psicanalítica, significa "beco sem saída", isto é, uma situação duradoura (impasses de curta duração são inevitáveis em qualquer análise) no curso da análise em que esta fica estagnada, dando voltas em torno do mesmo lugar e nada de mais acontece, nem de bom, nem de mau. Comumente o impasse se manifesta por uma sensação de "paralisação", em que o paciente não sabe mais o que dizer, e o analista sente-se manietado em uma desconfortável sensação contratransferencial de impotência e paralisia, enquanto no par analítico vai crescendo um sentimento de esterilidade. Os impasses devem ser compreendidos em três dimensões possíveis: os que procedem unicamente do paciente, os que derivam unicamente do analista e os que se formam a partir de ambos, resultantes de conluios resistenciais inconscientes e que, por isso mesmo, cronificam em uma estagnação, que constitui uma das formas de impasse.

477. Um analista pode tratar um paciente que tem valores morais e ideológicos completamente opostos aos dele?

Na hipótese de que o analista esteja seguro de que ele consiga manter uma suficiente neutralidade a ponto de não misturar a sua função específica de analisar com o máximo de isenção possível, não existe problema algum em que a análise possa se processar normalmente. Caso contrário, isto é, em que o terapeuta toma as dores e fica indignado diante de um ataque do paciente (por exemplo, um analista judeu sofrendo pesados insultos de um paciente anti-semita; posições políticas ou religiosas radicalmente contrárias, etc.), o mais indicado é que o terapeuta seja honesto consigo próprio no reconhecimento de seus limites e tome a decisão de remeter o paciente para outro colega, condição muito melhor do que ele tentar analisar em condições desfavoráveis, contendo a sua indignação.

478. Existe a possibilidade de o analista beneficiar-se, pessoalmente, através da análise com seu paciente?

Sem dúvida! Um bom analista – portanto despojado da sua crença de que tudo sabe e não tem mais o que aprender, muito menos com os seus pacientes – diante de seu analisando manterá um estado mental de curiosidade por aquilo que ele não conhece, no paciente e em si próprio; a sua escuta daquilo que o paciente lhe comunica, de forma verbal ou não-verbal, será de uma respeitosa atenção e valorização. Esse tipo de "escuta psicanalítica" possibilitará a aquisição de três ganhos fundamentais: o primeiro consiste no desenvolvimento de uma capacidade de empatia com o paciente; o segundo é o de vir a aprender bastante com os conhecimentos e a experiência que cada paciente tem na sua respectiva área de atividade e de valores culturais, religiosos, etc.; o terceiro benefício que o analista pode obter de seu paciente resulta de que o contato íntimo com os conflitos do analisando, com os respectivos sentimentos contratransferenciais que nele foram despertados, representa um estímulo para o prosseguimento da sua, indispensável e permanente, "auto-análise", logo, de um continuado crescimento em direção à formação de um estado de sabedoria.

479. **Por outro lado, os problemas do paciente podem perturbar a vida privada do analista?**

O ideal seria que os problemas do paciente não perturbassem a vida privada do analista, desde que fique claro que "não perturbar" não é a mesma coisa que "ficar indiferente". Assim, um psicanalista deve possuir condições de discriminar duas possíveis situações: uma, a de quando os momentos difíceis do paciente – que esteja atravessando alguma crise vital ou algum outro tipo de sofrimento psíquico – são inerentes à vida em geral e à situação analítica em particular. A segunda possibilidade é a de que, em outros momentos, possam existir sérios riscos, por exemplo um manifesto risco de suicídio, alguma atuação de características malignas e de possibilidade de resultados graves, a eclosão de um surto psicótico e coisas do gênero. No primeiro caso, não há razão para o analista ficar perturbado, sempre que tenha a convicção de que ele mantém uma confiança nele e nos seus pacientes, mesmo em situações algo críticas, visto que ele deve "se envolver" afetivamente com seus analisandos, porém nunca "ficar envolvido". Na segunda hipótese aventada, está justificado que o analista se perturbe com a gravidade da situação, para que ele tome as necessárias medidas, às vezes drásticas, que determinado caso imponha.

480. **Um mesmo paciente pode se analisar simultaneamente com dois analistas?**

Fazer tratamento psicanalítico individual, simultaneamente com dois analistas, é inviável até por razões óbvias. Não obstante, existem algumas variantes que são possíveis. Por exemplo: no curso de uma análise individual, o terapeuta pode entender que seja útil que o seu paciente e respectivo cônjuge, paralelamente, se submetam a uma "terapia psicanalítica de casal", com outro analista. Outra possibilidade, que alguns terapeutas praticam, consiste em manter determinada análise individual e, partindo da convicção que esse paciente possa se beneficiar com a complementação de uma terapia analítica grupal, o analista o encaminha para uma análise de grupo, na maioria das vezes consigo próprio e, bem mais raramente, com um outro analista.

481. **O analista pode tomar a decisão de interromper uma análise contra a vontade do paciente?**

O conceito de "interrupção" de uma análise é diferente de quando o paciente e o analista concordam em finalizar uma análise que, não obstante, ambos saibam que ela não restou suficientemente completa, dá claras evidências de que o paciente, no tratamento psicanalítico, atingiu uma expressiva obtenção de benefícios terapêuticos e resultados analíticos, de modo que, por razões distintas, eles decidem terminar, com a possibilidade, ou não, de a análise ser retomada em outra etapa da vida. Por sua vez, uma "interrupção" significa que houve uma desistência de continuar, quer por iniciativa do paciente (é a situação mais comum), do analista (é um fato bem mais raro), ou de ambos. Quando a decisão de interromper a análise parte do analista, contra o desejo do paciente, as razões determinantes geralmente são situações como as de uma total desmotivação do paciente para fazer mudanças, ou fortes e obstrutivas resistências por meio de permanentes, prolongadas e sistemáticas faltas às sessões; ou a clara evidência de que se impõe a necessidade de outra forma de tratamento (psiquiátrico, por exemplo, ou a modalidade cognitivo-comportamental, etc.) no lugar de uma psicanálise; ou a um sério impasse psicanalítico por demais prolongado; ou mercê de uma contratransferência insuportável e paralisante que induz o analista a encaminhar o paciente para outro psicanalista.

482. Quem decide a finalização da análise?

A experiência da prática psicanalítica ensina que, decorridos alguns anos, de forma algo concomitante, tanto paciente quanto o analista vão "sentindo" (no sentido de um *feeling*) que a análise está chegando ao seu término, não tanto pela falta de assuntos, ou de certas manifestações cotidianas que permitiriam uma análise, porém muito mais pelo fato de que o próprio paciente demonstra que ele próprio introjetou a "função psicanalítica da personalidade", que faculta que esteja se "auto-analisando" e, assim, administrando seus possíveis conflitos. Pode acontecer que certos pacientes queiram antecipar o término da análise, e então cabe ao analista trabalhar com a hipótese de que as mudanças analíticas ainda possam estar por demais instáveis, assim como deve ser feita uma espécie de "balanço" para que o analisando possa discriminar quais as lacunas ou restos neuróticos ainda persistem. Também costuma acontecer a possibilidade contrária, isto é, o término da análise fique por demais retardado, ou por insistência do paciente, ou por razões provindas do analista, ou porque ambos estejam partilhando um "conluio de acomodação".

483. Afinal, uma análise é terminável ou interminável?

Do ponto de vista formal, um tratamento psicanalítico é *terminável* sempre que ele atinja seus objetivos fundamentais que se traduzam por significativas transformações no psiquismo interior do paciente, logo, de sua vida exterior no que se refere principalmente à sua harmônica participação familiar, profissional e social, com a aquisição de uma exitosa capacidade de liberdade, espontaneidade, criatividade e para a curtição de prazeres e lazeres. Do ponto de vista informal, uma análise bem-sucedida é *interminável*, visto que o paciente adquiriu a condição de manter um diálogo entre as diversas regiões psíquicas dentro dele mesmo, de sorte a poder perpetuar uma função autoanalítica. Assim, cabe traçar um paradoxo: a análise fica terminável quando ela se torna "in-terminável" (aqui, o prefixo "*in*" não tem o significado de negação, mas, sim, o de "dentro de"; ou seja, refere que houve uma "in"-ternalização da função psicanalítica, provinda do psicanalista).

484. O que significa a expressão referente à aquisição, por parte do paciente, de uma capacidade de "função psicanalítica da personalidade"?

Eminentes psicanalistas, como Freud e Bion, destacaram que existe uma disposição inata no ser humano de querer conhecer as verdades, mercê de uma curiosidade que se manifesta desde a condição de bebê. Essa pulsão epistemológica, isto é, a busca do conhecimento, freqüentemente fica desvirtuada no curso do desenvolvimento de qualquer pessoa. Assim, os psicanalistas valorizam a tarefa analítica de o paciente – através da introjeção do modelo de seu analista – vir a resgatar essa importante função de ter amor aos conhecimentos e às verdades, as externas e as internas, por mais penosas que elas possam ser. Em suma, a *função psicanalítica da personalidade* designa uma atitude mental profunda em busca da verdade e do conhecimento de si mesmo, e é a única que permite uma continuidade progressiva da função auto-analítica.

485. Após o término da análise, analista e paciente podem ficar amigos mais próximos?

Analista e paciente devem ficar sempre como "pessoas amigas", tanto durante a análise como após o seu término. Quanto à possibilidade de ficarem "amiguinhos", ou seja, amigos mais íntimos partilhando confidências, encontros e programas sociais e familiares, essa eventualidade só deve acontecer quando o tratamento já findou e existe em ambos uma clara convicção de que, em uma hipótese de que o paciente necessite retomar um tratamento analítico consistente, nunca mais será com o mesmo analista, agora seu amigo muito próximo.

486. Um analista pode ser legalmente punido por ter cometido um "erro médico" ou "ético"?

Em nosso país trata-se de uma situação bastante incomum. No entanto, elas existem. Recentemente, acompanhei em supervisão o caso de uma analista que estava sendo processada por um ex-paciente sob a denúncia de que a terapeuta o teria induzido a comprar um apartamento (ele chegou à conclusão posterior de que teria sido "roubado" porque foi um péssimo negócio) de uma imobiliária da qual o marido dela seria um provável sócio. O processo adquiriu um alto grau de complexidade porque, em casos como este, existe uma enorme quantidade de variáveis, especialmente as que dizem respeito a razões inconscientes do paciente (ou, às vezes, do analista) com possíveis distorções São conhecidos muitos relatos provindos de outros centros que relatam processos judiciais que determinados pacientes movem contra seus analistas. Por exemplo, uma divulgação recente noticiava que um paciente exigia uma alta indenização do seu ex-analista, baseado na denúncia de danos morais, psicológicos e físicos, visto que, segundo ele, por muitos anos ele se tratara analiticamente para uma depressão grave, chegou a ter sérias idéias suicidas e pouco resolveu e o psicanalista nunca propusera o uso de medicação. Alguns anos após, ainda segundo este mesmo paciente, ele passou por situação depressiva similar, fez tratamento com antidepressivos prescritos por um psiquiatra e obteve uma cura em tempo breve, de sorte que ele e seu advogado concluíram que houve, por parte do seu ex-psicanalista, o crime de negligência com a sua saúde. Se os processos contra analistas são relativamente escassos, o contrário acontece com os psiquiatras que, em países como os Estados Unidos, por exemplo, estão sujeitos a serem denunciados por crimes como os de assédio sexual e, muito principalmente, pelos familiares de pacientes internados em clínicas psiquiátricas, em situações em que tenha havido suicídios, fato que, muitas vezes, representa pesadas penas ao psiquiatra.

487. **Em que consiste e qual é a importância da contemporânea "psicanálise vincular"?**

A psicanálise contemporânea inclina-se cada vez mais para o paradigma da vincularidade, isto é, para o fato de que o processo psicanalítico consiste sempre em uma interação entre analisando e analista, a partir dos "vínculos" que se estabelecem entre ambos e que constituem o campo analítico. Esse aspecto representa uma sensível transformação na prática da análise, porquanto a tônica deixa de ser a clássica fórmula em que o papel do paciente se limitava a trazer o seu "material clínico", e o papel do analista consistia em saber decodificar e interpretar. Pelo contrário, na psicanálise vincular analista e paciente estão em uma permanente interação emocional, em que ambos se influenciam reciprocamente.

488. **Qual é o significado psicanalítico das expressões "vínculo" e "configurações vinculares"?**

O conceito de "vínculo" refere-se a uma estrutura relacional-emocional entre duas ou mais pessoas, ou entre duas ou mais partes de uma mesma pessoa. Assim, os vínculos podem ser intrapessoais, interpessoais ou transpessoais. 1. Os intrapessoais aludem aos vínculos que ligam as funções dentro do psiquismo de qualquer sujeito, como é o caso, por exemplo, da maneira como se articulam os sentimentos com os pensamentos; ou a parte infantil que cada pessoa ainda tem, com a parte adulta dela própria, e assim por diante. 2. Os vínculos interpessoais, tal como designa o prefixo "inter", define uma ligação do sujeito com as demais pessoas e coisas do mundo exterior, com quem convive. 3. A denominação de vínculos transpessoais refere-se a uma vinculação de natureza mais abstrata, como seria o caso uma dimensão de natureza artística, ou religiosa-mística, ou também uma relação distante, como pode ser a situação de duas nações em litígio, etc. A conceituação de "vínculo" necessariamente requer as seguintes características: 4. Os vínculos são "imanentes", isto é, são inatos, existem sempre como essenciais em um dado indivíduo e são inseparáveis dele. 5. Os elos da vinculação são sempre de natureza emocional e relacional. 6. Comportam-se como uma estrutura, ou seja, são vários elementos em combinações variáveis, onde a mudança de um deles certamente influirá no conjunto todo. 7. São polissêmicos, isto é, permitem vários (poli) significados (semos). 8. São potencialmente transformáveis. 9. Cada tipo de vínculo (os de amor, ódio, conhecimento e reconhecimento) está intimamente conectado com os demais e eles são inseparáveis.

Em relação ao termo "configuração vincular", cabe fazer uma metáfora com o campo da música: as sete notas musicais simples isoladamente, não dizem praticamente nada; no entanto as diversas formas de vinculações entre elas podem produzir desde simples acordes até a possibilidade máxima de uma composição de alta complexidade e beleza. De forma análoga, conforme for o tipo de combinação entre os vínculos emocionais, com as variáveis de tonalidade de cada um deles (na analogia com o campo musical, corresponde às variações de cada nota elementar, como pode ser um "dó" maior, menor, bemol, sustenido, etc.), vão se formando distintos arranjos e configurações. Por exemplo: o sentimento de amor, de acordo com os componentes de ódio que estão a ele associados, pode determinar uma forma sadia ou patológica na forma de o sujeito amar e de ser amado, de tal maneira que para determinada pessoa, como no exemplo acima, o referido "amor", impregnado de ódio, tem uma alta probabilidade de adquirir uma *configuração vincular* de natureza sadomasoquista.

489. Quais são os tipos de vínculos?

Durante muitas décadas, todos os psicanalistas basearam seus esquemas referenciais virtualmente em torno de dois vínculos, o do *amor* (o mais enfatizado por Freud) e o do *ódio* (o eixo das concepções de M. Klein). Coube a Bion propor uma terceira natureza do vínculo, a do "conhecimento", diretamente ligado à aceitação, ou não, das "verdades", particularmente as penosas. Particularmente, venho propondo um quarto tipo de vínculo, o do "reconhecimento" que julgo bastante importante, partindo da convicção que, de uma forma ou de outra, durante o percurso de toda a nossa vida, todo ser humano tem uma necessidade vital de ser reconhecido. Cada um desses quatro vínculos, conforme a sua quantidade, qualidade e configuração que assume, pode representar uma característica positiva ou negativa. Por exemplo, o sentimento do amor, lindo em sua essência original, caso seja por demais excessivo pode se transformar em um, negativo, amor asfixiante, etc.

490. O que significa "vínculo do amor" do ponto de vista psicanalítico?

O sentimento de amor, o mais cantado e decantado em todas as épocas, tem sido estudado maciçamente dentro e fora da psicanálise, sob todos os ângulos, dimensões e inúmeros vértices de entendimento e sentimentos possíveis, como poético, artístico, literário, religioso e, naturalmente, também o viés psicanalítico. No campo da psicanálise, a qualidade do amor sempre está ligada a algum tipo de arranjo entre as pulsões de "vida" (Eros) e de "morte" (Tânatos), de que podem resultar as diversas formas de o sujeito amar e ser amado. Freud estudou o sentimento amoroso em diversos trabalhos, em que destacou não só do ponto de vista do conflito edipiano da sexualidade – que está contido nessa sua afirmativa de que "muitos homens não podem desejar a mulher que amam nem amar aquelas que desejam" – como também se aprofundou nas raízes narcisistas do amor, tal como ele destacou no amor homossexual. Além disso, Freud também enfatizou o destino das pulsões sexuais que, sempre fundidas em algum grau com as pulsões agressivas, podem com freqüência se transformar em ódio ou mesclar-se de forma ambivalente com o ódio.

491. Pode especificar as formas normais e patológicas de amar e de ser amado?

Creio que na situação analítica não basta o paciente referir que "ama fulano"; compete ao analista discriminar junto com o paciente se é o caso de um amor suficientemente maduro e sadio, ou se o vínculo amoroso adquiriu uma configuração patológica. Assim, de forma esquemática, cabe apontar as seguintes modalidades de amar: 1. Amor *normal e sadio*, o qual é tecido com doses de ternura, sexo, companheirismo, respeito recíproco, solidariedade nos bons e nos maus momentos, construção de projetos comuns, etc. 2. Amor *paixão,* tanto a que se refere ao belo sentimento que surge espontaneamente, como é regra nos adolescentes, e que pode representar o prelúdio de um amor sadio, como também existe a face patológica da paixão, cega e burra, em cujo nome muitas besteiras são cometidas, crimes inclusive. 3. Amor *simbiótico,* no qual prevalece um apego excessivo, sufocante e absorvedor, sem que haja a possibilidade de cada um do casal ter um espaço exclusivo, além daquele que naturalmente compartilham. 4. Amor caracterizado por um *controle tirânico,* de natureza excessivamente obsessiva ou paranóide, em que um deles, ou em um movimento recíproco entre ambos, controla os mínimos passos do outro, assim mantendo uma possessividade, às vezes por meio de um ciúme doentio, que eles confundem como sendo amor. 5. Amor *sadomasoquista* que, em algum grau, talvez seja o mais freqüente de todos. O sadismo de um se complementa com o masoquismo do outro (às vezes, os papéis se invertem), de modo que, entre tapas e beijos, não conseguem viver juntos e, tampouco, separados. 6. Amor *narcisista,* que consiste no fato de que um deles assume o papel de "todo-poderoso", enquanto o outro do casal, por meio de uma intensa idealização do parceiro, se satisfaz ganhando um brilho na sombra daquele que é o idealizado. 7. Amor *tantalizante,* cujo nome alude ao "mito de Tântalo", ou seja, um do par amoroso está fadado a, tal como foi com o personagem mitológico, passar uma "eterna fome e sede", afetiva, no caso desse tipo de amor.

492. Por que existem "mulheres que amam demais"?

Apesar de essa expressão estar bastante popularizada e ter sido objeto de novelas, ensaios, crônicas, livros, etc., eu me permito fazer três correções: 1. Essa patologia não é exclusiva das mulheres; ela também aparece com bastante freqüência em homens. 2. A expressão mais correta deveria ser a de *pessoas que amam erradamente demais.* 3. "Amam" deveria vir entre aspas, pelo fato de que, nesses casos, o advérbio "demais" indica que provavelmente estamos no campo da psicopatologia, e aquele sentimento que parece ser o de amor (no sentido de amor normal, predominantemente sadio) encobre uma tremenda carência afetiva e uma enorme falha, no passado, na construção dos "núcleos básicos de confiança", em si e nos outros. Essas faltas e falhas na personalidade acarretam uma possessividade tirânica, um ciúme mórbido que extrapola o sentimento de amor, um permanente controle do(a) parceiro(a), de sorte que a característica dessa forma de "amar" adquire uma configuração excessivamente simbiótica e sadomasoquística.

493. Qual é a mútua relação do amor com o sexo?

O sexo pode ser praticado unicamente como uma descarga do impulso instintivo, ou como uma forma patológica de uma necessidade compulsiva de fazer sexo, sem o mínimo amor, como uma forma de tentar encobrir carências e vazios psíquicos, porém também existe, é claro, uma íntima comunhão entre o amor e o sexo. Assim, no sexo também existe a necessidade de uma companhia, o compartilhar de carícias (sexuais) com o carinho (amoroso), um desejo primitivo, e sadio, de fusão dos corpos, em um estado de comunhão, etc.

494. Uma forma patológica de amar: o vínculo tantalizante. O que quer dizer isso?

De acordo com a mitologia grega, Tântalo foi submetido ao suplício que consistia em lhe oferecerem alimentos para mitigar sua intensa fome e sede e, quando ele chegava bem perto, os alimentos desapareciam. Quando nos referimos a uma mãe tantalizante, ou a um namorado tantalizante, estamos designando um tipo de vínculo entre duas pessoas que se caracteriza pelo fato de uma delas – o sedutor –, por meio de promessas de uma próxima felicidade paradisíaca, submete o outro – o seduzido – a um verdadeiro suplício, na base do "dá e tira" que pode prolongar-se a vida inteira.

495. Em que consiste o "vínculo do ódio"?

O sentimento de ódio pode ser enfocado por meio de diversos vértices de entendimento, como o de uma manifestação da "pulsão de morte" (Freud), ou de uma, inata, inveja primária do bebê, com impulsos sádico-destrutivos (M. Klein), ou como uma conseqüência de frustrações que são impostas à criança (psicólogos do ego), ou como uma forma de vínculo que se caracteriza por ser um "ódio à tomada de conhecimento de verdades", inaceitáveis pelo sujeito (Bion). Um aspecto que merece ser enfatizado é o que diz respeito ao fato de que os educadores das crianças, em casa ou na escola, reprimem ao máximo possível toda e qualquer manifestação de agressividade, enaltecendo o princípio de não reagir a um tapa na face e, em vez disso, oferecer a outra face para ser esbofeteada. Uma educação que reitera de forma prolongada e exclusiva a negação da agressividade, de forma a substituí-la por uma defesa oposta – a de uma permanente bondade –, pode gerar crianças por demais tímidas, carregadas de culpas, que passam o resto da vida adulta pedindo desculpas por qualquer coisa, receosas de sofrerem críticas e perder o amor das pessoas. Além disso, o recalcamento das pulsões fantasias agressivas pode se transformar em alguma forma de masoquismo. É importante registrar que não é somente a capacidade de amar e de ser amado que adquire uma significação especial no psiquismo do sujeito; igualmente relevante é a aquisição da capacidade para saber odiar adequadamente.

496. Existe diferença entre "agressão" e "agressividade"?

Os termos "agressão" e "agressividade" comumente são confundidos entre si, não só na mente dos pacientes como também por muitos psicanalistas e pelas pessoas em geral. Cabe esclarecer que *agressão* alude mais diretamente à pulsão sádico-destrutiva. *Agressividade,* por sua vez, tal como representa a sua etimologia ("*ad*" + "*gradior*") revela um movimento (*gradior*, em latim) para a frente (*ad*), ou seja, uma saudável forma de se proteger contra os predadores externos, além de também indicar uma ambição sadia com metas possíveis de alcançar. Em resumo, na "agressão" predomina a pulsão de morte, com ímpetos destrutivos, enquanto na "agressividade" prevalece a pulsão de vida, com a respectiva garra e determinação para vencer na vida. Enquanto a pessoa não discriminar a diferença entre ambas, corre o risco de bloquear o seu pleno direito de liberar sua energia agressiva positiva, por temer que seja perigosa e condicionar um revide persecutório igualmente perigoso.

497. Como entender o grave problema da "violência" em suas diversas formas?

A etimologia da palavra "violência" é muito significativa, visto que ela se forma a partir do étimo *"vis"* que, em latim, quer dizer "força". Assim, se a referida energia psíquica que está contida na "força" for de significação positiva, isto é, a serviço das pulsões de vida, teremos vocábulos derivados de "vis", como: vida, vitalidade, vigor, etc. No entanto, no caso em que a energia psíquica estiver mais aliada às pulsões destrutivas, teremos a formação de vocábulos como "violência", nas diversas formas de como ela se apresenta. Assim, podemos ter a violência em graus extremados, como seria o caso de maus-tratos físicos, assaltos, seqüestros, homicídios, como também os atos violentos podem ser mais moderados ou disfarçados, como é a violência do trânsito, da desigualdade social, da miséria, fome, desamparo familiar e social, etc. Muitos autores psicanalíticos abordam a violência que os pais, inadvertidamente, podem estar cometendo contra o filho, em uma época em que esta ainda carece de meios de defesa adequados contra a invasão que, por exemplo, uma mãe superprotetora e superprovedora queira obrigar a criança a seguir rigorosa e unicamente os valores dela. Essa mãe, mesmo em nome do amor, para conseguir atingir o seu objetivo de modelar o filho à sua imagem e feição, pode apelar para recursos do tipo de emprego de mentiras, ameaças, discurso que desqualifica e enche a criança de culpas, etc., assim cometendo uma importante forma de violência cotidiana.

498. Em que consiste o "vínculo do conhecimento"?

A concepção deste tipo de vínculo foi introduzida por Bion que destacou a importância de que o entendimento das emoções de amor e de ódio só se completa se levarmos em conta o *vínculo do conhecimento,* isto é, se o sujeito, consciente ou inconscientemente, deseja conhecer as verdades de seus sentimentos, ou se ele se protege com uma defesa de *não querer conhecer* as verdades penosas, tanto as externas como as internas. Essa abordagem introduziu os analistas contemporâneos no importantíssimo problema relativo ao uso que as pessoas fazem da verdade, ou de suas diversas formas de distorções, falsificações e graus de "negação".

499. Todo o paciente quer conhecer as verdades sobre si?

Certamente não. Esta resposta deve levar em conta o fato de que os processos inconscientes do nosso psiquismo predominam sobre os conscientes. Assim, o mecanismo de defesa primordial do psiquismo humano – a negação –, nas múltiplas formas de como ela se apresenta (repressão, projeção, distorção, onipotência, racionalização, renegação, etc.), protege o sujeito de entrar em contato com determinadas verdades e de assumir o seu quinhão de responsabilidade pelo que ele sente, diz, faz e age. Um exemplo do quanto um paciente não queira conhecer as verdades sobre si: na situação psicanalítica, não basta o analista interpretar corretamente o que se passa com o seu paciente; a interpretação somente será eficaz (isto é diferente de "correta") se for levado em conta qual é o destino que a interpretação tomou no psiquismo do paciente. Se ele não deseja conhecer as verdades, é quase certo que a aludida interpretação perca totalmente sua vitalidade e eficiência, não obstante o paciente tenha conscientemente concordado com ela.

500. Verdades, falsificações e mentiras. Qual o significado psicanalítico desses termos?

Verdade: mais importante do que uma pessoa – por exemplo, o paciente, na situação analítica – se sentir obrigada a dizer sempre as verdades, de uma forma obsessiva, é que ela seja *verdadeira*, isto é, que ela tenha um "amor às verdades". Até porque a verdade é sempre relativa, varia com as épocas e lugares e permite vários ângulos de visualização, entendimento e significação. Essa relatividade da verdade está bem expressada neste belo verso do poeta Campoamor: "Nem tudo é verdade / nem tudo é mentira / tudo depende / do cristal com que se mira". A *mentira*, por sua vez, implica a condição de que ela venha acompanhada de uma intencionalidade consciente. A mentira comporta vários graus e intenções, de sorte que é necessário distinguir quando se trata de mentiras sem malícia e má-fé, como pode ser o caso da cotidiana "hipocrisia social" em que inventamos desculpas para não ir a determinado compromisso social. Outras vezes a pessoa adulta mente, também sem propósito de ludibriar alguém, mas, sim, por temer enfrentar uma verdade, tal como faz uma criança quando é flagrada em alguma arte. No entanto, também existem as "mentiras psicopáticas", de natureza maligna, que servem para enganar e danificar. *Falsificação*: não é o mesmo que mentira, visto que sua raiz é inconsciente. Essencialmente, a falsificação consiste em uma distorção da verdade, que o sujeito faz, partindo de sua óptica de como percebe os fatos objetivos da realidade exterior e os subjetivos de sua realidade interior. Cabe fazer uma metáfora: se olharmos uma parede pintada com cor clara, com óculos cujas lentes sejam pretas ou azuis, ficaremos conscientemente convictos que a referida parede branca, de fato, é, respectivamente, negra ou azul, etc.

501. "Vínculo do reconhecimento": o que quer dizer essa expressão?

Embora essa expressão não conste da terminologia psicanalítica, creio que cabe propor incluí-la como acréscimo aos outros três vínculos clássicos: o do amor, o do ódio e o do conhecimento, em razão de que, durante a vida inteira, todo e qualquer indivíduo vive permanentemente em interação com os demais, necessitando vitalmente de obter alguma forma de reconhecimento. O *vínculo do reconhecimento* se dá em quatro dimensões: 1. Fazer um "reconhecimento" (voltar a conhecer aquilo que já preexiste dentro dele). 2. O "reconhecimento do outro" (como sendo uma pessoa autônoma e diferente dele). 3. Ser "reconhecido aos outros" (como é o sentimento de gratidão). 4. "Ser reconhecido pelos outros" é a forma mais freqüente e importante delas: a começar pelo bebê recém-nascido que já necessita do "olhar reconhecedor" da mãe, e essa necessidade prossegue com diversas variantes pela vida toda de qualquer pessoa. Não é possível conceber qualquer relação humana em que não esteja presente a necessidade de algum tipo de um mútuo reconhecimento, o qual é vital para a manutenção da auto-estima e a construção de um definido sentimento de identidade. Muitas situações de psicopatologia, como a construção de um falso *self*, a formação de uma caracterologia narcisista, os transtornos de convívio em grupos, etc., podem ser mais bem compreendidas e manejadas segundo o ponto de vista das carências que o sujeito tem de uma necessidade vital de ser reconhecido pelos demais, como alguém que é aceito, valorizado, admirado, amado e desejado.

502. O que une e o que afasta os casais?

São muitas as razões que determinam uma aproximação, ou o afastamento, de duas pessoas que formam um casal, desde as mais sadias até as que são por causas inconscientes, às vezes de natureza patológica. Algumas das razões são as que seguem: 1. Um encontro sadio, baseado em uma recíproca atração, admiração, compreensão e preenchimento de necessidades, não obstante possa atravessar certas crises. 2. Por uma complementaridade de papéis em que cada um procura no outro completar aquilo que falta em si mesmo (por exemplo, o casal pode reproduzir a antiga relação mãe; filho, com uma alternância desses dois papéis). 3. Um aspecto que aproxima o casal e, em um outro momento, pode afastar, é quando o vínculo se estabeleceu predominantemente por uma extrema idealização, como pode ser em um estado agudo de paixão, ou por uma extrema necessidade de preencher carências afetivas ou materiais, porém que, após algum tempo, essas expectativas ilusórias se desfazem e são seguidas por desilusões e decepções. 4. Freqüentemente existe, em cada um do casal, um conflito entre os anseios concomitantes de manter um estado de dependência e fugir desta através de uma independência. 5. Não resta dúvida de que, manifestamente, a causa mais comum dos afastamentos e separações, após as decepções iniciais que vêm acompanhadas de raiva, mágoas e tédio, são as falhas na comunicação entre ambos do casal, visto que eles falam, porém pouco dizem, muito se cobram e acusam, e praticamente nada se escutam. 6. Igualmente é bastante freqüente a existência de casais que se juntam e se separam, voltam a casar e descasar, às vezes em um interminável movimento cíclico. Nesse caso, cabe a afirmativa de que nenhum casal consegue viver junto com o outro e, tampouco, separados. Um resumo do que foi dito cabe na metáfora de uma raça de porco-espinho que habita as estepes geladas dos países nórdicos: no inverno eles se aproximam para se proteger e se aquecer reciprocamente; no entanto, à medida que se aproximam muito, se espinham entre si, voltam a se afastar, aí sentem frio, se aproximam novamente, em um círculo vicioso repetitivo.

503. O problema da infidelidade conjugal. A psicanálise tem alguma explicação?

O problema da infidelidade conjugal acompanha a história da humanidade, tal como ele pode ser observado em primitivos relatos bíblicos, em mitos, enredos de obras literárias e na transparência da vida cotidiana. As causas são múltiplas e diferentes, desde situações ocasionais, circunstanciais, isoladas, sem maiores conseqüências e significação, até casos de infidelidade crônica, sistemática, às vezes, com a constituição de novas famílias por parte do cônjuge infiel. De forma esquemática, cabe mencionar as seguintes modalidades de infidelidade conjugal: 1. Uma compulsiva necessidade de procurar o preenchimento de carências afetivas, ou sexuais, em outra pessoa, já que houve uma decepção com o cônjuge, em relação às expectativas iniciais da união. 2. Uma irrefreável ânsia do sujeito em seduzir (ou dar um jeitinho para ser seduzido) com a finalidade inconsciente de ele (ou ela) comprovar que é reconhecido como uma pessoa admirada e desejada, logo, não está desamparado, que é o maior temor. 3. Quando um dos cônjuges descobre ou suspeita da infidelidade do outro, pode cometer adultério pela única razão de vingança, de retaliação, na base bíblica de "dente por dente, olho por olho". 4. Muitas pessoas, homens, por exemplo, têm uma necessidade de dissociar a figura feminina em dois aspectos: a sua mulher pode representar a mãe sagrada, pura, protetora e algo assexuada, enquanto a figura da amante representa para ele a obtenção de uma licença para uma ampla prática da sexualidade genital. A recíproca, isto é, a infidelidade da mulher, também existe. 5. Não raramente tenho observado que um dos motivos de infidelidade masculina se deve bastante a um fator cultural, ou seja, determinados homens por um movimento transgeracional foram modelados por um pai que, por sua vez, se inspirou no seu pai, etc. que "homem que é homem, tem que ter amantes", senão a sua virilidade cai em suspeição. 6. Existem situações extremas de infidelidade que revelam se tratar de casos de perversão, sem a mínima preocupação em manter uma discrição e respeito pelo companheiro(a); pelo contrário, fazem questão de se exibirem publicamente, como pode ser exemplificado com a patologia de um ininterrupto "donjuanismo", no homem, ou de "ninfomania" (também conhecido com o nome de "furor uterino"), na mulher. Não cabe dúvidas que há muitas outras motivações e modalidades de infidelidade, além das, aqui, mencionadas.

504. Qual é o significado do vínculo do tipo *folie a deux* ("loucura a dois")?

A expressão francesa *folie a deux* pode ser traduzida como "loucura a dois", isto é, refere-se a uma situação em que duas ou mais pessoas compartilham um mesmo tipo de fantasias e de ansiedades, de sorte que cada um potencializa a neurose do outro, de sorte a poderem atingir um ponto em que sentem, pensam e agem de forma similar, com características psicóticas, por exemplo. Este estado de "loucura a dois" não se limita unicamente a duas pessoas (por exemplo, uma eterna relação simbiótica da mãe com um filho adulto; um vínculo de natureza perversa, etc.). A "loucura" pode atingir várias pessoas (neste caso, a expressão em francês seria a de *folie a plusier*) de uma mesma família, de um grupo, instituição, etc., que compartilham de uma mesma fantasia, com determinada configuração vincular patológica. Tomando como exemplo uma instituição, não é raro que ela possa se julgar auto-suficiente, proprietária da verdade, em que todos os membros comungam da mesma fantasia de uma auto-idealização onipotente e onisciente. Assim, em uma espécie de folia, estão desprezando as demais instituições congêneres.

505. Está sendo comum a proclamação de que a instituição do casamento está em crise. Isso é verdade?

O casamento tradicional e formal como de longa data estamos acostumados, de certa forma parece que está em crise, sim. Alguns dados estatísticos recentes provindos de pesquisas nos Estados Unidos (logo, é certo que, mais cedo ou mais tarde, se repetirá no Brasil) podem confirmar essa provável crescente crise da instituição do casamento. Assim, nos últimos 10 anos, a proporção de divórcios duplicou. Um terço dos matrimônios da classe média costuma terminar em divórcio. Em torno de 60% dos casais em crise buscam psicoterapia. Um terço dos divórcios se efetiva aos 10 anos de sua união conjugal. Aumenta o número de pessoas que, assumidamente, vivem sós, ou preferem conviver, porém sem casamento formal, em moradias separadas, fato que deixou de ser tabu.

506. Como é a normalidade e a patologia dos grupos familiares?

Inicialmente, é necessário lembrar que, nas últimas décadas, a concepção de "grupo familiar" tem sofrido profundas transformações. Assim, a tradicional família nuclear – constituída por pais, filhos, avós, etc. – vem cedendo um considerável espaço a outras composições distintas e atípicas. São exemplos disso: casais que se mantêm unidos, porém optaram por moradias independentes; um alto índice de divórcios seguidos de novos casamentos, em que cada um dos cônjuges entra com os seus filhos de casamentos anteriores; mães solteiras que optaram pela, assim chamada, "produção independente de filhos"; o crescimento do número de mães adolescentes; uma redefinição do papel dos cônjuges, da mulher principalmente; uma maior aquisição de liberdade (às vezes confundida com "liberalidade") dos filhos; um crescente reconhecimento de uma união estável de casais homossexuais, inclusive compondo um grupo familiar com a adoção de filhos. Toda e qualquer família deve ser visualizada pelo analista, também do vértice de uma "transgeracionalidade", isto é, são no mínimo três gerações em interação: a dos pais, responsáveis pela família atual em foco; a dos respectivos genitores de cada um deles e as novas famílias que os filhos estão construindo, ou virão a construir. Com outras palavras, estamos enfatizando o importantíssimo problema das "identificações" que tanto podem ser sadias como patológicas, assim determinando distintas configurações vinculares conforme for a estrutura de cada família em especial. A patologia de um grupo familiar se manifesta por uma dessas características: um sensível prejuízo na capacidade de "comunicação", em que as pessoas não se escutam, formam subgrupos com permanentes acusações, queixas e cobranças recíprocas; um alto grau das manifestações típicas do "conflito de gerações"; há uma visível inversão dos "lugares" a serem ocupados por cada membro da família (por exemplo, os filhos mandam nos pais), dos "papéis" a serem desempenhados por cada um, e de uma atribuição das "expectativas" a serem cumpridas, com a perda de limites e limitações; a irrupção de sintomatologia grave em algum membro da família; e, sobretudo, pela predominância de alguma estruturação predominante de alguma modalidade especificamente patológica, como pode ser uma família com marcantes características paranóicas, ou narcisistas, fóbicas, psicopatas, etc.

507. Pode enumerar os diferentes tipos de configurações familiares?

Em tese, a família é uma unidade sistêmica que tem uma "identidade" característica, que freqüentemente segue o perfil transgeracional dos pais. Da mesma forma como se passa em qualquer indivíduo, também o grupo familiar adquire determinada caracterologia típica, a qual varia bastante de um familiar para outro. De forma esquemática, cabe nominar os seguintes tipos de famílias, em nível tanto normal ou com um certo grau, maior ou menor, de patologia: 1. Famílias *aglutinadas,* em cujo caso predomina, por parte dos pais, uma atitude tendente à perpetuação de uma simbiose generalizada, que reforça uma forte e mútua dependência de características exageradas. 2. Famílias *dispersadas*, em que, ao contrário do tipo anterior, prevalece uma falta de coesão entre os membros da família, de modo que impera a lei de "cada um por si e Deus por todos". 3. Famílias *aquarteladas*: tal como o nome sugere, estas famílias se caracterizam pelo fato de que lembra um "quartel", comandado por um chefe (pode ser o pai, ou a mãe) rígido, autoritário, por vezes tirânico, que não escuta os subordinados, o "diálogo" fica na base de cobranças, perguntas e respostas e, acima de tudo, cobra o cumprimento de suas ordens, sob a ameaça de severas penas. 4.

Famílias *narcisistas*, que se caracterizam pelo fato de que estão sempre se jactando de serem os melhores em tudo; tomam a si mesmos como modelo de família exemplar e não toleram outros valores e condutas que não sejam os seus. Neste tipo de família, a tolerância às frustrações é muito baixa e a "aparência prevalece sobre a essência". 5. Famílias com *algum tipo de psicopatologia*, desde um grau moderado de configuração neurótica (obsessiva, fóbica, histérica, etc.) até uma forma mais severa de psicose, hipocondria, adição a drogas, perversão, psicopatia, sadomasoquismo, etc. 6. Famílias *normalmente integradas*: nestas famílias, "normais", dentro dos critérios atualmente vigentes, predomina uma aceitação e uma preservação dos direitos e deveres de cada um, dentro de uma necessária hierarquia familiar; existe o reconhecimento dos limites, das diferenças, dos alcances e das limitações que particularizam individualmente os distintos membros da família. As crises familiares também se formam, porém adquirem uma função estruturante; as vivências, as boas e as más, são compartidas com uma mutualidade da função de continência e solidariedade. Além disso, existe uma capacidade para suportar diversos tipos de perdas, especialmente de pessoas queridas, e de absorver a entrada de outras pessoas no seio familiar.

508. Qual é o conceito psicanalítico de "grupo"?

A conceituação psicanalítica de grupo requer a existência de alguns requisitos, como são os que seguem enumerados: 1. Um grupo não é um mero somatório de individualidades (nesse caso, seria um "agrupamento"); pelo contrário, se constitui como uma nova entidade, com leis, vínculos, e com mecanismos próprios e específicos. 2. Podemos dizer que assim como todo indivíduo se comporta como um grupo (de personagens internos), da mesma forma todo grupo se comporta como se fosse uma individualidade, com características típicas. 3. Todos os integrantes do grupo estão reunidos em torno de uma tarefa e de um objetivo comum. 4. O tamanho do grupo não pode exceder o limite que ponha em risco a indispensável preservação da comunicação, tanto a visual como a auditiva e a verbal. 5. Deve haver um consenso de objetivos e o cumprimento das combinações nele feitos, com a necessidade de uma estabilidade do local de reuniões, horários, etc. 6. O grupo depende dos indivíduos, e estes dependem do grupo. Cabe fazer uma metáfora com a relação que existe entre as peças separadas de um quebra-cabeças, e deste com o todo a ser montado. 7. Apesar de um grupo analítico se configurar como uma nova entidade, com uma identidade grupal genuína, também é indispensável que fiquem claramente preservadas as identidades específicas de cada um dos indivíduos componentes. 8. A concepção psicanalítica de grupo implica a existência entre os seus membros de uma interação afetiva entre todos, que costuma ser de natureza múltipla e variada. 9. É inevitável a formação de um campo grupal dinâmico, em que gravitam pulsões, fantasias, ansiedades, identificações, papéis, etc.

509. Campo grupal: o que significa isso?

Os diversos tipos de vínculos – de amor, de ódio, de conhecimento e de reconhecimento – com as tonalidades específicas de cada um deles, juntamente com as fantasias compartilhadas, as ansiedades emergentes, vão construindo um campo dinâmico em que se entrecruzam emoções e relações, com configurações que, de forma dinâmica, assumem diversos tipos, em um contínuo movimento com sucessivas transformações.

Cabe fazer uma analogia com o campo da música em que uma melodia resulta não da soma das notas musicais, mas da combinação e do arranjo entre elas. Como um esquema simplificado, vale destacar os seguintes aspectos que estão ativamente presentes no campo grupal: 1. O campo dinâmico que se forma em qualquer grupo se processa em dois planos: um é o da intencionalidade consciente; e o outro, subjacente, é o da interferência de fatores inconscientes. 2. Existe uma presença permanente, manifesta, disfarçada ou oculta de "pulsões" – libidinais, agressivas e narcisistas –, que se manifestam sob a forma de necessidades, desejos, demandas, inveja e seus derivados, ideais de vida, etc. 3. No campo grupal, sempre circulam ansiedades de distintos tipos, como as de natureza persecutória, depressiva, confusional, de perda do amor, etc., com os respectivos mecanismos defensivos para fazer frente a elas. 4. Existe um permanente jogo de recíprocas identificações. 5. A comunicação, nas suas múltiplas formas de apresentação, as verbais e as não-verbais, representa um aspecto de especial importância na dinâmica do campo grupal. 6. Igualmente o desempenho de "papéis", especialmente os que adquirem uma característica de repetição estereotipada – como o de bode expiatório –, é uma excelente fonte de observação e manejo por parte do coordenador do grupo. 7. Existe uma permanente presença dos "vínculos" que unem e/ou desunem as pessoas de um grupo. 8. Um aspecto fundamental na dinâmica dos grupos é a presença de um líder, ou por uma designação de que alguém exerça essa função, ou por uma espontânea emergência do papel de algum tipo de liderança. 9. A psicodinâmica que está presente em qualquer campo grupal possibilita que ela seja utilizada para diversos fins, como pode ser a de finalidade terapêutica, psicanalítica, ou não; a de "grupos de reflexão" e de "capacitação"; grupos voltados para a tarefa de ensino-aprendizagem; para a promoção de "saúde mental", grupos de "auto-ajuda", grupos "anônimos", etc.

510. O que são "grupos anônimos para viciados"?

O termo "viciado", na linguagem técnica, é conhecido como "adicto": trata-se de alguma forma de compulsão irresistível que mobiliza certas pessoas a repetir indefinidamente uma conduta neurótica ou perversa, que é muito variável de um sujeito para outro, de modo que alguns poderão ser adictos a drogas, enquanto outros à comida, cigarro, álcool, jogos de azar, parceiros sexuais, furtos, etc. A experiência demonstra que os adictos conseguem melhores resultados com tratamentos grupais, como são os *grupos anônimos*, os quais se caracterizam pelo fato de que esses grupos não exigem a presença física de algum profissional especializado, porquanto os próprios pacientes se ajudam reciprocamente. O mais antigo e melhor modelo é o grupo de "Alcoolistas Anônimos"; e, melhor ainda, para auxiliar as pessoas próximas ao alcoolista, existem paralelamente grupos de apoio aos familiares, que são conhecidos com o nome de "Alanon". Entre esses grupos voltados para o atendimento de adictos, além dos Alcoolistas Anônimos, vale mencionar os grupos anônimos de tabagistas, obesos, jogadores compulsivos (o bingo está muito em moda), narcóticos, mulheres espancadas, o grupo Dasa, isto é, "Dependentes de Amor e Sexo Anônimos". Cabe acrescentar que esses grupos anônimos não se restringem unicamente aos adictos, tanto que existem em pleno funcionamento, em distintos lugares, grupos de neuróticos anônimos, psicóticos anônimos, deprimidos anônimos, sendo especialmente interessante citar, pela sua grande evidência atual, o Mada, cuja sigla significa um grupo composto por "Mulheres que Amam Demais Anônimas" (particularmente, penso que um nome mais apropriado poderia ser o de Padea", ou seja: *pessoas* [e não unicamente mulheres] que *amam* [?] *demais erradamente*, anônimas).

Parte IX

AS INTER-RELAÇÕES DA PSICANÁLISE COM OUTROS CAMPOS DO CONHECIMENTO

511. Seguidamente escutamos que a psicanálise contemporânea se fundamenta em uma "visão sistêmica" (ou "globalista"). Em que consiste isto?

Vivemos, na atualidade, em um mundo globalmente interligado, onde qualquer acontecimento importante repercute em todos os quadrantes de nossa "aldeia global", e o mesmo vale para as diferentes zonas de nosso mundo interior, em suas conexões com a realidade exterior. Dessa forma, não mais cabe o individualismo e o isolacionismo dos indivíduos e das nações. Isto requer fundamentalmente uma nova maneira de pensar e de visualisar todos os problemas coletivos, forma essa que é chamada de "visão sistêmica" do mundo e da vida de qualquer pessoa. Em suma, por visão sistêmica entendemos que em qualquer estado ou acontecimento – humano, físico, químico, cósmico e psicanalítico, entre outros – sempre existem múltiplos elementos que estão arranjados e combinados em determinadas formas, nas quais as diversas partes estão arranjadas e combinadas em "sistemas" nos quais a maneira de como as partes estão integradas e estruturadas na totalidade é mais importante do que cada uma das partes isoladamente, por mais importante que elas possam ser. Especialmente relevante é acrescentar que esse arranjo das partes não segue uma estrutura linear, seqüencial como se pensava através de um raciocínio lógico; pelo contrário, nos dias de hoje predomina a crença de que o arranjo dos diferentes elementos do psiquismo segue uma ordenação reticular, isto é, sob a forma de "rede", ou de uma "teia", de sorte que tudo e todos estão interligados. Destarte, por meio de uma visão sistêmica, a psicanálise deve ser considerada juntamente com a maneira como ela se relaciona com outras ciências, especialmente a filosofia, arte, antropologia, religião, história, pedagogia, sociologia, entre tantas mais. Ultimamente, tem havido um renovado interesse pela física moderna (teorias quânticas) e pelas ciências ocultas.

512. **Freud afirmava que a humanidade sofreu "três rudes golpes" em seu narcisismo. Quais são eles?**

De fato, Freud assinalou aquilo que ele chamou de "os três rudes golpes" que foram desfechados contra o narcisismo do ser humano. O *primeiro* golpe foi desferido por *Copérnico*, que – não obstante a tremenda resistência do clero dominante, em aceitar a verdade negada durante séculos – comprovou cientificamente o fato de que a terra não era o centro do Universo, nem sequer era plano e não passava de um minúsculo planeta quase que perdido em um universo sem fim. O *segundo* golpe, dizia Freud, foi desfechado pela conclusão de *Darwin*, de que o homem descende do macaco, assertiva que ofendeu profundamente o narcisismo de todos. O *terceiro* rude golpe partiu do próprio *Freud*, por meio de suas comprovações psicanalíticas de que o homem não tem um pleno livre arbítrio, mas, sim, pelo contrário, ele é comandado por um determinismo psíquico que, na maior parte de seu psiquismo, provém justamente das áreas ocultas do inconsciente. Particularmente, em um misto de brincadeira e de seriedade, eu me permito dizer que, muito recentemente, o narcisismo humano sofreu um *quarto* rude golpe, que veio com a conclusão do mapeamento do genoma humano, o qual comprovou que, diferentemente daquilo que todos esperavam, as diferenças entre o ser humano e os da escala zoológica são bastante mais próximas do que se imaginava. Assim, não são abismais as diferenças com insetos, camundongos, etc., sendo que a semelhança da cadeia do genoma do homem e a do chimpanzé está na margem de aproximadamente 90%. Essa descoberta vem comprovar que embora haja uma raiz genética comum, o que distingue fundamentalmente o ser humano do resto da escala animal é a forma de como os genes estão arranjados e combinados entre si.

513. **Por que as guerras? A psicanálise explica?**

Einstein, em uma carta em que expôs seus pontos de vista e dúvidas, instigou Freud a refletir sobre as causas inconscientes que pudessem explicar o fenômeno das guerras que se instalam entre nações desde os tempos pré-históricos da humanidade, não obstante o fato de que variam os pretextos, as motivações, os avanços tecnológicos e as formas de como elas transcorrem. Na carta-resposta que enviou a Einstein, as principais reflexões de Freud acerca das razões inconscientes que colaboram para a eclosão das guerras ficaram centradas na existência de pulsões instintivas, que ele denominou de "pulsões de vida e de morte". Quando estas últimas predominam, surgem fortes ímpetos sádicos, auto e hetero – destrutivos, com o cortejo de inveja, domínio e posse territorial. Na atualidade, podemos acrescentar a presença de um intenso interesse econômico (a posse de jazidas petrolíferas, por exemplo); um narcisismo maligno que, acima de tudo, tem a volúpia pelo poder; a predominância de uma cultura coletiva enraizada em uma "posição esquizoparanóide" (pela qual, a culpa de tudo sempre é imaginada como provinda dos outros, os "bandidos", ou seja, a criatura humana tende a projetar nos outros tudo aquilo que não tolera em si próprio). Em situações mais extremas, transparece um fanatismo fundamentalista que radicaliza e hipertrofia o grave problema dos "mal-entendidos da comunicação", sendo que a primeira vítima de qualquer guerra é sempre a verdade dos fatos.

514. A psicanálise continua encastelada na sua "torre de marfim" ou está em um estreito relacionamento com outras áreas humanísticas?

É verdade que, durante muitas décadas, a psicanálise se manteve em uma atitude onipotente de auto-suficiência, de sorte que, até um certo ponto, desdenhavam as contribuições das demais ciências, inclusive as da psiquiatria, adotaram uma atitude de soberania (para não dizer de arrogância, e de absolutos donos das verdades). Esta atitude dos psicanalistas custou um preço elevado à ciência psicanalítica, no que tange a um revide dos demais profissionais – inclusive com um repúdio dos colegas das universidades –, além de ataques disseminados, sob a forma de deboches e de ridicularização das idéias e dos atos psicanalíticos. No entanto, também é verdade que nos últimos tempos essa situação vem sofrendo significativas transformações. Essas mudanças estão promovendo uma aproximação bastante mais intensa e respeitosa que a psicanálise está promovendo, não somente com demais ciências humanísticas, como também com o público em geral. Assim, cabe afirmar que, de forma bastante expressiva, a psicanálise está saindo de sua torre de marfim, de modo que ela estimula uma formação de múltiplos conhecimentos aos praticantes da psicanálise; promove encontros científicos multidisciplinares; participa com maior liberdade dos chamados da mídia; organiza exposições e ciclos de debates sobre literatura, filmes, peças teatrais, educação, publicidade, problemas sociais como os da violência, etc., com uma significativa acolhida e participação de um público heterogêneo. Ninguém mais contesta as evidências de que está havendo uma mútua, mais estreita e frutífera cooperação da psicanálise com demais ciências, como a da medicina, neurologia, farmacologia, biologia, genética, neurociências, etc.

515. A psicanálise e a medicina se entendem bem?

Durante um longo tempo, desde a sua criação, a psicanálise não tinha um bom relacionamento com a medicina em geral. Em parte, isso se devia a um temor que os médicos tinham de ter que lidar com aspectos abstratos da natureza humana, não unicamente aqueles que eram objetivamente vistos e palpáveis, localizados nos órgãos de seus pacientes, além do fato de que a psicanálise também representava um certo perigo quanto à revelação de suas próprias ansiedades reprimidas e ocultas. No entanto, em minha opinião, a responsabilidade maior pela má relação entre a medicina e a psicanálise se deveu ao fato de os psicanalistas de então fazerem estapafúrdias "interpretações psicanalíticas" acerca de qualquer sintoma orgânico. Aos poucos o relacionamento da psicanálise com a medicina foi adquirindo uma crescente aproximação positiva, por duas razões principais: uma é a de que os analistas foram acompanhando e aceitando os incontestáveis avanços das especialidades médicas, com repercussões no entendimento da medicina psicossomática, sendo que, fundamentalmente, a recíproca também é verdadeira. A segunda razão se credita ao fato de que muitos médicos, por razões distintas, começaram a se analisar, com evidentes benefícios para si próprio e consequentemente para os seus pacientes orgânicos, além de desfazerem o mito de que todos psicanalistas seriam "loucos" e, mais ainda, passaram a divulgar a imagem positiva de uma psicanálise não-complicada e mais humana para colegas e familiares.

516. Psiconeuroimunologia: em que consiste isso?

Um claro e simples exemplo da recíproca interação entre o psiquismo e o orgânico pode ser evidenciado no fato corriqueiro, facilmente observável, de que uma pessoa bastante gripada quase sempre entra em um estado de humor depressivo, enquanto a contrapartida também é verdadeira, ou seja, uma pessoa quando está deprimida é uma presa bem mais fácil para manifestar um estado gripal. Isto se deve ao fato de que, através do circuito neuronal que se processa no eixo "hipófise-hipotálamo-suprarenal", haverá uma repercussão na secreção de substâncias hormonais, com uma forte determinação na resposta do sistema imunológico, que tanto pode ser o de uma maior defesa contra as doenças oportunistas como a resposta pode ser negativa, com a fragilização do sistema imunológico, propiciando uma queda das defesas contra agentes infecciosos. Qualquer médico – com uma larga experiência clínica ou cirúrgica – poderá atestar o quanto o estado emocional e espiritual do paciente modifica substancialmente as suas condições de recuperação de uma determinada doença ou de um pós-operatório, a ponto de que isso comprova a tese de que "se você pensa positivamente, o seu sistema imunológico também responde positivamente".

517. Como é a relação entre a psicanálise e a psiquiatria?

Não obstante ambas terem nascido de um mesmo berço, até muito recentemente as relações de psiquiatras com psicanalistas, em grande parte, eram muito ambíguas, com um mútuo descrédito e discurso denegridor. Gradativamente, sobretudo em função dos notáveis avanços das neurociências e da moderna psicofarmacologia – em especial a dos antipsicóticos e dos antidepressivos, com excelentes resultados na clínica, inclusive a da psicanálise –, os psicanalistas começaram a respeitar os psiquiatras. Igualmente, os psicanalistas detentores do poder foram abrindo espaço para que os psiquiatras – além daqueles que naturalmente optaram em fazer uma formação psicanalítica – pudessem exercer livremente a função de terapeutas com fundamentação psicanalítica. Essa última condição, há pouco tempo, costumava ser rotulada pelos psicanalistas como sendo a de "psiquiatras atuadores". Podemos dizer que, de longa data, psiquiatras e psicanalistas vinham travando uma encarniçada rivalidade, até que o final do século XX e o início do XXI marcaram uma nova fase dos transtornos da mente. Nos primeiros tempos da utilização de antidepressivos, diante dos bons resultados com a vantagem de eles não provocarem efeitos secundários de maior gravidade, houve uma generalizada euforia, com o surgimento da expressão de que o mundo vivia uma nova era, a "era do Prozac" (antidepressivo lançado em 1987), e com uma acentuada convicção de que encontraríamos, enfim, a "pílula da felicidade", coisa que, até a atualidade, nem remotamente se confirmou e a opinião quase unânime é que tal esperança não passa de uma utopia que lembra as experiências mágicas dos alquimistas. Após a desilusão, houve um novo broto de euforia com o lançamento de novas gerações de antidepressivos, porém, apesar de os efeitos secundários (como prejuízo da libido, aumento de peso) terem ficado algo minorados, a verdade é que não trouxeram substanciais resultados mais positivos, em comparação com os pioneiros medicamentos modernos. Na atualidade, é cada vez maior o contingente de psiquiatras que encaminham certos pacientes para também serem acompanhados por psicanalistas, e vice-versa, porque está ficando consensual que, no lugar de uma rivalidade hostil, ambas as terapias podem, e devem, complementar-se em benefício dos sofrimentos mentais dos pacientes, através de uma integração dos fatores hereditários, os avanços da psiquiatria, os conhecimentos psicanalíticos e o estudo dos fatores psicossociais.

518. **Existe um movimento psicanalítico denominado "neuropsicanálise"?**

Sim! As neurociências, isto é, o ramo da medicina que trata da complexidade dos circuitos neuronais, com as respectivas substâncias neurotransmissoras – mais especificamente, a área que estuda e se dedica maciçamente a trabalhos de pesquisas e investigações científicas referentes ao funcionamento das estruturas cerebrais –, vem adquirindo um expressivo reconhecimento, mercê de importantíssimas contribuições para o entendimento de síndromes de transtornos mentais, até há pouco tempo entregues unicamente ao entendimento e atendimento de psiquiatras clássicos e de psicanalistas. Assim, estes aprofundados estudos neurocientíficos – que, em grande parte, foram possíveis graças aos impressionantes avanços tecnológicos – possibilitaram o incrível desenvolvimento da moderna psicofarmacologia. Isto pode ser exemplificado com o advento de *antipsicóticos* (que reduziram ao mínimo o tempo de internação hospitalar e praticamente eliminaram o uso de eletrochoques, etc.); de *antidepressivos* (os psicanalistas podiam levar muitos anos analisando a depressão, ou as crises fóbicas, e os transtornos de pânico do paciente, com resultados sempre instáveis, o que melhorou substancialmente com o uso acessório da medicação); ou ainda, sensíveis melhoras com medicamentos específicos (como a Ritalina) no transtorno de *déficit de atenção/hiperatividade*, com repercussões na área da emocionalidade. Uma corrente de psicanalistas – ainda não muito grande – acredita que haja uma interligação tão íntima e profunda entre os fatos e mistérios do comportamento humano regidos pelo sistema nervoso e os devidos a fatores emocionais que propõem a denominação sintética de neuropsicanálise, como uma proposta de integração. O leitor pode complementar este assunto com a resposta que consta na questão nº 70.

519. **O que significa "psicanálise aplicada"?**

De início, os pioneiros da psicanálise, reunidos com Freud às quartas-feiras, traziam temas para discussões, quase sempre apaixonadas, que versavam sobre a aplicação da psicanálise aos campos literário, artístico, mitológico, religioso e histórico. Freud sempre revelou certa ambiguidade quanto à análise "aplicada". Por um lado acompanhava o temor de alguns psicanalistas de seu círculo mais íntimo que alertavam quanto ao risco de a psicanálise perder a sua essência e ser mal-interpretada pelo público em geral. Por outro, afirmava que "os ensinamentos da psicanálise não poderiam restringir-se ao campo médico, mas são suscetíveis de se aplicar a outras ciências". Na verdade, Freud enfocou seguidamente temas das áreas humanísticas em geral, porém os usava mais como fonte de inspiração e comprovação de seu edifício teórico, então em formação. Foi profética a assertiva de Freud de que a psicanálise teria aplicação bastante mais ampla, tanto que, na atualidade, existe uma sadia e nutridora troca de experiências e conhecimentos da psicanálise com as artes, cinema, literatura, mitologia, etc. "Psicanálise aplicada" não deve ser confundida com "psicanálise popular"

520. Qual é o significado da expressão "psicanálise popular"?

A expressão "psicanálise popular" deve ser diferenciada tanto de "psicanálise aplicada" (que se refere ao fato de que os princípios psicanalíticos podem ser aplicados para uma melhor compreensão do que se passa nas mais distintas áreas do conhecimento e espiritualidade do ser humano), como também não deve ser confundida com a idéia de que a psicanálise deve descer do seu alto nível de complexidade, abstração e rigorosos critérios clínicos, de sorte a poder ser "democraticamente" divulgado e praticado por qualquer pessoa. Pelo contrário, o significado de "psicanálise popular" designa que os responsáveis pelos destinos e pela divulgação da psicanálise devem sair da redoma em que, como uma elite hermética, ficaram encastelados durante várias décadas, de modo a se aproximarem de forma mais simples e menos misteriosa da população em geral (fato que já está acontecendo). Assim, na atualidade, através de debates com o grande público de filmes, ou peças teatrais, obras de arte, etc., de um maior e mais livre comparecimento em programas da mídia, de uma literatura de fundo psicanalítico mais acessível, de uma mais ampla abertura de cursos de informação (não é o mesmo que cursos de "formação"), de uma participação multidisciplinar, etc., a psicanálise atual está ganhando em popularidade, sem renunciar ao rigor científico. Tudo isto sempre deve levar em conta a necessidade de se desmitificar a psicanálise, desfazer antigos mitos e facilitar uma compreensão por parte de todos que manifestem interesse em conhecer os mistérios que, partindo do inconsciente, determinam o comportamento humano, assim como também estabelecer conexões entre os fenômenos da mente humana e demais fenômenos, biológicos ou não.

521. Ultimamente se fala muito em "teoria da complexidade". O que significa? Tem relação com a psicanálise?

Classicamente, todas as ciências eram regidas por um raciocínio cartesiano, isto é: lógico, linear, seqüencial, baseado em um reducionismo de que tudo se resumiria a uma ação de causa-efeito. Na atualidade cresce o contingente de cientistas de diferentes campos do conhecimento humano que reconhece o fato de que os fenômenos, em geral, são bastante mais complexos e que obedecem às seguintes leis da natureza: 1. Sempre são multideterminados (na verdade, Freud foi o primeiro a assinalar a multiplicidade de causas na determinação de uma dada neurose). 2. Não basta o entendimento das partes para perceber a totalidade de um fenômeno: existe um "algo mais" que vai além da soma das partes. 3. Assim, existe uma permanente – e recíproca – interação das partes entre si e com o todo; do interior com o exterior; do corpo com as emoções e com o espírito; do sujeito com os objetos, etc. 4. Todos seres vivos e o meio ambiente são inseparáveis e permanecem eternamente em uma constante interação e adaptação. 5. Cientistas modernos destacam a capacidade de "autopoiese", ou seja, a capacidade de o ser humano construir e manter sua estrutura, de acordo com o princípio da "auto-organização". Por exemplo, a camada de pêlos que revestem os animais – ou os primitivos homens das cavernas, com claros resíduos nos homens atuais – não significa que foi o frio rigoroso que criou o pêlo protetor, mas, sim, que a "autopoiese" da estrutura orgânica reagiu e criou a defesa que protegeu a manutenção da vida, em uma evidente adaptação à gélida temperatura exterior. 6. A teoria da complexidade também leva em conta o fato de que a observação que um cientista faz de um determinado fenômeno depende bastante da estrutura do próprio observador, de modo que o fenômeno observado sempre será uma interpretação subjetiva dos fatos e não os fatos em si. 7. Em psicanálise, quando o psicanalista adota uma visão baseada na teoria da complexidade, o processo analítico fica notavelmente ampliado e enriquecido.

522. Existe alguma correlação entre a psicanálise e a religião?

A psicanálise contemporânea, cada vez mais, adquire uma visualização holística, isto é, ela dá uma grande relevância a uma dimensão integradora, entre o corpo-mente e espírito. A dimensão espiritual raramente é valorizada, não obstante as cotidianas evidências não-explicáveis pela lógica, que acontecem no mundo da medicina ou do psiquismo, de que "entre o céu e a terra existe algo que a nossa vã filosofia não alcança". Assim, sabemos que, desde sempre, o homem apelou para mitos e ritos de natureza religiosa como uma tentativa de responder a questões existenciais que continuam misteriosas: *Como foi que tudo começou no mundo? Por que nascemos? O que – e quem – eu sou, ou somos? Existe algo, ou alguém, como, de fato, sendo Deus? Existe vida depois da morte, reencarnação ou transmigração?* Em função da ânsia em responder a essas misteriosas questões, de acordo com os pesquisadores, não existe nenhuma raça, tribo ou nação que não tenha tido algum tipo de religião, desde as mais primitivas até as mais sofisticadas. A própria palavra "religião" é bastante elucidativa, visto que, etimologicamente, deriva do verbo latino *religare*, que alude a um "re-ligar" o homem a Deus, em uma sagrada comunhão. O importante autor psicanalítico Bion, influenciado pelas suas raízes hinduístas, foi o autor que mais aproximou a psicanálise da religião, enfatizando o quanto reciprocamente uma pode abastecer a outra, ao mesmo tempo que exaltava a importância que o analista deveria conceder ao fato de que um dos objetivos primordiais do ser humano é o de "a união com a divindade", tal como consta na essência do *Bahgavad Gitá*, livro sagrado do hinduísmo, um verdadeiro poema que doutrina e catequisa. Um aspecto particular das religiões mais primitivas – o fundamentalismo –, cuja característica maior é a de um exacerbado fanatismo cego, fruto de uma negação em grau extremo, pode servir como exemplo de que psicanálise poderia ajudar a entender essas situações de fundamentalismo, de natureza psicótica.

523. A psicanálise acredita que a fé possa promover profundas mudanças na evolução de doenças orgânicas?

Até muito recentemente, todo o mundo científico – aí estando incluída a ciência médica e, mais especificamente, a psiquiatria e a psicanálise – era visceralmente contra a idéia de admitir a influência de fatores espirituais. Alegavam que admitir isso seria regredir à época do curandeirismo, com os respectivos rituais de natureza mágica que seriam não só inócuos como também prejudiciais porque se prestam a explorar pessoas algo ingênuas, além do inconveniente de infundirem falsas esperanças em pacientes já condenados. Freud sempre sustentou a sua idéia de que a religião estaria representando uma "neurose obsessiva universal", isto é, um conjunto de rituais que servem e cenário para uma fórmula mágica de tentar resolver seus conflitos de desamparo, etc. No entanto, os próprios médicos, os mais sensíveis, começaram a perceber um expressivo número de situações médicas que, contrariando todas as previsões da lógica médica, passaram a evoluir positivamente, de uma forma inexplicável – pela falta de evidências concretas –, a não ser que acreditassem em forças espirituais que, de alguma forma, acompanhavam esses casos. Uma recente publicação da revista *Newsweek*, estudando a relação entre fé e cura, dá conta de que investigadores sérios estão estabelecendo uma conexão entre a fé e a ciência médica, tabulando resultados, seguindo as recomendações da moderna medicina que é baseada em evidências. Em suas conclusões, esses cientistas estão bastante inclinados a reconhecer que, sim, a fé pode "remover montanhas". No entanto, eles deixam claro que o exercício da fé em nada exclui a continuidade das habituais prescrições médicas. O interesse pela ação terapêutica promovida por um "estado mental de fé" pode ser comprovado pelo fato de que, das cerca de 110 faculdades de medicina existentes nos Estados Unidos, em 70 constam no currículo modernos estudos sobre a religiosidade e a espiritualidade.

524. Existe alguma relação entre a antropologia, a fé e a psicanálise?

De um ponto de vista antropológico, isto é, se acompanharmos a história da humanidade, um fato incontestável é que com a crescente organização e complexidade das sociedades humanas, com o respectivo incremento de problemas e conflitos, a *fé* tornou-se um poderoso fator de união, um importante instrumento de coesão social. Assim, ao levar as pessoas a compartir um objetivo e uma crença comum, ainda que de natureza mágica, a fé criou a cooperação, favoreceu a coesão dos clãs e tribos e a noção de transcendência, logo, criou a noção de futuro e, daí, a de planejamento. Estudos antropológicos (por exemplo, fósseis de rituais funerários) parecem demonstrar que a fé surgiu na história humana há mais ou menos 40 mil anos, de um momento para o outro, de forma abrupta, e não como um processo gradativo. O advento do cristianismo, sob a óptica da antropologia, representa um verdadeiro "divisor de águas" na história evolutiva da humanidade: até Cristo, a fé estava fortemente influenciada pelos deuses gregos, que eram onipotentes, prepotentes, mesquinhos, vingativos, adúlteros e assassinos. Pelo contrário, Jesus Cristo pregava a tolerância, a humildade, a paz e o amor, o que abriu uma nova e fascinante perspectiva de fé. No exemplo que utilizei, do vértice psicanalítico, cabe a assertiva de que os deuses gregos representam o lado da pulsão de morte de qualquer ser humano (onde predominam os impulsos instintivos sádico-destrutivos, regidos pelo sentimento de inveja maligna), enquanto a fé cristã representa nossas pulsões de vida, de amor. A verdade é que, tal como demonstram as guerras e as várias formas de violência e terrorismo, ambas pulsões sempre coexistem, dentro de cada indivíduo, mas também em grupos, comunidades e nações.

525. Existe alguma conexão entre a psicanálise, a mitologia e o misticismo?

Cabe afirmar que, diante da necessidade de tentar explicar os mistérios da criação do Universo, nascimento, vida, morte e existência ou não de Deus, os místicos foram os antecessores dos religiosos e dos filósofos. Assim, por exemplo, a maioria das religiões tem seus mitos de criação que procuram explicar a origem do mundo e o surgimento de deuses e heróis que salvam a humanidade das hecatombes. Os mitos quase sempre vêm acompanhados de ritos e de rituais. A *mitologia* – o estudo dos mitos – sempre representou para a psicanálise uma fonte inesgotável da sabedoria milenar contida nas dobras de seus relatos sempre com um pé no mundo do imaginário e o outro pé no mundo da realidade – justamente porque, a exemplo dos sonhos, os mitos trazem embutidas as fantasias relativas aos mistérios universais que sempre estão subjacentes nos indivíduos e nas coletividades. Creio que cabe afirmar que a psicanálise não lida somente com problemas, mas também com mistérios. Basta consultar algum livro sobre a mitologia grega para atestarmos que os deuses do Olimpo e demais heróis, com suas incríveis histórias criadas pela sabedoria popular, retratam todas as vicissitudes de amor, ódio, disputas narcisistas, vinganças, traições, bondade alternado com devassidão, etc., para concluirmos que se constitui como um prato cheio para as interpretações dos psicanalistas. Os *místicos* são indivíduos que proclamam conseguir um contato com aquilo que os outros não conseguem. São pessoas consideradas excepcionais, messiânicas, profetas, gênios...

526. **A psicanálise e a filosofia. Existe alguma relação?**

Como já foi destacado, no afã de revelar os mistérios da natureza, desde os pródromos da história da humanidade até os dias atuais, existe uma continuidade de tentativas, desde os primitivos místicos, a criação de mitos, as múltiplas facetas das mais distintas formas de religiões, e as contribuições dos filósofos de todos os tempos. A filosofia merece um destaque especial porque representa uma espécie de ponte entre um pensamento abstrato, intuitivo, com uma busca de comprovação gradativamente mais científica. O aspecto que mais unifica a filosofia com a ciência consiste no fato de que ambas têm como objetivo principal a busca do conhecimento das verdades ainda não reveladas. Aliás, a etimologia da palavra "filosofia" evidencia que existe um apego (em grego: *filos*) às *verdades* (em grego: *sophos*). Ao lado da curiosidade pelos mistérios essenciais da natureza, a psicanálise acrescentou a curiosidade que o bebê tem a respeito do corpo da mãe e do seu próprio, das recíprocas influências entre as pessoas que convivem intimamente, de sorte que se considera legítima a afirmativa de que existe em todo ser humano uma "pulsão epistemofílica", isto é, uma pulsão a conhecer as verdades. Deste ponto de vista, toda criança é uma pequena filósofa, porém cabe a ressalva de que comumente os adultos educadores abortam essa importantíssima capacidade. Da mesma forma, a psicanálise é uma forma de filosofia, embora respaldada em conhecimentos científicos, sendo necessário destacar a impressionante atualidade e importância de inúmeros ensinamentos que os primitivos filósofos, desde os intuitivos pré-socráticos até os mais conhecidos e expressivos filósofos de tempos posteriores (Sócrates, Platão, Descartes, Kant, etc.), ensinamentos estes que não só servem como permanente fonte de inspiração para os psicanalistas, mas como uma grande maioria dos notáveis filósofos de todos os tempos, está merecendo uma comprovação na teoria e prática psicanalítica. Aliás, os filósofos antigos são considerados os precursores da psicanálise, descobridores intuitivos de verdades que só muito lentamente a ciência psicanalítica vem desvendando. Assim, ninguém contesta que a filosofia grega desempenhou um papel fundamental em pensadores originais da psicanálise, fato que pode ser exemplificado, no mínimo, com dois gênios da psicanálise: Freud e Bion.

527. A psicanálise e a sociologia. Alguma relação?

A *psicologia* dos grupos humanos é resultante da confluência das contribuições provindas da teoria psicanalítica e das ciências sociais, através dos ramos da sociologia, antropologia social e psicologia social. Assim, tanto existem os "microgrupos" como os "macrogrupos", os quais, embora com características diferentes, sempre comportam um campo específico de uma dinâmica de fenômenos grupais. Como exemplo de microgrupo, entre outros, cabe mencionar o de uma terapia psicanalítica grupal. Já a *sociologia* se ocupa dos macrogrupos, tal como é o comportamento de determinadas comunidades, sociedades, nações, o mundo globalizado, sempre levando em conta os aspectos culturais, políticos, econômicos, religiosos, etc., e, naturalmente, os psicológicos, dentro de um contexto que inclui as épocas, a geografia, os avanços tecnológicos, a importância da mídia, etc. O próprio Freud tem belos trabalhos pioneiros (como *Totem e Tabu*, de 1913; *Psicologia das Massas e Análise do Ego*, de 1921, entre outros), em que ele aborda o comportamento primitivo das massas, de um ponto de vista psicanalítico. Um importante autor que estudou e aprofundou a corrente sociológica foi Kurt Lewin, que, desde 1936, descreveu a sociologia do ponto de vista das maiorias e minorias, especialmente as judaicas.

528. A psicanálise e a física moderna.

A física clássica sempre tentou compreender e demonstrar os distintos fenômenos que regem o Universo através de um raciocínio lógico-matemático, segundo determinadas leis físicas cientificamente demonstradas, com base na relação de causa e efeito. Na atualidade, em vista da necessidade de entender os fenômenos da física subatômica (do infinitamente pequeno) e da física cósmica (do infinitamente grande), os físicos modernos tiveram de modificar os seus conceitos clássicos, a sua linguagem, a sua forma de pensar e uma nova filosofia de como conceber as noções de espaço, tempo e causalidade. O mundo material no lugar de ser concebido como uma multidão de objetos distintos passou a ser percebido como um todo indivisível, uma complexa rede de relações que incluía, de forma especial, o próprio observador humano. No lugar de afirmações definitivas, os físicos passaram a preferir lançar perguntas instigadoras, raciocinar com incertezas e indeterminações, além de valorizarem a emergência de paradoxos e aparentes contradições. A denominada "teoria quântica" da física moderna repousa essencialmente na natureza dual da matéria subatômica, que surge às vezes como partícula, às vezes como ondas, de sorte que um mesmo fenômeno atômico pode ser descrito por meio de duas linguagens matemáticas diferentes. Em termos da física cósmica contemporânea, os físicos se inclinam pela hipótese de que o Universo se mantém em uma forma continuada de infinita expansão. Todas essas concepções físicas que requerem uma nova forma de pensar estão atingindo um significativo contingente de importantes psicanalistas, que estão reformulando a maneira de conceber e pensar não só o psiquismo humano e sua rede de infinitas relações, como também o próprio ato da clínica psicanalítica.

529. A psicanálise e a literatura.

Desde Freud e, na atualidade, cada vez mais, sempre existiu uma forte vinculação entre a psicanálise e a literatura, em que eminentes escritores, por pura intuição, descreveram de forma profunda os mistérios do psiquismo humano, com suas tragédias pessoais, com suas grandezas e pequenezas. Shakespeare é um notável exemplo disso: muito antes de Freud existir, através de suas tragédias (ou eventuais comédias) ele desvendou os mais universais sentimentos – conscientes e inconscientes – que povoam o psiquismo humano universal, como a inveja maligna, o ciúme mórbido, as intrigas, a culpa, a compaixão, a volúpia pelo poder e o domínio, etc. A exemplo de Freud, inúmeros outros grandes autores psicanalíticos também se inspiraram e continuam se inspirando nos textos de Shakespeare (e de muitos outros), para fundamentar as concepções da psicanálise. Na atualidade, existe uma fértil reciprocidade: os analistas dissecam obras literárias que permitem uma leitura de natureza psicanalítica, e grandes autores desenvolvem sua literatura, fundamentando-se em conhecimentos propiciados pela psicanálise, com o fim de atingir as zonas obscuras do psiquismo com a conseqüente vida de inter-relações humanas.

530. A psicanálise e o mundo das artes.

O campo das artes tem um largo leque de expressividade e criatividade, como pode ser através da pintura, da escultura, da música, da dança, do desenho, do teatro, do cinema, etc. O importante a registrar é o fato de que, além de um impacto estético, o que caracteriza a verdadeira arte é a possibilidade de que a obra consiga atingir sentimentos que, em estado latente, ocupam profundos espaços no interior de nosso psiquismo. Algumas pessoas manifestam uma sensibilidade especial por uma determinada área artística, outras se sensibilizam por todas as formas de arte, enquanto muitas outras não sintonizam com a comunicação primitiva que emana das obras de arte, principalmente pela razão de que os valores de sua vida giram fundamentalmente pelo pensamento lógico, percebem os fatos unicamente pelos órgãos dos sentidos e adotam um raciocínio de natureza concreta, com inevitáveis prejuízos na capacidade de abstração, de intuição e de sensibilidade para sintonizar com aquilo que é inefável (isto é, que não pode se exprimir com palavras), que fala mais ao espírito do que ao corpo e à mente.

531. Sempre ouvi dizer que o tratamento analítico de um artista prejudica a sua capacidade criativa. Isso é verdade?

Existe uma crença generalizada de que os neuróticos (e psicóticos) e os artistas têm em comum o impulso de fugir de uma realidade insatisfatória, refugiando-se no falso paraíso da fantasia. A única diferença seria o fato de que enquanto os neuróticos convertem as fantasias em sintomas, os artistas as convertem em obras de arte. Para reforçar essa tese, citavam consagrados artistas que eram pessoas reconhecidamente excêntricas ou complicadas, como Van Gogh, Salvador Dalí, Mozart, entre outros. Na atualidade, existe uma opinião predominante entre os psicanalistas de que o verdadeiro artista, ou seja, aquele que tem um legítimo talento – o qual, por sua vez, depende de fatores como os genético-hereditários; importantes modelos de identificação com pais ou outras pessoas significativas ligadas às artes; primitivas sensações e percepções que ficaram representadas e impressas na mente, etc. – não sofre prejuízo na sua capacidade de criar. Pelo contrário, é bastante provável que ele se beneficie na sua capacidade de artista, porquanto pode aprimorar algumas qualidades necessárias, como a de mais claro acesso às regiões desconhecidas de seu inconsciente; maior libertação de suas capacidades de simbolização, abstração e criatividade; além da aquisição de maior arrojo e coragem para assumir de fato e de direito, na prática de sua vida real, a sua condição de artista, sem a necessidade compulsiva de provar que é um novo gênio.

532. **Existe alguma relação entre a criatividade de escritores e poetas com a psicanálise?**

Freud estabeleceu uma ponte entre a literatura, a poesia e a imaginação infantil, que se expressa nas brincadeiras, manipulação dos brinquedos e nos devaneios da criança, de modo que a poesia supõe uma regressão à infância. Ele também afirmava que a linguagem das imagens – como a da poesia – corresponde a uma fase arcaica da história da humanidade anterior à linguagem conceitual, de sorte que os mitos, as sagas e os contos de fada constituiriam resíduos deformados de fantasias de desejos, sonhos seculares da jovem humanidade. Assim, tal como um escritor literário, o poeta nos põe em estado de tentar elaborar nossas angústias, de nos identificarmos com este ou aquele personagem, ou de gozar as nossas próprias fantasias, sem censura e sem pudor. Cada vez mais, a literatura dá um excelente exemplo de como pode haver uma recíproca fertilização entre a psicanálise e outras áreas humanísticas, isto é, os literatos tanto pela espontânea acuidade e intuição psicológica quanto pelos conhecimentos da profunda natureza humana, que aprenderam com a psicanálise, trazem belos escritos que servem de guia, deleite, aprendizado e notável fonte de inspiração para os psicanalistas.

533. **O cinema, quando aborda temas psicanalíticos, expressa com fidelidade a maneira como se desenvolve uma psicanálise?**

Sim e não! O cinema norte-americano principalmente, até os anos de 1940, utilizava muito mal a difusão da psicanálise, porque incorria (de forma intencional?) em vários equívocos, alguns graves, como: um flagrante desconhecimento do verdadeiro método psicanalítico, como dando ênfase à hipnose, método já de longe abandonado na psicanálise. Preferentemente, usavam a alusão à psicanálise de forma jocosa, muitas vezes em comédias. Os psicanalistas sempre apareciam fazendo apontamentos em um bloco especial, ou fazendo gravações e, quase sempre, vestidos de forma charmosa, fumando cachimbos. Os tratamentos visavam sobretudo à descoberta de um único acontecimento traumático ocorrido no passado infantil, cuja revelação, em curto prazo, "curava" o paciente. Não raramente, o enredo do filme constava de um envolvimento amoroso do(a) terapeuta com a(o) paciente. A partir da década 1950, de forma progressiva, o cinema (o mesmo com o teatro) está utilizando e divulgando de forma bastante mais eficaz (salvo algumas situações com distorções exageradas) o verdadeiro espírito da psicanálise diante dos conflitos emocionais de pessoas, casais, famílias, grupos, comunidades, etc. De forma recíproca, os psicanalistas selecionam notáveis filmes que se prestam maravilhosamente para um amplo debate – juntamente com o público em geral, além de estarem cada vez mais utilizando filmes como um recurso didático para alunos em formação psicanalítica, individual ou grupal.

534. A educação – no que tange ao processo de ensino-aprendizagem – pode se beneficiar com a psicanálise?

Certamente! Existe uma relação bastante íntima entre a psicanálise e a educação, principalmente se levarmos em conta que, no fundo, o método psicanalítico é um processo de educação que leva o paciente a aprender como pode utilizar melhor importantes funções do seu ego, como as capacidades para pensar adequadamente, corrigir distorções de percepção, desenvolver um amor ao conhecimento das verdades, aos atributos de empatia, continência, intuição, etc., a se defender de forma apropriada contra suas angústias e traumas exteriores, o aprendizado de como o paciente pode estabelecer um diálogo consigo próprio, do consciente com o inconsciente e entre as distintas partes que formam a sua personalidade. Por outro lado, a pedagogia moderna avançou significativamente – em grande parte graças à aplicação de alguns conhecimentos psicanalíticos – o suficiente para os diretores e professores perceberem a influência de fatores psíquicos ou orgânicos que dizem mais diretamente à química das disfunções cerebrais, de sorte a compreenderem a interferência de aspectos inconscientes na conduta perturbada de determinados alunos, a falta de motivação e a queda de rendimento escolar, a estagnação de capacidades potenciais que estão pedindo para serem descobertas, etc. Da mesma forma, ninguém mais contesta que, em toda a instituição de ensino – principalmente em nível fundamental –, o êxito ou o fracasso do processo de ensino-aprendizagem resulta de uma complexa interação do relacionamento de alunos, pais, mestres, diretores, órgãos governamentais que ditam a ideologia da educação, etc., além dos conflitos e rivalidades entre os responsáveis pelo ensino – como as questiúnculas de natureza narcisista, a volúpia pelo poder, etc. – que, inevitavelmente, repercutem nos alunos. Na atualidade, ganha consistência entre os responsáveis pelo ensino a posição de que muito mais eficaz do que a clássica fórmula de "encher a cabeça" do aluno com uma profusão de conhecimentos que ele deve decorar e memorizar é "formar cabeças", isto é, propiciar aos alunos a capacidade de "aprender a aprender", de sorte a priorizar uma permanente atitude mental interrogativa. Esta última, ao natural, desenvolve as capacidades de uma curiosidade sadia, com o direito de fazer contestações e com o desejo espontâneo de ampliar os seus conhecimentos, juntamente com o despertar da criatividade e espontaneidade. Ademais, a contribuição da psicanálise à educação também se estende à formação de novos modelos de identificação, logo, na construção do sentimento de identidade e, na própria preparação para a cidadania, com os respectivos direitos e deveres, reconhecimento dos limites e dos valores éticos.

535. No campo da pedagogia, qual é a explicação para o importante problema do "fracasso escolar"?

O "fracasso escolar" é uma das causas mais freqüentes de consulta por parte de crianças. É útil estabelecer uma diferença: o fracasso escolar pode não coincidir com dificuldades intelectuais e, tampouco, não deve significar que sempre se deva a conflitos ou déficits psíquicos. Assim, uma criança pode fracassar na escola por múltiplos motivos, como pode ser a de uma difícil relação com o professor; a maneira como a escola transmite os conhecimentos; uma disciplina escolar por demais escassa ou rígida; o excessivo tolhimento repressivo da espontaneidade e criatividade do aluno; um clima persecutório na escola com uma supervaloração das notas que vão abençoar com a aprovação ou incrementar o terror da reprovação; a desvalorização que a própria família faz do método de ensino, etc. Na verdade, existe uma sobredeterminação de múltiplas causas, dentre as quais, é claro, existem aquelas que resultam de conflitos psicológicos inconscientes (como são as dificuldades na aceitação de normas, de manter-se quieto, de convívio com colegas, da existência de um superego por demais rígido e punitivo, da presença de uma angústia excessiva que pode interferir na percepção, na atenção, na memória, no raciocínio, etc.). Dentre as causas de natureza orgânica, além da possibilidade de que haja na criança um prejuízo na capacidade da inteligência, uma importante e freqüente razão de fracasso escolar pode ser devido à existência de um quadro clínico orgânico, mais precisamente, neurológico, que é denominado como *transtorno de déficit de atenção/hiperatividade*, que, tal como o nome sugere, interfere seriamente com o rendimento escolar porque a criança que manifesta esse transtorno (que responde bem à medicação específica) apresenta quatro características altamente prejudiciais para o processo de aprendizagem: desatenção (logo, distração), dispersão, hiperatividade motora e impulsividade.

536. Existe alguma alteração nos vínculos amorosos e sexuais que se formam por meio da internet?

Os psicanalistas atuais podem atestar o grande número de pessoas que utilizam o recurso eletrônico da internet para, através de um *site* especial, manter um "bate-papo" com outras pessoas desconhecidas, sediados nos mais distintos cantos do mundo. Alguns fazem isso por simples passatempo ou brincadeira, e, após um período transitório, essa experiência os cansa e eles a abandonam. Outras pessoas, no entanto, procuram ativamente fugir da solidão e estão imbuídos de um propósito de encontrar alguém com quem possam conseguir estabelecer um vínculo duradouro e estável. Aqui, acontece um fenômeno interessante: as pessoas que utilizam a internet com o propósito de tentar a sorte e encontrar um parceiro com vias a construir um matrimônio muito cedo aprendem a arte de conhecer as condições econômicas, intelectuais, culturais e até afetivas, por meio de algumas "iscas" e "armadilhas" que lhes permitem avaliar se vale a pena continuar mantendo a correspondência eletrônica e partir para um encontro real. Embora elas corram um certo pequeno risco, existem algumas situações bem-sucedidas, se bem que, na maioria das vezes, especialmente quando há um excessivo investimento de idealização, nada acontece de mais significativo. O que cabe registrar é que mesmo pessoas mal, ou bem casadas, em grande número, procuram esse recurso para se sentirem requisitadas, amadas e desejadas, podendo ir a um ponto de marcação de encontros clandestinos, com todos os riscos presumíveis. Talvez pela ação dos sentimentos culposos, muitos "internautas do amor" deixam vestígios que favoreçam o flagrante do cônjuge, e não são raros os casos que evoluem para um divórcio. A ciência jurídica estuda, do ponto de vista da lei, se mesmo os "namoros" meramente platônicos devem, ou não, ser considerados crime de infidelidade.

537. A psicanálise pode ter alguma aplicação prática na política?

Os fundamentos psicanalíticos deveriam – e poderiam – ter uma significativa aplicação na prática do exercício da política, e dos políticos, porém, pelo menos em nosso meio, é insignificante. Ninguém contesta que, com a ressalva de que existem políticos honestos e que se dedicam a uma necessária atividade política com crença em seus ideais, a imagem pública dos políticos é a de que, em sua grande maioria, os interesses pessoais predominam de longe. Assim, em meio a uma grande fogueira de vaidades, em que transparece uma volúpia pelo poder, prestígio, beneficiamentos, riqueza e uma insaciável ânsia narcisista pela obtenção de reconhecimento, esses políticos navegam em águas tumultuadas por conchavos, demagogia, intrigas, um permanente jogo de sedução através de uma atividade de "mercadores de ilusões e promessas", em que, em um grande número de vezes, não há um verdadeiro compromisso com as verdades. Da mesma forma como acontece com outras áreas do comportamento humano, também existem alguns políticos – uma minoria – com transtornos emocionais, como aqueles que são declaradamente desonestos, ou com uma complicadíssima vida familiar e social, etc., para quem a política não passa de um trampolim para a satisfação de um narcisismo patológico. Os *conhecimentos da psicanálise* poderiam ser de grande utilidade prática através de algumas iniciativas, como: propiciar alguma modalidade de cursos intensivos que possibilitassem um melhor conhecimento do comportamento inconsciente, tanto o normal como o patológico, de indivíduos, grupos e instituições; para tanto, seria interessante promover a feitura de "grupos de reflexão", acompanhados por um técnico competente nesta área; também seria possível organizar permanentes fóruns de debates de interesse público de psicanalistas com a participação de políticos. Outra possibilidade seria a de que determinadas decisões governamentais, complexas, controvertidas – e onde o objetivo consciente principal esteja invadido pelas inconscientes querelas paranóides e narcisistas –, com importantes repercussões no povo, pudessem contar com a participação permanente de um técnico com conhecimentos de psicanálise e de dinâmica de grupos.

538. Os conhecimentos psicanalíticos podem ser aplicados nos esportes competitivos?

A prática dos esportes competitivos, pela sua própria natureza, abrange um grande número de pessoas, tanto as que estão na cúpula diretiva e outras facções políticas dentro dos clubes, como também atinge o técnico e sua equipe, os jogadores, a imprensa, as arbitragens e, sobretudo, as torcidas, às vezes fanáticas, que somam aos milhões. Assim, de certa forma, um clube esportivo que tenha uma imensa torcida comporta-se de forma equivalente ao de uma nação, ou seja, existe uma hierarquia de funções e papéis, em uma permanente interação de amor e ódio, com outros clubes, mas também dentro de seu próprio seio. Da mesma forma como se passa em uma família, ou em uma nação, também um clube esportivo se configura como uma pirâmide, em que os responsáveis pela direção (os pais, no caso de uma família) influenciam diretamente no comportamento da "base" (na família, são os filhos; no clube, são os jogadores). Entre os atletas de determinado time existe tanto solidariedade como uma rivalidade hostil, a inevitável presença de sentimentos, contraditórios, de uma sincera amizade e cooperação, mas também os de ciúme, inveja, intriga, ódio, formação de facções grupais, com repercussões diretas na qualidade do desempenho durante os jogos que disputam. Uma observação bastante freqüente diz respeito ao fato de que, quando determinado atleta está insatisfeito com a direção (técnico, presidente, diretor de finanças, etc.), ele, de forma consciente ou inconsciente, sabota, de alguma forma, o seu próprio time, jogando mal, provocando a sua expulsão, provocando transgressões disciplinares, assumindo uma liderança negativa junto aos demais companheiros, e outras coisas similares. Penso que a participação de um psicólogo com conhecimentos psicanalíticos seria muito útil para os clubes competidores, tanto para servir como um "consultor" da cúpula, quanto para organizar "grupos de reflexão" para a base de atletas, em que debateriam assuntos delicados, ventilariam queixas e ressentimentos e assim por diante, de sorte que a verbalização dos conflitos evitaria, em grande parte, que eles tenham que se escoar pela via da conduta do boicote e de transgressões. É tão relevante a relação da psicanálise com os esportes que isso mereceria um artigo em especial, ou, quem sabe, um livro específico.

539. A psicanálise se interessa em explicar o fenômeno do terrorismo e dos terroristas?

Sim, não obstante a psicanálise atual saiba que não tem condições de modificar substancialmente o terrível problema do terrorismo – o qual, embora sob formas distintas, é antiqüíssimo na história da humanidade, apesar de ter adquirido proporções gigantescas e uma conscientização universal, somente a partir do atentado contra as torres de Nova York, no fatídico 11 de setembro –, ela não dá as costas para problemas sociais que a afetam a todo ser e grupos humanos. Assim, só para exemplificar, a revista psicanalítica norte-americana *Newsletter*, órgão da Associação Psicanalítica Internacional, dedica integralmente o seu volume 11, de 2002, ao estudo do terror e do terrorismo, com importantes artigos de renomados psicanalistas dos mais diversos cantos do mundo. De modo geral, os autores psicanalistas destacam que o fundamentalismo não é unicamente islâmico: para ficar em um exemplo mais recente, cabe lembrar que o cristianismo vigente nos Estados Unidos – representado pelos seus mais eminentes líderes políticos e militares, sem excluir os religiosos – costuma utilizar mecanismos psicóticos que os levaram à crença fundamental de que eles (e respectivos aliados que lhes dessem todo o apoio) estavam com Deus ao seu lado, enquanto o inimigo – Satã – estava em certa época, também recente, com os soviéticos. Na atualidade, o inimigo está encarnado nas pessoas de Bin Laden, Hussein, etc., que, a qualquer custo, devem ser eliminados, para o triunfo do Bem contra as trevas do império do Mal, assim "limpando a terra de toda a maldade". Outro exemplo para caracterizar a relatividade de imputar a pecha pejorativa de "terroristas" unicamente para uma nacionalidade ou religião: os lutadores judeus que, nos anos 1930 e 1940, se insurgiram contra o jugo britânico eram considerados, pela comunidade judia internacional, verdadeiros heróis e mártires, enquanto os britânicos, então os detentores do poder, os consideravam fanáticos bárbaros e desumanos.

540. Como é a mente de um terrorista, mais exatamente, de um "homem-bomba suicida"?

Qualquer tentativa de descrever o "homem-bomba suicida" unicamente como uma pessoa mentalmente enferma, perturbada, deprivada e seriamente empobrecida emocionalmente é basicamente errônea, inadequada e desorientadora. Na verdade, para a "formação" de um homem-bomba concorre uma série de fatores, como milenares valores culturais, religiosos e, sobretudo, uma continuada doutrinação, uma verdadeira catequese política impregnada com preceitos religiosos e promessas de alcançar, após a morte, uma eterna condição de herói, mártir, com uma eterna gratificação própria de um paraíso celestial. Dentre a multiplicidade de fatores que formam a mente de um homem-bomba suicida, cabe enumerar alguns deles, tal como foram descritos por alguns psicanalistas que tiveram experiências muito próximas: 1. As crianças que sofreram verdadeiros traumas reais violentos, como as que sobreviveram ao massacre de 1992 nos campos de refugiados palestinos, vítimas de uma coalisão de forças israelenses com uma milícia falangista libanesa, são mais propensas a serem recrutadas para uma formal formação de futuro homem-bomba. 2. Para essa formação, existem "professores" que saem em busca de crianças e púberes que já estejam com a sua identidade individual danificada. O que ninguém contesta é o fato de que a maior motivação para que os "homens-bomba" se matem, é para poder alcançar o mais elevado nível de auto-estima possível. 3. O recrutamento não é obrigatório, no entanto, o jovem – geralmente, com menos de 20 anos – que não se voluntariza se sente desprezado e humilhado pela expressiva maioria da comunidade em que vive, e o mesmo vale para seus familiares. 4. Os candidatos à formação de bomba humana seguem um processo diferente do habitual no que se refere à formação de uma identidade individual. Assim, cada um deles se sente como um representante de grupos extensos. 5. Embora o islamismo proíba o suicídio, na atualidade 70% da população aprovam essa prática suicida, sob a racionalização de que se trata de uma morte santificada. 6. O fator religioso-cultural exerce uma importância decisiva, tanto que o maior contingente dos candidatos é formado pelos jovens que, em pequenos grupos, estudam o Corão, com as respectivas interpretações dos textos por parte dos professores. 7. Um dos requisitos para a formação consiste no rompimento dos vínculos com os familiares, para evitar dramas emocionais, ou quebra de sigilo. Toda a vez que acontece uma bomba humana suicida, a família dele é visitada e parabenizada pelas demais famílias da comunidade, que exaltam a condição de heroísmo e, inclusive, praticam um cerimonial de casamento do mártir com os anjos do céu. 8. O peso do valor cultural-religioso também pode ser medido pela visão islamita de que existe para os mártires uma posterior vida com um estado eterno de prazer no paraíso, onde 70 virgens aguardam por um "shahid" (mártir ou herói que se imola). Logo, segundo os psicanalistas, uma promessa de fundir-se com a felicidade eterna, uma espécie de regressão à primitiva fusão e indiferenciação com a mãe, ou, dizendo com outras palavras, uma espécie de passaporte que lhe garante uma fusão interna com o seu Deus. 9. Não obstante a família e a comunidade darem um apoio integral ao filho mártir, isto não significa que os familiares promovam ativamente a realização de uma missão suicida. Os mesmos laços de amor e temor às perdas e aos lutos operam neles como em todos os seres humanos. 10. Na atualidade, desde o terror de 11 de setembro se considera a existência de uma nova variedade de terroristas suicidas, ou seja, parece que a maioria dos suicidas não era a de palestinos diretamente humilhados. 11. Deve ficar claro que os aspectos religiosos fundamentalistas não são os únicos fatores que determinam a formação de ativistas suicidas; não é possível descartar uma participação de um lado sadiamente patriota de quem, conscientemente, como recurso extremo para auxiliar a sua pátria atingida, assume sua ação suicida. Assim, a história desde tempos milenares relata ações semelhantes. Nos tempos modernos, como foi na Segunda Guerra Mundial (1939-1945), todos nos lembramos dos aviadores japoneses – suicidas camicases – que explodiam seus aviões em alvos militares norte-americanos, causando milhares de vítimas.

541. Como é a relação da psicanálise com outras atividades profissionais, como magistratura, arquitetura, publicidade, etc.?

A relação é de *reciprocidade*, ou seja, a psicanálise tem muito a aprender com as múltiplas e distintas disciplinas do conhecimento humanístico, da mesma maneira que estas últimas podem se enriquecer e se beneficiar com as aplicações práticas que as adequadas (convenhamos, até certo tempo atrás, os psicanalistas complicavam) contribuições práticas que a ciência da psicanálise possibilita. Assim, os *magistrados*, que têm a séria e difícil função de fazer julgamentos, se beneficiam de forma notável quando conhecem os fundamentos psicológicos que podem interferir na tarefa judicante. Também caberia exemplificar com os benefícios que um *advogado* da área do direito de família adquire quando ele consegue entender as razões inconscientes que forjam os problemas, às vezes graves, que cercam determinadas famílias, com repercussão danosa nos filhos, etc. Igualmente, os bons *arquitetos* sabem que, para fazer o seu projeto de construção de uma casa, por exemplo, eles devem interagir com a família, conhecer os seus gostos, hábitos, lazeres, idiossincrasias e, principalmente, o tipo de psicologia que predomina no seio da família. Reciprocamente, todo o analista sabe que a construção do mundo interno de seus pacientes segue princípios idênticos ao da criação de espaços, harmonia de cores, funcionalidade e "decoração de interiores" que ocupam a função dos arquitetos. Em relação aos *publicitários*, é fato inconteste que as melhores peças publicitárias são aquelas em que cada pessoa, que constitui o grande público, se sente identificada com a mensagem do anúncio que, assim, de alguma forma, a toca na parte emotiva. É claro que em inúmeras outras atividades específicas, mais notadamente aquelas que dizem respeito a um contato mais direto com necessidades e desejos de toda e qualquer pessoa, poderiam merecer uma interação e correlação da mútua influência entre todas elas.

542. A afirmativa de que vivemos na vigência de uma "sociedade narcisista" e também "depressiva" é verdadeira?

As famílias e sociedades primitivas se caracterizavam por um sistema patriarcal, em que todos os filhos se aglutinavam em torno da figura do pai, obedecendo-o cegamente, trabalhando com ele, aprendendo o seu ofício e se preparando para o sucederem, cada um compondo novas famílias a funcionarem no mesmo esquema. A vantagem é que era diminuto o número de eclosões psicóticas ou neuróticas, visto que as necessidades básicas – como alimentação, proteção, dependência e amparo – estavam garantidas. A desvantagem desse sistema é que a margem de crescimento pessoal ficava extremamente reduzida. Gradativamente, o sistema patriarcal foi perdendo a sua força, os filhos passaram a se emancipar em um tempo mais curto, o que acarretou a necessidade de enfrentarem dificuldades e de vencerem na vida, fato que, inevitavelmente, promove um campo de disputas e de rivalidades com demais pessoas concorrentes. A ânsia de obtenção de sucesso – em grande parte estimulada pela cultura da sociedade em que ele está inserido – incrementou o "narcisismo" que, em estado latente, em algum grau, acompanha todo o ser humano, desde sempre. A onipotência e o sentimento de desamparo estão inseparavelmente associados, de sorte que quanto mais o sujeito se sentir desamparado e assustado, mais ele recorrerá às defesas narcisistas, assim regredindo a uma "posição narcisista" equivalente à época primitiva em que se julgava ser "sua majestade, o bebê", como Freud dizia. Nessa posição narcisista, coagido por uma sociedade regida por uma cultura narcisista, o sujeito, ou certos grupos, manifesta uma pretensão de autonomia, ilusão de independência e presunção de auto-suficiência. A conseqüência direta de um possível fracasso das ilusões narcisistas consiste no surgimento de sentimentos depressivos, e é de tal monta a ocorrência dessa probabilidade, com um decorrente aumento de pessoas deprimidas, que é viável a afirmativa de que os tempos atuais caracterizam uma "sociedade depressiva". E, não é por nada que os americanos do norte chamam o atual momento dos Estados Unidos como sendo a "era do Prozac" (um conhecido antidepressivo, largamente consumido).

543. A psicanálise – e o psicanalista – deve se envolver com os problemas sociais?

Na verdade, durante longas décadas, embora tivesse havido diversos ensaios de ilustres psicanalistas – até mesmo notáveis contribuições de Freud – que abordassem temas importantes como os fatores culturais e sociológicos, o porquê das guerras, etc., a psicanálise se mantinha encerrada na sua quase inacessível torre de marfim, e os psicanalistas muito pouco se envolviam com os graves problemas sociais, visto que o papel fundamental deles é se limitar a desvendar os mistérios e conflitos provindos do inconsciente de seus pacientes. Aos poucos, vozes esporádicas de psicanalistas protestavam contra o horror do emprego terrivelmente destrutivo e mortífero de armas nucleares, etc. Na atualidade, a grande maioria dos analistas concorda que eles devem assumir um quinhão de responsabilidade no que se passa na vida real de todos, de modo que existe uma participação incomparavelmente maior não só regionalmente (através de esclarecimentos na mídia, participação de debates multidisciplinares sobre problemas de violência, etc.), como também nacional e internacionalmente, como pode ser atestado pela alta freqüência com que os temas oficiais de congressos de psicanalistas incluem temas de natureza dos múltiplos problemas que rondam as pessoas, as comunidades de todas as nações. Um claro exemplo de que a cúpula diretiva da psicanálise internacional – e os respectivos psicanalistas de todos cantos do mundo – está se envolvendo com as contemporâneas questões sociais de gravidade internacional consiste no fato de que o Comitê da Associação Psicanalítica Internacional (IPA), nas Nações Unidas, está procurando participar em foros internacionais, prestando esclarecimentos, dando sugestões, etc. Assim, por exemplo, em janeiro de 2003, representantes de umas 300 organizações não-governamentais (ONGs) se reuniram com funcionários das Nações Unidas, em Nova York, com a finalidade de se aproximarem de soluções concretas. A sessão informativa desse encontro foi inaugurada com a projeção de um vídeo que mostra as atividades em uma colônia de verão em que adolescentes israelenses e palestinos se reúnem uma vez por ano, durante cinco semanas, para se conhecerem e ficarem diante de antigos preconceitos e idéias falsas acerca do "outro". A nítida tendência atual é a de os analistas admitirem que a ciência da psicanálise pode realizar grandes contribuições mais além do campo da clínica, com possibilidades, ainda que algo remotas, de contribuir para uma melhoria na comunicação entre os líderes das facções antagonistas, na integração do método analítico com a resolução de conflitos, logo, na construção da paz e, também, na reconstrução de sociedades devastadas pela violência urbana e pelas guerras.

544 Existe uma influência da cultura na criação de concepções psicanalíticas? Como exemplo disso, cabe dizer que a psicanálise é uma ciência de origem judaica, devido à condição de Freud ser judeu? Ou, outro exemplo, que o surgimento da "depressão pós-parto" depende do tipo de cultura?

Inicialmente, é útil lembrar que a condição do judaísmo de Freud é somente parcial, visto que ele não adotou os valores religiosos da crença judaica; tampouco fez alguma relação mais íntima e convicta com o movimento nacional judaico – o sionismo – que batalhava pela construção de um lar próprio que, posteriormente, veio a ser o atual Estado de Israel. Um terceiro valor, sim, Freud nunca desmentiu, isto é, muitas vezes ele proclamou que preservava uma "natureza", um "espírito" judeu, e sempre mostrou uma gratidão pela instituição *Bnei-Brith*, composta por judeus, que tinha um fundo filantrópico e defendia os direitos humanos sem envolvimento com a política ou religião, e que o acolheu durante os seus anos de solidão científica. O fato de que os primeiros psicanalistas pioneiros, seguidores diretos de Freud, terem sido em sua imensa maioria constituída por judeus acarretou a mistificação de que a psicanálise seria unicamente uma ciência judaica, o que justificaria um forte repúdio que nos primeiros tempos ela sofreu. Aos poucos, a psicanálise foi sendo cada vez mais aceita e, na atualidade, ninguém mais a considera como tendo alguma conexão especial com o judaísmo. No entanto, o próprio Freud afirmou que pelo menos dois fatores, ligados à cultura (juntamente com os elementos sociais, econômicos, políticos, religiosos, étnicos e éticos) vigente na Áustria do fim do século XIX, tiveram uma significativa influência no fato de lhe ter cabido o papel histórico de ter sido ele, um judeu, o grande criador da psicanálise. Os aludidos dois fatores são: 1. A absorção dos ensinamentos provindos da sua leitura do Velho-Testamento, na bíblia que seu pai lhe presenteou por ocasião da circuncisão de Sigmund, e que acompanharam os primeiros anos de sua formação intelectual e valores filosóficos. 2. Devido ao fato de que Freud sofria certa discriminação e marginalização social, cultural, científica e pessoal – porque pertencia a uma minoria racial –, ele aprendeu a se defender do ataques e das resistências às suas idéias revolucionárias, de sorte a resistir ao isolamento que lhe impunham. Esses últimos aspectos são interessantes porque teriam forjado em Freud uma importante condição de ele – e, por extensão, os psicanalistas – saber manejar com as inevitáveis resistências dos pacientes em análise. Por outro lado, também é útil acrescentar que os valores culturais dominantes na Viena da época de Freud influenciaram significativamente as suas concepções psicanalíticas, tal como pode ser demonstrado pela atitude preconceituosa que Freud manteve contra o sexo feminino, que se prolongou até o fim de sua obra. Em relação à convicção de que existiria uma influência direta da cultura na determinação de transtornos mentais, com os progressos da neurobiologia, essa crença ficou algo abalada. Assim, a "depressão pós-parto" era considerada como sendo típica da cultura ocidental. No entanto, pesquisas demonstraram que o índice de ocorrência desse transtorno nas cidades do Reino Unido era análogo ao dos mais distantes lugarejos do continente africano. Da mesma forma, estudos recentes indicaram que existe mais "síndrome do pânico" na quietude da zona rural dos Estados Unidos do que na barulhenta e frenética Nova York.

545. A ética na psicanálise. Em que consiste o emprego de um "termo de consentimento"?

A ética – palavra que deriva do grego *ethos* (moral) – designa um conjunto de princípios morais que regulam e normatizam o convívio entre pessoas, grupos, instituições e sociedades, principalmente no que tange à necessidade de haver, por parte de cada um, um respeito pelo espaço e pelos direitos do outro. Basta esta definição para concluirmos que a psicanálise e a ética estão intimamente ligadas, a ponto de não ser possível imaginar o exercício clínico de uma psicanálise que, por parte do psicanalista, não esteja rigorosamente fundamentada no exercício da verdade, isto é, que o terapeuta seja, de fato, uma "pessoa verdadeira", que reconhece e respeita, em seus pacientes e em si próprio, os limites, as limitações e as diferenças, assim como também as capacidades e potencialidades. Entretanto, de forma sutil ou acintosa, não é sempre que isto acontece, tanto no seio das instituições psicanalíticas como na prática de determinados tratamentos psicanalíticos. Em relação às instituições psicanalíticas – da mesma forma como acontece com outras instituições dos diversos campos da atividade humana –, ninguém contesta o fato de que freqüentemente decisões, atitudes, julgamento de certos colegas, de procedimentos e de transmissão de conhecimentos são tomados m is em razão de querelas narcisistas, disputa pelo poder, interesses pessoais, apropriação de idéias de outros, conchavos politiqueiros e por uma falsa moral, do que propriamente por razões de justiça e competência. Assim, de forma indireta, de forma consciente ou inconsciente, estão rompendo com uma verdadeira ética. Relativamente à quebra de ética que pode acontecer no curso de uma análise, ela tanto pode acontecer de uma forma patológica extrema, como pode se manifestar de forma inaparente e sutil. Na primeira possibilidade, o melhor exemplo é o caso de um envolvimento sexual de um analista com paciente (no caso, com a agravante de que, na maioria das vezes, o analista esteja tomando uma atitude covarde, visto que o paciente possa estar afetivamente fragilizado, em razão de uma transferência fortemente idealizada). Nas formas sutis, a transgressão ética se manifesta sempre que o analista não esteja sendo verdadeiro, ou que perca o seu verdadeiro *lugar* no ato analítico de sorte a que os *papéis, as funções e posições* a serem desempenhados pelo par analítico possam ficar confundidos ou, até, trocados. Exemplos, não raros, pode ser a de feitura de negócios particulares que nada têm a ver com a análise; a manutenção de uma forma de comunicação com algum familiar ou amigo do paciente acerca da intimidade do paciente, sem que este saiba que isto está acontecendo, etc. Existem formas que é difícil julgar se cabe adjetivar como falta de ética, por exemplo, o caso de uma análise que pode já estar durando anos, porém a característica mais marcante é a de que o vínculo do par analítico é de natureza sadomasoquista, disfarçada é claro, em que o analista exerce uma relação de "poder", isto é, ele comanda o paciente de forma submetedora, infantilizadora, e cabe a este último o papel passivo, de uma obediência submissa, assim reforçando uma atitude algo masoquista, muito provavelmente repetindo um padrão de sua infância. Outro aspecto que está merecendo um crescente interesse e tem sido objeto de importantes debates é aquele que questiona se o analista deve, ou não, comunicar ao paciente a sua liberdade para fazer supervisão acerca de sua análise; a hipótese de decidir gravar uma ou mais sessões; se o analista pode apresentar o caso de algum paciente – embora devidamente disfarçado – em seminários clínicos coletivos, em congressos, em conversa particular com colegas, etc. Uma situação particularmente importante em relação à Ética é aquela que diz respeito ao campo da pesquisa científica, da qual muitas pessoas participam, porém impõe-se a necessidade de que o pesquisador solicite à pessoa que se prontifica a colaborar a que assine um "termo de consentimento livre e esclarecido". Muitos ilustres pensadores estão advogando a idéia de que os analistas deveriam, como ato rotineiro, incluir no "contrato analítico" inicial a feitura do mencionado Termo de Consentimento, como forma de precaução contra possíveis problemas futuros. Isso está ligado a um ponto que também deve ser levado em conta: é o que diz respeito a que, a exemplo do que acontece com grande intensidade nos Estados Unidos, existe um crescente movimento por parte de advogados oportunistas que ficam à caça de possíveis "erros médicos" e convencem os pacientes a moverem processos judiciais.

546. Para onde vai a psicanálise?

Tudo indica que, para sobreviver como ciência, de aplicação na prática clínica, a psicanálise deve seguir um caminho que transita pelos seguintes pontos que seguem enumerados: 1. Necessariamente, a psicanálise deve acompanhar sucessivas, aceleradas, vertiginosas e profundas transformações em todas as áreas e dimensões que o mundo vem sofrendo, como as sociais, as econômicas, as culturais, as éticas, as espirituais, as psicológicas, além das científicas. 2. Especialmente, é fundamental levar em conta que comparativamente com a época pioneira da psicanálise, o *perfil do paciente* que na atualidade procura tratamento psicanalítico mudou substancialmente, com a predominância de problemas de transtornos narcisistas, transtornos depressivos, a patologia do vazio, etc. 3. Necessariamente, cada vez mais, deve mudar o *perfil do analista*, que deve descer do pedestal de uma divindade em que era colocado, de forma a se colocar como uma pessoa mais amiga e nivelada com o seu paciente, não obstante preserve as óbvias diferenças de conhecimento, ocupação de lugar e exercício de funções que caracterizam o ato psicanalítico. 4. Assim, de forma inevitável, a metodologia do próprio processo da *psicanálise prática* também continuará sofrendo sensíveis mudanças, sem perder a essência dos postulados criados por Freud. 5. Outro aspecto fundamental consiste no fato de que a psicanálise, cada vez, mais, deve continuar saindo do hermetismo em que durante um longo tempo ela ficou isolada com uma auto-suficiência arrogante, e abrir as portas para um intercâmbio com as demais múltiplas áreas do conhecimento. 6. Essa última afirmativa cabe principalmente para os campos da Educação e o das pesquisas das neurociências, notadamente no que tange a um salutar aproveitamento dos recursos da psicofarmacologia. 7. Assim, começam a surgir claras evidências de uma múltipla cooperação entre *psicanalistas* e *neurologistas* que esquadrinham a mente com a utilização das mais modernas técnicas de ressonância magnética; *geneticistas* que continuam mapeando a transmissão hereditária dos transtornos mentais por meio do DNA; *biólogos* com aprofundamento de pesquisas acerca da química dos neurônios. 8. A abertura de uma adequada divulgação e informação para o grande público já está em andamento e deverá prosseguir de uma forma mais consistente, organizada e programada. 9. No lugar de ficar competindo com outros métodos terapêuticos alternativos, a psicanálise deverá refletir, selecionar e absorver contribuições bastante valiosas, como são as que enfatizam a importância da teoria sistêmica, da corrente cognitivo-comportamental, da utilização dos conhecimentos psicanalíticos no tratamento de casais e famílias, do aproveitamento da dinâmica de grupos, com os comprovados resultados positivos das terapias psicanalíticas de grupos, etc. 10. Deverá ser progressivamente maior o envolvimento de psicanalistas – conjuntamente com outros técnicos de distintos campos – em problemas de ordem social, como o crescente problema da violência em suas diferentes formas de manifestação. 11. Um ponto final que cabe para todas as transformações presumíveis é o fato de que, até o início do século XX, os avanços científicos inovadores dobravam a cada 50 anos; a partir da década de 1940, os avanços começaram a dobrar a cada 10 anos; e, nos últimos tempos, em uma média de cada 3 anos. Nessa rapidez, o que o futuro próximo e o futuro remoto reservam para todas as áreas da psicanálise?

ÍNDICE REMISSIVO

Nota para facilitar a leitura: O número que se segue ao final de cada verbete deste Índice Remissivo (e o das respectivas questões correlatas que seguem juntas ao verbete) corresponde ao *número da pergunta* formulada no Sumário Detalhado.

A

Abandono Pode existir uma necessidade de alguma pessoa, por razões inconscientes, provocar repetitivamente situações de abandono?, 161
Ab-reação Não pode substituir a complexa e custosa psicanálise atual?, 17
Aborto (Como analista deve proceder diante da decisão de a paciente provocar), 47. (Feridas emocionais do), 334
Acidentofilia (O que é), 248
Adições 327. Adição a jogos de azar, 328
Adolescentes Análise não pode redundar em uma revolta contra os pais?, 23, 171
Agressão e Agressividade (Diferenças entre), 496
Aliança terapêutica, 361, 450
Alta da análise, 387
Alter-ego, 245
Ambivalência e Ambigüidade (Conceituação e diferenças entre), 238.
Analisabilidade e Acessibilidade, 339
Análise didática O que significa? É diferente da "análise terapêutica"?, 72
Análise leiga (O que quer dizer?), 74
Análise "concentrada" (Qual é o significado de?), 75
Análise transacional, 78
Angústia ou Ansiedade (Conceituação e tipos de), 224, 272
Angústia de castração, 224
Angústia de separação, 224, 411
Anna Freud (Quem foi?), 64
Anorexia nervosa, 311
Ansiedade, 272. Ansiedade generalizada, 267
Antianalisando, 88
Antipsicanálise; antipsiquiatria; antianalisando (O que significam essas expressões?), 88
Antropologia e Psicanálise Alguma conexão?, 524
Aprender com a experiência, 472
Arquétipos (Conceito original de Jung sobre), 215
Artes em geral, e a Psicanálise 530, 531. Relação com literatos e poetas, 532
Ataque histérico, 280
Atividade interpretativa, 368

Atos falhos, 210
Atributos mínimos necessários para ser um psicanalista eficaz, 455. Capacidade "negativa", 463. "Capacidade de sobrevivência", 464. "Ser verdadeiro", 467. Intuição", 468. Capacidade de ser "Continente", 456. Empatia 459
Atuações (ou Actings), 365
Ausência prolongada dos pais Afeta o desenvolvimento dos filhos?, 136
Autismo, 326
Auto-análise (É possível fazer?), 51
Auto-estima Segundo uma concepção psicanalítica, 142
Auto-imagem corporal (Transtorno da), 314

B

Behaviorismo (ou cognitivo-comportamental), 77
Benefício (ou "ganho") primário e secundário dos transtornos psíquicos, 258
"Benefício terapêutico" e "resultado analítico" (Diferenças entre), 385.
Bissexualidade (Conceito de), 120. É o mesmo que homossexualidade?, 196
Borderline (Pacientes), 262
Brincar, brinquedos, brincadeiras e jogos (A importância no desenvolvimento de), 157
Bulimia nervosa, 310
Buracos negros (no psiquismo), 152
Bússola empática do analista (Conceito de), 462

C

Campo analítico, 435
Campo grupal, 509
"Capacidade negativa" do analista, 463
"Capacidade de sobrevivência" do analista, 464
Caráter (Formação do), 239. (Diferenças de Caráter com Sintomas, Inibições, Temperamento e Personalidade), 251
Casais (Tratamento psicanalítico com), 59. O que une e, ou, separa os casais?, 179, 502. "Guerra" permanente entre o casal, 181. Crises conjugais, 182. Casais inférteis, 197. Infidelidade conjugal, 503.

Casamento Está em crise?, 178, 505. Entre homossexuais, 185. Existe casamento perfeito durante toda a vida?, 186, 187. Fobia ao casamento, 289
Castração (Angústia de), 127
Cena primária (O que significa?), 124
Chistes, 210
Cinema, teatro e psicanálise 533
Ciúme, 220
Cognitivo-Comportamental (Corrente), 77
"Colecionadores de infelicidades" (Pacientes), 410
Complacência somática, 332
Complexo de Édipo, 125
Complexo fraterno, 137
Complexo de inferioridade, 158
Compulsão à repetição, 206, 252
Compulsão a "sofrer castigos", 159
Comunicação, 366. Da mãe com o bebê, 164. Dos pais com os filhos, 164. Comunicação não-verbal, 367. Como comunicar aos filhos fatos muito difíceis?, 172
Confiança (Formação dos núcleos básicos de), 108
Conflito psíquico (Como se forma o), 249
Confusional (Estado mental), 473
Conhecimento da vagina (A menina pequena tem?), 118
Conluios inconscientes do paciente com o analista, 353, 450. Os principais tipos, 451
Consciente (Análise do), 475
Continente (Função de o analista ser), 456
Contra-atuações, 365
Contra-ego, 245
Contrafobia, 285
Contrato analítico, 338
Contra-resistência, 353
Contratransferência, 364. Analista pode se apaixonar pelo paciente?, 37
Controle dos impulsos (Transtorno do), 281
Corpo (A importância fundamental do), 154
Corrente da teoria sistêmica, 80
Corrente da psicologia analítica, de Jung, 81
Corrente culturalista, 83
Corrente humanista, 84
Crescimento mental, 383
Crianças pequenas em análise: não é um absurdo?, 22, 421
Crianças adotadas, 198
Crianças (Depressão em), 306
Crianças teimosas e negativistas, 168
Crise Do ponto de vista da psicanálise, 132. Crises que ocorrem com os pacientes, 449. Crise de crescimento, 169. Crises conjugais, 182
Culpa (Sentimentos de), 248
Cultura e psicanálise, 544
Culturalista (Corrente), 83
Cura psicanalítica 25, 383
"Curiosidade", do analista (Estado mental de), 461. Meninas pequenas têm conhecimento da vagina?, 118
Curiosidade sexual da criança 119

D

Defesas (Mecanismos de), 231. Defesas primitivas, 234. Defesa de "Negação", 232. Organizações defensivas, 235. Defesas mais evoluídas, 236
Dependência (A psicanálise cria?), 20. Dependência "boa" e Dependência "má" (Diferenças entre), 141
Dependentes químicos, 329, 330
Depressões, 298. Depressão e mania (Como reconhecer os sintomas típicos de), 300.Principais causas, tipos e sintomas, 299, 300. Depressão anaclítica, 302. Depressão distímica, 303. Depressão narcisista, 304. Depressão pós-parto, 305. Depressão em crianças pequenas, 306. Depressões refratárias (resistentes ao tratamento), 308
Desejo e discurso dos pais (A importância do), 134
Desejo (Significado psicanalítico de), 219. Qual a diferença entre desejo, libido, prazer e gozo?, 220. Desejo do psicanalista, 468
"Desejo" do analista, 470
Desenvolvimento da personalidade Parte III
Desenvolvimento emocional primitivo, 98
Desenvolvimento psicossexual da criança, 109
Desidentificações e neo-identificações, 397
Desilusão das ilusões, 153
Desrepressões (Conceito de), 395. Metáfora ilustrativa de desrepressão, 395
Dialética do "amo e escravo" (do filósofo Hegel, como metáfora de "pulsão de domínio e de poder"), 218
Diagnóstico das Doenças Mentais (DSM-IV) 259 ("Sistema de múltiplos eixos" de diagnóstico), 260
Disfunções sexuais, 296
Distimias, 303
Divã (O uso do), 343
"Divisão do psiquismo", 255
Divórcio (Evitar ao máximo para o bem dos filhos?), 183
Don-juanismo, 297
"Dores do crescimento", 169
Dupla mensagem (ou duplo vínculo) (Forma de comunicação patogênica), 167

E

Educação (Ensino-aprendizagem) e psicanálise 534. Fracasso escolar, 535
Ego (Conceito e funções do), 223, 239, 240
Ego auxiliar, 245
Ego ideal, 245
Egossintonia e egodistonia, 416
Elaboração analítica, 380
Eletrochoque (ainda tem utilização válida?), 50
Empatia e simpatia (Diferenças entre), 459
Enquadre (ou setting), 340, 342
Entrevista inicial (Diferença entre primeira sessão e), 337
Envolvimento erótico ou amoroso (entre o par analítico), 38. Se o analista acede à sedução?, 39
Equação etiológica, de Freud (Em que consiste a), 97
"Equação 7-C" (O que significa?), 252
Erro médico ou erro ético (do analista), 486
Escola: é de tão grande importância na educação da criança?, 138
Escolas de psicanálise. (As 7): Freudiana; Kleiniana; Psicologia do Ego; Psicologia do Self; Francesa (Lacan); de Winnicott; de Bion, 69
Escutar e ouvir (As diferença entre), 474
Espelho da mãe em relação ao filho (Função de), 104
Esportes competitivos (e a aplicação prática dos conhecimentos psicanalíticos), 538
Esterilidade e infertilidade (Causas emocionais da), 335
Estilo de o analista interpretar, 446. O analista pode ser perguntador?, 447. Pode rir ou chorar durante as sessões?, 444. Problemas particulares prejudicam a eficácia do analista ?, 445. Ele pode usar metáforas?, 448
Estresse (Qual a sua diferença com "Trauma"), 246
Estresse pós-traumático, 270
Estrutura do psiquismo (id, ego, superego...), 207, 245
Etapas evolutivas da criança Simbiose; Diferenciação, Separação e Individuação, 149
Ética e psicanálise, 545
Evolução da análise Em círculos ou em espiral, 381

Experiência emocional "corretiva" – ou "transformadora"? (Tipo de terapia analítica), 87
Experiências emocionais primitivas, 98
Extratransferência, 363

F

Falar e dizer (As diferenças entre), 474
Fálica (Mulher), 115
Falo e pênis (Existe diferença entre ambos?), 114
Família (Tratamento psicanalítico com), 425. Tipos de Configurações familiares, 507. Formação de subgrupos, 201
Fantasias inconscientes e as conscientes (Distinção entre as), 212
Fase e posição (Diferenças entre), 225
Fases (ou etapas) do desenvolvimento Oral, 111. Anal, 112. Fálica, 113. Latência, 129. Puberdade, 120, 123 Adolescência, 131. Genital, 128
Fase perverso polimorfa, 122
Fenômenos transicionais (Conceitos originais descritos por Winnicott), 106
Fé: pode promover profundas mudanças físicas e psíquicas? 522; 523
Fetal (Psiquismo), 94
Fetichismo 320. Fetiche, 414
Ficar (O problema do), 174
Filhos Que mandam nos pais, 156. Filhos qdotados, 198. Colocação de "rótulos" nos filhos
Filosofia e psicanálise, 526
Física moderna e psicanálise, 528
Fobias 283, 284. Contrafobia, 285. Fobia ocial, 286. Fobia infantil, 287; Fobia escolar, 288. Fobia ao casamento, 289. Ao defloramento, 193
Folie a deux (ou "loucura a dois"), 504
Formação de compromisso (O que significa a, inconsciente, defesa chamada), 250
Formação de um psicanalista (Como se processa a?), 90 Como é o critério de "Passe"?, 91 Qualquer pessoa interessada pode se candidatar?, 92
Fracasso escolar (O problema do), 535
Freud "Explica tudo"?, 4. Quem foi ele?, 60. Onde encontrar dados de sua vida e obra?, 62. É verdade que ele foi cocainômano e assediou sua cunhada?, 52. Como foi o seu judaísmo?, 63, 544. Onde encontrar sua biografia e principais contribuições, 62. Por que houve tantos dissidentes dele?, 67
Freudiana (Escola ou corrente), 69
Frustrações (Importância das), 150. Existem diferentes tipos?, 151
Função psicanalítica da personalidade, 484
Fúria narcisista, 441

G

Gêmeos univitelinos A personalidade é sempre a mesma?, 148
Gênero sexual, 121
Gestalterapia, 82
Grupos, 508. O campo grupal, 509
Grupos Anônimos para Viciados, 510
Grupos familiares (Tipos de) 507. Normalidade e patologia, 506
Grupoterapias analíticas Por que se diz que "*todo indivíduo é um grupo*"?, 203
Guerras (A explicação da psicanálise do "porquê" delas), 513

H

Hipersexualidade, 190
Hipocondria, 333
Hipomania, 265
Hipnose (não pode dar o mesmo resultado que a psicanálise?), 16

Histerias (As principais características das), 275. Tipos de, 276. Histerias conversivas, 277. Histerias dissociativas, 278. Personalidade histérica, e histriônica, 279. "Ataque histérico", 280. Histeria resulta de uma sexualidade exagerada?, 18
Histórico (da evolução da psicanálise), 61
Homem-bomba suicida (Como é a mente de um), 540
Homossexual (pode se tornar um psicanalista?), 45. Casamento entre homossexuais, 185. Características de uma mulher homossexual, 195
Homossexualidades Sempre são consideradas como sendo perversões?, 194
Humanista (Corrente), 84

I

Ideal do ego, 245
Identificações (Importância e tipos das), 146
Identificação projetiva (Mecanismo de), 237. Em que esta defesa se distingue de "Projeção"?, 237
Identidade (Sentimento de), 147
Identificações; desidentificaçoes; neo-identificações, 397
Identificação com a vítima, 160
Idosos (Tem cabimento a análise com eles?), 24, 423. Mantêm uma vida genital regular?, 191
Impasse psicanalítico, 476
Imprinting (Ou seja: aquilo que ficou "impresso"): em que consiste esse fenômeno psíquico?, 95
Inconsciente coletivo (Conceito de Jung sobre), 215
Infertilidade do casal (Quais são as causas da), 197
Infidelidade conjugal, 503
Inibição, 251
Insight, 379
Instituições psicanalíticas Existem sérios conflitos entre os próprios analistas?, 29
Internet e psicanálise, 536
Interpretações do analista, 368. Interpretações certas e erradas, 374. Finalidade das interpretações, 370. Os Estilos interpretativos, 371. Estilos patogênicos, 372. Interpretação Mutativa, 377. Diferença entre interpretação e construção, 376
Interpretação dos sonhos, 373
Inter-relações da psicanálise com outros campos do conhecimento Parte IX
Interrupção de uma análise 360. O analista pode interromper a análise com seu paciente?, 481
Intuição Do analista, 468
Inveja (Como a psicanálise entende o sentimento de), 221. Diferença com Ciúme, 222
Inveja (do pênis, por parte da mulher), 116 (do homem em relação à mulher), 117
IPA O que significa?, 71
Irmãos (A recíproca importância dos), 137. Sempre existirão conflitos entre eles?, 200

J

Jogo do rabisco 466. Rabisco verbal, , 466
Judaísmo (de Freud), 63, 544
Jung (quem foi?), 66. "Psicologia Analítica", 81. Arquétipos, 215

L

Lapsos, 210
Latência (Período de), 129
Lembrança encobridora (Qual é o significado de), 211
Limites e limitações do analista, 457
Limites para filhos menores (Colocação de), 173
Linguagem (Como se processa a), 143

Literatura e psicanálise, 529
Logoterapia, 85
Luto e melancolia, 301

M

Mãe (qual é o seu papel no desenvolvimento da personalidade do filho?), 101. Mãe "suficientemente boa", 102. Mãe que fala com seu bebê recém-nascido, 164
"Mãe morta" Indica que a mãe já morreu?, 105
Mãe narcisista, 105
Mãe suficientemente boa O que significa essa expressão?, 102
Maiêutico (Método), 398
Mania (Sintomas típicos da), 265
Mapeamento do psiquismo, 408
Masoquismo, 322. *Masoquismo moral*, 322
Masturbação (é problema?), 145
Mecanismos de defesa (Conceito e Tipos de, 231. Defesa de "Negação", 232. "Repressão", 233. Defesas primitivas, 234. Organizações defensivas, 235. Defesas mais evoluídas, 236. Projeção e Identificação projetiva, 237
Medicamentos psicotrópicos São verdadeiramente úteis?, 49, 429, 471
Medicina e psicanálise Estão se entendendo bem?, 515
Meio cultural (A influência do), 544
Melanie Klein, 65
Memória (O uso, pelo analista, da), 469
Menopausa Decreto o fim da atividade sexual?, 191
Metáfora (Conceito de, segundo Lacan), 253
Metáforas (que esclareçam o que é e como funciona o Inconsciente), 209. Acerca da "Divisão do Psiquismo", 255. Acerca da Repressão, 233. Acerca das "Desrepressões", 395. Acerca da diferença entre metáfora, metonímia e signo, 253. No estilo de interpretar, 446
Mitologia e psicanálise, 525
Misticismo, 525
Mitos (acerca da psicanálise), 1
Mito de Édipo, 126
Mudança catastrófica, 405
Mulher fálica (o que significa?), 115

N

Namoros (Os primeiros), 173, 175, 176, 177
Narcisismo Positivo e negativo, 227. Os "três rudes golpes" desfechados contra o narcisismo humano, 512
Nascimento do 1º filho Por que pode provocar crise do casal?, 199
Necessidade, desejo e demanda (As diferenças entre), 140
Negação, 232
Neotenia Qual é o significado psicanalítico deste termo?, 100
Neuroses 267. Neurose atual, 268. Neurose narcisista, 268. Neurose Traumática, 269. Neurose de Sucesso (ou de "Destino"), 324
Neurose de transferência, 357
Neurociências. Neuropsicanálise É uma nova escola?, 70, 518
Neutralidade (Regra da), 341, 444
Ninfomania, 297
Núcleos básicos de confiança, 108

O

Objetivo da análise, 384, 386
Objeto (Significado psicanalítico de), 243
Obesidade, 313
Observação da relação mãe-bebê (ORMB), 162
Obsessivo-compulsivos (Transtornos) TOC, 290. Quais são os sintomas típicos?, 291
Olhar (da mãe, em relação ao filho), 104

Olhar e ver (Diferenças entre), 474
Ouvir e escutar (Diferenças entre), 474
Organizações defensivas (do psiquismo), 235
Orgasmo vaginal e clitoridiano, 192

P

Pacientes Em análise, ou depois de analisados, se mostram arrogantes?, 27. Cabe a expressão de que os pacientes "sempre têm razão"?, 31. Todos os pacientes se apaixonam pelo seu analista?, 36. Pacientes "colecionadores de infelicidades", 410. Paciente que não quer mudar, 415. Paciente que quer ter "alta" sem ainda ter condições, 417. Todos os pacientes são analisáveis?, 433. Pacientes de difícil acesso, 440. Estado de confusão, do paciente, 430. Mudanças no perfil do paciente, 391. Características de um "bom paciente para fazer análise", 466. Qual é o melhor critério para a escolha do analista?, 434
Pagamento (A questão do), 346
Pai (importância no desenvolvimento do filho, do), 133
Pais (Conseqüências de sua ausência prolongada), 136. Eventualmente, podem bater nos filhos menores?, 170 Culpas dos pais, 42
Paixão, 12
Pânico (Transtornos de), 273
Papéis (Mudanças dos), 180. Papel de "bode expiatório", 202
Parafilias, 294
Paradigmas da psicanálise (o que isso significa e quais são as suas transformações?), 68
Parte psicótica da personalidade, 256
Passe (qual é o significado deste termo de Lacan?), 91
Patologia do vazio, 325
Pensar (Os pacientes - e os analistas - sabem pensar?), 412
Personalidade Ela é sempre unívoca, coesa e uniforme?, 251, 254. Transtornos da personalidade, 282. "Personalidade múltipla", 278
Perversões, 439
Pesadelos, 213
Pessoa real do analista, 439
Política (A psicanálise pode ter alguma aplicação prática na), 537
Posição A diferença com "Fase", 225. Posição Esquizoparanóide, 228. Posição Depressiva, 229. Posição Narcisista, 226
Prazer, libido, desejo e gozo (Qual é o significado psicanalítico de), 220
Princípios da Psicanálise (O que significam e quais são os principais), 206. Os nove Princípios: Existência do Inconsciente. Pulsões instintivas. Determinismo psíquico. Prazer-Desprazer e o da Realidade. Nirvana. Ponto de vista econômico. Negatividade. Incerteza, 206
Projeção: Defesa de, 237
Psicanálise e psicoterapias (diferenças e semelhanças entre), 2. Evolução histórica, 61. Psicanálise clássica, 389. Psicanálise contemporânea, 390. "Psicanálise aplicada", 519. "Psicanálise popular", 520
Psicanalista, psiquiatra, psicoterapeuta e psicólogo (Diferenças entre), 3. Mudanças no perfil do analista, 392
Psicanálise O que ela, de fato, é?, 57. Promete a felicidade?, 5. Pode levar à loucura?, 6. Ela funciona nos moldes de uma confissão religiosa?, 13. Ataca as religiões?, 14. Por que é tão demorada e custosa?, 15. Cria dependência nos pacientes?, 20. Pode induzir ao divórcio?, 21. Ela está morrendo?, 48. Sempre cura?, 25. Previne futuros transtornos psíquicos?, 26. Um maior número de sessões semanais indica uma patologia mais severa do paciente?, 32. Continua isolada de outras disciplinas?, 53, 514. Tem se mantido a mesma desde que foi criada?, 93, 388. Entende-se bem com a medicina?, 515. E com a psiquiatria?, 517. Psicanálise e Religião, 522. Ela deve se envolver com os problemas sociais?, 543. Qual é o objetivo da psicanálise?, 384, 386. Pode prejudicar uma capacidade de criatividade artística?, 12, 531. O que é "psicanálise silvestre" e "psicanálise selvagem"?, 73. Para aonde vai a Psicanálise?, 545

ÍNDICE 319

Psicanalistas (O lado complicado dos): Sempre interpretam a tudo e a todos?, 8. São pessoas onipotentes e complicadas?, 9. Quase não falam durante as sessões?, 10. Atacam as crenças religiosas de seus pacientes?, 14. Pode acontecer de ele envolver-se eroticamente com seus pacientes?, 38. Costumam se colocar na posição de intocáveis e acham que sempre têm razão?, 30. Podem se apaixonar por pacientes?, 37. Tem limites e limitações?, 457. Devem evitar encontros sociais com seus pacientes?, 458. Podem chorar ou rir durante as sessões?, 444. Um psicanalista pode aceitar presentes do paciente?, 452. Quando as ideologias do analista e do paciente são diferentes, o que acontece?, 477. Existe o risco de o analista, para seus interesses pessoais, se beneficiar através da análise com seu paciente?, 478. Os problemas do paciente podem perturbar a sua vida privada?, 479. Existe a possibilidade de um paciente fazer tratamento simultâneo com dois analistas?, 480. Analista e paciente podem ficar amigos mais achegados?, 485. Um analista pode ser legalmente punido por ter cometido um "Erro médico"?, 486. Um homossexual pode ser um bom analista?, 45. Analistas respeitam o sigilo e o anonimato dos seus pacientes?, 40. Acham que tudo é culpa dos pais?, 42. Podem aprender e crescer com seus pacientes?, 43. Como se processa a formação de um psicanalista?, 90. A importância de eles serem pessoas "verdadeiras", 467
Psicodrama, 79
Psicoimunologia, 516
Psicologia analítica, de Jung (Corrente da), 81
Psicopatia, 317
Psicopatologia da vida cotidiana (Em que consiste a manifestação de Atos falhos, Lapsos, Chistes e Sintomas da), 210
Psicose de transferência, 362
Psicoses, 261
Psicose pós-parto, 305
Psicossíntese, 382
Psicoterapias O que, de fato, elas são?, 58. Descrição dos diferentes tipos: Breve-59; Focal, 59; Apoio, 59; Cognitiva, 59; Comportamental, 59; Grupais, 59; Casal, 59; Família, 59; Orientação analítica, 59. Métodos alternativos, 76. Como agem as psicoterapias?, 427
Psiquismo (Mapeamento do), 408; Enredo das peças teatrais que estão inscritas no psiquismo, 409
Psiquismo fetal (Existe?), 94
Psiquiatria e psicanálise Têm uma relação harmônica?, 517
Puberdade, 123, 130
Pulsões De Vida e de Morte, 217. Pulsões Instintivas, 206. De Poder e de Domínio, 218

R

Rabisco verbal (O que é), 465
Reação emocional (Diferença entre qualidade e quantidade de uma), 413
Reação terapêutica negativa (RTN), 428
Realidade psíquica (Conceito de), 208
Recasamentos, 184
Regras técnicas para o analista, 341. Regra Fundamental, 341; da Abstinência, 341; da Neutralidade, 341; da Atenção flutuante, 341; do Amor às verdades, 341
Religião e psicanálise Existe alguma correlação?, 522
Representação (Conceituação de), 242
Repressão (ou recalcamento) 233
Resistências 350. Tipos de resistências, 351. Resistências do analista, 352. Diferenças com: Desistência, Existência e Resiliência, 406
Resultados da psicanálise Está comprovado que é superior a outras formas de terapias?, 56
Ritalina (Uso da), 316
Rótulos (Qual o risco de colocação nos filhos, de), 166

S

Sadismo, 321
Sadomasoquista (Vínculo do tipo), 321
Script das "peças teatrais" que estão inscritas no psiquismo, 409
Seio bom e seio mau O que significam essas conhecidas expressões psicanalíticas?, 103
Self (Conceito de), 240. Self Grandioso, 155. Falso e Verdadeiro Self, 241
Sentimento de identidade (Formação do), 180. Mudanças nos papéis do homem e na mulher, 180
Separação (Angústia de), 411
Série complementar (ou equação etiológica) Em que consiste essa expressão de Freud?, 97
Sessões (O número mínimo de), 32, 344, 418. Qual é o tempo de duração?, 345
Setting (Ver "Enquadre"), 342
Sexo biológico e gênero sexual 121
Sexualidade A psicanálise continua girando exclusivamente em torno dela?, 11. Garante um melhor desempenho sexual?, 19. A sexualidade está se modificando?, 188. 189. Transtornos sexuais, 294, 296. Hipersexualidade, 190
Sexualidade exagerada É a causa da histeria feminina?, 18
Significações; significados; dessignificações; neo-significações, 396
Signo, metonímia e metáfora (Conceituação e diferenças entre), 253
Sigilo (do analista), 40
Silêncios na situação analítica, 442
Simbiose, 149
Símbolo (Entendimento psicanalítico de), 230
Sintomas: diferenças com Inibições, Caráter, Temperamento e Personalidade, 249, 251
Sistêmica (Teoria), 80
Sociedade narcisista 542. Sociedade depressiva, 542
Sociologia e psicanálise, 527
Somatizadores (Pacientes), 331
Sonhos Ainda vale a afirmativa de Freud de que eles sempre representam a "realização de desejos"?, 46. Conteúdos "Latente" e "Manifesto" dos sonhos, 214. Distinção entre Sonhos, Pesadelos e Terror noturno, 213. Interpretação dos sonhos, 373
Sujeito suposto saber (SSS) (Conceito de Lacan de), 454
Suicida (O paciente), 307
Superego (O papel do), 244. Superego bom e mau, 244. Outras instâncias psíquicas ligadas ao superego: Ego auxiliar; Alter-ego; Ego ideal; ideal do ego; Supra-ego; Contra-ego, 245.

T

Tabus, 1, 9, 30
Teoria e metapsicologia (Diferença entre os significados de), 204
Teoria da complexidade, 521
Teorias de Freud acerca do psiquismo (As 5 principais). Teoria do Trauma. Teoria Topográfica. Teoria Estrutural. Teoria do Narcisismo. Teoria da Dissociação do Ego, 205
Terapias alternativas 86
Término de uma análise Efetiva-se quando o paciente fica igual ao analista?, 54. Quando os sintomas são removidos?, 55. Eficácia dos resultados obtidos, 56. Quais são as características de uma finalização?, 387. Quem decide o término?, 482. A análise é terminável ou interminável?, 483
Termo de consentimento (ligado com a Ética), 546
Terror sem nome, 274
Terror (Pavor) noturno das crianças, 213
Terrorismo e terroristas (Enfoque psicanalítico do), 539. Como é a mente de um "homem-bomba suicida", 540

Transferências (Como surgem as), 355. Transferências Erótica e Erotizada, 356. Transferência positiva, 359. Transferência negativa, 358. Psicose de transferência, 362. Todos os pacientes se "apaixonam" pelo analista?, 36. Extratransferência, 363. "Transferência forçada", 407.
Transformações (Conceito de), 404
Transformações no processo psicanalítico 388. No perfil dos pacientes, 391. No perfil do psicanalista, 392.
Transgeracionalidade Em que consiste este importante conceito?, 163
Transacional (Análise), 78
Transicional (fenômeno; objeto; espaço), 106
Transtornos psíquicos (Como se formam os), 257. Transtornos Narcisistas da personalidade, 263. Transtornos Afetivos Bipolares, 264. Transtornos Paranóides, 266. Transtornos *Borderline*, 262. Transtornos de Ansiedade, 272. Transtornos de Pânico, 273. Transtornos Histéricos Dissociativos ("Bela Indiferença"; "Personalidade Múltipla"), 278. Transtorno do controle dos Impulsos, 281. Transtornos da Personalidade, 282. Transtornos Obsessivo-Compulsivos (TOC), 290. Sintomas mais típicos do TOC, 291. Relação entre transtornos paranóides, fóbicos e obsessivos, 293. Transtornos Sexuais, 294. Transtornos de Identidade de Gênero, 295. Transtornos alimentares, 309. Transtornos de Compulsão Periódica, 312. Transtorno da Imagem Corporal, 314. Transtorno de Déficit de Atenção/Hiperatividade, 315. Transtorno de Personalidade Antisocial, 317. Transtornos por dependência química, 329. Transtornos Somáticos, 331.
Tratamento psicanalítico Pode levar à loucura?, 6, 7. Pode destruir a paixão e também a inspiração artística?, 12. Garante que vai melhorar o desempenho sexual?, 19. Caro demais, logo, é acessível unicamente a uma elite?, 420. Pode ser feito por telefone, e-mail, computador programado?, 34 e 35. O objetivo único é a remoção dos sintomas?, 55 Todas as pessoas podem se beneficiar?, 89. Com crianças pequenas, 421. Com adolescentes, 422; Com casais, 424. Com Famílias, 425. Com Idosos, 423. Faz diferença o sexo do analista?, 437. Faz diferença a idade do analista?, 438. Pode mudar de analista no curso da análise?, 453. Diferenças quando a evolução da análise é em "círculo" ou em "espiral", 381

Tratamentos biológicos (Uma Síntese dos), 430
Trauma do nascimento (O que significa), 96
Trauma e desamparo, 135. Trauma e Estresse, 246. Um único e intenso trauma pode provocar uma neurose permanente?, 247
Traumas reprimidos É melhor lembrar ou esquecê-los?, 394
Traumatofilia, 323

V

Vazio ou "buraco negro" (Patologia do), 152, 325
Verdade (Importância da), 401. Analista ser "verdadeiro", 467
Vértices (Abertura de novos), 378
Vincular (Psicanálise), 487. Intervenção Vincular, 431. Configuração vincular, 488
Vínculos e Configurações vinculares 488. Tipos de vínculos, 489
Vínculo do Amor 490. As formas normais e patológicas de amar e ser amado, 491. O "Vínculo Tantalizante", 494. Por que existem mulheres que amam demais?, 492. A mútua relação entre o Amor e o Sexo, 493. Vínculo do tipo "Folie a deux" ("loucura a dois"), 504
Vínculo do ódio 495. A distinção psicanalítica entre "agressão" e "agressividade", 496.
Vínculo do conhecimento, 498. Todo paciente quer conhecer as verdades sobre si?, 499. Verdades, Falsificações e Mentiras, 500
Vínculo do reconhecimento, 501
Violência (As diversas formas de), 497
Visão binocular do analista, 460
Visão sistêmica da psicanálise, 511

Z

Zonas erógenas desde a condição de bebê, 110
Zonas do psiquismo livres de conflito (O que significa), 144